»Eine einzigartige und faszinierende Biographie: die Geschichte eines Gemäldes.« *The New York Times*

Nur wenige Wochen vor seinem Selbstmord am 28. Juli 1890 malte Vincent van Gogh das Porträt seines Arztes Dr. Paul-Ferdinand Gachet. Es sollte zum berühmtesten – und teuersten – Werk der modernen Kunst werden.

Nach dem Tod des Malers kam das Bild in den Besitz seines Bruders, des Kunsthändlers Theo van Gogh; seine Witwe verkaufte es später für 300 Francs an eine dänische Sammlerin. 1990, hundert Jahre nach Entstehung des Gemäldes und einer abenteuerlichen Reise um die Welt, zahlte der japanische Kaufmann Ryoei Saito dafür bei einer aufsehenerregenden Auktion in New York die Rekordsumme von 82,5 Millionen Dollar. Seit kurzem jedoch gilt »Das Bildnis des Dr. Gachet« als verschollen. Der 1996 verstorbene letzte Besitzer soll nach dem Erwerb den Wunsch geäußert haben, mit dem Bild bestattet zu werden. Das würde bedeuten, es wurde mit ihm verbrannt ...

Das Bild wurde zum Inbegriff der modernen Malerei. Cynthia Saltzman zeichnet die wechselvolle Geschichte des Bildnisses nach, eine Geschichte, die auf besondere Weise mit Kultur, Politik und Kommerz des 20. Jahrhunderts verknüpft ist.

insel taschenbuch 2877

Cynthia Saltzman

Das Bildnis des Dr. Gachet

Cynthia Saltzman

Das Bildnis des Dr. Gachet

Geschichte eines Meisterwerks

Aus dem Amerikanischen
von Käthe H. Fleckenstein

Insel Verlag

Für Warren, Matthew und William,
und meiner Mutter (1921-1996) zum Gedenken

2. Auflage 2019

Erste Auflage 2003
insel taschenbuch 2877

Hinweise zu dieser Ausgabe am Schluß des Bandes
Vertrieb durch den Suhrkamp Taschenbuch Verlag
Satz: Wallstein Verlag, Göttingen
Printed in Germany
Umschlag: hißmann, heilmann, hamburg
ISBN 978-3-458-34577-0

Inhalt

Teil IV Moderne Kunst und das Dritte Reich
Propaganda, Beschlagnahmung und Ausfuhr

Teil V New York in der Nachkriegszeit

Teil VI Die achtziger Jahre

Teil VII Japan

Anhang

Noch bei der höchstvollendeten Reproduktion fällt eines aus: das Hier und Jetzt – sein einmaliges Dasein an dem Ort, an dem es sich befindet. An diesem einmaligen Dasein aber und an nichts sonst vollzog sich die Geschichte, der es im Laufe seines Bestehens unterworfen gewesen ist. Dahin rechnen sowohl die Veränderungen, die es im Laufe der Zeit in seiner physischen Struktur erlitten hat, wie die wechselnden Besitzverhältnisse, in die es eingetreten sein mag.
Walter Benjamin, *»Das Kunstwerk im Zeitalter seiner technischen Reproduzierbarkeit«*, 1936

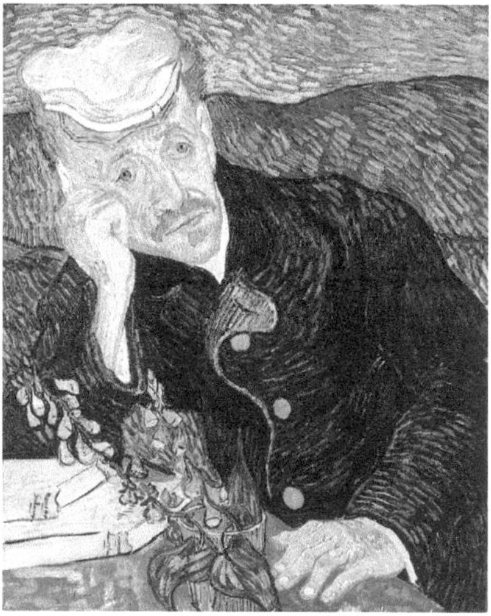

Bildnis des Dr. Gachet
Öl auf Leinwand
67 × 56 cm

Die Besitzer

1890	Theo van Gogh (1857-1891) Paris
1891	Johanna van Gogh-Bonger (1862-1925) Amsterdam
1897	Ambroise Vollard (1866-1938) Paris
1897	Alice Ruben Faber (1866-1939) Kopenhagen
1897	Mogens Ballin (1871-1914) Kopenhagen
1904	Paul Cassirer (1871-1926) Berlin
1904	Harry Graf Kessler (1868-1937) Weimar
1910	Galerie Eugène Druet (1868-1916) Paris
1911	Städelsches Kunstinstitut und Städtische Galerie Frankfurt von Direktor Georg Swarzenski (1876-1957) erworben als Geschenk von Victor Mössinger
1937	Reichsministerium für Volksaufklärung und Propaganda, Berlin (konfisziert, Dezember 1938)
1938	Hermann Göring (1893-1946) Berlin
1938	Franz Koenigs (1881-1941) Amsterdam
1938	Siegfried Kramarsky (1893-1961) Amsterdam, New York; Siegfried Kramarsky-Treuhandstiftung
1990	Ryoei Saito (1920-1996) Tokio

Das Gemälde

Langgezogen und geisterhaft sitzt die Gestalt eines älteren Mannes an einem roten Tisch. Er lehnt sich weit nach links. Sein schmaler Kopf ist auf die knochige Faust gestützt, seine andere Hand liegt mit leicht gespreizten Fingern offen auf der Tischkante. Er trägt eine cremefarbene Mütze und ein dunkelblaues Jackett. Eigentlich formt dieses Jackett seinen Oberkörper, der weniger dreidimensionale Qualität als Farbfläche ist. Fast über die halbe Leinwand erstreckt sich das Blau des Jacketts von der mitternächtlichen Farbe nördlicher Gewässer. Die aufgewühlte Farboberfläche deutet Seegang und Unendlichkeit sowie den Schimmer mittelalterlicher Buntglasfenster an. Ockerfarbene und limonengrüne Pinselstriche gestalten die Konturen des schmalen Gesichts. Seine feinen Züge tauchen aus einem Netzwerk fadendünner Farbstriche auf, die über Stirn und Schläfen springen. Er blickt die Betrachter direkt an, die Augenbrauen hochgezogen, der Blick durchdringend und traurig.

Im Vordergrund ragen zwei grüne, blühende Stengel aus einem Wasserglas hervor und biegen sich wie die Gestalt hinter ihnen nach links. Auf dem Tisch, hinter den Blumen, liegen zwei gelbe Bücher, mit waagerechten Strichen in sattem Zitronengelb gemalt. Auf ihre Rücken wurden freihändig in schwarzer Farbe die Titel *Manette Salomon* und *Germinie Lacerteux* gepinselt.

Der Hintergrund greift die Farbe des Jacketts wieder auf, jedoch in blasserem Blau. Der Maler hat ihn vage gelassen – ohne Objekte oder Raumperspektive. Dicht am oberen Rand des Gemäldes verläuft eine horizontale Linie, die einen Höhenzug zu beschreiben scheint, dessen Umriß der Schultersilhouette und dem Ärmel des Mannes folgt. Dieser Höhenzug wird durch einen breiten Streifen Kobaltblau gebildet, einen Ton heller als die Jacke, doch dunkler als das tiefblaue Band, das den Himmel darstellt.

Nichts weist unmittelbar auf den Beruf oder die soziale Klassenzugehörigkeit des Mannes hin. Die Mütze von gleicher geisterhafter Blässe wie das Gesicht und das schlichte blaue Jackett könnten sowohl zu einer Uniform als auch zur Aufmachung eines Beamten gehören. Doch die Kleidungsstücke geben keine klare Auskunft darüber, ob ihr Träger ein Mitglied des Bürgertums, ein Arbeiter oder ein Bauer ist. Ebenso verweigert der Künstler, genaue Einzelheiten des Lichts, der Atmosphäre oder der Tageszeit festzuhalten. Er hat die Farbe auch nicht strukturiert, um zwischen der Beschaffenheit von Fleisch, Stoff, Papier, Glas oder der Blütenblätter zu unterscheiden. Und doch hat er sein Sujet aus verblüffend geringem Abstand dargestellt, so daß die Figur kaum auf die Leinwand paßt: Ärmel, Tischkanten, die Bücher und das Wasserglas werden vom Rahmen beschnitten. Die hastigen, sichtbaren Pinselstriche und die nur angedeuteten orangefarbenen Haare und grünen Knöpfe vermitteln das Gefühl, daß das Bild eilig gemalt worden ist – eine Skizze nach der Natur, um die Details einer persönlichen Begegnung rasch niederzulegen.

Auf den Tisch gestützt, sitzt der zur Seite geneigte Mann völlig ruhig. Doch nichts in diesem Gemälde befindet sich im Ruhezustand. Der übermäßigen Neigung des Körpers nach links laufen die Linien des Ärmels und der Hand im unteren rechten Teil des Bildes sowie die Kontur des aufsteigenden Höhenzuges im Hintergrund entgegen. Eine Diagonale verläuft in der Mitte der blauen Jacke entlang der Knöpfe nach oben, durchzieht das Revers in einer Windung, deren Serpentinenform den Konturen einer Welle in einem japanischen Holzschnitt ähnelt – einem blauen Bogen – auf der Höhe ihres Kammes festgehalten. Alles ist rasch hingeworfen, als hätte der Künstler mit dem Pinsel skizziert, jede Form rastlos mit unruhig gemalten Linien erfüllend. Dunkle, fließende Konturen umreißen die großen Formen. Der bekümmerte Ausdruck des Gesichts findet sich in den Mustern der Pinselstriche wieder, die durch das meerfarbene Jackett und den Hintergrund fließen. Alle Elemente des Gemäldes – der Mann, die dunkelfarbene Jacke, der leere Hintergrund – unterwerfen sich der ungewöhnlich vereinheitlichenden Struktur der Ölfarbe.

Der Fluchtpunkt des Porträts – die blauen Punkte der Augen des Sitzenden – liegt außerhalb des Zentrums. In seinem starren und skeptischen Blick, einst auf den Künstler und nun auf den Betrachter gerichtet, liegen Schmerz und Erkennen zugleich.

Prolog

Heiliges und Profanes

Gemälde sind unter anderem versteinerte Formen des ökonomischen Lebens. Michael Baxandall

Die Geschichte des Gemäldes *Bildnis des Dr. Gachet* beginnt im Mai 1890 in einem französischen Dorf, etwa zwanzig Meilen nordwestlich von Paris. Sujet von Vincent van Goghs Porträt ist der einundsechzigjährige Arzt Paul-Ferdinand Gachet. Nur wenige Wochen, bevor van Gogh das Porträt malte, hatte er die Nervenheilanstalt Saint-Paul-de-Mausole im Süden Frankreichs verlassen, um in Auvers-sur-Oise eine unerklärliche, immer wieder aufflackernde Krankheit behandeln zu lassen. Sie war in der Nervenheilanstalt als Epilepsie diagnostiziert worden. Gachet, der in Auvers lebte, hatte eine Allgemeinarztpraxis in Paris. Der Maler begann seine Studie am 3. Juni und beendete das Porträt in zwei oder drei Tagen, ein Tempo, das dem komplexen Charakter des Gemäldes widerspricht. Van Gogh arbeitete in dem überwucherten Garten, der das Haus des Arztes teilweise umgab. Er plazierte sein Modell mit auf die Hand gestütztem Kopf in der traditionellen Haltung der Melancholie an einen Gartentisch.

Obwohl Auvers nur eine kurze Zugfahrt von Paris entfernt lag, lebten dort nur wenige Städter wie der Arzt. Doch mit ihm konnte der Künstler seine Malerei diskutieren. Van Gogh, ein gnadenloser Analytiker seiner Kunst, kommentierte sein Gemälde als erster. Unmittelbar nach Fertigstellung beschrieb er es in einem Brief an seinen Bruder Theo, der Kunsthändler war. Dies geschah wohl in der Hoffnung, Theo von der Bedeutung des Bildes zu überzeugen, da ein Porträt schwieriger zu verkaufen ist als eine Landschaftsmalerei oder ein Stilleben. »Ich arbeite an seinem Porträt, dem Kopf mit einer weißen Mütze, seine blonden Haare in ganz hellen Tönen, der Hautton der Hände ist auch ganz hell; ein blauer Gehrock, der Hintergrund kobaltblau. Er stützt sich auf einen roten Tisch, auf dem ein gelbes Buch liegt und eine Digitalis mit purpurnen Blüten steht. Dieses Bild ist aus der gleichen Empfindung entstanden, wie das Selbstporträt, das ich vor meiner Abreise machte.« Später erklärte der Künstler in einem Brief an Paul Gauguin die Intention des Porträts: »Ich arbeite am Porträt Dr. Gachets«, schrieb er. »Sein Gesicht hat den schmerzlichen Ausdruck unserer Zeit.«

Die Geschichte des Gemäldes findet ihren Höhepunkt am 15. Mai 1990, genau einhundert Jahre später. In einem fensterlosen Auktionssaal von Christie's, eine Etage über dem Verkehrslärm Manhattans, wurde das Gemälde Vincent van Goghs, Katalognummer 21, für 82,5 Millionen Dollar verkauft. Dies war die höchste Summe, die bis zu dem Tag bei einer Auktion für ein Kunstwerk bezahlt worden war. In nur fünf Minuten wurde mit 28 Millionen Dollar Mehrerlös der Rekord gebrochen, den drei Jahre zuvor ein anderes van Gogh-Gemälde, *Iris (Schwertlilien)*, gesetzt hatte. Wenige Tage später schickte der neue Besitzer des Gemäldes, der japanische Papierfabrikant Ryoei Saito, seinen Agenten zu einer Auktion impressionistischer Kunstwerke bei Sotheby's, wo er 78 Millionen Dollar für Pierre-Auguste Renoirs *Au Moulin de la Galette* bezahlte.

Die Auktion des *Dr. Gachet* im Frühjahr 1990 markierte die Spitze des großen Booms auf dem Kunstmarkt. Spekulanten, viele davon aus Japan, hatten die Preise impressionistischer und nach-impressionistischer Gemälde, besonders der holländischen Meister des neunzehnten Jahrhunderts, in beispiellose Höhen getrieben. An diesem Abend war das Porträt im Goldrahmen einen Augenblick lang an der Stirnseite eines mit Kunsthändlern aus Amerika, Europa und Japan vollgestopften Raumes aufgehängt. Und es war, als sollte mit dem melancholischen Porträt der Wirtschaft der achtziger Jahre ein Spiegel vorgehalten werden – einer Periode der in die Höhe geschraubten Aktienpreisindexe, plötzlichen Reichtums unvorstellbaren Ausmaßes und auf Schulden gegründeter Finanzimperien. Das

Porträt war eines von mehreren nach-impressionistischen Gemälden aus dem Besitz von Siegfried Kramarsky, einem deutsch-jüdischen Bankier, der 1941 in die Vereinigten Staaten emigriert war. Fünfundsechzig Jahre lang war es immer wieder in Ausstellungen des Metropolitan Museum of Art zu sehen gewesen. Nun gehörte es zu den vielen Meisterwerken, die in den achtziger Jahren versteigert wurden. Grund dafür waren die inflationären Preise und die 1986 in Kraft getretene Steuerreformgesetzgebung der Regierung Reagans, die amerikanischen Sammlern plötzlich den Anreiz nahm, ihre Kunstwerke den Museen zur Verfügung zu stellen. Der Verkauf des *Dr. Gachet* wurde als Symbol für die finanzielle Macht Japans und den ökonomischen und kulturellen Niedergang des Westen interpretiert.

Obwohl der *Gachet* Kunsthistorikern gut bekannt war, hatte die Öffentlichkeit das Porträt noch nicht so wahrgenommen wie einige andere Werke van Goghs – *Sternennacht, Sonnenblumen, Das Schlafzimmer des Künstlers in Arles* oder *Selbstbildnis mit verbundenem Ohr.* Doch als Fernsehgesellschaften die Nachricht von der Auktion über den Globus verbreiteten, war das Gemälde wegen des erzielten Preises sofort überall im Gespräch. Der exorbitant hohe Preis ließ für den Augenblick sowohl die Bedeutung des Porträts als außergewöhnliches Gemälde als auch dessen hundertjährige Geschichte vergessen. Es war zu einer Ware geworden, die alle Preisrekorde brach.

Warum dieses Gemälde? Der nicht voraussehbare Rekordpreis des *Gachet* resultierte aus mehreren Umständen. Zum einen war es die einzigartige ökonomische Situation des Frühjahrs 1990, zum anderen der Ehrgeiz und Reichtum mehrerer Magnaten, die bei der Auktion ihre Gebote abgaben. Doch in weit größerem Maß war der phänomenale Marktwert des *Gachet* an das Bild selbst und dessen Geschichte als gefeiertes Kunstwerk gekoppelt. Seit langem bestand unter Künstlern, Kritikern, Händlern und Sammlern Einvernehmen über dessen Großartigkeit, doch erst seit kurzem wurde es auch von Kunsthistorikern so bewertet. Die ästhetische Wirkung des Bildes sowie seine Bedeutung in der europäischen Kunstgeschichte waren erkannt worden. In ihm sind die künstlerischen Ziele van Goghs verwirklicht, und das machte es zu einem bahnbrechenden Gemälde. Mit seiner seltsamen Schönheit hat es Menschen in seinen Bann gezogen: ein Zeugnis menschlichen Geistes und eine Ware, mit geradezu heiligen und mit profanen Aspekten, die sich scheinbar widersprechen, doch unentwirrbar und komplex miteinander verbunden sind. Dies hat ihr Schöpfer auch erkannt. Unter den Künstlern des ausgehenden neunzehnten Jahrhunderts war van Gogh der vielleicht am stärksten spirituell Getriebene, aber auch einer, der mehr als sechs Jahre für führende europäische Galerien gearbeitet hatte, bevor er sich der Malerei verschrieb.

Die Entwicklung des *Dr. Gachet* zu einer Ikone der Moderne und zum Rekordhalter auf dem Kunstmarkt hatte auch mit seinem Ursprung im Frankreich des ausgehenden neunzehnten Jahrhunderts zu tun. Sein Schicksal versinnbildlichte auf dem Kunstmarkt das Schicksal der impressionistischen und nachimpressionistischen Gemälde. Wenn auch ein Extremfall, so war das van Gogh-Porträt eines von vielen modernen Gemälden in Privatbesitz, deren Preise stiegen. Diese Gemälde teilten eine ähnliche Geschichte. Sie waren von Impressionisten wie Edouard Manet, Claude Monet, Edgar Degas und Camille Pissarro, sowie von Nach-Impressionisten wie Paul Cézanne, Paul Gauguin, Georges Seurat und van Gogh in den letzten drei Jahrzehnten des neunzehnten Jahrhunderts geschaffen worden, oder von Bilderstürmern wie Henri Matisse oder Pablo Picasso, deren Gemälde vor dem ersten Weltkrieg plötzlich auf die Pariser Kunstszene drängten. Diese Maler waren auf die Unterstützung unternehmungsfreudiger Galeristen wie Paul Durand-Ruel oder Ambroise Vollard angewiesen, deren kaufmännische Geschicklichkeit versprach, ihnen Erfolg und Ruhm zu verschaffen.

Dieses Buch will die Geschichte dieses *Bildnis des Dr. Gachet* erzählen, vom Garten in einem kleinen französischen Dorf bis hin zu einem Lagerhaus am Stadtrand von Tokio. Es ist die Geschichte der modernen Kunst, der Ökonomie, der Politik und der Sammler. Sie erzählt von Händlern, Publikumsgeschmack, Korruption, Habgier und Verlust. Doch vor allem ist es die Geschichte eines außergewöhnlichen Gemäldes, das nur wenige Wochen vor van Goghs Selbstmord entstand. Es war sein letztes großes Porträt. Auch soll die Geschichte der dreizehn Besitzer des Porträts erzählt werden, durch deren Hände es ging: zwei wohlhabende Avantgarde-Künstler, drei Händler, ein deutscher Sammler, ein Museumsdirektor, ein hochrangiger Nazi, ein Amsterdamer Bankier und ein jüdischer Emigrant. Schließlich ist es die Geschichte der Legende van Gogh, die fast unmittelbar nach dessen Tod entstand, der Rezeption seines Werkes im Verlauf der Zeit und der dramatischen Ausweitung des Marktes für moderne Kunst, der zur gleichen Zeit wie eine gehobene Mittelklasse in der Gesellschaft und die avantgardistische Malerei entstand.

Die Käufer hatten unterschiedliche Gründe, ihr Geld für den *Gachet* auszugeben. Für einige war das Gemälde ein Objekt der Leidenschaft, ein Idealbild, das Symbol der Reform und der Revolution, für andere ein Produkt, das gefördert werden mußte und, in jüngster Zeit, ein Sinnbild für nationalen Reichtum und finanziellen Erfolg. Im Verlauf von einhundert Jahren reiste das Gemälde von Paris nach Amsterdam, Kopenhagen, Berlin, Weimar, Paris, Frankfurt/Main, Amsterdam, New York und Tokio. Die Beweggründe der Käufer für den Erwerb des *Gachet* sagen viel über sie selbst und über die intellektuelle, geistige und sogar politische Situation der Zeiten aus. Besonders vor dem ersten Weltkrieg waren nicht unbedingt gesellschaftliche Ambitionen, sondern einfach nur Freude an dem Gemälde Grund für dessen Erwerb, und am Vorabend des Zweiten Weltkriegs war es häufig die Nachfrage nach beweglichen Werten.

Als bei der Auktion im Jahre 1990 eine Drehscheibe das Gemälde den Blicken freigab, dachte jedoch niemand an die Geschichte des Gemäldes, insbesondere nicht an ihre dunklen Abschnitte. Als van Gogh das Gemälde fertigstellte, äußerte er die Hoffnung, daß den Betrachtern das Porträt nach einem Jahrhundert als »Erscheinung« vorkommen möge. Doch hätte er sich träumen lassen, daß die Geisterhaftigkeit des Porträts sich zu einer kurzzeitigen Erscheinung auf dem Auktionstisch entwickeln würde, wo es wie der Blitz auftauchte und wieder verschwand?

Preise, die von 1897 bis 1990 für van Goghs Bildnis des Dr. Gachet *bezahlt wurden*

Käufer		*Preis*	*Gegenwert in US Dollar*	*Gegenwert in US Dollar 1995*
1897	Ruben	300 franz. Francs	$ 58	$ 1056
1904	Cassirer[1]	1238 Mark	$ 239	$ 4945
1904	Kessler	1689 Mark	$ 399	$ 6744
1910	Druet[2]	14000 franz. Francs	$ 2703	$ 44015
1911	Städtische Galerie, Frankfurt	20000 franz. Francs	$ 3861	$ 62879
1938	Koenigs[3]	4000 Pfund Sterling, 266400 Reichsmark als Sperrguthaben	$ 20000 $33300 $53300	$ 216114 $ 359829 $ 575943
1990	Saito	82500000 US-Dollar	$81500000	$ 96197398

1 Der *Gachet* wurde zusammen mit *Madonna mit dem Apfel* von Maurice Denis verkauft. Man kann davon ausgehen, daß der *Gachet* die Hälfte der Endsumme für beide Gemälde erzielte.

2 Der *Gachet* wurde zusammen mit *Manao tupapau* von Paul Gauguin verkauft. Man kann davon ausgehen, daß der *Gachet* für die Hälfte der 28000 Francs, die für beide Gemälde bezahlt wurden, verkauft wurde.

3 Der *Gachet* wurde zusammen mit *Daubignys Garten* von van Gogh und *Steinbruch Bibémus* von Cézanne verkauft. Man kann davon ausgehen, daß der Verkauf des *Gachet* ein Drittel der Verkaufssumme (12000 englische Pfund und 800000 Reichsmark als Sperrguthaben) erzielte.

Teil I

»Der schmerzliche Ausdruck unserer Zeit«

1

Van Gogh
Händler, Prediger und Maler
1853-1886

Der Bauer bei seiner Alltagsbeschäftigung wiedergegeben – siehst Du, das ist eine Figur – ich wiederhole, das ist wesentlich modern – das ist das Herz, selbst der modernen Kunst, etwas, was weder die Griechen noch die Renaissance, noch die alte holländische Schule getan hat.

Vincent van Gogh zu Theo van Gogh, Juli 1885

Vincent van Gogh kam am 20. Mai 1890 nach Auvers-sur-Oise und hoffte, Motive für seine Bilder sowie eine Lösung für die körperlichen und psychischen Probleme, die ihn plagten, zu finden. Auvers lag »vor einem ausgedehnten Höhenzug, der von Steinbrüchen zerfressen war«, und erstreckte sich entlang des Flusses Oise. »Auvers ist sehr schön«, schrieb van Gogh seinem Bruder Theo, »besonders die alten Strohdächer, die man sonst selten sieht ... man ist richtig auf dem Lande – eine ausgesprochen malerische Gegend.« Dreißig Jahre zuvor hatte Charles-François Daubigny, ein Maler der Barbizon-Schule, ein Haus in Auvers gebaut und dort bis zu seinem Tod im Jahre 1878 gelebt. Während van Gogh zuversichtlich war, daß der Arzt Paul-Ferdinand Gachet seine Krankheit diagnostizieren und heilen würde, versprach die Landschaft von Auvers Material für das ehrgeizige Malprogramm zu liefern, das er absolvieren wollte.

Van Gogh war damals siebenunddreißig Jahre alt. Ob die an ihm zehrende Krankheit nur vorübergehender Natur war, wußte er nicht, doch er hatte einen entscheidenden Punkt in seinem Malerleben erreicht. Obwohl er erst seit zehn Jahren malte, hatte er über sechshundert Gemälde und fast ebenso viele Zeichnungen geschaffen, und seit kurzem wurde seinem Schaffen erstmals Aufmerksamkeit zuteil. Im Jahr zuvor waren seine

Gemälde nicht nur in Ausstellungen in Paris, sondern auch in Brüssel zu sehen gewesen, und sein Werk hatte den Beifall von Kritikern gefunden. In einem längeren Artikel in der ersten Ausgabe des Mercure de France hatte ihn vier Monate zuvor der symbolistische Dichter Georg-Albert Aurier als »großen Maler« und einen »nicht unwürdigen Nachkommen der alten Meister Hollands« gewürdigt.

Auf dem noch in den Kinderschuhen steckenden, aber sich ausdehnenden Markt für avantgardistische Kunst war van Gogh außerordentlich gut vertreten. Sein Bruder Theo war Kunsthändler und unterstützte ihn ständig finanziell. Die Brüder van Gogh stammten aus einer Kunsthändlerfamilie: Drei Onkel besaßen erfolgreiche Galerien in Amsterdam, Rotterdam und Den Haag und somit auch großen Einfluß auf dem holländischen Kunstmarkt. Durch einen dieser Onkel bekam Vincent van Gogh eine Lehrstelle bei Goupil & Cie., einer großen internationalen Galerie in Paris. Van Gogh hatte 1876 die Galerie verlassen, doch Theo, ebenfalls bei Goupil & Cie. beschäftigt, hatte sich bis zum Leiter der Filiale am Montmartre hochgearbeitet. Dort befaßte er sich mit der umstrittenen Kunst der Impressionisten. Van Gogh hatte bisher erst ein Gemälde verkauft. Ein Zeitraum von zehn Jahren war zu kurz, um sich als Maler etablieren zu können.

Sechs Jahre Erfahrung, die er bei Goupil gesammelt hatte, gaben van Gogh eine relativ gute Kenntnis des Kunstmarkts. Er diskutierte dieses Thema häufig in seinen Briefen. »Glücklicherweise ist es außerordentlich leicht, Bilder comme il faut in einem Ort comme il faut an einen Herren comme il faut zu verkaufen. Seit der großartige Albert [Goupil] uns dieses Rezept gegeben hat, sind alle Schwierigkeiten wie weggefegt«, erzählte er Theo im Juni 1888. »Nichts«, so argumentierte er mit Recht, »würde bei uns das Unterbringen der Bilder so erleichtern, als wenn sie ganz allgemein als Schmuck von Bürgerwohnungen verwendet würden, wie früher in Holland.« Der Künstler kannte auch die wirtschaftlichen Aspekte der Kunst. Er belehrte seinen Bruder über die sogenannten »Gelegenheitsopfer«, die Theo brachte, indem er in Bilder investierte, und wies darauf hin, daß er Einbußen hatte, weil er Geld in Gemälde des immer noch unbedeutenden Paul Gauguin steckte. Diese Bilder, erklärte van Gogh, »die sich eines Tages verkaufen werden, bringen vielleicht auf Jahre hinaus keine Zinsen ein von dem Geld, das sie kosten.«

Theo kannte das Spekulationsrisiko, das die Arbeiten unbekannter Maler mit sich brachten, nur zu gut. Jahrelang gab er großzügig einen Teil seines beträchtlichen Gehaltes (um die 7000 Francs im Jahr, zuzüglich der Kommissionsanteile), um seinen Bruder mit einem monatlichen Stipendium von 220 Francs im Tausch für Gemälde zu versorgen. (Mit 2660 Francs im Jahr betrug das Einkommen van Goghs ungefähr ein Viertel des Jahreseinkommens eines französischen Arztes oder Rechtsanwalts, das sich um die 10000 Francs belief, doch das Eineinhalbfache des Gehalts, das der Postmeister Joseph Roulin, den er viermal porträtierte, bezog, um damit in Arles drei Kinder zu versorgen.) Obwohl er Theos Zuwendung bereitwillig akzeptierte, weigerte er sich hartnäckig, sie als milde Gabe zu betrachten. Statt dessen sah er die Beziehung zu seinem Bruder lieber unter rein geschäftlichen Gesichtspunkten. Seiner Ansicht nach waren Theos Zuwendungen die regelmäßige Zahlung eines Händlers an einen Künstler, der dafür Bilder produzierte. »Selbst wenn es Dir beliebt, meine Sachen zu zerreißen«, schrieb er, »oder wenn Du sie ruhig liegenlassen oder etwas damit anfangen willst, habe ich nicht mehr das Recht, etwas dagegen einzuwenden. *Sofern ich es meinerseits als einen Kauf betrachten darf.*«

Theos Geldzuwendungen hatten es van Gogh ermöglicht, sich als Maler weiterzuentwickeln, dennoch hatte der Künstler nie das Verlangen, seinen Bruder von der ständigen finanziellen Belastung zu befreien. Vincent betonte, daß er Theo als Partner in einem kreativen Unternehmen ansah. »Obwohl Du nur mittelbar hervorbringst, bist Du produktiver als ich«, schrieb er im Juli 1888. »Je mehr Du ganz zum Kunsthändler wirst, um so mehr wirst Du Künstler.« Am Ende desselben Briefes fügte er hinzu: »... doch wenn es mir gelänge, das verausgabte Geld an Werten wieder hereinzubekommen, so täte ich nur meine

Pflicht. Etwas Praktisches, was ich machen kann, sind Porträts.« Als van Gogh in Auvers ankam, war er ein perfekter, wenn auch unkonventioneller Porträtmaler. Als er beschloß, Dr. Gachet, eine bekannte Persönlichkeit im Dorf, zu malen, hoffte er auf mögliche Aufträge für andere Porträts. So wurde das wohl introspektivste und metaphysischste Gemälde van Goghs teilweise aus praktischen und kommerziellen Überlegungen heraus geboren.

Kindheit und Jugend, 1853-1876

Groot-Zundert ist eine Stadt in Brabant im Süden der Niederlande. Eigentlich liegt sie näher zu Antwerpen als zu Amsterdam. Dort wurde Vincent van Gogh am 30. März 1853 in eine mittelständische Familie hineingeboren. Sein Vater, Theodorus van Gogh, war Pfarrer in der Holländisch-reformierten Kirche. Seine Mutter, Anna Cornelia Carbentus, war die Tochter eines Buchbinders, der am holländischen Hof in Den Haag gearbeitet hatte. Van Gogh erhielt in den örtlichen Schulen eine erstklassige höhere Ausbildung, die ihm eine solide Grundlage der französischen und englischen Sprache vermittelte.

Am 30. Juli 1869 begann er mit sechzehn Jahren eine Lehre bei Goupil & Cie. in Den Haag. Diese Galerie hatte ursprünglich seinem Onkel Cent van Gogh gehört. Sie befand sich im ersten Stock eines schönen Gründerzeitgebäudes am eleganten Plaats. Das Interieur erinnerte an ein großes viktorianisches Privathaus: Die düsteren Räume waren mit schweren Möbeln ausgestattet, und an den Wänden hingen dunkle Gemälde. Cent van Gogh war ein gewitzter, welterfahrener Geschäftsmann und baute ein lukratives Gewerbe auf, in dem er anscheinend hauptsächlich zeitgenössische holländische Kunst verkaufte. 1858 brachte er sein Geschäft in eine Partnerschaft der französischen Firma Goupil ein und zog nach Paris. Goupil & Cie war 1827 in Paris von Adolphe Goupil gegründet worden, der sowohl Drucke Alter Meister als auch zeitgenössischer Gemälde veröffentlichte. Um die Lizenz zur Herstellung von Stichen oder Lithografien zeitgenössischer Gemälde zu erhalten, legte Goupil ein Lager von Gemälden an, die er schließlich auch zu verkaufen begann. Durch die Drucke, aber auch durch den Verkauf von Fotografien (die Fotografie wurde um 1880 erfunden) hatte Goupil einen Massenmarkt für Kunstreproduktionen geschaffen. Bis 1860 besaß die Galerie nicht nur Filialen in Den Haag, sondern auch in Brüssel, Berlin, London und New York. Die New Yorker Filiale sollte später unter dem Namen Knoedler bekannt werden.

Da Adolphe Goupil einen doch eher konventionellen Kunstgeschmack hatte, spezialisierte sich die Galerie auf teure Gemälde von damals berühmten, lebenden Künstlern, die als Mitglieder der Französischen Akademie gewissen Einfluß besaßen. Sie erwarben sich ihren Ruf durch Preise und Auszeichnungen, die sie beim jährlich (oder zweijährlich) ausgerichteten Pariser Salon erhielten. Dort bewerteten Juroren die ausgestellte zeitgenössische Kunst. Bis in die 1880er Jahre hinein blieb der Salon die wichtigste Ausstellung französischer Kunst, zog Tausende von Besuchern an und wurde in der Presse lebhaft kommentiert. Unter Goupils illustren Künstlern befanden sich William-Adolphe Bouguereau, Alexandre Cabanel, Jean-Louis-Ernest Meissonier und Jean-Léon Gérôme, der zufällig auch Goupils Schwiegersohn war. Diese Maler betrachteten sich als die Erben der traditionellen französischen Historienmalerei, wie sie im siebzehnten Jahrhundert durch Nicolas Poussins feierliche Gemälde aus der klassischen, biblischen und mythologischen Geschichte beispielhaft vertreten wurde: *Der Raub der Sabinerinnen* und *Der Tod des Germanicus*. Die Französische Akademie setzte Historienmalerei noch vor Landschaftsmalerei, Porträts, Stilleben und Genreszenen (Alltagsszenen) an die Spitze einer Hierarchie der Stilrichtungen. Mit ihren allegorischen Lektionen über Mut, Ehre, Pflicht und Schicksal dienten die Historiengemälde theoretisch dazu, das Publikum zu belehren, zu inspirieren und den französischen Staat zu glorifizieren. Mitte des neunzehnten Jahrhunderts schufen die Akademiemaler detaillierte literarische und historische Melodramen – *Andromache bekämpft feindliche Soldaten, um einen Säugling vor dem sicheren Tod zu bewahren* oder *Die Verhaftung von Charlotte Corday*. Im Salon von 1864 zeigte Meissonier ein kleines Panorama, auf dem Napoleon zu Pferd seine Truppen durch den Schnee führt. Fünf Jahre zuvor hatten Kritiker in ihren Ausstellungsrezensionen auf den Niedergang der Historienmalerei und die starke Zunahme von Genreszenen und Landschaftsmalereien hingewiesen, und nur wenige hatten das bedauert.

Doch Adolphe Goupil, dessen Galerie durch die Akademiekunst gedieh, ignorierte die zunehmend populäreren Landschaftsmaler, darunter Camille Corot und die Mitglieder der Schule von Barbizon – Charles-François Daubigny, Theodore Rousseau und Constant Troyon. Ihre scheinbar traditionellen Gemälde, die zwischen 1830 und 1840 oft am Rande des Parks von Fontainebleau gemalt wurden, waren deshalb neuartig, weil ihre Schöpfer versuchten, das Gesehene naturgetreu abzubilden und deshalb im Freien skizzierten, bevor sie die Gemälde im Atelier fertigstellten. Von dem Kritiker Jules Castagnary für ihre »Melancholie, Eleganz und schwermütige Erhabenheit« gepriesen, verkauften sich die romantischen Landschaften der Barbizon-Maler in Paris, Amsterdam und New York gut. Es ist bezeichnend, daß dieses Verlangen nach Bildern der unberührten französischen Landschaft mit weiten Aussichten und hinreißenden Himmelsstudien mit der zunehmenden Industrialisierung Europas einherging. Selbst Industrielle kauften viele Gemälde der Barbizon-Schule. »Die Natur war ein ersehntes Refugium«, schrieb der Historiker Robert Herbert, »sowohl die innere Welt des ungebundenen Instinkts als auch die äußere Welt von Feld, Wald, Fluß- und Meeresufer.«

Auch van Gogh zog es zu den Gemälden der Barbizon-Maler. 1874 zählte er Corot und Rousseau zu seinen Favoriten, und er äußerte sich enthusiastisch über die häufig sentimentalen, damals aber auch politisch brisanten Szenen von Bauern, die auf den Feldern arbeiten, Szenen, wie sie Jean-François Millets schuf. (Über Millets *Das Abendgebet* schrieb er Theo: »Diese Erhabenheit, diese Poesie.«) Nach mehreren Jahren bei Goupil war sich van Gogh zweifellos der radikaleren Strömung innerhalb der französischen Malerei bewußt, einschließlich des Realismus von Gustave Courbet, der 1850 dem konventionellen Geschmack der Salonanhänger mit *Begräbnis in Ornans* und *Die Steinklopfer* entgegentrat. Beide Gemälde stellten Dorfbewohner und Arbeiter in einer Größe dar, die traditionell den Historienmalereien vorbehalten war. »Malerei ist eine im wesentlichen *konkrete* Kunst«, erklärte Courbet 1861, »und kann nur aus der Darstellung realer, existierender Dinge bestehen.« Van Gogh kannte möglicherweise auch Edouard Manet, der 1863 sein *Frühstück im Freien* ausstellte, eine zeitgenössische Genreszene, in der eine nackte Frau im Wald mit zwei voll bekleideten Männern frühstückt.

Van Gogh, ein hart arbeitender Angestellter, war verantwortlich für den Verkauf von Fotografien, die einen zunehmend wichtigeren Geschäftsteil der Galerie in Den Haag ausmachten. Im Juni 1873 beförderte ihn die Geschäftsführung von Goupil auf einen Posten in der Londoner Filiale. Unterdessen hatte Cent van Gogh dem vier Jahre jüngeren Theo eine Stellung in der Brüsseler Filiale gesichert. Kurz nachdem Vincent nach England gegangen war, zog Theo nach Den Haag. Am 15. Mai 1875 brachten die französischen Besitzer von Goupil, die anscheinend ängstlich bestrebt waren, den Neffen ihres holländischen Kollegen unter ihre Aufsicht zu bringen, van Gogh im Stammhaus der Galerie in Paris an der Place de l'Opéra, 2 unter. Doch dort wurde er immer unzufriedener mit der Situation und entwickelte eine starke Abneigung gegen die Galerie. In seiner freien Zeit widmete er sich nun dem Bibelstudium. Am 1. April 1876 wurde er, mit dreiundzwanzig Jahren, entlassen.

Belgien und die Niederlande
1877-1886

Als van Gogh die Galerie verließ, schien er entschlossen, wie sein Vater der protestantischen Kirche zu dienen. Er verbrachte die nächsten vier Jahre damit, eine Anstellung als Pfarrer zu finden. Nach kurzer Lehrtätigkeit, Arbeit in Buchhandlungen und einem Theologiestudium hatte er Erfolg und wurde Laienprediger im Borinage, dem trostlosen belgischen Kohlerevier nahe der französischen Grenze. Als sein Anstellungsvertrag nicht verlängert wurde, bestand er dennoch darauf, die strapaziöse Arbeit bei den Bergleuten fortzusetzen. Zur selben Zeit begann er, zahlreiche Skizzen zu entwerfen und seine zeichnerischen Fertigkeiten weiterzuentwickeln.

Bis zum Oktober 1880 hatte der nun siebenundzwanzigjährige van Gogh den Entschluß gefaßt, Maler zu werden, und sich in die Académie des Beaux-Arts in Brüssel eingeschrieben. Im nachhinein schien sein scheinbar unsteter Weg vom Kunsthändler über den Prediger zum Maler fast wie eine logische Fortentwicklung. Van Gogh behandelte die Malerei wie eine religiöse Berufung, während er gleichzeitig hoffte, für seine Bilder einen Markt zu finden. Während der nächsten fünf Jahre malte er in Belgien und den Niederlanden (in Den Haag, Antwerpen und den Dörfern Etten und Nuenen, wo seine Eltern lebten). Von Anfang an wählte er häufig Motive aus der arbeitenden Bevölkerung (Bauern, Weber, alte verlassene Menschen), deren trostlose und bittere Lage er mit den eindringlichen, scheinbar grob hingeworfenen Linien seines Malstils einfing. Seine frühen Arbeiten der »Holländischen Periode« fanden ihren Höhepunkt in dem Gemälde *Die Kartoffelesser*. Es war ein monumentales Gemälde, dunkel, brütend, ehrfurchtsvoll, die Figuren so unbeholfen und übertrieben gemalt, daß es an Karikatur grenzt. Hier durchbricht van Gogh das Diktat des Naturalismus, um die metaphorische Bedeutung der Familie, die sich zum Mahl versammelt hat, zu vermitteln. Er selbst erklärte seine Intention:

Ich habe mich nämlich sehr bemüht, den Betrachter auf den Gedanken zu bringen, daß diese Leute, die hier bei ihrer Lampe Kartoffeln essen, mit denselben Händen, die in die Schüssel langen, auch selbst die Erde umgegraben haben; das Bild spricht also von ihrer Hände Arbeit und davon, daß sie ihr Essen ehrlich verdient haben. Ich habe gewollt, daß es an eine ganz andere Lebensweise gemahnt als die unsere, die der Gebildeten. Ich möchte dann auch durchaus nicht, daß jeder es gleich schön oder gut fände.

2

Paris

1886-1887

In Antwerpen wußte ich noch nicht mal, was die Impressionisten waren, jetzt habe ich sie gesehen, und obwohl ich noch nicht zu ihrem Klub gehöre, habe ich gewisse impressionistische Gemälde bewundert – Degas' Nackte – Claude Monets Landschaft.
Vincent van Gogh an den englischen Maler H. M. Livens, 1886

Im März 1886 trafen sich die Brüder van Gogh in Paris, wo Vincent zum erstenmal jene Impressionisten sah, die in den sechs Jahren seiner Lehre bei Goupil Theorie und Praxis der Landschafts- und Figurenmalerei revolutioniert und sich als die avantgardistischsten Maler von Paris etabliert hatten. Zur ursprünglichen Gruppe der Impressionisten gehörten nicht nur Degas und Monet, sondern auch Berthe Morisot, Camille Pissarro, Pierre-Auguste Renoir und Alfred Sisley. Ihre Gemälde brachen mit dem peniblen Detailrealismus der Akademiemalerei. Sie zogen das Malen in der freien Natur der Ateliermalerei vor, versuchten mit sichtbaren, gebrochenen Pinselstrichen die flüchtigen Effekte von Atmosphäre und Licht einzufangen. Statt auf die herkömmlichen Themen aus Geschichte und Mythologie zurückzugreifen, konzentrierten sie sich auf das zeitgenössische Leben in Paris und Umgebung. Sie dokumentierten die sich entwickelnde instabile, unpersönliche Welt der Industrialisierung sowie die Schönheit der bedrohten Landschaft. Sie malten Straßen, Parks, Cafés, Theater, in Dampf gehüllte Eisenbahnstationen und die Orte, an denen das Bürgertum seine Freizeit verbrachte. Durch den Versuch, die Struktur von Fotografien und japanischen Drucken nachzuahmen, erschienen ihre Gemälde wie Momentaufnahmen. Auf das Neuartige dieser Technik wies der Realismuskritiker Edmond Duranty hin. In einer Rezension über die Zweite Ausstellung der Impressionisten von 1876 verglich er die traditionelle Landschaftsmalerei, die er so düster fand »wie die Tiefen eines Kamins«, mit den neuen Gemälden, in denen »wir einen Lichtrausch spüren«.

So wurde Paris auch ohne Theos Anwesenheit konsequenterweise zum Ziel für einen ambitionierten Maler, angezogen von der außergewöhnlichen französischen Malerei. Die Stadt hatte Rom fast ein Jahrhundert zuvor als Kunsthauptstadt Europas abgelöst. Die architektonischen Monumente, die Gemälde- und Skulpturensammlungen waren von den französischen Königen und in jüngster Zeit von Napoleon zur Verherrlichung ihrer Regentschaft aufgebaut worden. Als Jean-Baptiste Colbert, Minister unter Ludwig XIV., 1664 die Königliche Akademie für Gemälde und Skulptur wiedereinsetzte, machte er den Staat zum obersten Schirmherr der darstellenden Künste. Nachdem die Monarchie 1789 durch die Revolution gestürzt und das Patronatssystem des Ancien Régime abgeschafft worden war, versuchte die neue Regierung trotzdem, ihre Rolle als einflußreicher Mäzen der darstellenden Künste beizubehalten. Die verschiedenen Regierungen im 19. Jahrhundert setzten die Bemühungen fort, Gemälde und Skulpturen in Auftrag zu geben oder aufzukaufen, und sie waren überzeugt, eine leistungsfähige nationale Kunstschule sei dem Staat zuträglich.

Während des Zweiten Kaiserreichs tauchte 1860 die »neue Malerei« von Manet und den Impressionisten auf, die von Courbet und den Landschaftsmalern der Schule von Barbizon ihren Ausgang genommen hatte. Frankreich war immer noch die bedeutendste Macht in Mitteleuropa und Hauptrivale Englands. Unter Kaiser Napoleon III. wurden Eisenbahnen gebaut, die industrielle Produktion wurde ausgedehnt, und der Ingenieur Baron Georges Haussmann begann mit der Neugestaltung von Paris: Uralte, übervölkerte Quartiere und Elendsviertel wurden niedergerissen und die Armen in die Vororte vertrieben, um Platz für eine schönere, homogenere Stadt mit großzügigen Boulevards, Parks und Plätzen zu schaffen. Mit dem neuen Opernhaus, großen Kaufhäusern und einer Einwohnerzahl von 1,8 Millionen festigte Paris weiter seinen Platz als Frankreichs Wirtschafts- und Kulturhauptstadt. Während der Mittelklasseanteil der Bevölkerung wuchs, schufen deren oberste Vertreter – Familien mit riesigen, durch wirtschaftliche Aktivitäten erworbenen Reichtümern – einen lebhaften Kunstmarkt.

Als van Gogh 1886 – als einer der vielen Künstler aus ganz Europa – in Paris eintraf, war Frankreich seit fünfzehn Jahren eine Republik. Der Kunsthistoriker Kirk Varnedoe schrieb:

> Die liberalen, geschäftsorientierten Opportunisten, die zwischen Ende der 1870er Jahre und Ende der 1880er Jahre die republikanische Regierung kontrollierten, sahen französische Kultur – besonders den Realismus, von dem sie meinten, er verkörpere ihre Ideale des säkularen Materialismus und der positivistischen Wissenschaft – als eine Art Propaganda für die Verbreitung ihrer fortschrittsorientierten Werte. Die Vielfalt der Ausstellungen und die Aktivitäten des privaten Kunstmarkts machten Paris zu einem offenen Laboratorium, das Künstler aus aller Welt verlockte, herzukommen und in einer Atmosphäre des modernen, permissiven Liberalismus zu studieren, der in ihren Heimatländern unbekannt war.

Die Pariser Kunstwelt war im Fluß. Zwölf Jahre nachdem die Impressionisten ihre erste Ausstellung abgehalten hatten, brach die Gruppe auseinander, ihre Mitglieder waren untereinander zerstritten. Eine neue Malergeneration, angezogen von der Pleinairmalerei, gab ihr Debüt. Einen Monat nach der Ankunft van Goghs begannen die Impressionisten, ihre achte und letzte Ausstellung zu organisieren. Sie wurde am 15. Mai 1886 eröffnet. Gemälde der ursprünglichen Mitglieder – darunter Degas, Pissarro und Berthe Morisot – schienen vertraute Kost, verglichen mit Georges Seurats *La Grande Jatte* (*Ein Sonntagnachmittag auf der Ile Grande Jatte*), dem riesigen, gobelinähnlichen Gemälde einer Menschenmenge an den Ufern der Seine. Dieses brillante Bild kam Kritikern durch seine »ägyptischen« Formen und das anscheinend mechanistische System feiner Pinselstriche schockierend modern vor. Seurats »pointillistisches« Verfahren war auch in Gemälden von Camille Pissarro, dessen

Sohn Lucien und Paul Signac zu sehen. Im Juni erklärte der Kritiker Félix Fénéon, daß die Arbeiten dieser Künstler (die schon bald als »Neo-Impressionisten« bezeichnet wurden) auf der Technik »optischer Mischungen« basierten. Farben, so erklärte er, »die sich isoliert, für sich alleine, auf der Leinwand befinden, fügen sich auf der Netzhaut wieder zusammen: Wir haben deshalb nicht eine Mischung von kompakten Pigmenten, sondern … von verschiedenen farbigen Lichtstrahlen.«

Durch Theo und das Atelier Fernand Cormons wurde van Gogh nicht nur mit Seurat und Signac bekannt, sondern auch mit Emile Bernard, Paul Gauguin, Henri de Toulouse-Lautrec und Louis Anquetin – Künstler, die die Lektionen des Impressionismus verinnerlicht hatten und die schon zersplitterte Bewegung in neue, »anti-impressionistische« Richtungen führten.

Mit dreiunddreißig Jahren hatte van Gogh seine Stämmigkeit verloren, und sein Gesicht war hager und kantig. Er hatte kurzgeschnittene, rötliche Haare. Seit langem hatte er den Anzug, den Angestellte von Goupil zu tragen hatten, abgelegt und trug nun die rustikale Kleidung der Arbeiterklasse. Bestimmte Aspekte seines Temperaments und seiner Lebenssituation paßten hervorragend zu dem Mythos des einzelgängerischen Genies. Doch er besaß einen widersprüchlichen Charakter. Oft selbstsüchtig, stur und streitlustig, war er dennoch auch mitteilsam und gewann im Kreis der Pariser Maler viele Freunde. Bernard und Gauguin zeigte er sich als hingebungsvoller und mitfühlender Kamerad. Die Maler, die Zeit mit ihm verbrachten, entdeckten in ihm schnell den Denker, der fließend Englisch und Französisch sprach, und den eifrigen Leser von Shakespeare, Thomas Carlyle, George Eliot, Victor Hugo und der Brüder de Goncourt. Er war ein »blonder, kräftiger, kleiner Mann mit lebhaften Augen, großer Stirn und frostiger Miene«, schrieb der Kritiker Julien Leclercq, »dunkel erinnerte er an die Haltung eines Spinoza, der hinter schüchternem Äußeren insgeheim eine gewaltige Gedankentätigkeit entwickelt.«

Die Begegnung mit der »neuen Malerei« lenkte van Goghs Aufmerksamkeit in eine neue Richtung. Er hellte seine Palette auf, und im Verlauf einiger Sitzungen mit Signac an den Seineufern vor der Stadt experimentierte er damit, Farbe in einer uniformen Oberfläche aus Pinselstrichen aufzutragen, ähnlich der Technik der Neo-Impressionisten. »Ich sehe im Impressionismus die Auferstehung Eugène Delacroix'«, erklärte er Theo, »seine Satzungen sind sowohl auseinanderstrebend und etwas unversöhnlich; das wird noch nicht der Impressionismus sein, der die Lehre formuliert«. Vom Fenster seines Zimmers am Montmartre aus hielt er in seinen Bildern die Aussicht auf Dächer fest, und in einem anderen Gemälde eine öde Vorortlandschaft, die nur durch einen Laternenpfahl akzentuiert wird und deren Horizont Fabrikgebäude bilden. Van Gogh malte etwa vierundzwanzig Selbstporträts und neunzig Stilleben, meist Blumen und Früchte, aber auch Schuhe und Bücher. Er entwickelte einen Stil, der durch japanische Drucke beeinflußt wurde und mit seinen deutlichen Konturen, flachen Formen und räumlichen Arrangements die herkömmliche Auffassung der Perspektive ignorierte. (Van Gogh hatte in Antwerpen begonnen, japanische Drucke – *crepons*, oder Drucke auf Kreppapier – zu sammeln, und nun verkaufte er sie auch für Siegfried Bing, einen Händler asiatischer Kunst.) Theo glaubte an Vincents Arbeit. »Es ist ganz sicher, daß er ein Künstler ist«, schrieb er seiner Schwester, »wenn auch das, was er malt, noch nicht immer bedeutend ist, so hilft es ihm doch weiter auf dem Weg zur Vollendung; es wäre eine Schande, ihn an seinen Studien zu hindern. Wenn er weiter Fortschritte macht, wird er eines Tages sogar seine Bilder verkaufen, so unpraktisch er auch sein mag ...«

Theo, der seit sechs Jahren für Goupil arbeitete, versuchte zu diesem Zeitpunkt nicht, Vincents Gemälde auszustellen. Da sich die Partner von Goupil auch an Gemälde aus der Schule von Barbizon wagten, gestatteten sie Theo als dem Leiter der Filiale am Boulevard Montmartre jetzt, mehr von den neuen Kunstwerken zu fördern. 1884 hatte Theo ein Gemälde von Camille Pissarro in Kommission genommen, und drei Jahre später begann er, erhebliche Summen für Gemälde der Impressionisten auszugeben. (In diesem Jahr erhielt die Galerie

Goupil den Namen Boussod & Valadon, nachdem Léon Boussod und René Valadon Partner geworden waren.) 1887 erwarb Theo neue Gemälde von Pissarro und Sisley, sowie das Bild *Frau mit Chrysanthemen* von Degas, das sich heute im Metropolitan Museum of Art befindet. Er zahlte auch 20000 Francs für vierzehn Bilder von Monet. Die Gewinne aus dem Verkauf der Impressionisten waren immer noch relativ gering: Die Kommissionsgebühr von 150 Francs für einen 300 Francs teuren Renoir war nur ein Zwanzigstel der Gebühr, die von der Galerie an einem Cabanel-Porträt verdient wurden. John Rewald beschrieb Theos Aktivitäten:

> Nach und nach verwandelte Theo die zwei kleinen niedrigen Räume im Zwischenstock in Ausstellungsräume für avantgardistische Gemälde. Der Ort war ausgezeichnet; Geschäftsleute, die auf dem Weg in die Börse waren, konnten hereinkommen und schauen, was es Neues gab, Leute, die auf dem großen Boulevard flanierten, konnten vorbeischauen und jeder, der an Kunst interessiert war, konnte einen Galeriebesuch mit einem Gang ins nahegelegene Hôtel Drouot verbinden, in dem alle öffentliche Auktionen stattfanden.

Theo förderte durch seine Unterstützung der Impressionisten Maler, die nicht nur die ästhetischen Konventionen über Bord warfen, sondern auch den Markt für zeitgenössische Kunst reformierten. Mit acht selbstfinanzierten Ausstellungen hatten sie den Salon umgangen, die Kontrolle über die Art der Präsentation ihrer Kunst übernommen und ihre bilderstürmerische Bewegung der Öffentlichkeit vorgestellt.

Obwohl sie sich den akademischen Konventionen nicht beugten und nicht nur für den öffentlichen Geschmack produzierten, waren diesen unternehmungsfreudigen Künstlern kommerzielle Überlegungen nicht fremd. Bei der Ausstellung von über zweihundert Arbeiten im Jahre 1874 hatten sie in den Ausstellungsräumen am Boulevard de Capucines 35, dem früheren Atelier des Fotografen Nadar, elektrisches Licht installiert, um die Ausstellung bis zehn Uhr abends geöffnet halten zu können. Sie hofften dadurch, das Publikum zu interessieren, das in dem benachbarten Theater Vorstellungen besuchte. Bei einem Eintrittspreis von einem Franc zog diese Ausstellung im Verlauf eines Monats 3500 Besucher an – weniger als die durchschnittliche tägliche Besucherzahl des Salons von 4000 – aber fünf Jahre später kamen schon 16000 Besucher.

Die Impressionisten waren die berühmtesten von mehreren Künstlergruppen und Malervereinigungen im damaligen Paris, die, um sich einen Namen zu machen und beachtet zu werden, ihre Bilder gemeinsam an alternativen, inoffiziellen Ausstellungsorten zeigten.

Der Weg dazu war zwei Jahrzehnte zuvor geebnet worden, als die Jury der Weltausstellung von 1855 zwei Gemälde von Gustave Courbet ablehnte. Er konstruierte daraufhin einen Ausstellungspavillon und zeigte dort fünfzig seiner Gemälde. Bis zur Mitte des Jahrhunderts hatte sich der Salon zu einem »Basar« entwickelt, der in den meisten Ausstellungen der siebziger Jahre durchschnittlich 2000 Gemälde zeigte. »Das ständig wiederkehrende Problem des Salons – und die Situation von 1859 wiederholte sich während der nächsten zehn Jahre«, bemerkte der Kunsthistoriker Henri Loyrette, »war die große Zahl an angenommenen wie abgelehnten Werken.« Nach Ansicht der meisten Künstler war die staatlich unterstützte Ausstellung einfach zu groß geworden, um die Werke angemessen präsentieren und so die Aufmerksamkeit von Kritikern und Händlern erregen zu können.

Noch bevor die Impressionisten ihre erste Ausstellung abhielten, hatte der Pariser Händler Paul Durand-Ruel die kommerziellen Möglichkeiten ihrer revolutionären Arbeiten erkannt. Der abenteuerlustige Kunstliebhaber und geschickte Unternehmer und Spekulant wurde zu einem zunehmend wichtigen Spieler auf dem Kunstmarkt. Durand-Ruel hatte, so van Gogh, »Claude Monet Bilder abgenommen, ehe jemand anderes seine Bedeutung erkannte.« Sein erstes Gemälde hatte Durand-Ruel dem Künstler 1871 in London abgekauft, wohin beide nach dem Ausbruch des Deutsch-Französischen Krieges geflohen waren. Innerhalb von zwei Jahren hatte der Händler 70000 Francs für Werke der Impressionisten ausgegeben, und 1876 veranstaltete die Gruppe ihre zweite Ausstellung in seiner Galerie. »Seit langer Zeit habe ich Arbeiten von sehr originellen und talentierten Künstlern gekauft und sehr bewundert«, schrieb der Händler 1885, »viele von ihnen sind Genies, und ich will sie Sammlern bekannt machen.« Als die Impressionisten erste Erfolge verzeichneten, wurde er von Theo van Gogh und anderen Händlern modernistischer Kunst als Vorbild betrachtet. Da er sein Geschäft von seinem Vater, Jean-Marie Durand, übernommen hatte, der anfänglich Schreibwaren und Künstlerbedarf verkaufte, konnte der junge Durand-Ruel sich das Risiko leisten, in Gemälde unbekannter Impressionisten zu investieren. Zusammen mit dem Händler Hector-Henri Brame hielt er fast ein Monopol auf mehrere Landschaftsmaler der Schule von Barbizon, und da deren Preise zwischen 1860 und 1870 gestiegen waren, als europäische und amerikanische Industriemagnaten und Bankiers sie vermehrt kauften, konnte Durand-Ruel einen Teil der dabei erzielten beträchtlichen Gewinne investieren. Durand-Ruel und Brame besaßen 140 Gemälde von Théodore Rousseau, davon 79, die sie für 70000 Francs bei der Nachlaßauktion erworben hatten. Bei einer Transaktion verkaufte Durand-Ruel Jean-François Millets *Das Gehege der Schafe im Mondschein* für 40000 Francs an John W. Wilson, einen amerikanischen Sammler in Brüssel, und verdoppelte die 20000 Francs, die er nur zwei Monate zuvor für das Gemälde bezahlt hatte. Durand-Ruel fand, daß die farblich brillant abgestuften Gemälde der Impressionisten den Sammlern ebenso gefallen würden wie die idyllischen Ansichten der Barbizon-Maler.

Auf seinem Gebiet war der Händler genauso einflußreich wie die Künstler, die er vertrat. Nach Ansicht des Soziologen Harrison White veränderte er die Vermarktung zeitgenössischer Kunst, indem er die Aufmerksamkeit des Publikums weg von einzelnen Gemälden und hin auf die Künstler und die Bandbreite ihrer Arbeit lenkte. Dies erreichte er, indem er Einzelausstellungen veranstaltete, wie die von Monet, Renoir, Pissarro und Sisley im Jahre 1883. Kommentatoren bemerkten, daß Durand-Ruel, genau wie sein Konkurrent Georges Petit, mit relativ kleinen Ausstellungen in elegantem Rahmen Kundschaft in seine Galerie holte. Diese Ausstellungen standen in scharfem Kontrast zum überfüllten, aufs Geratewohl bestückten Salon und erschienen einem Kritiker als »wahrhaft privater und intimer Raum.« Um den Impressionisten sowohl intellektuelle wie auch finanzielle Unterstützung zu gewähren, und um sie einem breiteren Publikum zugänglich zu machen, gab der Händler Bildkataloge und Periodika mit Texten heraus, die ihre Werke veranschaulichten und erklärten, und häufig bot er für ihre Bilder, wenn sie öffentlich versteigert wurden.

Obwohl Kunstliebhaber, war sich Durand-Ruel nicht zu schade für harte Geschäfte. 1881 klagte Katherine Cassatt, Mutter der amerikanischen Malerin Mary Cassatt, über die Angewohnheit des Händlers, auf Zollformularen vorsätzlich die Preise höher zu veranschlagen:

> Für Durand-Ruel sind »dunkle Machenschaften« so selbstverständlich wie Seefrachtbriefe, daß er zu glauben schien, jede Aufregung über diese Sache wäre absurd, doch gleichzeitig hält er hartnäckig an seinen guten Beziehungen zum amerikanischen Konsul hier fest. – Einer der Tricks, von denen ich noch nie zuvor gehört habe ist, die Rechnung für Gemälde doppelt so hoch auszustellen, so daß der Händler sie anderen Käufern zeigen kann. Die würden niemals vermuten, daß er (der Händler) bereit ist, eine Extragebühr zu zahlen, nur um seinen Profit zu verdoppeln.

Im Frühjahr 1886 hielt Durand-Ruel seine erste Impressionistenausstellung in New York ab. Einige Künstler kritisierten das überseeische Wagnis, weil sie befürchteten, daß er sich verzettele. Vier Jahre zuvor war die Firma nach dem Zusammenbruch der Banque Union Général vom Bankrott bedroht gewesen, denn einer der Direktoren war Hauptsponsor der Galerie. Am 10. April eröffnete der Händler in der Galerie der American Art Association in New York die Ausstellung mit 264 impressionistischen Gemälden. Dann fügte er noch einundzwanzig Gemälde hinzu und zog mit der Ausstellung in die National Academy of Design, wo der Zuckermagnat Henry Osborne (Harry) Havemeyer und seine Frau, Louisine Elder, Manets *Lachs* für 15 000 Francs erwarben. »Glaub nicht, daß die Amerikaner Wilde sind«, schrieb der Händler dem Künstler Henri Fantin-Latour. »Im Gegenteil, sie sind weniger unwissend, weniger engstirnig als unsere französischen Sammler.« 1888 eröffnete Durand-Ruel eine Filiale in Manhattan. Die geographische Expansion erwies sich schließlich als brillanter Schachzug, weil das wohlhabende Amerika mit seinem schier unstillbaren Verlangen nach französischer Kunst zum größten und lukrativsten Markt für die Impressionisten wurde.

Doch mehrere schon ausreichend etablierte Impressionisten entzogen ihrem ursprünglichen Mäzen das Vertrauen; die achte Ausstellung der Gruppe, im April 1886, war so angelegt, daß sie die Unabhängigkeit der Künstler unterstreichen sollte. (Claude Monet lehnte die Teilnahme ab, weil die Ausstellung in der Galerie Georges Petits stattfand.) Als der Markt für die Impressionisten sich ausdehnte, stand Durand-Ruel also im Wettbewerb mit mehreren anderen Händlern, unter denen sich auch Theo van Gogh befand.

Der den Kritikern und dem Kunstpublikum unbekannte van Gogh konnte noch nicht erwarten, daß seine Bilder bei Goupil ausgestellt würden. Doch er gab mehreren zweitrangigen Händlern, wie Arsène Portie, der in seinem Haus lebte, Gemälde zum Verkauf, und auch Julien-François Tanguy, der zwischen dem Haus van Goghs und Theos Galerie einen heruntergekommenen Laden an der Rue Clauzel betrieb, erhielt Gemälde von van Gogh. Der Farbenhändler und Möchte-gern-Händler Tanguy verkaufte Künstlerbedarf sowie fertige Bilder, die er von van Gogh und anderen Malern im Tausch gegen Malutensilien bekam. Van Gogh malte zwei Porträts von Tanguy, mit japanischen Drucken im Hintergrund. Tanguy stellte van Goghs Gemälde in seinem Schaufenster aus. Auch im Foyer des Théâtre libre und im Büro von Félix Fénéons *Revue indépendante* hingen Bilder des Künstlers.

Im November oder Dezember 1887 – er lebte jetzt seit eineinhalb Jahren in Paris – organisierte van Gogh eine Ausstellung eigener Werke. Ausstellungsort war keine Galerie, sondern ein Restaurant – das Grand Bouillon-Restaurant du Chalet. (Einige Zeit zuvor hatte er im La Tambourin – ebenfalls ein

Café – japanische Drucke gezeigt.) Voller Überzeugung, daß die Impressionisten auf dem entstehenden Markt zeitgenössischer Kunst Erfolg haben würden, präsentierte der ehemalige Kunsthändler Vincent van Gogh jetzt sich selbst und seine Kollegen (Bernard, Anquetin, Toulouse-Lautrec und möglicherweise andere) als Mitglieder der neuen Malschule. Obwohl die Kritiker damals diese provisorische Ausstellung ignorierten, wurde sie später als Beginn einer »anti-impressionistischen« Bewegung gesehen, deren Führer Vincent van Gogh war.

3

Arles

1888-1889

Je länger desto mehr scheint es mir, daß die Bilder, welche geschaffen werden müßten, die Bilder, die notwendig, unumgänglich sind, um der gegenwärtigen Malerei zu ihrem vollkommensten Ausdruck zu verhelfen und sie auf eine Höhe zu bringen, die den erhabenen Gipfeln, welche die griechischen Bildhauer, die deutschen Musiker und die französischen Romanschriftsteller erreichten, gleichkommt, die Kraft eines einzelnen Individuums überschreiten. Sie werden also wahrscheinlich durch Gruppen von Menschen geschaffen werden, die sich zusammentun, um eine gemeinsame Idee auszuführen.

Vincent van Gogh an Emile Bernard, Juni 1888

Im Februar 1888 verließ van Gogh Paris, um nach Arles zu reisen. Über ein Jahr lang hatte er geplant, nach Südfrankreich zu gehen, »wollte«, wie er es Theo gegenüber ausdrückte, »ein anderes Licht sehen, ich dachte, wenn man die Natur unter einem helleren Himmel betrachtet, so bekäme man eine bessere Vorstellung von der Art, wie die Japaner empfinden und zeichnen.« Van Gogh war nicht der einzige, der Paris den Rücken kehrte, das seit Mitte des Jahrhunderts so reichlich Themen für die Maler der Moderne geliefert hatte. 1886 und wieder 1888 hatte Paul Gauguin seinen Lebensmittelpunkt in die Bretagne verlegt. Er suchte nach entlegenen, rustikalen Landschaften, in der die Lebensweise des Bauernstandes noch unkorrumpiert, doch schon von der Industrialisierung bedroht war. »Ich liebe die Bretagne«, schrieb Gauguin. »Sie ist wild und primitiv. Der Klang meiner Holzschuhe auf dem Kopfsteinpflaster, tief, hohl und kraftvoll, ist die Note, die ich malen möchte.« 1887 bereiste Gauguin die französische Antilleninsel Martinique. Auf der Suche nach einer noch exotischeren Umgebung, noch ursprünglicheren Kultur ging er 1891 nach Tahiti.

Van Gogh hielt weiterhin daran fest, nach der Natur zu arbeiten, denn das Licht und die Landschaft um Arles inspirierten ihn. Er vervollständigte seinen charakteristischen Stil mit den expressiven Pinselstrichen, intensiven Farbflächen ohne Tiefenstruktur und den schwungvollen, ausdrucksstarken Konturen. »Meine Zeit verbringe ich damit, Landschaften oder richtiger Farbstudien zu malen und zu zeichnen«, schrieb er dem Maler John Russell und erklärte beredt seine Methode: »Ich übertreibe, ändere manchmal am Motiv, aber immerhin: ich erfinde nicht das ganze Bild. Ich finde es im Gegenteil fertig vor, muß es aber noch aus der Natur herausschälen.«

Im Mai bezog van Gogh ein Zimmer im Café de la Gare, das Joseph-Michel und Marie Ginoux gehörte. Das Innere des Cafés war Motiv für das bedrohlich schöne *Nachtcafé.* »Ich habe versucht, mit Rot und Grün die schrecklichen menschlichen Leidenschaften auszudrücken«, schrieb er. »Der Raum ist blutrot und mattgelb, ein grünes Billard in der Mitte; vier zitronengelbe Lampen mit orangefarbenen und grünen Strahlenkreisen. Überall ist Kampf und Antithese ...« Bald konnte er sich ein Haus an der Place Lamartine 2 mieten. Es sollte sich, wie er hoffte, zum Zentrum einer Malerkolonie entwickeln, denn er konnte sich vorstellen, andere Künstler nach Arles zu holen. Der Vermieter hatte das Innere des Hauses weiß gestrichen, und van Gogh nutzte einen Raum als Atelier, bevor er im September ins »Gelbe Haus« umzog.

Auf der Höhe seiner Schaffenskraft malte van Gogh in Arles über zweihundert Bilder und schuf über einhundert Zeichnungen und Aquarelle. Motiv waren ihm die Stadt und ihre Ausläufer: Obstgärten, Weizenfelder, der Park und *Die Brücke von Trinquetaille*, eine Studie von Stufen, die zu einer 1875 errichteten eisernen Brücke führen. Im Atelier malte er das seltsam proportionierte Bild *Schlafzimmer des Künstlers* und versuchte, sein Gefühl von Frieden zu vermitteln. Auch plante er, die düstere Stimmung von *Nachtcafé* zu vervollkommnen. Voll Optimismus, Gauguin dazu bewegen zu können, nach Arles zu kommen, begann er, das Gelbe Haus mit Bildern zu dekorieren, die als gemaltes Farbexperiment dienten, weil sie die Landschaft und den Lebensstil in der Provence heraufbeschworen. Er malte häufig mehrere Versionen eines Bildes. Zuerst fertigte er an Ort und Stelle eine Studie an, dann überarbeitete er das Motiv mit ausgefeilterem Farbschema zu einem Tableau oder Gemälde.

In Arles malte van Gogh sechsundvierzig Porträts – eine außergewöhnliche Serie emblematischer Bilder in strahlenden Farbtönen. Die Impressionisten hatten die herkömmliche Porträtmalerei radikal verändert, verwarfen formale starre Posen und vertauschten die Idealisierung gegen einen sozialen und psychologischen Realismus. Sie malten Familien und Freunde und fingen sie wie in Momentaufnahmen im Rahmen eines besonderen privaten oder öffentlichen Umfelds ein. Sie sollten in das Gefüge der modernen Welt gestellt werden, um die Dynamik ihrer besonderen Situation zu enthüllen. »Wir wollen«, so erörterte der Kritiker Edmond Duranty, »daß der Rücken ein Temperament enthüllt, das Alter eine soziale Stellung; daß das Paar Hände einen Richter oder Geschäftsmann ausdrückt; eine Geste eine ganze Reihe von Gefühlen aufdeckt. Die Physiognomie wird uns sagen, dieser Mann ist kalt, ordentlich und penibel, während jener Mann ein Ausbund an Unordnung und Gleichgültigkeit ist.«

Van Gogh wählte die Personen seiner Porträts sorgfältig aus, suchte nach Typen, lebhaften lebensvollen Charakteren, die eine bestimmte soziale Rolle, eine Vorstellung, eine Empfindung oder einen moralischen Wert verkörperten. Den Postmeister Joseph Roulin sah er als »sokratischen Typ«, einen »fürchterlichen Republikaner, wie der Père Tanguy«, und als eine Personifikation der Französischen Revolution. Um die abstrakten Züge, die er mit diesen Personen verband, vermitteln zu können, wurde er, wie er sagte, ein »eigenmächtiger Kolorist«. Wenn seine Farbgebung auch anfänglich von den Tönen abhing, die er tatsächlich beobachtete, so entwickelte sie sich später aus seiner Interpretation der Stimmungen und Ideen, die bestimmte Farbpigmente übermittelten. Als er den Bauern Patience Escalier, »ein Raubtier«, malte, wollte er ihn darstellen wie einen »schrecklichen Mann ... in der glutheißen Erntezeit, in der vollsten Mittagshitze und umgeben vom ganzen Midi.

Darum das lodernde Orange wie rotglühendes Eisen, darum die Töne von leuchtendem Altgold im Dunkel.«

Am 23. Oktober 1888 kam Gauguin nach Arles. Die Arbeitsgemeinschaft zwischen den beiden temperamentvollen Künstlern dauerte neun Wochen und verschlechterte sich am Ende des verregneten Dezembers. Ihre späteren Berichte über den Verlauf ihrer Unstimmigkeit wichen in der Darstellung voneinander ab. Doch nach einem erhitzten Streit entdeckte man, daß sich van Gogh, der immer noch von unerklärlichen Krankheitsattacken heimgesucht wurde, einen Teil seines Ohres abgeschnitten hatte. Gauguin telegrafierte an Theo, der sofort nach Arles reiste. Theo hatte sich kürzlich mit Johanna Gesina Bonger, der Schwester seines holländischen Freundes Andries Bonger, verlobt, und er schrieb ihr: »Es gibt nur wenig Hoffnung.« Doch der Maler erholte sich und so fuhren Theo und Gauguin zurück nach Paris. Nach seiner Entlassung aus dem Krankenhaus kehrte van Gogh im Januar ins Gelbe Haus zurück, wo er *Selbstporträt mit verbundenem Ohr* malte. Es war eine peinlich genau ausgeführte Studie in Komplementärfarben, die Theo und anderen beweisen sollte, daß er im Vollbesitz seiner Kräfte war. Im Februar baten dreißig Bürger von Arles in einer Petition, ihn internieren zu lassen. Im Polizeibericht nannte man ihn den »Verrückten«, eine potentielle »Gefahr für die Öffentlichkeit«, und empfahl die Unterbringung »in einem besonderen Asyl«. Die Polizei zwang den Maler, wieder ins Krankenhaus zurückzukehren, wo er zwei Monate lang blieb. Im April heirateten Theo van Gogh und Johanna Bonger.

4

Saint-Rémy

8. Mai 1889-16. Mai 1890

Und in einem Bild möchte ich etwas Tröstliches sagen, wie Musik. Ich möchte Männer und Frauen mit dem gewissen Ewigen malen, wofür früher der Heiligenschein das Symbol war, und das wir durch das Leuchten, durch das Zittern und Schwingen unserer Farben zu geben suchen.

Vincent van Gogh zu Theo van Gogh, 1888

Am 8. Mai 1889 begab sich van Gogh freiwillig in die »Maison de Santé«, die private Irrenanstalt von Saint-Paul-de-Mausole in Saint-Rémy-de-Provence, nachdem er erfahren hatte, daß die Polizei in Arles plante, ihn irgendwo zu internieren. In der Anstalt erlitt er wieder Anfälle und war ab Juli sechs Wochen lang unfähig, das Zimmer zu verlassen. Einmal versuchte er Ölfarbe zu essen. Der Leiter der Anstalt, Théophile-Zacharie-Auguste Peyron diagnostizierte seinen Zustand als »akute Manie mit Gesichts- und Gehörhalluzinationen, die ihn dazu veranlaßt haben, sich das rechte Ohr abzuschneiden«, und später als »epileptischer Art«.

Van Gogh, der sich verzweifelt bemühte, seine Krankheit zu verstehen, neigte dazu, sich selbst dafür die Schuld zu geben. Er glaubte aber, daß Peyron ihm helfen könnte, da der noch jemanden gekannt hatte, der »sich sein Ohr verletzt hatte«. »Ich beobachte bei den anderen, daß auch sie in ihren Anfällen wie ich seltsame Laute und Stimmen gehört haben«, erzählte er Theo, »und daß auch vor ihren Augen die Dinge sich zu verwandeln scheinen. Und das mildert für mich das Grauen, das ich früher vor so einem Anfall hatte, wie ich ihn gehabt habe.« Vier Monate später kämpfte er immer noch darum, wieder gesund zu werden. »Während der Krise fühle ich mich feige vor Angst und lebe feiger, als es Recht ist. ... Ich versuche, gesund zu werden, wie einer, der sich töten wollte, aber das Wasser zu kalt findet und das Ufer zu erreichen sucht.«

Van Gogh hatte Grund zu der Hoffnung, kuriert zu werden. Einige Ärzte lehnten den traditionellen primitiven und brutalen Ansatz bei der Behandlung von Geisteskranken ab und versuchten, die Professionalisierung in der Psychiatrie voranzutreiben, indem sie Methoden zur Erforschung des Unterbewußtseins entwickelten. Einer dieser Pioniere war Philippe Pinel, Professor an der Ecole de Médicine de Paris und Leiter der Salpêtrière, einer Irrenanstalt für Frauen. Er ordnete 1793, vier Jahre nach der Französischen Revolution, an, die Insassen der Anstalten nicht mehr in Ketten zu legen. Pinel vertrat eine »moralische Medizin«, die sich auf Geist und Empfindung ausrichtete. Er wies die Ärzte an, den Patienten zuerst mit »Freundlichkeit« und »beruhigenden Worten« zu begegnen und zurückzugreifen auf »den glücklichen Kunstgriff, die Hoffnung des Verrückten wiederzuerwecken und so sein Vertrauen zu gewinnen.« In den frühen Jahren des neunzehnten Jahrhunderts forderten Schüler Pinels, darunter Jean-Etienne-Dominique Esquirol, das Ende des Aderlassens und Abführens, bis dahin Standardbehandlungen bei Geisteskrankheit.

Van Goghs Gesundheitsprobleme blieben trotz vieler Spekulationen über ihre Eigenart ungelöst. Bis 1990 haben Ärzte, Psychologen und andere über einhundertfünfzig Berichte veröffentlicht, in denen Hypothesen über seine Krankheiten aufgestellt werden. Die einzigen Primärquellen, die über seinen Zustand Auskunft geben, sind mehrere medizinische Berichte aus der Anstalt in Saint-Rémy und seine Briefe. Obwohl er stoisch seine Leiden ertrug und es ihm widerstrebte, Theo gegenüber ihr ganzes Ausmaß zu enthüllen, beschrieb er manchmal seine Symptome. Welche Ursache seine Krankheit auch gehabt haben mag, sie trat nur periodisch auf, verursachte Krampfanfälle und Halluzinationen, machte es ihm manchmal unmöglich, sein Zimmer zu verlassen, und trieb ihn zu selbstzerstörerischen Handlungen.

Doch diesen Symptomen können zahlreiche Krankheiten und Störungen zugrunde liegen. Alle Theorien über die Ursachen seiner geistigen und körperlichen Pein bleiben Spekulation. Van Goghs Leiden sind im nachhinein nicht mehr genau festzulegen.

Wahrscheinlich aber litt van Gogh an mehreren Krankheiten – darunter an einer bestimmten Form der Epilepsie und an manischer Depression. Doch möglicherweise verursachten die Epilepsie und die unberechenbaren Krampfanfälle allein den Abstieg in eine pathologische Form der Depression. Seine instabile Verfassung war vermutlich auf übermäßigen Absinthgenuß und die Einnahme von Digitalis zurückzuführen, eine Medikation, die in der Anstalt offenkundig bei Epilepsie verordnet wurde. Obwohl van Gogh Peyrons Behauptung, er habe Epilepsie, zu akzeptieren schien, sagte er von sich selbst, er leide an »Schwermut«. Dieser extrem dehnbare Begriff kann sowohl auf leichte Depressionen als auch auf einen schweren pathologischen Zustand hinweisen.

Van Goghs Therapie in der Anstalt bestand – neben der Einname von Digitalis – aus Gaben sedierenden Kaliumbromids sowie Bädern, die er zweimal in der Woche in einer der acht Badewannen in einem heruntergekommenen Raum nehmen mußte. »Die Behandlung der Kranken in der Anstalt hier macht man sich leicht«, schrieb er, »sie ließe sich auch auf der Reise durchführen, denn man tut absolut nichts; man läßt sie träge und untätig hinvegetieren und ernährt sie mit unschmackhaften, schon etwas verdorbenen Nahrungsmitteln.« Im Dezember 1889 versuchte er, Farbe zu essen und Kerosin zu trinken, das er einem Wärter, der die Lampen füllen sollte, entwendet hatte.

Trotz seiner Krankheit malte van Gogh weiterhin so brillant wie in Arles. Während der ersten Woche in der Anstalt, Anfang Mai 1889, malte er Blumenstilleben, darunter ein Beet mit Schwertlilien. Er begann verschiedene Versionen der *Zypressen* und eine weitere von *Olivenhain*. In *Sternennacht* und *Sternennacht über der Rhône* experimentierte er damit, eine Landschaft in der Dunkelheit darzustellen. »Am besten gefallen den Leuten die Nachtstimmung und die Sonnenblumen«, berichtete Theo. »Eines der Sonnenblumenbilder habe ich in unserem Speisezimmer gegen den Kamin gestellt. Es wirkt wie ein mit Seide und Gold besticktes Stück Stoff, prachtvoll.«

Obwohl sich van Gogh weit weg von Paris befand, hielt er Kontakt zu Freunden dort. Im Lauf der zwei Jahre, die er in Südfrankreich verbrachte, stellte er zweimal seine Werke beim Salon des Artistes Indépendants in Paris aus. Diese Ausstellung der Unabhängigen war wie der ›Salon‹, nur ohne Jury. 1884 erstmals veranstaltet, diente er als Schaukasten für die Neo-Impressionisten. Zu dieser Ausstellung schickte Theo *Sternennacht* und *Schwertlilien (Iris)*. Im November forderte Octave Maus, Sekretär der belgischen Avantgardistengruppe *Les XX* (auch *Die Zwanzig* oder *Vingtisten* genannt) den Maler auf, sechs seiner Gemälde in der alljährlichen Ausstellung der Gruppe in Brüssel zu zeigen.

Ein bedeutender Schritt auf dem Weg zur Vermarktung von van Goghs Kunst war der lange, begeisterte Artikel des Kritikers G.-Albert Aurier »Der Einzelgänger: Vincent van Gogh« in der ersten Januar-Ausgabe des *Mercure de France* 1890. Aurier gehörte zur Gruppe der literarischen Symbolisten, die ihre Bewegung vier Jahre zuvor mit einem Manifest verkündet hatten, das von Jean Moréas im *Figaro* veröffentlicht worden war. Die Symbolisten, glühende Bilderstürmer, die Charles Baudelaire als ihren Stammvater betrachteten, suchten sich vom Realismus Gustave Flauberts, Honoré de Balzacs und Emile Zolas zu lösen, die den größten Teil des Jahrhunderts die französische Literatur dominiert hatten. In einem Artikel über symbolistische Maler formulierte Aurier die Ernüchterung und die Verachtung für Fortschritt und Positivismus:

> Nachdem die Allmacht wissenschaftlicher Methoden mit geradezu kindlichem Enthusiasmus achtzig Jahre lang verkündet und nachdem behauptet wurde, daß für ihre Linsen und Skalpelle nicht ein einziges Geheimnis existiert, scheint das neunzehnte Jahrhundert endlich zu erkennen, daß ihre Bemühungen umsonst waren und ihre Großtuerei dumm. Die Menschheit wandelt immer noch in der Mitte derselben Rätsel herum, im selben schrecklichen Unbekannten.

»Es ist nun Zeit zu reagieren«, folgerte er, »die Wissenschaft davonzujagen.« So wie er realistische Literatur ablehnte, verabscheute Aurier realistische Kunst. Das konventionelle Ziel der Malerei, die Naturnachahmung sowie Illusionen und Trompe l'œil-Effekte zu schaffen, war nach Ansicht des Symbolisten restriktiv und weltlich und hemmte den wichtigeren spirituellen Zweck der Kunst. Solange »die Impressionisten Farbe studieren ... behalten sie die Fesseln des Verismus«, behauptete Gauguin, »und vernachlässigen die geheimnisvollen Zentren des Denkens«. Die Symbolisten wollten den Blickpunkt von der technischen Seite von Kunst und Literatur hin zur inneren Erfahrung verschieben. Dichter arbeiteten darauf hin, Ideen, Gefühle, Empfindungen und Geisteszustände zu wecken. Schriftsteller und Künstler sollten eine subjektive Wirklichkeit hervorrufen, die wahrer und fundamentaler sei als die Wirklichkeit der körperlichen Welt. Ziel der symbolistischen Kunst war »das Einhüllen der Idee in eine Form, die von den Sinnen wahrgenommen werden kann.«

Obwohl Aurier van Gogh in die Tradition des holländischen Realismus stellte, erhob er auch Anspruch auf ihn und sagte, er sei »fast immer Symbolist«. In van Goghs »strahlenden, leuchtenden Symphonien« entdeckte Aurier die »profunde, komplexe« Kunst, nach der die Symbolisten gerufen hatten. In ihr war die Landschaft transformiert worden: »Da recken Zypressen ihre unheimlichen Silhouetten empor gleich schwarzen Flammen ...«, schrieb er. »Steine, Gelände, Gestrüpp, Rasen, Gärten, Flüsse, wie aus unbekannten Erzen gehauen, leuchtend, spiegelnd, schimmernd, feenhaft.« In seiner schwülen, suggestiven Sprache war Auriers Kommentar selbst ein Beispiel für symbolistische Prosa: »In der Tat ist Vincent van Gogh«, so schloß er, »nicht nur ein großer Maler, trunken von seiner Kunst, von seiner Palette und von der Natur, er ist auch ein Träumer, leidenschaftlicher Gläubiger, der von schönen Utopien, von Ideen und Träumen lebt.« Das »Symbolistische«, das Aurier in der Kunst van Goghs und Gauguins erkannte, war die Weise, in der die Maler versuchten, Farbe, Form und Linie zu verwenden, um der Leinwand ihre Empfindungen und Vorstellungen aufzuprägen. Der Begriff *Symbolismus* bezeichnet jedoch auch diverse Künstlergruppen des neunzehnten Jahrhunderts (darunter auch die französischen Maler Pierre Puvis de Chavannes und Odilon Redon sowie die englischen Präraffaeliten), deren Werke wenig stilistische Ähnlichkeit zu denen van Goghs und Gauguins aufwiesen, doch meist nicht die reale Welt darstellten, sondern Allegorien, Phantasien und Traumszenen, die sie häufig in kompliziert beschreibenden Details ausführten.

Auch Auriers spekulierte über das Marktpotential von van Goghs Werk, über seine Chance, wenn »die Mode einst seine Bilder – was wenig wahrscheinlich ist – so hoch bezahlen wird wie die kleinen Schandtaten des Herrn Meissonier.« (Ein 5 x 12 cm großes Gemälde von Ernest Meissonier wurde 1889 bei einer Auktion in New York für 7100 Dollar verkauft.) Doch er schloß, daß van Gogh »zu einfach und zu subtil zugleich für den bürgerlichen Geist unserer Zeitgenossen [ist]. Völlig verstanden werden wird er stets nur von seinen Brüdern, von den Künstlern, die wahrhafte Künstler sind.«

Auriers suchte sich van Gogh aus einer Vielzahl neuer Maler und neuer Stilrichtungen heraus, und die Äußerungen des Dichters hatten großen Einfluß auf Maler, die dem symbolistischen Credo zuneigten. Doch van Gogh dachte nicht daran, Auriers Zuschreibung zu akzeptieren und mochte offensichtlich die formalistische Unterscheidung zwischen einer Stilrichtung und der anderen nicht. »Ich sehe die Nützlichkeit von so viel sektiererischem Geist, wie wir ihn in den letzten Jahren erlebt haben, nicht ein; ich fürchte, daß er sich lächerlich macht«, schrieb er.

Van Gogh hatte im Januar 1890 einen dritten Anfall. Die Geburt des Sohnes von Theo und Johanna am Ende des Monats verstärkte die Besorgnis des Malers, daß die Unterstützung durch seinen Bruder versiegen könnte. Ein vierter Anfall im Februar ließ ihn bis in den April hinein arbeitsunfähig. Schon vor diesem Rückfall war van Gogh der Ansicht, daß die Anstalt und ihre unsteten und depressiven Insassen seinen Zustand nur verschlimmern konnten. Er versuchte, seinen Bruder zu überreden, ihn in den Norden reisen zu lassen, insbesondere nach Paris, und er war »fast davon überzeugt«, »im Norden schnell gesund« zu werden.

Doch vor einem Aufenthalt in der Hauptstadt selbst schreckte van Gogh zurück und schlug vor, bei dem Impressionisten Camille Pissarro Quartier zu nehmen, der nordwestlich von Paris wohnte. Im Gegenzug riet Pissarro, den Arzt Paul-Ferdinand Gachet zu konsultieren, der in Auvers lebte, »in seiner Freizeit malte« und »mit allen Impressionisten in Verbindung gestanden hat.« Theo traf sich mit Gachet. Der Arzt erschien ihm als »ein Mann, der sich auf seine Sache versteht. Im Äußeren ist er dir etwas ähnlich«, schrieb er seinem Bruder. »Als ich ihm erzählte, wie sich deine Anfälle abspielen, sagte er mir, er glaube nicht, daß das irgend etwas mit Irrsein zu tun habe, und wenn es das wäre, was er glaubt, so stehe er dafür ein, daß er dich heilen würde ...«

Trotz seines Leidens malte van Gogh weiter und bat Theo, ihm dreiunddreißig Tuben Farbe zu schicken – Zinkweiß, Kobaltblau, Veroneser Grün, Chromgelb II, Chromgelb I, Smaragdgrün, Ultramarinblau. »Was soll ich dir von diesen zwei letzten Monaten schreiben?« fragte er in einem Brief. »Es geht gar nicht gut, wie traurig und stumpfsinnig ich bin, kann ich dir gar nicht sagen, und ich weiß nicht mehr, woran ich bin.« Doch er meinte auch: »... Hauptsache ist, man kennt den Arzt, damit man nicht, wenn ein Anfall kommt, in die Hände der Polizei gerät und mit Gewalt in eine Anstalt geschleppt wird«.

Im Mai schrieb Theo aufmunternde Worte, nachdem er zehn von van Goghs Gemälden in der Ausstellung der Indépendants gesehen hatte: »Deine Bilder sind sehr gut gehängt worden und wirken sehr gut. Viele haben mich gebeten, dich zu beglückwünschen. Gauguin sagte, deine Gemälde seien die Glanzpunkte der Ausstellung.« Tatsächlich bestätigte der meist egozentrische Gauguin den Bericht. »Für viele Künstler sind Sie der bemerkenswerteste auf der ganzen Ausstellung«, schrieb er an van Gogh. »Unter den Künstlern, die nach der Natur arbeiten, sind Sie der einzige, der denkt.« Schon im Februar hatte Theo eine gute Nachricht überbracht. Anna Boch, eine Malerin aus der Gruppe der belgischen Vingtisten und die Schwester des

Malers Eugène Boch, der mit Vincent befreundet war, hatte das Landschaftsgemälde *Roter Weinberg* für 400 Francs gekauft. Eine beachtliche Summe für einen nicht etablierten Maler im Vergleich zu dem, was Seurat für seine Landschaftsgemälde bekam.

Van Gogh wurde am 16. Mai 1890 aus der Anstalt entlassen. Im Krankenregister beschrieb Peyron ihn als »kuriert«. Zu dem Zeitpunkt hatte seine Krankheit sich zurückgezogen. Am Samstag, den 17. Mai, traf er in Paris ein. Zum erstenmal sah er Johanna und den Säugling, Vincent Willem. Theos und Johannas Wohnung in der Rue Lepic war voll mit seinen Bildern – mehrere hingen an der Wand, andere waren aufgestapelt, einige lagen unter dem Bett. Er besuchte Tanguys Laden, wo noch mehr Gemälde von ihm auf dem Dachboden lagerten. Doch die drei Tage in Paris verstärkten die Befürchtungen des Malers, die Unterstützung durch Theo könnte zukünftig gefährdet sein. Theo, der eigene Gesundheitsprobleme hatte, lag mit den Leitern der Galerie Boussod & Valadon im Streit und dachte darüber nach, die Firma zu verlassen und eine eigene Galerie zu eröffnen. Am Dienstag, dem 20. Mai, bestieg der Maler den Zug nach Auvers. In dem Dorf, in dem Daubigny gelebt hatte, hoffte er, seine Farbexperimente fortsetzen und seiner Krankheit entrinnen zu können.

5

Auvers: Paul-Ferdinand Gachet

1890

Ich habe Dr. Gachet besucht, er hat mir einen ziemlich exzentrischen Eindruck gemacht, aber seine Erfahrung als Arzt muß ihn ja schließlich im Gleichgewicht halten, bei der Bekämpfung des Nervenübels, an dem er mir mindestens so ernstlich zu leiden scheint wie ich …
Sein eigenes Haus ist vollgestopft mit lauter altem Trödelkram, schwarz, schwarz, schwarz, ausgenommen die genannten impressionistischen Bilder. Der Eindruck, den er mir gemacht hat, ist nicht ungünstig. Als wir von Belgien und der Zeit der alten Maler sprachen, erhellte sich sein kummerstarres Gesicht zu einem Lächeln, und ich glaube wohl, daß ich gut Freund mit ihm bleiben und sein Porträt machen werde.
Er sagte, ich müßte tüchtig drauflos arbeiten und nicht an das, was ich hatte, denken. Vincent van Gogh an Theo

So berichtete van Gogh Theo von seinem ersten Treffen mit Paul-Ferdinand Gachet am 21. Mai 1890, das wenige Stunden nach seiner Ankunft in Auvers stattfand. Bald fand der siebenunddreißigjährige Maler ein Zimmer in der Auberge Ravoux, einem kleinen Gasthof gegenüber dem Rathaus an der Place de la Mairie. Hin- und hergerissen zwischen Zuversicht und Verzweiflung waren seine Erwartungen auf eine wirklich professionelle Behandlung seiner Krankheit bereits gesunken. Theoretisch schien Gachet der richtige Arzt für van Goghs Krankheit zu sein. Er schien mitfühlend wenn auch ein wenig eigen und hatte Erfahrung mit Patienten, die an nervösen Störungen litten. Seit langem pflegte er seine Verbindungen zur Pariser Avantgarde, die er zwischen 1850 und 1860 geknüpft hatte. Zu der Zeit war er Medizinstudent und traf sich mit dem Kreis um Gustave Courbet. Seine Ausbildung erhielt er in Paris, das damals für das noch in den Kinderschuhen steckende

Forschungsfeld der Geistesstörungen genauso ein Zentrum des Fortschritts war wie für die moderne Kunst. Erst fünf Jahre zuvor, 1885, hatte Sigmund Freud die Behandlungstechniken Jean-Martin Charcots studiert und dessen Vorlesungen besucht.

Gachet war 1828 in Lille geboren worden und hatte an der Universität von Paris bei Jean-Pierre Falret, einem Schüler des damals führenden Nervenarztes Jean-Etienne-Dominique Esquirol, studiert. Während seiner Studienzeit arbeitete Gachet an der Salpêtrière, dem Irrenhaus für Frauen, und in Bicêtre, einem Irrenhaus für Männer. Ohne sein Studium abzuschließen, ging Gachet an die zweitbeste Medizinschule des Landes in Montpellier, wo er 1858 promovierte. Dort schrieb er »Untersuchungen über die Melancholie«, eine Dissertation über das Thema Melancholie oder Depression. In dieser Abhandlung wiederholte er die damals schon überholte, romantisierende Feststellung, daß Melancholie »alle großen Männer, Philosophen, Tyrannen, die großen Verschwörer, die großen Kriminellen, die großen Dichter, die großen Künstler« und unter anderen auch »die Opium rauchenden Chinesen« befiele. Er fährt fort:

> Melancholie ist nicht nur eine Krankheit der Menschen, sondern der Völker, und hat ganze Geschichtsperioden geprägt ... Die Kinder der heutigen Generation, Söhne des Kaiserreichs und Enkel der Revolution, finden sich wieder in Zweifel zurückgeworfen. Auch wird diese Epoche von zahlreichen Selbstmorden gekennzeichnet.

Der einzige wenigstens halbwissenschaftliche Aspekt von Gachets Studie war ein Anhang mit Fallgeschichten zur weiblichen Melancholie, die er bei Beobachtungen in der Salpêtrière sammeln konnte. Nach der Promotion kehrte Gachet nach Paris zurück und eröffnete in der Rue Montholon 9 eine Praxis, die sich, so sein Briefkopf, auf »Frauen- und Kinderkrankheiten« spezialisiert hatte und den »Armen kostenlose Behandlung« anbot. Nach Aussage seines Sohnes war er »Allgemeinarzt für den Chemin de Fer du Nord« und hatte für seine ärztliche Hilfeleistung bei einem Eisenbahnunglück eine Auszeichnung bekommen.

Trotz Gachets solider Ausbildung fand der Maler zu seiner Enttäuschung nur einen einundsechzigjährigen, weltfremden Allgemeinarzt vor. Gachet war Freizeitmaler und Kupferstecher, der zwar van Goghs Gemälde pries, aber nur zurückhaltend seine medizinische Hilfe anbot, eine vage Diagnose stellte und keine besondere Behandlung vorschlug, die über den Rat hinausging, tüchtig weiterzuarbeiten. Gachet unterschätzte den Ernst von van Goghs Zustand und nahm an, die Probleme seien schlicht nervöser Natur. So betrachtete er van Gogh eher als Malerkollegen denn als Patienten. Da er schlecht ausgerüstet war, um van Goghs Krankheit zu diagnostizieren und zu behandeln, nahm er sie weitgehend nicht zur Kenntnis. Gachets Verhalten war somit repräsentativ für die Medizin des neunzehnten Jahrhunderts. Van Goghs Aussichten auf Heilung waren gering. Von Gachets Behandlung nicht überzeugt, konnte er nichts anderes tun, als sie zu akzeptieren.

1890 lebte der Witwer Gachet mit seiner neunzehnjährigen Tochter Marguerite und seinem sechzehnjährigen Sohn Paul in Auvers. Mehrmals in der Woche pendelte er zu seiner Praxis, die sich in einem baufälligen Gebäude in einem Arbeiterviertel in Paris befand. Er schien sich ausgiebig im Fundus der traditionellen Alternativmedizin bedient zu haben und verteilte ein »Elixier des Dr. Gachet« an Nachbarn im Dorf.

Sein Gesicht war lang, aber kräftig, seine Nase vorstehend und sein Haar orangerot. Man munkelte, es sei mit Safran gefärbt. Die blaue Jacke und die weiße Mütze, die er trug, als er für van Gogh Modell saß, waren seine übliche Sommeraufmachung. Obwohl die Dritte Republik noch keine zwanzig Jahre lang bestand, war er ein »wütender Republikaner, darwinistischer Freidenker und Sozialist«. Als Freizeitmaler, Drucker und begeisterter Kopist legte er einen gewissen Ehrgeiz an den Tag. Johanna van Gogh, die ihn gemocht zu haben schien, verglich später seine Werkstatt mit der eines mittelalterlichen Alchimisten. 1891 gab Gachet mehrere Bilder in die Ausstellung der Indépendantes und zeichnete sie mit dem Namen »P. van Ryssel«.

Im Laufe des Juni besuchte van Gogh den Doktor regelmäßig in seinem düsteren Haus, malte in seinem Garten und ertrug die sich stets in die Länge ziehenden Mahlzeiten. Ein paar Wochen lang paßte ihm die nachlässige Haltung Gachets sehr gut. Sein einziges Ziel war malen, und der Krankheitsaufschub erlaubte es ihm, Gachets Versagen als Mediziner außer acht zu lassen. Er versuchte, seine Geschwister über die Situation zu beruhigen. Wenn die »Melancholie oder etwas anderes stärker würde, als ich ertragen kann«, schrieb er Theo, »so könnte er leicht etwas tun, um eine Linderung herbeizuführen ...« Er ist »manchmal wie ein weiterer Bruder«, erzählte er seiner Schwester Wilhelmina am 3. Juni, »so ähnlich sind wir uns körperlich und auch mental.« Dann berichtete er Theo: »Und Herr Gachet sagt, er halte es für sehr unwahrscheinlich, daß das wiederkäme, und es gehe sehr gut.« Dann schrieb van Gogh noch einmal an Wilhelmina: »Ich glaube, daß der Doktor, dessen Obhut ich vertraue, mich völlig mir selbst überläßt, als wäre nichts mit mir los.«

Doch van Gogh konnte nicht glauben, daß er seiner Krankheit entflohen war. In seinem zweiten Brief aus Auvers überlegte er, ob er wirklich seine Arbeit fortsetzen solle, verlangte zwanzig Bogen Ingres-Papier und andere Utensilien und äußerte seine Verzweiflung: »An meiner Krankheit kann ich nichts ändern. Ich bin dieser Tage nicht ganz wohl – nach dem langen Eingeschlossensein kommen mir die Tage wie Wochen vor.« Zwei Tage später warf er jedes Vertrauen in den Doktor über Bord:

> Ich glaube, auf Gachet darf man *in keiner Weise* rechnen. Erstens ist er meiner Meinung nach kränker als ich oder, sagen wir, ebenso krank wie ich. Wenn ein Blinder einen anderen Blinden führt, fallen da nicht beide in den Graben?

Irgendwann, vermutlich gegen Ende Mai, versuchte sich van Gogh im Kaltnadelradieren. Er »zeichnete auf Metall«, so beschrieb es Theo, die Skizze des barhäuptigen Dr. Gachet mit Pfeife. In dieser Radierung schien er den Linienverlauf des Ölporträts zu entwerfen und vermittelte durch die gebeugte Haltung des Doktors und durch den dynamischen Schwung und die sich wiederholenden Muster der dunklen Linien ein Gefühl von banger Intensität.

6

Das Bildnis des Dr. Gachet

Das Porträt von Herrn Gachet habe ich mit einem schwermütigen Ausdruck gemalt, der dem Betrachter wie eine Grimasse erscheinen könnte. Aber gerade das soll man malen, denn dann kann man sich darüber klar werden, wieviel Ausdruck im Vergleich mit den früheren ruhigen Porträts in unseren heutigen Köpfen liegt, Ausdruck und Leidenschaft, etwas wie Erwartung und Wachsen zugleich. Traurig und doch milde, aber klar und intelligent, so muß man viele Porträts malen.

Vincent van Gogh an Wilhelmina van Gogh,
11. oder 12. Juni 1890

Der Gedanke, Dr. Gachets Porträt zu malen, kam van Gogh am 21. Mai, dem Tag, an dem sie sich kennenlernten. Aber er wartete mindestens zwölf Tage, bevor er es begann. Er brauchte für die Fertigstellung nur zwei, drei Tage. Doch diesem Prozeß waren fast zwei Wochen vorausgegangen, in denen er Zeit hatte, Konzept und Form des Bildes auszuarbeiten. Er war stolz auf seine Schnelligkeit. In einem Zeitraum von Tagen oder sogar Stunden war van Gogh in der Lage, ein fertiges Gemälde vorzulegen. Er verglich seine Arbeitsmethode, »blitzschnell zu malen«, mit einer Bühnenvorstellung: »Arbeit und trockene Berechnung – der Geist ist bis zum äußersten gespannt, wie bei einem Schauspieler in einer schwierigen Rolle, in einer einzigen halben Stunde muß man an tausend Dinge zugleich denken.«

Selbst wenn er hastig malte, das Porträt profitierte von jahrelangem Denken und schien die Quintessenz der über siebzig Porträts, darunter siebenunddreißig Selbstporträts, zu sein, die van Gogh bisher gemalt hat. Emile Bernard gegenüber bezeichnete er das Genre als »die Malerei der Zukunft«, und Porträtmalerei schien ihm die höchste Berufung – eine Aufgabe mit moralischem Zweck. Im Idealfall übermitteln Porträts das unerklärliche, unfaßbare subjektive Wesen – »etwas aus dem Ewigen«, wie er es nannte. Er zählte die holländischen Maler Rembrandt und Frans Hals aus dem siebzehnten Jahrhundert zu jenen, denen es mit ihren Werken gelang, »die Malereien der Menschheit, sagen wir lieber die Malerei einer ganzen Republik durch das einfache Mittel des Porträts klarzumachen.«

Am 3. Juni hatte er damit begonnen, Gachet im Garten neben dem Haus zu malen, das an einem Hang lag. Von der Straße aus führte eine steile Treppe zur Eingangstür. Der Garten stand in Blüte und war, wie der Maler anmerkte, von Enten und Hühnern überlaufen. In der lässigen Haltung des Doktors, dem lockeren Pinselstrich, den satten Farben und dem Gefühl des angefangenen Augenblicks zeigt sich die Herkunft von den informellen Porträts, die die Impressionisten von ihren Familien und Freunden malten (Manets Porträt des Dichters Stéphane Mallarmé mit einem Buch oder Degas' Porträt von Manet, der seiner Frau beim Klavierspielen zuhört). Und dennoch ließ das Gemälde keine Rückschlüsse auf die Sommerhitze zu, auf die Atmosphäre eines Sommertages oder das tägliche Chaos, dem van Gogh außerhalb der Behausung des Doktors begegnete. Daß das Porträt von der naturgetreuen Darstellung des Aussehens Gachets weit entfernt ist, beweist ein Foto des Doktors, der eher ein breites, sogar fleischiges Gesicht, eine lange Nase und einen versteinerten, leicht verwunderten Gesichtsausdruck hatte. Es war allerdings auch nicht van Goghs Anliegen, eine fotografisch genaue Reproduktion zu machen. In seinem Porträt brachte er die impressionistischen Methoden in Einklang mit seiner symbolistischen Auffassung.

Van Gogh wollte nach der Natur arbeiten; sie stimulierte seine Vorstellungskraft. Diese wiederum war im Laufe der Zeit durch sein enzyklopädisches Wissen über Kunst geprägt worden. So erwuchs die Konzeption des Gachet-Porträts sowohl aus van Goghs kunstgeschichtlichem Wissen als auch aus seiner Wahrnehmung des Mannes an einem roten Tisch und den Objekten, die zufällig in seiner Blicklinie lagen. Wie der Postmeister Joseph Roulin, der Bauer Patience Escalier und andere, die van Gogh Modell saßen, regte Gachet die Erinnerung des

Malers an und beflügelte seine besondere Leidenschaft für die moderne Porträtmalerei. Die Begegnung mit dem Arzt, der eine Abhandlung über Melancholie geschrieben hatte, setzte eine Assoziationskette in Gang, die den Bildaufbau bestimmt.

Gachets anscheinend legere Haltung – den Kopf auf die Hand und den Ellbogen auf den Tisch gestützt – war die klassische Pose der Melancholie, die man in zahllosen früheren Kunstwerken finden konnte. Historiker haben sie bis ins alte Ägypten zurückverfolgt. Die bekannteste Darstellung der melancholischen Pose ist der Holzschnitt *Melencholia I* von Albrecht Dürer aus dem Jahre 1514. Jahrhundertelang benutzten Maler das Motiv immer dann, wenn sie auf die vermutete Verbindung zwischen Genie und Wahnsinn hinweisen wollten. Paul Cézanne verwendete sie in zwei Porträts, die er 1890 malte: *Junge mit Totenschädel* und *Die Raucher*.

Eigentlich entlehnte van Gogh die melancholische Pose Gachets dem 1839 von Eugéne Delacroix gemalten Porträt von Torquato Tasso (*Tasso im Gefängnis*), der ungerechtfertigt wegen Irrsinns eingesperrt worden war. Diesem Gemälde entnahm van Gogh auch die verzweifelte Stimmung. Van Gogh wählte seine Quellen wie seine Motive nach ihrer emotionalen Resonanz. Zwei Jahre zuvor hatte er Delacroix' Mischung von äußerer und innerer Wahrheit gepriesen, die, wie er meinte, das Erhabene der Porträtmalerei verkörperte – »einen wahren Mensch darzustellen ... das Bildnis, das Bild mit dem Geist, mit der Seele des Modells, mir scheint, das muß unbedingt kommen.« In Briefen bezog er sich verschiedentlich auf das Tasso-Porträt. Er dachte 1889 daran, als er das Museum in Montpellier besuchte und Delacroix' Porträt von Alfred Bruyas, dem Förderer Gustave Courbets, sah. In Auvers fiel es ihm wieder ein, als Gachet erwähnte, als Student in Montpellier Bruyas tatsächlich getroffen zu haben. Doch van Gogh war auch von einem Porträt des Pierre Puvis de Chavannes beeinflußt, das er leidenschaftlich bewunderte. Dieses Porträt hatte nichts mit Delacroix' gequältem Bild des Rennaissancedichters gemein. »Ein Greis, der einen gelben Roman liest, neben ihm eine Rose und Aquarellpinsel in einem Wasserglas«. Tatsächlich fand van

Gogh Puvis Porträt von Eugène Benon »tröstlich«, da es empfiehlt, das »moderne Leben als etwas Heiteres zu sehen, trotz seiner unvermeidlichen Traurigkeiten.«

So gab es an Gachets Haltung nichts Zufälliges. Auch die gelben Bücher und die Fingerhutblüte waren keine Requisiten, die sich zufällig auf dem Gartentisch befanden. Statt dessen bildeten sie ein allegorisches Stilleben. Der Fingerhut, aus dem das Herzmittel Digitalis gewonnen wird, symbolisiert den Beruf des Doktors. Die gelben Bücher waren die Romane *Manette Salomon* und *Germinie Lacerteux* von Jules und Edmond de Goncourt. Die Romane handeln von der Kunst und von Neurosen – Themen des Gemäldes. Der 1867 geschriebene Roman *Manette Salomon* erzählt vom Kampf einer Künstlergruppe, die in der Jahrhundertmitte in Paris lebte. *Germinie Lacerteux*, 1864 veröffentlicht, verfolgt den Abstieg einer Frau aus der Arbeiterklasse in den Alkoholismus, Irrsinn und Tod auf der Straße. Zufällig entsprach Germinies Abstieg einer Fallstudie, die Gachet in der Salpêtrière aufgenommen und in seiner Abhandlung über Melancholie dokumentiert hatte.

Im wörtlichsten Sinne zeigt das *Bildnis des Dr. Gachet* den Gestus der Selbstbeherrschung, die künstlerische Umsetzung der Behauptung, die van Gogh seinem beunruhigten Bruder gegenüber in einem Brief geäußert hatte, daß Gachet »mir ebenso krank und nervös zu sein scheint, wie Du und ich«. Es zeugt von van Goghs rationalem Verständnis seiner Krankheit, seinen Ängsten vor den Folgen, die das Versäumnis des Arztes, seine Krankheit anzusprechen, nach sich ziehen konnte, und von der Sympathie der beiden Männer füreinander. Es beweist auch die Klarheit, mit der van Gogh dem Akt des Malens begegnete. Beim Malen des Porträts kehrte van Gogh die Rolle von Patient und Arzt um und führte Gachet als den Patienten aus, der von der gleichen Krankheit geplagt wurde wie er. Van Gogh benutzte Gachets Physiognomie als Kartographie seines Geisteszustands und folgte damit der während des neunzehnten Jahrhunderts gängigen Praxis französischer Ärzte, Gemälde, Zeichnungen und Fotografien von Irren als Diagnosemittel zu verwenden. Doch die gequälte Pose Gachets ist nicht die

Haltung eines Irren. Als rationales Wesen versteht er die Natur seines eigenen Leidens.

Mit seinem *Bildnis des Dr. Gachet* schuf van Gogh das Porträt eines modernen Künstlers. Die Idee, die Aufgabe eines Malers mit der Rolle des Arztes zu identifizieren, war van Gogh schon früher, im Zusammenhang mit der Porträtmalerei, gekommen. »Ich habe eine ganze Familie porträtiert, die Familie des Postmeisters«, schrieb er Theo. »Du verstehst, wie sehr ich mich in meinem Element fühle, und wie mich das bis zu einem gewissen Grade darüber tröstet, daß ich nicht Arzt bin.« Im Gachet-Porträt projizierte van Gogh seine eigene komplizierte Doppelidentität und seine Perspektive als Patient und Künstler, Leidender und Heiler, in das Bildnis des Arztes. Indem er seine Identität mit der des Arztes verband, wies van Gogh darauf hin, daß der moderne Künstler nicht nur ein gequälter Außenseiter, sondern auch ein Diagnostiker der Gesellschaft seiner Zeit, ein Analytiker ihres Charakters, ein Kritiker ihrer Ungerechtigkeiten, Krankheiten und Pathologien ist. Mit den gelben Büchern neben Gachets Ellbogen knüpfte er seine Mission an die der Goncourts, deren unerbittliche Gesellschaftsanalyse die verwahrloste, habgierige Welt des industrialisierten Paris festhielt. Bezeichnend ist, daß er diese »melancholischen« Autoren zu der in seiner Vorstellung existierenden Bruderschaft schreibender und malender Kollegen zählte, und er verglich die kreative Partnerschaft der Goncourts mit seiner Verbindung zu Theo. »In der Vorrede zu *Chérie*«, schrieb er,

> steht ein Bericht über alles, was die Goncourts durchgemacht haben und wie sie am Ende ihres Lebens wohl ernst und schwermütig waren, aber sich ihrer Sache sicher fühlten – denn sie fühlten, daß sie etwas getan hatten, und daß ihr Werk bleiben würde. Was für Kerle sind das gewesen! Wenn Du und ich besser als jetzt übereinstimmten, unbedingt einig sein könnten, warum dann nicht auch wir!

Die Enttäuschung des Künstlers über die Gesellschaft spiegelt die Glaubenskrise gegenüber Wissenschaft und Technik, die der industriellen Revolution folgte. Die Neurose und Anomie, die van Gogh im Gachet-Porträt heraufbeschwor, betrachteten viele Symbolisten als prägend für den Zustand der Zivilisation am Ende des Jahrhunderts. »Schwermut und Pessimismus« sind die »Krankheiten, mit denen wir Gebildeten uns am häufigsten abquälen«, schrieb er. Van Gogh hatte die von Auriers aufgestellte übertriebene Charakterisierung seiner selbst als »ein schreckliches, halbtolles Genie, oft erhaben, zuweilen grotesk, immer fast ans Krankhafte streifend« nicht bestritten. Vielmehr akzeptierte er die Rhetorik des Symbolisten als auf seinesgleichen anwendbar. »Die Ideen, von denen er spricht, sind nicht nur meine, denn im allgemeinen sind alle impressionistischen Künstler so, sie stehen unter dem gleichen Einfluß, und alle haben wir ein bißchen überreizte Nerven. Infolgedessen haben wir ein sehr feines Gefühl für die Farbe und ihre besondere Sprache, ihre Komplementärwirkungen und harmonischen Gegensätze«, erklärt er Wilhelmina.

Das Revolutionäre am *Bildnis des Dr. Gachet* war die Malweise. So radikal wie die graphische Ausgereiftheit der Pigmente war die Art, in der er Form und Farbe zu dekorativen und symbolischen Zwecken bearbeitete, um die menschliche Psyche bloßzulegen. Die Angst im starren und traurigen Blick des Doktors wird durch das bewegte Farbgeflecht versinnbildlicht. Die ausdrucksvollen, schnellen Striche, die sich zu parallelen Mustern anordnen, geben die Besorgnis wieder, die direkt aus dem Gehirn des Doktors zu kommen scheint. Van Gogh übertrug das Gefühl von Verzweiflung in die satte, an Glasmalerei erinnernde Tönung der Jacke und in die anderen Blautöne. Er hatte Theo die Verwendung solchen Blaus erklärt, als er in Arles das Porträt von Eugène Boch malte: »... anstelle der gewöhnlichen Mauer eines gemeinen Zimmers male ich das Unendliche«.

Das Nebeneinander von Gegenständlichkeit und Abstraktion ist es, das dieses Porträt anziehend macht – die überzeugende Darstellung eines Mannes und ein sich daraus ableitendes Farbschema. »Zwei Arten des Porträtierens sind hier vereint«, schreibt der Kunsthistoriker Meyer Schapiro, »das Prüfen der Gesichtszüge bis in ihre kleinsten Bewegungen, und die freie Schöpfung einer ausdrucksvollen Struktur von Linien, Farben und Zonen, welche die erfühlte Stimmung des Dargestellten erfassen.« Das Porträt reflektiert den Moment am Ende des neunzehnten Jahrhunderts, als avantgardistische Maler in Paris – die später »Nach-Impressionisten« genannt werden sollten – in ihren Gemälden versuchten, die oberflächliche Erscheinung von Figuren, Stilleben und Landschaften nach ihrer eigenen Sichtweise zu rekonstruieren, und so den Weg für die abstrakte Kunst ebneten. Das Moderne lag nicht in gemalten Details der flüchtigen gegenwärtigen Welt, sondern in der nachdrücklichen Subjektivität der Künstler, die von ihren Bilderwelten übermittelt wurde. Nicht zufällig mahnte der zwanzigjährige Maler Maurice Denis 1890: »Man bedenke, daß ein Bild, bevor es ein Schlachtroß, eine nackte Frau oder eine beliebige Anekdote wird, seinem Wesen nach eine ebene, in einer bestimmten Ordnung mit Farbe bedeckte Fläche ist.« Kurz nachdem van Gogh den *Gachet* seinem Bruder Theo beschrieben hatte, schrieb er Wilhelmina, die ihm als »Laienpublikum« diente, vor dem er es wagte, seine hochfliegenden Ambitionen in der Porträtmalerei zu äußern:

> Am leidenschaftlichsten – viel viel mehr als alles übrige meines Handwerks – fesselt mich das Porträt, das moderne Porträt. Ich suche ihm durch die Farbe beizukommen und ich bin gewiß nicht der einzige, der ihm auf diesem Wege beizukommen sucht. Ich möchte – aber ich bin weit davon entfernt zu sagen, daß ich das alles machen könnte, aber ich erstrebe es wenigstens – ich möchte Porträts machen, die hundert Jahre später den Menschen jener Zeit wie Erscheinungen vorkommen. Aber das suche ich nicht durch photographische Ähnlichkeit zu erreichen, sondern durch leidenschaftlichen Ausdruck, indem ich als Ausdrucksmittel und als Mittel zur Steigerung des Charakters unser modernes Wissen von der Farbe und unser modernes Farbgefühl verwende. So siehst Du auf dem *Bildnis des Dr. Gachet* ein sonnenverbranntes Gesicht von der Farbe überhitzter Ziegel, mit rotem Haar und weißer Mütze, gegen einen landschaftlichen Hintergrund von blauen Bergen; seine Kleidung ist ultramarinblau – das bringt das Gesicht besser heraus und

läßt es bleicher erscheinen, obwohl es ziegelfarben ist. Die Hände, die Hände eines Geburtshelfers, sind bleicher als das Gesicht. Vor ihm, auf dem roten Gartentisch gelbe Romane und eine dunkelpurpurne Fingerhutblüte.

Mein Porträt ist beinahe ebenso, das Blau ist ein feines südliches Blau, und die Kleidung ist helles Lila.

Seine letzte Bemerkung über den *Gachet* machte er Gauguin gegenüber. Zuvor hatte van Gogh sich über Christus auf dem Ölberg lustig gemacht, in dem Gauguin sich selbst als verlassenen und verratenen Erlöser vor einer heruntergekommenen Landschaft abbildete. »Angsttraum eines Christus am Ölberg« nannte es von Gogh und meinte, daß man »den Eindruck von Angst auch hervorrufen kann, ohne gleich auf den historischen Garten Gethsemane abzuzielen.« Doch nun verglich er sein Gachet-Porträt mit Gauguins Gemälde: »Wenn Sie wollen, etwas Ähnliches, wie Sie es von Ihrem Christus am Ölberg sagen – nicht dazu bestimmt, verstanden zu werden, aber da, gerade da kann ich Ihnen folgen … .« Der Garten in Auvers war für van Gogh, der hilflos seiner Krankheit ausgesetzt war, sein eigener Garten Gethsemane. Das Bemerkenswerteste am *Bildnis des Dr. Gachet* ist, daß es sichtbare Tatsachen in eine Lyrik der Krise und der Verzweiflung transfiguriert. Doch selbst er dämpfte die Düsternis mit roten, gelben und weißen Strichen gegen das dominante Blau. Daß er selbst irgendeine Hoffnung in seiner augenblicklichen Situation finden konnte, scheint unwahrscheinlich. Und dennoch fand er Trost und Erhabenheit im Akt des Malens selbst. Gachets Anweisung, mit der Arbeit weiterzumachen, versagte als praktisches Rezept, doch sie beantwortete die metaphysische Suche des Malers.

Am ersten Wochenende im Juli besuchte van Gogh Paris, ein Ausflug, der seine Besorgnis über seine finanzielle Lage nur noch verschlimmerte, da Theo weiterhin daran dachte, den lang ersehnten Bruch mit Boussod & Valadon herbeizuführen. »Es ist nichts Geringes, wenn wir alle unser tägliches Brot gefährdet fühlen, nichts Geringes, wenn wir auch noch aus anderen Gründen die Unsicherheit unserer Existenz spüren«, schrieb van Gogh um den 10. Juli an seinen Bruder. Als er nach Auvers zurückkam, stritt er sich nachweislich mit Gachet über dessen Nachlässigkeit bei der Rahmung eines Gemäldes von Armand Guillaumin. Aber am 23. Juli schien van Gogh wieder eine Perspektive zu haben und entschlossen weiterzumachen. »Ich hoffe, ces messieurs waren bei deiner Rückkehr gut gegen dich aufgelegt«, bemerkte er zu Theo. »Von mir ist zu sagen, daß ich meine ganze Aufmerksamkeit auf meine Bilder richte und es so gut zu machen suche, wie gewisse Maler, die ich sehr geliebt und bewundert habe.«

Da er in letzter Zeit bewiesen hatte, daß er mit seinen gesundheitlichen Schwierigkeiten fertig werden konnte, kam es überraschend, als der Künstler am 28. Juli in die Felder ging und sich mit einem Revolver anschoß. Er schaffte es zurück zur Auberge Ravoux, wo ihn der Besitzer fand und zwei ortsansässige Ärzte herbeirief. Einer war Dr. Gachet. Das Geschoß hatte kein lebenswichtiges Organ getroffen, weshalb man beschloß, nicht einzugreifen. Gachet sandte Theo eine Nachricht in die Galerie: »Um neun Uhr heute abend, Sonntag, war von Ihrem Bruder Vincent nach mir geschickt worden, der mich sofort sehen wollte. Ich war dort und fand ihn sehr krank. Er hat sich selbst verwundet.« Irgendwann skizzierte Gachet den sterbenden van Gogh, vielleicht in Erinnerung an jene Skizze, die er vom Maler Charles Méryon in Charenton machte.

Theo erreichte Auvers am Montag, und Vincent van Gogh starb am nächsten Mittag um halb zwei. Am Mittwoch trafen die Maler Emile Bernard, Lucien Pissarro und Charles Laval zusammen mit dem Farbenhändler Julien Tanguy und Theos Schwager Andries Bonger aus Paris ein. Sie trugen den Sarg durch die engen, gewundenen Gassen der Stadt hinauf zum Friedhof, wo van Gogh begraben werden sollte. Gegenüber der Kirche grenzte der Friedhof an jene Felder, die erst vor kurzem Motiv des Künstlers gewesen waren.

Teil II

Nordeuropa und die ersten Sammler moderner Kunst

Die internationale Avantgarde und der Kunstmarkt

7

Paris: Theo van Gogh

1891

Jetzt habe ich hier eine Ausstellung von Claude Monet, die viel Erfolg hat. In einiger Zeit wird das Publikum gewiß Bilder der neuen Schule haben wollen, denn sie regen die Leute sehr auf.
Theo van Gogh zu Vincent van Gogh, 16. März 1889

Im Spätsommer des Jahres 1890 war das Schicksal des *Bildnis des Dr. Gachet* ungewiß. Das Gemälde war unverständlich und höchstens ein paar hundert Francs wert. Es zählte zu den über siebzig Bildern, die van Gogh während der ungefähr siebzig Tage in Auvers malte. Durch seinen Selbstmord wurden sie zu einem logistischen Problem. Die Gemälde lagerten vermutlich irgendwo im Gasthof gegenüber dem Rathaus. Das kleine Zimmer van Goghs kann nur ein paar Gemälde beherbergt haben. Eine zweite, weniger komplexe Version des Gachet-Porträts, die offensichtlich nach dem Original gemalt worden war, hatte der Künstler dem Doktor selbst gegeben. Gachet erhielt als Entgelt für seine Auslagen von Theo ein Selbstporträt van Goghs, *Kirche in Auvers* und vielleicht noch zwei Dutzend andere Gemälde.

Die Verzweiflung über den Selbstmord seines Bruders ließ Theo nur widerstrebend die Erbschaft der über 600 Gemälde antreten. Er erzählte seiner Mutter:

> Man kann nicht schreiben, man kann keinen Trost finden. Es ist ein Schmerz, der mir noch lange nachgehen wird und den ich mein Leben lang mit mir herumtragen werde. ... Das Leben wurde ihm so schwer; aber wie es häufig geschieht, jetzt weiß jeder seinem Talent Gutes nachzusagen. ... O Mutter! Er war so ganz mein Bruder.

Irgendwann hatte Theo die Gemälde in Auvers geholt, nach Paris gebracht und sie im Laden von Julien Tanguy in der Rue

Clauzel gelagert. Theo besaß schon an die 500 Gemälde und 350 Zeichnungen seines Bruders aus dessen Zeit in Frankreich. Der Maler selbst hatte möglicherweise 50 Bilder weggegeben.

Van Goghs Selbstmord ließ seine Freunde und Kollegen ratlos zurück. »Ich war sehr betroffen, vom Tod Ihres Bruders Monsieur Vincent zu erfahren«, schrieb Eugène Boch. »Ein großer Künstler ist tot.« Dieser Brief des belgischen Künstlers, der van Gogh in Arles gekannt hatte, ist eines von fünfunddreißig Kondolenzschreiben an die Familie van Goghs. »Sein Verlust wird von der jüngeren Generation schmerzlich empfunden werden«, schrieb der Impressionist Camille Pissarro an Theo. »Sie wissen, welch ein Freund er mir gewesen ist«, schrieb Henri de Toulouse-Lautrec.

Das plötzliche gewaltsame Ende von Vincents schwierigem Leben erschütterte Theo, und er fand auch keinen Trost in dem Gedanken, daß er seinem Bruder ja das Malen ermöglicht hatte. Vom tragischen Ende des Aufenthaltes in Auvers geradezu verfolgt, unternahm Theo nun Schritte, um van Goghs Werk die, wie er überzeugt war, verdiente Aufmerksamkeit zu verschaffen. »Nun liegt aber in deinen Bildern eine Kraft ...«, hatte er Vincent im Jahr zuvor geschrieben,

> ... mit der Zeit wird das Pastos sehr schön herauskommen und sicherlich werden sie eines Tages geschätzt werden. Wenn man bedenkt, daß Leute wie Pissarro, Gauguin, Renoir, Guillaumin sich nicht verkaufen, muß man ja beinah froh sein, die Gunst des Publikums nicht zu haben, denn die, denen sie jetzt gehört, werden sie nicht immer haben und die Zeiten ändern sich vielleicht sehr schnell.

Nur wenige Wochen nach van Goghs Tod fragte Theo den Händler Paul Durand-Ruel, ob er eine Ausstellung des verstorbenen Künstlers in seiner Galerie veranstalten wolle. »Und doch, und doch: gewisse Bilder von mir werden eines Tages ihre Liebhaber finden«, hatte van Gogh nur einige Monate zuvor geschrieben. Theo wußte, daß eine Ausstellung in der vornehmen und angesehenen Galerie eines Händlers, der für seinen Erfolg mit der Schule von Barbizon und den umstrittenen Impressionisten bekannt war, am besten der Sache seines

Bruders diente. Würde die Ausstellung von einem wohlwollend kommentierenden Katalog begleitet, konnte der Händler auf Gemäldeverkäufe hoffen. Die Verbindungen prominenter Privatsammler in Kunstkreisen könnten außerdem zu einer ständigen Präsenz des Künstlers und somit zur Steigerung seines Bekanntheitsgrades beitragen. »Da Durand-Ruel endgültig abgesagt hat«, schrieb Theo am 18. September an Emile Bernard, »vermag ich im Augenblick für eventuelle Interessenten nur so viel zu zeigen, wie ich in meinem Haus hängen kann ... Kurz: wollen Sie mir bei dieser Aufgabe helfen?« Vor einiger Zeit waren er und Johanna in eine andere Wohnung im gleichen Gebäude in der Rue Lepic 54 gezogen, und so hängte er mit Bernards Hilfe 350 Gemälde in seine alte Wohnung. Innerhalb weniger Wochen nach van Goghs Tod tauchte das *Bildnis des Dr. Gachet* in dieser provisorischen Retrospektive auf. Eine von Johannas Bruder Andries Bonger handgeschriebene Liste diente als Katalog. Bonger, ein Versicherungsmakler, der in den 1880er Jahren in Paris gelebt hatte, war ein enger Freund von Emile Bernard und einer der ersten, die Werke von Paul Cézanne kauften. Später wurde er ein bedeutender Sammler von Odilon Redon. Dem Gachet gab er die Nummer »251«.

Nicht nur Theo hatte den Wunsch, an das Werk seines Bruders zu erinnern und dessen Gemälde zugänglich zu machen. Im Frühjahr 1891 organisierten Künstler eine Retrospektive im Salon des Indépendants in Paris und eine bei der jährlichen Ausstellung der Gruppe XX in Brüssel. Über die zehn van Gogh-Gemälde, die in Paris gezeigt wurden, schrieb der Kritiker Octave Mirbeau: »Auf der Ausstellung der Indépendants strahlen die Bilder des kürzlich verstorbenen van Gogh so hell, daß sie in der Intensität der Vision, im Reichtum des Ausdrucks, der Kraft des Stils alle anderen weit überragen.« Emile Bernard nahm sich der Sache seines verstorbenen Freundes an und arrangierte 1892 eine Einzelausstellung in der neuen Galerie, die Louis-Léon le Barc de Boutteville eröffnet hatte. Wie Albert Aurier beschrieb, »wollte« Barcs Galerie »jungen, fortschrittlichen Künstlern, die noch von der Kritik angegriffen, von Käufern abgelehnt und von Händlern und Jurys verspottet werden, künftig Obdach gewähren.« Doch keines der Gemälde van Goghs wurde verkauft.

Leider hatte van Gogh zu diesem Zeitpunkt bereits seinen größten Fürsprecher verloren. Noch bevor die Ausstellung in den leeren Räumen der Wohnung in der Rue Lepic eröffnete, begann Theos Gesundheit zu schwinden. Sein Verhalten wurde unberechenbar. Berichte aus der Zeit lassen vermuten, daß er an einer Nierenerkrankung litt. Im Oktober 1890 kam er in ein Pariser Krankenhaus, wurde aber bald schon in die psychiatrische Klinik von Passy verlegt und im folgenden Monat in eine Anstalt nach Utrecht gebracht. Andries Bonger kümmerte sich währenddessen um seine Kunstsammlung in Paris. Sechs Monate nach Vincent van Goghs Tod starb Theo am 25. Januar 1891, im Alter von dreiunddreißig Jahren. Der Tod dieses Kunsthändlers, der die Eigenart der Bilder seines Bruders verstanden hatte, war ein harter Schlag im Hinblick auf die weitere Vermarktung der Bilder. Vorerst blieben die Gemälde und Zeichnungen in der leeren Pariser Wohnung unter Verschluß.

8

Amsterdam: Johanna van Gogh-Bonger, *1891-1896*

Die Briefe haben, seit dem Beginn von Theos Krankheit, schon einen großen Raum in meinem Leben eingenommen. Am ersten einsamen Abend, den ich nach meiner Rückkehr in unserem Heim verbrachte, nahm ich den Packen Briefe. Ich wußte, daß ich ihn darin wiederfinden würde.

Johanna van Gogh-Bonger, Brief an einen Freund

Theos Gemäldesammlung ging nun in den Besitz seiner Witwe, Johanna van Gogh-Bonger, über. Als ihr Mann im Herbst 1890 erkrankte, war die nun achtundzwanzigjährige Johanna mit ihm und dem noch nicht einjährigen Kind nach Holland zurückgekehrt. Nach Theos Tod entschloß sie sich, dort zu bleiben. »Von überall her wurde sie aufgefordert, ›die Bilder fortzuschaffen‹«, schrieb ihr Sohn Vincent Willem van Gogh später, »aber sie dachte nicht daran.« Und wirklich war die Aufbewahrung der Gemälde, die nur minimalen Verkaufswert hatten, ein gewaltiges Unterfangen. Johannas Briefe aus Paris an ihre Schwester lassen vermuten, daß Johanna Theos Enthusiasmus für avantgardistische Kunst nicht teilte. Als Dutzende von Gemälden sich in ihrer Pariser Wohnung stapelten, bestand sie darauf, sie in Julien Tanguys Laden zu bringen, wo der Maler um ihren Zustand fürchtete. Doch Johanna begann, van Goghs Kunst zu schätzen, auch wenn sie nie ihren konventionellen Geschmack verlor. (1912 tauschte sie eines der Porträts aus Arles, *La Mousmé im Lehnstuhl*, bei einem holländischen Kunsthändler gegen ein Blumenstilleben von Henri Fantin-Latour.) Daß unter van Goghs Werk nur drei Aktgemälde existierten, die sich im Besitz von Emile Bernard befanden, läßt vermuten, daß Johanna möglicherweise andere, die van Gogh wie Degas und Toulouse-Lautrec in Bordellen gemalt hatte, weggegeben haben könnte.

Johanna war von Theos Tod tief betroffen. Als fünftes Kind eines holländischen Versicherungsmaklers war sie unbeschwert und behütet aufgewachsen. Ihre Heirat mit dem aus der wohlhabenden Familie van Gogh stammenden Theo, der eine vielversprechende Karriere als Kunsthändler vor sich hatte, konnte sie kaum auf eine so ganz andere Situation vorbereiten. Doch sie besaß eine außergewöhnliche innere Überzeugung, Entschlossenheit und Energie. Vor ihrer Heirat hatte sie englische Literatur studiert, kurze Zeit am Britischen Museum gearbeitet und an zwei Mädchenschulen in Holland unterrichtet.

Im Herbst 1891 war sie rund 20 Kilometer von Amsterdam entfernt in ein Haus in Bussum gezogen. Dort bestritt sie ihren Lebensunterhalt durch Englischübersetzungen und die Aufnahme von Logiergästen. Am 18. November 1891, neun Monate nach Theos Tod, schrieb sie in ihr Tagebuch:

> Neben der Kindererziehung hinterließ er [Theo] mir noch eine andere Aufgabe: Vincents Werk – es zu zeigen, es so oft wie möglich bewundern zu lassen. All die Schätze, die Theo und Vincent gesammelt haben – sie unzerstört für das Kind aufzubewahren – das ist auch meine Aufgabe. Ich bin nicht ohne Lebensinhalt, aber ich fühle mich einsam und verlassen.

Johanna traf zwei Entschlüsse, die für das Vermächtnis van Goghs entscheidend waren: Sie brachte van Goghs Gemälde nach Holland, und sie edierte die über sechshundert Briefe des Malers an seinen Bruder Theo. Diese zwei Entscheidungen zeigen den Vorsatz Johannas, die Kontrolle über das Werk ihres verstorbenen Schwagers zu behalten. Welche ästhetischen Zweifel an den Gemälden sie auch gehabt haben mag, sie folgte Theos Beispiel und wurde eine zähe Kämpferin für van Goghs Kunst.

Zweimal versuchte Emile Bernard sie zu überreden, die Gemälde in Paris zu lassen, wo sie anderen Künstlern zugänglich und dem Zentrum des Kunstmarktes nahe wären. Doch Johanna, die durch Theo einiges vom Kunsthandel gelernt hatte und in geschäftlichen Angelegenheiten ihren Vater und Bruder fragen konnte, wollte, daß die Gemälde in die Niederlande gebracht würden. Einige schien sie bereits mitgenommen zu haben, als sie im Herbst 1890 mit Theo zurückgekehrt war. Im April 1891 arrangierte Andries Bonger den Transport von etwa 270 Gemälden, darunter das *Bildnis des Dr. Gachet*, nach Amsterdam. Damit verlor Paris einen Großteil der außergewöhnlichen van Gogh-Bilder. Doch selbst nach dem Transfer des größten Teils von Theos Sammlung verblieben noch Dutzende der Bilder in Paris – einige hatte der Künstler bei Tanguy gelassen, und einige hatte er an Bernard, Gauguin, Paul Signac, Camille und Lucien Pissarro und andere verschenkt. Albert Aurier (der eine Version der *Zypressen* besaß) riet seiner Schwester »eine großartige Gelegenheit, ein Blumenstück von Vincent van Gogh ...« für zirka fünfzehn Francs zu kaufen, das »bei einem kleinen Kramhändler gelandet ist«.

Zur Fortsetzung des Kreuzzugs für Vincent entschlossen, und weil sie Geld brauchte, setzte Johanna alles daran, die Bilder in Holland auszustellen. Dort hatte sie durch das Kunsthändlerimperium der van Goghs Verbindungen zu holländischen Malern und zum Kunsthandel. Ihre Bemühungen waren deshalb auch fast unmittelbar von Erfolg gekrönt, denn ortsansässige Künstler und Händler nahmen das in holländischer Tradition stehende Werk van Goghs mit Enthusiasmus auf. Im Februar 1892 berichtete sie, daß sie »immerzu mit seinen Gemälden beschäftigt« sei. Die Besitzer zweier holländischer Galerien erklärten sich bereit, Bilder anzunehmen: »Endlich sind nun zehn Gemälde bei Buffa in Amsterdam und zwanzig bei Oldenzeel in Rotterdam«, schrieb sie. Am 3. März 1892 berichtete sie von ihrem Besuch bei einem Händler in Amsterdam: »Ich hatte ein kleines Gemälde von Vincent mitgenommen – aber ein sehr, sehr schönes ... jetzt wollen sie einige in Kommission nehmen. Welch ein Triumph.« Im Mai organisierte Jan Troorop, Mitglied bei den Brüsseler Vingtisten, mit fünfundvierzig Gemälden und vierundvierzig Zeichnungen eine Retrospektive beim *Kunstkring* (Kunstkreis) in Den Haag. Im darauf folgenden Jahr, 1893, stellte der Maler Richard Roland-Holst mit siebenundachtzig Gemälden und zwanzig Zeichnungen eine noch größere Ausstellung für Kunstzaal Panorama in Amsterdam zusammen. Aber nur wenige Gemälde wurden verkauft.

Johannas wichtigster Beitrag zum Vermächtnis van Goghs war jedoch die Herausgabe seiner Korrespondenz, ein Unternehmen, das ihr in ihrer Einsamkeit Trost gab. »Im April 1889 fand ich in unserer Wohnung in der Cité Pigalle in Paris in der untersten Schublade eines kleinen Schreibtisches Briefe von Vincent«, schrieb sie, »und Woche auf Woche sah ich die bald vertrauten gelben Umschläge mit der charakteristischen Handschrift an Zahl zunehmen.« Zweifellos durch ihr Literaturstudium geschult, war ihr die Einzigartigkeit dieser Briefe aufgefallen. Sie waren nicht nur Berichte über die Arbeitsmethode und die ästhetischen Vorstellungen des Malers, sondern auch eine Primärquelle, die über den Umbruch in der Malerei des späten neunzehnten Jahrhunderts Auskunft gab. Doch zunächst mußten die meist undatierten Briefe in eine Reihenfolge gebracht werden. »Viel Zeit war nötig, die Briefe zu entziffern und zu ordnen«, erklärte sie später. »Das war um so schwieriger, als häufig das Datum fehlte, und sorgfältige Überlegung war nötig, bevor diese Briefe irgendwie zusammenpaßten.« Auch nach ihrer Heirat mit dem Maler Johan Cohen Gosschalk im Jahr 1901 und ihrem Umzug nach Amsterdam im Jahr 1903 widmete sich Johanna weiterhin der Arbeit an einer Briefausgabe. Schließlich veröffentlichte sie am Vorabend des Ersten Weltkrieges eine komplette Ausgabe der Briefe (dem Original entsprechend in Französisch und Holländisch) in Holland und in Übersetzung auch in Deutschland. Bis zu ihrem Tod im Jahr 1925 arbeitete Johanna an einer englischen Ausgabe, die dann 1928 erschien.

In ihrer Einleitung zur Ausgabe der Briefe von 1914 spielte Johanna ihre Rolle im Leben van Goghs herunter und enthüllte fast nichts über sich selbst. Sie gab keinen Hinweis auf die widersprüchlichen Gefühle, die sie ihrem problematischen Schwager gegenüber empfunden haben mag, dessen Tod, wie sie sagte, »die ohnehin schlechte Gesundheit [ihres Mannes] ruiniert hat«. Mehrere ihrer Briefe an van Gogh zeigen ihre Großzügigkeit und den Wunsch, ihn zu verstehen. Über den Selbstmord verbreitete sie nur die reinen Tatsachen und vermied jede »ausführliche Befragung nach Motivation und Fragen nach Schuld und Mitgefühl«. Penibel darauf bedacht, ein ungetrübtes Bild der Familie van Gogh zu präsentieren, ließ sie Passagen aus den Briefen des Malers aus, die enthüllten, daß sein Vater versucht hatte, ihn in eine Anstalt einweisen zu lassen.

Die emotionale Bindung Johannas an ihren Mann und den Schwager beeinträchtigte ihre Urteilsfähigkeit, was bestimmte Aspekte anbetraf. So wurde ihre romantisierende Ansicht häufig als die reine Wahrheit akzeptiert. Auch von Dr. Gachet wollte sie anscheinend nur das Beste glauben: »Dr. Gachet und seine Kinder hielten weiterhin Vincents Andenken in Ehren«, schrieb sie 1914, »mit seltener Ehrfurcht, die zu einer Form von Gottesdienst wurde, anrührend in ihrer Einfachheit und Ernsthaftigkeit.« Nach Gachets Tod im Jahre 1909 verkaufte sein Sohn Paul mehrere Gemälde, bewahrte jedoch andererseits die Kunstsammlung, die er von seinem Vater geerbt hatte. Er weigerte sich, die Gemälde an Museen auszuleihen oder Wissenschaftlern den Zugang zu gewähren. 1930 konnte er in der gleichen Aufmachung, die sein Vater in dem Porträt zeigte, in Gachets Haus angetroffen werden. Es wurde später allgemein angenommen, daß es sich bei einigen Gemälden aus der Sammlung Gachets um Kopien oder Nachahmungen handelte, die entweder der Doktor selbst angefertigt hatte oder dessen Sohn, der später versuchte, sie als Originale zu verkaufen. Dieser Makel auf dem Vermächtnis Gachets führte bei manchen Wissenschaftlern dazu, auch die Echtheit anderer Bilder aus der Sammlung in Frage zu stellen. Dazu gehörte auch die zweite Version des Gachet-Porträts, das Paul und Marguerite Gachet 1949 dem Louvre vermachten.

Das Bild eines wohltätigen Gachet, statt eines nachlässigen, sogar fahrlässigen Arztes paßte gut zu dem tragischen Mythos, der sich unmittelbar nach dem Selbstmord van Goghs zu entwickeln begann. Kommentatoren und Kritiker van Goghs schienen nicht widerstehen zu können, ihn mit dem romantischen Klischee des gepeinigten, von der Gesellschaft entfremdeten und mißverstandenen Malers zu identifizieren. Sie nutzten seine Krankheit und seinen Tod dazu, ihrer Interpretation seines Lebens einen Rahmen zu geben, und beschrieben van Gogh als Märtyrer, dessen Selbstmord die unausweichliche Konsequenz eines Lebens voller Kampf, Armut und psychischer Pein war. Wie schon Aurier beklagte Octave Mirbeau 1891, daß eine »herrliche Flamme des Genies erloschen ist«. Van Gogh sei »so unberühmt und unbeachtet in den Tod gegangen, wie er [...] gelebt hat«. In Holland riefen die Kritiker Theos Anteil an der traurigen Geschichte in Erinnerung: »Zwei Tragödien wurden für diese Kunst aufgeführt«, schrieb ein Kommentator: Die eines »kranken Genies, das wie ein Kind nach den Sternen greift«, und die eines »liebenden Bruders, der an dieses Genie glaubte«. Obwohl Georges Seurat 1891 nur zweiunddreißigjährig an Diphtherie starb, wurde sein ebenso plötzlicher und vorzeitiger Tod interessanterweise nie zum Thema für Interpretationen oder mit seiner Arbeit in Verbindung gebracht.

Nur drei Jahre nach van Goghs Tod war das tragische Lebensbild des Malers in Holland so gut etabliert, daß Richard Roland-Holst sagen konnte, »van Goghs Werk [sei] zu einer Illustration des traurigen Dramas seines Lebens geworden«. In einem Brief an einen Freund gab Roland-Holst Johanna die Schuld für deren Überbewertung der Lebens- und Todesumstände ihres Schwagers: »Frau van Gogh betrachtet jene Werke als die besten, die am bombastischsten und sentimentalsten sind – die, welche sie am meisten zum Weinen bringen; sie vergißt, daß ihre Trauer Vincent zu einem Gott macht.«

Doch selbst wenn Johanna zur Entstehung der van Gogh-

Legende beitrug, so war sie nicht deren alleinige Urheberin. Die Legende entsprang vielmehr den zahlreichen Kommentaren französischer, holländischer und später auch deutscher Kritiker, die jede Information, die Johanna oder andere Zeitzeugen beisteuerten, in eine Parabel künstlerischen Märtyrertums verwandelten. Nicht van Goghs Obskurität, sondern seine zentrale Stellung in Pariser Kunstkreisen trug dazu bei, daß Einzelheiten seines Lebens sich schnell unter Künstlern und Literaten verbreiteten, die diese Details auf deren melodramatischen Gehalt hin ausbeuteten.

Von Anfang an ignorierten die Kritiker jeden Beweis, der dem überhöhten Bild van Goghs widersprach. Niemand erwähnte deshalb, daß die Krankheit des Malers nur zeitweise auftrat und daß er relativ schnell als Maler Beachtung fand. Auf ähnliche Weise verschwiegen Kommentare die Vorteile, die er gegenüber den meisten seiner Kollegen hatte, weil er aus einer Kunsthändlerfamilie stammte und einen Bruder hatte, der ihn finanziell unterstützen konnte. Das Wissen um seine hervorragende Ausbildung, die Zugehörigkeit zur Mittelklasse, die wohlhabende Händlerfamilie und schließlich die Arbeitserfahrung, die er in einer angesehenen Kunstgalerie sammeln konnte, leisteten dem Bild van Goghs als autodidaktischem Außenseiter, gepeinigtem Genie und Märtyrer unter Spießbürgern nur schlechte Dienste.

9

Kopenhagen: Die Dänische Sezession

1893

Ich habe niemals ein so wogendes, schwingendes, lichtdurchflutetes Feld auf verblüffendere Art dargestellt gesehen, wie in den Bildern von van Gogh. Johan Rohde, 1892

Drei Jahre nach van Goghs Tod erhielt Johanna van Gogh 1893 das erste Angebot, das *Bildnis des Dr. Gachet* auszustellen. Es kam nicht aus Paris, sondern aus Kopenhagen, von einer Gruppe von Sezessionsmalern, die teilweise von den Impressionisten inspiriert ihre eigenen Ausstellungen abhielten und, wie ein Kritiker sagte: »... die Sonne der neuen Kunst in Dänemark aufgehen sehen wollten.« Die Gruppe, die sich selbst *Frie Udstilling (Freie Ausstellung)* nannte, wurde von dem Maler und Kritiker Johan Rohde geleitet. »Van Gogh ist der größte holländische Maler dieses Jahrhunderts«, schrieb er 1892, »und generell einer der größten europäischen Wegbereiter.« Am 4. Februar 1893 schrieb Rohde auf französisch an Johanna und bat sie um »eine kleine Auswahl der besten Gemälde van Goghs – zehn bis zwanzig Stück«. Er plante eine Sonderausstellung, die den beiden Vorbildern der Kopenhagener Maleravantgarde, van Gogh und Gauguin, gewidmet sein sollte. Durch die gemeinsame Ausstellung der beiden berühmten Maler hoffte Rohde, viele Besucher zur *Freien Ausstellung* zeitgenössischer dänischer Malerei zu ziehen, deren Aussteller sich mit den französischen Künstlern verbunden fühlten.

Kopenhagen war eine kleine Stadt, deren kulturelle Entwicklung davon abhing, wie sie den künstlerischen und intellektuellen Austausch mit dem restlichen Europa aufrechterhielt. Die Industrialisierung hatte Kopenhagen den außergewöhnlichen Wohlstand zurückgebracht, den es während des achtzehnten Jahrhunderts als einer der wichtigsten Häfen Nordeuropas genossen hatte. Dänemark besaß traditionell starke Bindungen an Deutschland, dessen Akademien in München und Dresden seit dem achtzehnten Jahrhundert dänische Künstler angezogen hatten. Doch als 1864 die dänische Niederlage im Krieg gegen Otto von Bismarcks Preußen den Verlust der Provinz Schleswig-Holstein sowie eines Drittels der dänischen Bevölkerung einbrachte, kam es zum abrupten Ende der Deutsch-Dänischen Allianz.

Danach suchten die progressiven Maler Kopenhagens in Frankreich Inspiration und Schulung. Ansporn dazu lieferte auch die Demütigung, die sie bei der Weltausstellung von 1878 in Paris erlitten hatten, bei der Dänische Kunst als rückständig und provinziell zurückgewiesen worden war. (»In Dänemark verkümmert die Kunst«, schrieb ein französischer Kritiker. Ab 1879 bot die Königliche Akademie der schönen Künste Dänemarks dann Zeichenunterricht am lebenden Modell und Freiluftmalklassen an.) Zwischen 1880 und 1890 ließen einige der besten Maler Dänemarks (Peder Severin Krøyer, Vilhelm Hammershøi und Harald Slott-Møller) in ihren Gemälden den Einfluß des französischen Realismus erkennen. Während der neunziger Jahre wiesen viele dänische Maler den Realismus zugunsten zahlreicher anderer Formen des neuen Symbolismus zurück, folgten dabei wiederum den Franzosen, und waren besonders von van Gogh und Gauguin beeinflußt.

Johan Rohde hatte erstmals durch seinen Malerfreund Christian Mourier-Petersen von van Gogh gehört, der den holländischen Maler in Arles kennengelernt hatte. Doch die Kopenhagener Maler hatten noch eine direkte Verbindung zu van Gogh und zur Pariser Avantgarde, nämlich durch Paul Gauguins dänische Frau Mette Gad.

1885 hatte Mette mit ihren fünf Kindern Frankreich verlassen, um nach Dänemark zurückzukehren, wo sie hoffte, die Kinder einfacher großziehen zu können. Gauguin, der sie begleitete, hielt es nur sechs Monate in Skandinavien aus. Sie blieb, unterrichtete Französisch und versuchte, einen Markt für die Gemälde ihres Ehemannes zu finden. Über dem Café Bernina, einem Treffpunkt der Bohème, fand sie eine Wohnung und mischte sich unter die literarische und künstlerische Avantgarde Kopenhagens.

Daß das Gachet-Porträt bereits 1893 in Kopenhagen zu sehen war, reflektierte die sich verändernde kulturelle Landschaft und die Ausbreitung der französischen Avantgarde nach Mittel- und Nordeuropa. Die Städte dort hatten in der letzten Dekade des Jahrhunderts ihre eigenen avantgardistischen Bewegungen in Malerei, Bildhauerei und Kunsthandwerk hervorgebracht. Paris war nicht mehr die einzige Quelle neuer Malerei. Jene Maler, die sich zwischen 1880 und 1890 in Paris aufgehalten hatten, waren mit den Lektionen des Realismus und Impressionismus in die Heimat zurückgekehrt und hatten die Schöpfer der Moderne dort bekannt gemacht. Um die Jahrhundertwende war die europäische Avantgarde in einem lockeren internationalen Netzwerk von Künstlern, Kritikern, Kunsthändlern und Sammlern mit vielen persönlichen und beruflichen Anknüpfungspunkten verbunden.

Die dänische Gruppe Freie Ausstellung, die sich 1891 gegründet hatte, war eine der ersten Künstler-Ausstellungsgesellschaften oder Sezessionen, die zwischen 1880 und 1890 in den kulturellen Zentren Nordeuropas auf den Plan traten. Sie erklärten ihre Unabhängigkeit von den Kunstakademien, die zunehmend unfähig geworden waren, die wachsende Künstlergemeinde zu unterstützen. Die erste Sezession war die belgische Gruppe *Les XX*, die 1884 gegründet worden war. Andere Gruppen folgten bald darauf – 1892 in München, 1897 in Wien und 1898 in Berlin. Die Sezessionen waren elitäre, handverlesene Kollektive, deren Mitglieder darauf bestanden, ihre Arbeit auf eigene Art und Weise auszustellen. Die kleinen, sorgfältig geplanten Ausstellungen sollten dazu dienen, die Künstler einem großen Publikum bekannt zu machen und Mäzene aus dem Bürgertum anzulocken. Obwohl die Sezessionsmaler dazu neigten, sich ästhetisch progressiv zu geben, ging es bei ihrem Disput mit dem Establishment im allgemeinen um die Kontrolle über die Ausstellungen und um die wirtschaftlichen Bedingungen ihres Berufsstandes.

Die Sezessionen spielten eine wesentliche Rolle bei der Rezeption van Goghs, dessen Kunst sie förderten, um ihre eigene zu veröffentlichen und erklären zu können. Schon vor seinem Tod hatten die Vingtisten bei ihrer jährlichen Ausstellung seine Arbeiten ausgestellt und Auszüge aus dem Artikel von Albert Aurier in ihrer Zeitschrift *L'Art moderne* veröffentlicht. 1901 zeigte eine Ausstellung der Berliner Sezession fünf van Gogh-Gemälde; zwei Jahre später wurden andere in München und Wien gezeigt. Unter den Sezessionen bot Wien das am meisten vereinheitlichte und fortschrittlichste ästhetische Programm an, verkörpert durch den Jugendstil der Maler Gustav Klimt und Egon Schiele sowie des Bühnenbildners Josef Hoffmann. Auf Klimts Betreiben hin kauften die Wiener Künstler 1903 *Ebene bei Auvers*, eines der letzten Landschaftsgemälde van Goghs. Für die Avantgardisten war van Gogh »die überwältigende Offenbarung«, erklärte später der britische Kritiker Roger Fry. Das Bestreben dieser Künstler, van Gogh zu fördern, half schließlich dabei, das Interesse der Händler an moderner Kunst und deren Sammlern zu wecken.

Van Goghs Arbeiten gefielen zuerst in den Ländern Nordeuropas, da sie eine große Nähe zu deren kollektivem visuellen Erbe enthielten, das sich von der klassischen Tradition Italiens und Frankreichs unterschied. Der Kunsthistoriker Robert Rosenblum charakterisierte van Gogh zu Recht als »Erbe der Romantiker des Nordens«. »Immer wieder zeigt seine Suche nach dem Übernatürlichen im Natürlichen, nach dem Symbol in den Tatsachen, daß er, meistens ganz unbewußt, die Metaphorik der romantischen Kunst des Nordens verwendet«, schrieb Rosenblum. In Belgien, Holland, Deutschland und Skandinavien beeilten sich Künstler und Kritiker, die Bedeutung seines Werkes zu erklären, ihn für sich zu reklamieren und an seinen Herkunftsort zurückzubringen.

Als Johan Rohde 1892 in Paris eintraf, überbrachte er dem Maler Emile Schuffenecker einen Empfehlungsbrief von Mette Gauguin. Wie Gauguin war Schuffenecker bei einer Bank beschäftigt gewesen und hatte den Effektenhandel aufgegeben, um Kunstlehrer zu werden. Nun agierte er als inoffizieller

Agent für Gauguin, der nach dem Tod Theo van Goghs ohne Händler in Paris war. Schuffenecker hatte sich deshalb bereit erklärt, Gauguins Werke zu lagern, solange der sich in Tahiti aufhielt.

Rohde besuchte auch den »kleinen Laden« Tanguys, wo er ausgezeichnete provenzalische Landschaftsgemälde entdeckte »und ein sehr charakteristisches doch nur grob ausgeführtes Porträt von Vater Tanguy«. Auf der Suche nach weiteren Gemälden van Goghs reiste Rohde nach Holland. In Den Haag besuchte er die van Gogh-Ausstellung im Kunstkring. Er selbst konnte sich keines der Gemälde leisten, doch für einen dänischen Freund kaufte er *Hügellandschaft hinter dem Saint-Paul-Hospital.* (»Herr Rohde erscheint wie ein höchst kultivierter Mann, doch es ist ausgesprochen schwierig, mit ihm zu reden, weil er so wenig Deutsch spricht, taub zu sein scheint und eine sehr leise Stimme hat«, schrieb ein holländischer Maler, der ihn dort kennenlernte.

Die Ausstellung »Gauguin und van Gogh«

»Ja, das wäre sehr schön«, antwortete Johanna van Gogh im Februar 1893 auf Rohdes Anfrage, »einen Raum mit nichts anderem als Werken von Gauguin und Vincent, und es hat etwas Anrührendes, die beiden Freunde hier mit ihren Werken wieder vereint zu sehen.« Dänemark, so meinte sie, sei empfänglicher für moderne Kunst als Holland. Rohde hatte angeboten, die Fracht- und Versicherungskosten zu zahlen, und die Ansicht geäußert, daß van Goghs Gemälde in Kopenhagen Käufer finden könnten. Er bat den in Holland lebenden dänischen Maler Georg Seligmann, sich mit Johanna zu treffen und Gemälde für die Ausstellung auszuwählen. Seligmann stand dem Ansinnen, daß dänische Künstler »ausländische Kunst« zeigen sollten, anfänglich ablehnend gegenüber. Trotzdem traf er sich am 26. Februar mit Johanna und wählte zwanzig Gemälde und vier Zeichnungen aus (»Die Zeichnungen, die ich gewählt habe, sind seine besten. Einzigartig, ausgezeichnet«, schrieb er). Neben mehreren Landschaftsgemälden (viele davon aus Arles) und Blumenbildern wählte der Maler zwei Porträts: eines *Oberaufseher Trabuc*, das andere: *Bildnis des Dr. Gachet.* »Ich hätte liebend gerne alle seine Gemälde und Zeichnungen genommen«, schrieb Seligmann, »aber ich glaube, das wäre zuviel gewesen. Welch ein außergewöhnlich guter Maler muß er gewesen sein.« Doch der Besuch deprimierte ihn. »Am Sonntag konnte ich deutlich die Traurigkeit spüren, die der Tod des Ehemannes im Haus zurückgelassen hat«, schrieb er. Nachdem er Johanna geholfen hatte, Preise für die Gemälde festzusetzen, teilte er Rohde mit, daß sie, wenn nötig, auch Gebote akzeptieren würde.

Trotz heftigem Schneefall kamen am Tag der Ausstellungseröffnung am 25. März 1500 Besucher in die *Freie Ausstellung.* »Zahlreiche ›freigesinnte‹ Autoren und Journalisten in Begleitung von Damen mit kurzgeschnittenen Haaren, die sich in lärmendem Enthusiasmus gebärdeten«, so beschrieb eine Zeitung das Publikum bei der Eröffnung. Von den fünfundfünfzig Gemälden Gauguins waren zehn exotische Bilder aus Tahiti. Unglücklicherweise hatte sich der Transport der zweiundzwanzig van Gogh-Gemälde verzögert, und sie trafen erst am 1. April ein.

Wie vorauszusehen, griffen die konservativen Zeitungen diese Bilder an: »Eine Art revolutionär-hieroglyphische Malerei, die jahrhundertealte Grundlagen der Kunst über Bord wirft«, wütete ein Kritiker. Doch solche Denunziationen wurden von der liberalen Presse zurückgewiesen, deren Kritiker van Goghs Kunst wegen ihrer Emotionalität priesen. »Da brennt ein fanatisches Feuer in den Werken van Goghs«, schrieb der Dichter Johannes Jørgensen. »Der Mann, dessen Pinselstrich diese Gemälde schuf, ist einer, dessen Sensibilität stärker, fremder und tiefgreifender scheint, als die der durchschnittlichen Menschheit. Das Leben blendet ihn, putscht ihn auf, füllt seine Seele, bis sie nahezu am Bersten ist.« Ein anderer Kritiker im *Social-Demokraten* gab zu bedenken, daß »die Gemälde nicht nur Darstellungen der Realität sind, es sind Gedichte, Fantasien, Symphonien. Ein irrsinniger Aufstand von Farben«, so erklärte er, »verursacht in seinen Gemälden ein solches Getöse, daß es den Künstler in den Wahnsinn und zum Selbstmord trieb.« Zwei Kritiker suchten sich das *Bildnis des Dr. Gachet* aus. Einer erklärte es zum »symbolistischen« Porträt, in dem der Künstler, statt das Aussehen des Modells zu kopieren, es benutzte, um eine Idee zu vermitteln.

> Der Künstler sah sich unter keinem Zwang, Dr. Gachet so zu malen, wie er aussieht, so daß jeder der Züge Ähnlichkeit vermittelt. Er hat der Melancholie in seinem Charakter Ausdruck gegeben, indem er Furchen auf seiner Stirn und um den Mund malte, indem er der Person eine Haltung gab, die die tiefste Langeweile mitteilt, und indem er die blauen Augen mit einem Ausdruck von Erschöpfung und Resignation in den Raum starren läßt.

Doch trotz des Kritikerlobes konnten weder Mette Gauguin noch Johanna van Gogh die Ausstellung als finanziellen Erfolg betrachten. Gauguin hatte seiner Frau aufgetragen, die Preise für seine Tahiti-Gemälde hoch anzusetzen – zwischen 700 und 800 Francs das Stück. Für *Manao tupapao (Der Geist der Toten erwacht)*, das Thadée Natanson, der für *La Revue blanche* schrieb, »die Olympia von Tahiti« nannte, wollte er mindestens 1 500 Francs. Mette verkaufte am Ende einige Stücke für jeweils 100 Francs.

Johanna weigerte sich, die Preise zu senken, und verkaufte nur eine Zeichnung für die beträchtliche Summe von 200 Francs. *Portrait des Dr. Gachet*, die No. 71 im Ausstellungskatalog, stand nicht zum Verkauf. Es ist verständlich, daß Johanna die Gemälde mit persönlicher Bedeutung und Erinnerungswert behalten wollte: einige Selbstporträts, *Gelbes Haus*, *Schlafzimmer des Künstlers in Auvers*, *Gauguins Stuhl* und eine Version von *Sonnenblumen*. Aber einige, die später als van Goghs wichtigste Gemälde erkannt werden würden – das wundervolle *Regen: Hinter dem Hospital* und *Umfriedetes Feld mit Bauer* – verkaufte sie. Bald würde sie ihre Ansicht über das *Bildnis des Dr. Gachet* ändern.

10

Paris: Ambroise Vollard

1897

Können Sie es so lassen, wie Sie es mir geschrieben hatten, mit der Modifikation, daß die Schwarzen Schuhe *durch* Bildnis des Dr. Gachet *ersetzt werden?*

Ambroise Vollard an Johanna van Gogh, 1897

Julien Tanguy starb im April 1894, und sein Laden wurde geschlossen. Wie viele Gemälde van Goghs der ehrliche, doch unzuverlässige Farbenhändler genau verkauft hat, bleibt ein Rätsel, da er es häufig versäumte, Johanna van Gogh über den Verkauf zu informieren. Tanguys Tod schnitt Johannas wirtschaftliche Verbindung zum Pariser Kunstmarkt ab. Bei ihrer Suche nach einem etablierteren Agenten nahm sie nun Kontakt zu Paul Durand-Ruel auf, der drei Jahre zuvor Theos Bitte nach einer Ausstellung der Werke seines Bruders zurückgewiesen hatte. Diesmal war der Händler bereit, einige Gemälde in Kommission zu nehmen. Vielleicht bedauerte er die Witwe seines früheren Konkurrenten. Auch war van Goghs Reputation nicht verblaßt. »Die Jungen sind voll Bewunderung für … van Gogh …«, beschwerte sich der Neo-Impressionist Paul Signac in seinem Tagebuch. Und er fügte hinzu: »Für Seurat: Vergessen, Schweigen.«

Johanna bemerkte, daß sich in Paris der Enthusiasmus nicht in Verkäufen niedergeschlagen hatte. »Bis jetzt haben die Gemälde, die der verstorbene M. Tanguy für mich verkauft hat, nur sehr geringe Preise erzielt; nicht mehr als 400 oder 500 Francs«, schrieb sie Vollard, »während ich in Holland ein paar für 800 und 1 000 Franc verkauft habe.« Im April 1894 lieferte Andries Bonger zehn der seiner Ansicht nach am besten zum Verkauf geeigneten Gemälde an Durand-Ruel – üppige Stilleben und Landschaftsgemälde.

Am 2. Mai informierte Durand-Ruel Johanna, daß jemand bereit wäre, 550 Francs für drei Gemälde – zwei Landschaften (*Pappeln* und *Orangenbäume in der Blüte*) und ein *Stilleben mit Zitronen* – zu zahlen. Johanna erwiderte, daß sie für 550 Francs zwei Gemälde verkaufen würde. Sie hätte gerne verkauft, wollte jedoch die Preise vor dem völligen Zusammenbruch retten. Unglücklicherweise wurde das Angebot zurückgezogen, und sie hörte sechs Monate lang nichts mehr. »Wir haben nicht ein einziges der Gemälde von Madame van Gogh verkauft«, informierte die Galerie. Im Februar 1895 gab Durand-Ruel die Gemälde zurück.

Ein Jahr später, im März 1896, wurde *Bildnis des Dr. Gachet* zweimal in den Niederlanden ausgestellt. Zuerst bei einer Ausstellung in Groningen, die von Studenten organisiert worden war. Kurze Zeit später ging dieselbe Ausstellung nach Rotterdam und war in den Räumen von Oldenzeel zu sehen. Zu diesem Zeitpunkt schien Johanna bereit, das Porträt zu verkaufen. Obwohl sie die Aufmerksamkeit der holländischen Händler schätzte, wußte sie, daß van Gogh die Anerkennung aus Paris brauchte, um sich als moderner Künstler durchzusetzen.

Im folgenden Juni standen bei einer von Julien Tanguys Witwe organisierten Ausstellung im Hôtel Drouot zwei van Goghs zum Verkauf. Als keine Gebote abgegeben wurden, erwarb der Händler Eugène Blot für 100 Francs *Fabrik in Asnières*, und *Kleines Paar Schuhe* wurde für nur 30 Francs verkauft. Der Käufer war Ambroise Vollard. Vollard hatte kürzlich seine Galerie mit einer Ausstellung von Zeichnungen Manets eröffnet, die er von der Witwe des Malers geliehen hatte. Obwohl die Verkaufszahlen bei der Tanguy-Ausstellung darauf hindeuteten, daß in Paris kaum ein Markt für van Gogh existierte, hörte Johanna schließlich von dem unternehmungsfreudigen Vollard. Der Händler hatte zweifellos bemerkt, daß Zeitgenossen und Nachfolger des Malers sein Werk zusammen mit ihrem eigenen in Gemeinschaftsausstellungen gezeigt hatten, unter anderen bei Ausstellungen der *Indépendants* in Paris, der *Les XX* in Brüssel und in der *Freien Ausstellung* in Kopenhagen.

Dennoch kam Vollards Interesse an van Gogh zu einem entscheidenden Zeitpunkt.

Daß Vollard 1893 auf dem Pariser Markt auftrat, zeigt seinen berechnenden Zugang. Seine »Galerie« war eigentlich nur ein drei Meter breiter Stand. Doch sie war in der Rue Laffitte 39 strategisch gut plaziert. Sie befand sich nicht nur etwas unterhalb der Galerie von Durand-Ruel in der Nummer 16, sondern auch unterhalb der Galerie Bernheim-Jeune in der Nummer 9. Die Gebrüder Gaston und Josse Bernheim – Söhne Alexander Bernheims, der 1873 seine Galerie von Brüssel nach Paris verlegte – hatten seit Anfang der neunziger Jahre impressionistische und nach-impressionistische Gemälde akquiriert. Sie waren auf die Arbeiten der Nabi Pierre Bonnard und Edouard Vuillard spezialisiert, sowie auf Félix Vallotton, der 1899 die Schwester der Bernheims heiratete. Vollard siedelte seine Galerie bewußt auf der Hauptroute des Marktes für moderne Kunst an, und sie lag nur wenige Straßen vom Stammhaus Goupil und der Oper entfernt. »Ein junger Mann ... hat in der Rue Laffitte einen kleinen Laden eröffnet«, schrieb Pissarro seinem Sohn Lucien:

> ausschließlich mit Bildern der Jungen. Sehr schöne frühe Gauguins sind dabei, zwei wirklich schöne Sachen Guillaumins – Sisley, Redon, Raffaëlli, de Groux. ... er liebt nur unsere Schule oder solche, die ihr in der Begabung nahe stehen. Er ist voller Begeisterung, kennt sich aus und fängt bereits an, gewisse Liebhaber zu interessieren, die gerne herumstöbern.

Später schwand Pissarros Begeisterung für den Händler. »Vollard, dessen kannst Du sicher sein, gibt sich nur mit Verkäuflichem ab: mit Namen. Auf die anderen pfeift er.«

Ob Eigeninteresse ihn antrieb oder nicht, Vollard wurde jedenfalls schon bald der wichtigste Händler zeitgenössischer Kunst in Paris. Der schwierige, manchmal tyrannische Vollard nahm sich die Galerie des Gentleman-Spekulanten Durand-Ruel zum Vorbild, der als Förderer vernachlässigter Genies bereits einen Namen hatte. Seinem Fingerzeig folgend, entwickelte sich Vollard zum talentierten Scout, einem mutigen Verfechter unbekannter Kunst. Seinen Klienten bewies seine aggressive Preispolitik die Gültigkeit seines ästhetischen Urteils und seine Fähigkeit, auf eine Kunst zu setzen, die im Wert steigen würde. In seinen Memoiren porträtierte sich Vollard als ultimativen Kenner der Kunstwelt, ließ Namen von Künstlern und Privatsammlern fallen, während er Momentaufnahmen aus seinem Leben im Gewerbe preisgab, dabei aber nicht erwähnte, daß große Kunst unweigerlich im Wert steigt. Er mokierte sich über einen unbedarften Sammler, der bei der Versteigerung von van Goghs *Mohnfeld* bei 400 Francs aufgab, um 15 000 Francs für ein akademisches Gemälde auszugeben, das fünfundzwanzig Jahre später keinen Wert mehr haben würde. Dann wäre der van Gogh, so behauptete er, mehr als 300 000 Francs wert. Wie andere große Kunsthändler verband Vollard seinen ständigen Appetit nach neu zu entdeckender Kunst mit seinem unternehmerischen. »Ich hatte mich kaum in der Rue Laffitte niedergelassen, als ich anfing davon zu träumen, Druckgrafiken zu veröffentlichen«, schrieb er. »Ich dachte daran, Arbeiten von Künstlern zu erwerben, die keine professionellen Drucker sind.« Er begann 1896, Drucke, Mappen und illustrierte Bücher zu veröffentlichen und ermutigte seine Maler, zu experimentieren und dabei ihr Publikum auszuweiten.

Kurz bevor er 1895 an Johanna van Gogh schrieb, organisierte Vollard dem damals fünfundsechzigjährigen Paul Cézanne die erste Einzelausstellung. Er zeigte etwa fünfzig Gemälde des Künstlers, die er in der winzigen Galerie gezwungenermaßen immer wieder neu arrangieren mußte. Allein die Cézanne-Ausstellung sicherte ihm unter den progressiven Künstlern einen Ruf und später einen Platz in der Geschichte des Kunsthandels. Auch wenn Vollard einen außerordentlichen Kunstverstand besaß, war er doch klug genug, auf den Rat der Maler zu hören. Die Cézanne-Ausstellung zeigte »so erlesene Dinge«, schrieb Pissarro. »Stilleben von makelloser Vollkommenheit ..., daneben welche, die durchgearbeitet und doch nicht fertiggestellt sind, noch schöner als die anderen; Landschaften, Akte und unvollendete Köpfe, die doch wahrhaft grandios und so geschmeidig sind.« Obwohl die Bernheims später versuchten, Cézanne von Vollard wegzulocken, weigerte er sich, seinen ursprünglichen Händler zu verlassen. 1899 beauftragte Vollard Cézanne, sein Porträt zu malen. Der Händler behauptete, daß 115 Sitzungen für das Gemälde nötig waren. Möglicherweise übertrieb er die Zahl, um seine enge Beziehung zum Künstler zu betonen. Das als Meisterwerk gewertete Ganzkörperporträt zeigt den sitzenden Vollard in einem ockerfarbenen Anzug mit einem Buch auf dem Schoß. Mit den dunklen Schatten, die das Porträt umgeben, übermittelte der Maler die verschleierte, kryptische Präsenz des Händlers. Picasso malte Vollard ebenfalls mit geschlossenen Augen. Der Körper ist in zahllose kubistische Flächen aufgesplittert.

Weniger als ein Jahrzehnt nachdem Vollard begonnen hatte, mit moderner Kunst zu handeln, würdigte Maurice Denis ihn 1910 als Zentralfigur innerhalb der Pariser Avantgarde. Er malte ihn in einem Gruppenporträt, das er *Huldigung an Cézanne* nannte. In dem Gemälde steht Cézanne auf der linken Seite neben einer Staffelei. Pierre Bonnard, Paul Ranson, Ker-Xavier Roussel, Paul Sérusier, Edouard Vuillard und André Mellerio sowie der Symbolist Odilon Redon und die Frau von Denis, Marthe, sehen Cézanne an. Hinter der Staffelei, doch im Mittelpunkt der Szene, steht der bärtige Vollard, stiller Teilhaber an den künstlerischen Prozessen der Maler, Mittler zwischen den modernen Malern und den Sammlern. Die Nabi, Schüler Gauguins, die sich nach dem hebräischen Wort Nabi, Prophet, benannten und die sich als neue Bewegung etabliert hatten, verließen sich darauf, daß Vollard ihren individuellen Stil entdeckte, sie in Einzelausstellungen präsentierte und sie im Tausch gegen ihre Produktivität mit Stipendien versorgte. Doch hauptsächlich waren sie darauf angewiesen, daß der Händler Käufer interessierte, die seinem Rat und seinen Fähigkeiten beim Aufspüren zukünftiger Kunstrichtungen vertrauten.

In Frankreich war der Handel mit zeitgenössischer Kunst ein relativ junges Phänomen, das sich am Rand des von der Akademie beherrschten Mäzenatentums entwickelt hatte. Die Akademie baute die Reputation der Maler durch den Salon auf. Unter dem Ancien Régime handelten die Händler ursprünglich mit

Alten Meistern und verhandelten internationale Verkäufe, bei denen Kunstwerke zwischen den Höfen und den wohlhabenden Häusern Europas ihre Besitzer wechselten. Als Könige, die Aristokratie und das mit diesen Kreisen verbundene Großbürgertum noch als Hauptmäzene auftraten, arbeiteten die Künstler im allgemeinen direkt für einen Mäzen, der den Künstlern spezielle Aufträge erteilte. Mitglieder der Akademie hatten Ateliers im Louvre, und Interessierte konnten von der Straße her hereinspazieren. Um professionellen Status und die Echtheit der Werke zu garantieren, verbot die Akademie ihren Mitgliedern, am kommerziellen Handel teilzunehmen oder für sich zu werben. So hinterließen die Maler nur wenige Aufzeichnungen über ihre Transaktionen, wenn sie überhaupt welche tätigten.

Im frühen achtzehnten Jahrhundert, nach dem Tod Ludwigs XIV. im Jahre 1715, gelangten die Künstler zu der Ansicht, sie könnten nicht länger ausschließlich von einem Einkommen abhängig sein, das sie aus ihren akademischen Stellungen und Kommissionen bezogen. Sie wollten ihre Werke immer häufiger an Privatsammler verkaufen. Selbst der Hofmaler Ludwigs und Direktor der Königlichen Akademie, Charles Le Brun, hatte sein Gehalt, das er vom Hof bezog, durch Porträtmalerei aufgebessert.

Im siebzehnten Jahrhundert malte man nur im republikanischen Holland hauptsächlich für den offenen Markt. Einige holländische Maler bevorzugten zwar, wegen des sicheren Absatzes ihrer Produktion für nur einen Mäzen zu arbeiten, doch besonders Rembrandt gefiel die Freiheit, für den Markt zu malen – wie die Kunsthistorikerin Swetlana Alpers behauptet –, und sein unverwechselbarer Stil, der besonders die Farbpräsenz hervorhebt, etablierte seine Identität unter den Konkurrenten.

Im achtzehnten Jahrhundert scheinen mehrere Pariser Kunsthändler mit Kunstwerken zeitgenössischer Maler gehandelt zu haben. Doch dem Kunsthistoriker Andrew McClellan zufolge spielten am Ende der Monarchie Händler keine allzu große Rolle im künstlerischen Leben französischer Maler. Statt dessen arbeiteten Maler selbst aktiv an ihrer Selbstdarstellung, versuchten private Aufträge zu bekommen und Kupferstecher dazu zu veranlassen, nach ihren Gemälden Gravuren anzufertigen.

Interessanterweise schuf der Erfolg der Akademie beim Aufbau des künstlerischen Berufsstandes und einer großen kunstinteressierten Öffentlichkeit schließlich selbst die Bedingungen für den endgültigen Zusammenbruch des Systems. Bis 1863, schätzte der Soziologe Harrison White, arbeiteten ungefähr dreitausend Künstler in Paris und zusätzlich noch eintausend in den Provinzen und produzierten in jeder Dekade mehr als zweihunderttausend »respektable Gemälde«. »Dreihundert Provinzmuseen könnten es sein, Regierungsaufträge für öffentliche Werke könnte es geben«, schrieb White, »doch das einzige Ziel, das einen Profit versprach, war, eine steigende Flut von Gemälden in die Wohnungen des Bürgertums zu bringen.« Unter der reglementierenden Ägide der Akademie hatten die Künstler begonnen, sich als Berufsstand zu verstehen. Die meisten verlangten nach einem Mittelklasseeinkommen, ein ökonomisches Ziel, das sie schon wegen ihrer eigenen bürgerlichen Herkunft anstrebten. Als im Laufe des Jahrhunderts auf dem Markt immer größere Konkurrenz zu herrschen begann, wurde der als Schaubühne für Historiengemälde gedachte Salon immer mehr von Porträts, Genreszenen und Landschaftsgemälden überschwemmt, die den potentiellen Käufern aus der Mittelschicht gefielen.

Für die Impressionisten und die anderen avantgardistischen Maler, die ihr Glück außerhalb der Akademie suchten und auf den offenen Markt drängten, hing der wirtschaftliche Erfolg von den Kritikern ab, die ihre Arbeiten erklärten, und von den Händlern, die dafür eine Nachfrage schufen. So wie Courbet in Jules Champfleury und Manet in Emile Zola einen Unterstützer fand, hatten die Impressionisten mehrere Fürsprecher, so Edmond Duranty, der die Bedeutung ihrer Kunst herausstellte. In der Mitte des neunzehnten Jahrhunderts machten Adolphe Goupil und Jean-Marie Durand Profite durch den Handel mit Bildern von Malern, die durch die Salons berühmt geworden waren. Paul Durand-Ruel, der Sohn von Jean, handelte später nicht einfach nur mit den Gemälden der Impressionisten. Er brachte sie der Öffentlichkeit nah, bewertete sie und schuf einen Markt für ihre experimentellen Arbeiten.

1896 zog Vollard in einen größeren Laden in der Rue Laffitte 6 um. Die neue Galerie hatte braune Wände und nichts von der Schönheit oder der Eleganz der Galerien seiner Konkurrenten Durand-Ruel und Bernheim-Jeune. »Es sah überhaupt nicht wie eine Bildergalerie aus«, schrieb Gertrude Stein, als sie 1904 dort einen Cézanne kaufen wollte. »Ein paar Bilder standen mit dem Gesicht gegen die Wand gekehrt, in einer Ecke war ein kleiner Stoß großer und kleiner Bilder, die wahllos übereinandergestapelt waren, und in der Mitte des Raumes stand ein großer, dunkler Mann und blickte finster drein. Das war Vollard in heiterer Stimmung.« Der Maler Maurice de Vlaminck berichtete, daß die Farbe abblätterte, und daß die Möblierung der Galerie aus zwei Korbsesseln und einem einzigen mit Katalogen beladenen Tisch bestand. Das heruntergekommene Dekor der Galerie amüsierte und verblüffte Stein und de Vlaminck zweifellos genauso wie die Kundschaft. Der exzentrische Charakter und das ungewöhnliche Ambiente der Galerie bildeten den perfekten Hintergrund für die Arbeiten, die der Händler anbot, und distanzierte ihn vom kommerziellen Aspekt seines Berufes. Vollard war tatsächlich Meister darin, reiche Aristokraten aus Amerika und Deutschland gleichermaßen zu hofieren, indem er sie in das innere Heiligtum der Pariser Künstlergesellschaft einführte. Bei Dinnerpartys, die er im Keller der Galerie veranstaltete, mischten sich seine reichen Kunden unter die Nabi-Maler und »degustierten Curry-Huhn«.

Schließlich versammelte Vollard eine außergewöhnliche Gruppe internationaler Kunden um sich, von denen einige historisch-modernistische Sammlungen zusammenstellten. Zu den wichtigsten gehörten Harry Havemeyer, der »Zuckerkönig«, wie Vollard ihn nannte, und seine Frau Louisine, die später dem Metropolitan Museum of Art eine der größten Sammlungen impressionistischer Gemälde vermachen sollte. Louisine war eine Freundin der Malerin Mary Cassatt, die ihr riet, eine Sammlung anzulegen. »Vollard ist ein Genie seines Fachs«, erzählte sie 1913 Louisine. »Er scheint imstande zu sein, alles zu verkaufen.« Als Vollard 1901 sein Geschäft zu stark expandierte, gab Harry Havemeyer dem Händler ein Darlehen, das, Cassatt zufolge, den finanziellen Zusammenbruch abwendete. Andere große Kunden waren die Russen Sergej Schtschukin und Iwan Morosow, deren extravagante Erwerbungen (die später von den Sowjets beschlagnahmt wurden) der Eremitage in Leningrad einen Schatz an impressionistischen Gemälden bescherte.

Auf Fotografien erscheint Vollard groß, stämmig und meist mit gerunzelter Stirn. Seine Anzüge waren zerknittert, und seine dunkle Erscheinung verhalf ihm zu dem Spitznamen »schwarzer Lorenzo di Medici«. Der am 3. Juli 1866 geborene Sohn eines französischen Regierungsbeamten war auf Réunion, einer Insel bei Madagaskar, aufgewachsen. Mit vierundzwanzig Jahren kam er nach Frankreich und beabsichtigte, an der Ecole de Droit Jura zu studieren. Sehr schnell lenkten ihn die »verstopften Straßen des Quartier Latin« ab. Er stöberte gern in den Auslagen der Antiquariate entlang der Seine, wo er billige Zeichnungen und graphische Blätter fand. Nachdem er bis zum Jahre 1893 bei einigen Prüfungen durchgefallen war, übernahm er eine Stelle in der Kunstgalerie Union Artistique, die dem Hobbymaler Alphonse Dumas gehörte.

Als er sich auf dem Markt kundig machte, sah er, daß die Preise für die Impressionisten und ihre Nachfolger stiegen. Bei der Versteigerung der Sammlung des Kritikers Théodore Duret im März 1894 wurde Monets *Weiße Truthähne* für 12000 Francs verkauft. Im Mai befestigte Durand-Ruel bei einer Ausstellung von 50 Monet-Gemälden ein 12000 Francs-Preisschild an dem Gemälde *Kathedrale von Rouen*. Im darauf folgenden Jahr 1895 akzeptierten die Kustoden des Französischen Nationalmuseums widerwillig die Annahme von achtunddreißig Gemälden einer von Gustav Caillebotte dem Musée du Luxembourg vermachten Sammlung. Doch der Staat wies bestimmte Gemälde Caillebottes zurück, darunter drei Cézannes. Vollard behauptete, seine erste Cézanne-Ausstellung aus Protest gegen die Zurückweisung der Caillebotte-Gemälde veranstaltet zu haben. Einen der zurückgewiesenen Cézannes plazierte er im Schaufenster der Galerie.

Von Anfang an bestand Vollard darauf, zu niedrigen Preisen zu kaufen und für alles, womit er handelte, eine Kommissionsgebühr zu erheben, selbst für Gemälde von Vincent van Gogh. Er behauptete, bei Preisen nie mit sich handeln zu lassen, es sei denn, nach oben. Und wirklich, wenn Kunden bei einem Kauf zögerten, hatten sie selten eine zweite Chance. 1920 bot er der Galerie Knoedler in New York *Junger Mann in roter Weste* und sechs andere Aquarelle von Cézanne für 5 000 Francs das Stück an. Als der Direktor zögerte, verkaufte Vollard alle Gemälde – außer *Junger Mann in roter Weste* hatte er sie aufgerollt unter dem Bett aufbewahrt – an den Berliner Händler Walter Feilchenfeldt. Vollards eigenwilliger Stil beim Kunsthandel verlangte nach einer Unabhängigkeit, die er sich bis 1906 bewahrte. Dann zwang ihn der Preis für ein geheimes Lager von 137 Cézannes, einem Händlersyndikat beizutreten.

Gauguin, der in Tahiti auf seine finanzielle Unterstützung angewiesen war, nannte den Händler »einen Hai schlimmster Art«. Der Maler hatte sich einverstanden erklärt, dem Händler seine gesamte Produktion im Austausch für 300, später 350 Francs pro Monat zu überlassen, doch Vollard vergaß häufig, Geld zu schicken. »Nichts an Vollard«, verfügte Gauguin, »nur zu vernünftigen Preisen: um so mehr, als Vollard niemals kommt, ohne daß er Käufer hätte, und fünfundzwanzig Prozent für die Vermittlung genügen ihm nicht; übrigens kann man ihm alles sagen: er pfeift darauf, wenn er nur Erfolg hat.«

Vier Jahre lang hatte es in Paris schon keine Ausstellung der Arbeiten van Goghs mehr gegeben. Am 9. Mai 1895 schrieb Vollard an Johanna van Gogh und bat sie, ihm zehn Gemälde, vorzugsweise Blumenstilleben, für eine Ausstellung zu leihen. Die Gemälde waren als Ergänzung zu denen gedacht, die er in Frankreich erworben hatte. Am 17. Juni fragte Vollard erneut bei Johanna an. Die Ausstellung war drei Tage zuvor eröffnet worden. Erst am 3. Juli kam Johanna der Bitte nach und sandte

Vollard die zehn angeforderten Gemälde. Vollard hatte sich bereits einen Namen dafür gemacht, daß er unter Umständen über Dritte Bilder von Malern beschaffen konnte. Um an Gemälde heranzukommen, die van Gogh in Südfrankreich weggegeben hatte, bediente er sich eines Agenten, der M. und Mme Ginoux in Arles *Nachtcafé* und mehrere andere Bilder abkaufte. Irgendwie kamen auch die Porträts der Familie Roulin in den Besitz des Händlers. Angeblich ließ er verlauten, er zahle 100 Francs in bar für jedes Bild. Man könne ihm vertrauen, für bestimmte Künstler wie Cézanne, Gauguin, Armand Guillaumin und van Gogh einen Markt zu schaffen.

Nachdem sie die Gemälde nach Paris geschickt hatte, hörte Johanna van Gogh monatelang nichts von Vollard. Währenddessen veranstaltete er seine erste Cézanne-Ausstellung. Erst im März 1896 informierte Vollard Johanna schließlich, daß er ein Gemälde der Pariser Periode verkauft hatte: *Interieur eines Restaurants*. Es habe nur magere 180 Francs eingebracht, doch er wolle weiterhin versuchen, van Gogh einen Markt zu schaffen. In zwei oder drei Wochen beabsichtige er eine Reise nach Holland, um Gemälde auszuwählen, die in Paris möglicherweise Käufer finden könnten. Doch er kam nie. Vier Monate später teilte er Johanna mit, daß er noch vor November gern eine Reihe von Bildern hätte, weil er eine zweite, größere Ausstellung plane. Doch erst am 2. November erschien er in Amsterdam und wählte sechs Gemälde und zehn Zeichnungen aus. Eines davon war das *Bildnis des Dr. Gachet*.

Wie geplant eröffnete Vollard im November 1896 die zweite van Gogh-Ausstellung. Zum erstenmal seit der provisorischen Ausstellung von 1890 in Theos Wohnung war das Gachet-Porträt in Paris zu sehen. Diesmal hatte ein Kunsthändler es in seine Galerie gehängt und zum Verkauf angeboten. Das relativ kleine Gemälde war eines der billigsten Stücke und für 300 Francs zu haben.

Da sowohl die Besitzerin der Gemälde als auch der Händler daran interessiert waren, die Ausstellung zu einem finanziellen Erfolg zu machen, hatten sie Preise zwischen 180 Francs und 1000 Francs festgesetzt. Der Spitzenpreis wurde nur für *Rhône bei Nacht* verlangt. Zwei Sonnenblumenbilder – mit blauem und mit grünem Hintergrund – beurteilten Vollard und Johanna als ebenso ansprechend und zeichneten sie mit 800 Francs das Stück aus. Einige Landschaftsgemälde kosteten 600 Francs: *Weizenfelder, Sturm, Entlang der Seine bei Asnières, Entlang der Seine bei Clichy,* und *La Grande Jatte.* Noch vier andere Bilder wurden wie der *Gachet* mit 300 Francs ausgezeichnet – *Landschaft bei Auvers, Gelbe Romane, Schnee* und *Wäscherinnen am Ufer der Rhône.* Neben dem *Gachet,* der die Nummer 26 in Johannas handschriftlicher Liste erhielt, hatte Vollard noch zwei andere Porträts ausgesucht: eine Version der *L'Arlésienne* für 400 Francs und ein Selbstporträt, das nicht zum Verkauf stand. Zwischen den Landschaftsgemälden müssen die drei Porträts von *van Gogh, Dr. Gachet* und *Mme Ginoux* (die beiden letzten in der Pose der Melancholie) eine dramatische Wirkung gehabt haben.

Vollards Briefe an Johanna zeigen, daß der Händler die Rücksendung der Gemälde hinauszögerte. Er ließ sich monatelang Zeit, wollte sechs Gemälde, zog dann jedoch die Verhandlungen in die Länge, verlangte, nur das Minimum zahlen zu müssen, und versuchte zu verhindern, sein eigenes Geld zu riskieren. Am 3. Februar 1897 informierte er Johanna, daß er seine Meinung geändert habe und eines der sechs Bilder gegen ein anderes tauschen wolle. »Madame«, schrieb er,

> verzeihen Sie mir, daß ich nicht schon eher auf Ihren Brief geantwortet habe. Ich will die Zurücksendung der Gemälde van Goghs nicht hinauszögern. Die Zeitungen – wider alle Erwartungen – kümmern sich nicht um die Ausstellung.
>
> Ich verhandele immer noch mit verschiedenen Personen über die Gemälde, von denen ich Ihnen berichtet habe. Können wir die Dinge mit folgender Änderung lassen, wie sie sind: *Schwarze Schuhe* wird ersetzt durch *Bildnis des Dr. Gachet?*

Er erwähnte auch einen Renoir und einen Pissarro, den sie ihm geschickt hatte, und verhandelte wegen der Preise. Er schlug ihr vor, die von ihr geforderte Kommission von fünfundzwanzig Prozent zu verringern.

Zwei Wochen später schrieb er erneut und versuchte, Zeit zu schinden. Er behauptete »im Augenblick damit beschäftigt« zu sein, »Reproduktionen eines der van Gogh-Gemälde zu machen. Es ist ein, glaube ich, sehr ungewöhnliches Experiment. Wenn es funktioniert, schicke ich Ihnen eines.« Am 7. März teilte er Johanna mit, daß die Verhandlungen Fortschritte machten. Aber wiederum machte er kein konkretes Angebot für die vierundfünfzig Bilder in seinem Besitz.

Ende März hörte Johanna schließlich wieder von ihm. Er beklagte ihre mangelnde Flexibilität bei der Preisfestsetzung des Pissarro und die hohen Kosten der Rahmung. Es sei eine Ausgabe, die seine Gebühr übersteige. Doch er lieferte ein konkretes Angebot für sechs Gemälde und zehn Zeichnungen. Darunter befand sich der *Gachet.* Der Preis für sechzehn Arbeiten: 2 000 Francs.

Paris, der 29. März 1897

Madame

Erst heute stellte ich Ihre Kisten mit den Gemälden und Zeichnungen von van Gogh zusammen, die ich Ihnen mit Normalpost schicke. ...

Die Konditionen sind wie folgt:

Drei Triptychons, das Gemälde der Wäscherinnen in schlechtem Zustand, das Selbstporträt von van Gogh; das *Bildnis des Dr. Gachet.* Ebenfalls 10 Zeichnungen, die unter denen ausgewählt wurden, die nicht im Katalog aufgeführt waren. Zusammen 2 000 Francs,

der Pissarro 400

der Renoir 200

2 600 Francs.

Gesamt zweitausendsechshundert Francs, davon beträgt meine Kommission 10%, ergeben sich zweitausenddreihundertvierzig Francs, die ich Ihnen als Bankscheck gebe, sowie Sie mir mitteilen, daß Sie die Gemälde und Zeichnungen erhalten haben. ... Zweifeln Sie nicht daran, daß diese kleine Kommission (um die 260 Francs) nur die Hälfte meiner Ausgaben für das Rahmen deckt etc. etc. also fast 500 Francs ... eingerechnet, daß ich die Ausstellung zwei Monate lang offen hielt, auch wenn ich lieber meinen Geschäften nachgegangen wäre. Mit den Zeichnungen erhalten Sie drei Rahmen. Ich habe sie rahmen lassen, weil ich hoffte, sie so verkaufen zu können. Ich möchte sie nicht auseinanderreißen. Grüße ... Vollard

Vollard schien die sechs Gemälde mit je 250 Francs zu kalkulieren (zusammen 1 500 Francs) und die zehn Zeichnungen mit 50 Francs das Stück (zusammen 500 Francs); dann zog er 10 Prozent für seine Kommission ab. Auf dieser Annahme basierend kostete der *Gachet* den Händler zirka 225 Francs. (Dieser Preis lag genau 25 Prozent unter den 300 Francs, mit denen er ausgezeichnet war.) Doch Vollard hatte keine Skrupel, mit der Witwe Theo van Goghs hart zu verhandeln. Er hatte die Gemälde nur in Kommission genommen. (Er könnte Johanna sogar gezwungen haben, selbst die Transportkosten zu tragen.) Später, als er Käufer für sechs Gemälde gefunden hatte, enthüllte er nie, wer sie waren oder was sie genau bezahlt hatten. Statt dessen scheint er eine Summe kalkuliert zu haben, die er für die sechs Gemälde bezahlen wollte, und reduzierte sie dann um seine Kommission von 10 Prozent. Dabei hatte Vollard sein eigenes Geld nicht riskiert, und Johanna muß den Verdacht gehabt haben, daß sein Profit, wenn auch nicht groß, schließlich doch die 10 Prozent überstiegen hat. Trotzdem schien sie Vollards Konditionen hingenommen zu haben.

Auch die Auszahlung des Geldes zögerte sich hinaus. Als Vollards Scheck schließlich in Bussum eintraf, stellte sie fest, daß er auf einer französischen Bank gezeichnet worden war und nicht in bar eingelöst werden konnte. Erst im August 1897 trug Johanna Vollards Zahlung in eiliger Langschrift in ihr Kassenbuch ein:

> August 97 gekauft von Vollard Paris, *Triptychon, Bildnis des Dr. Gachet* und Selbstporträt und Zeichnungen f (Florins) 1120.

Der Verkauf des *Dr. Gachet* und fünf anderer Bilder beendete die Geschäftsbeziehungen zwischen Johanna van Gogh und Vollard. Seiner Ansicht nach siedelte sie ihre Preise für den Pariser Kunstmarkt zu hoch an. Als sie sich weigerte, die Preise zu senken, ließ er die ganze Angelegenheit fallen. Er kaufte weiterhin van Goghs, aber nicht von Johanna, und er investierte nie große Summen in die Arbeit des Künstlers, wie er es bei Cézanne tat.

Johanna war es leid, von Vollard ausgebeutet zu werden, und verabscheute dessen unkorrekte Arbeitsweise. Nach den erfolgreichen, aber sich in die Länge ziehenden Geschäften wollte sie nichts mehr mit ihm zu tun haben. Dennoch verliehen die zwei Ausstellungen Vollards dem Werk van Goghs kommerzielle Legitimität. Vollard blieb damals der Kunsthändler, zu dem man in Paris ging, wenn man einen van Gogh wollte. Im Lauf der kurzen und gespannten Allianz mit Vollard hatte Johanna alle emotionalen Bindungen an das *Bildnis des Dr. Gachet* gekappt, und Vollard schaffte es, ihn zu verkaufen.

11

Kopenhagen: Alice Ruben

1897-1904

30. [April] Mme. Fabers erste Zahlung / Dr. Gachet *200*
Eintrag in Ambroise Vollards Rechnungsbuch, 1897

Während Ambroise Vollard im Frühjahr 1897 mit Johanna van Gogh wegen einer Reihe von Gemälden in Verhandlung stand, besuchte Alice Ruben seine neue Galerie in der Rue Laffitte. Wie die amerikanische Sammlerin Louisine Havemeyer und später Gertrude Stein suchte sie bei Vollard Exponate der neuesten zeitgenössischen französischen Kunst. Dort sah sie das *Bildnis des Dr. Gachet* und beschloß, es zu erwerben.

Dem unordentlich geführten Rechnungsbuch des Händlers zufolge kaufte Alice Ruben den *Gachet* am 30. April 1897 und hinterlegte eine Anzahlung von 200 Francs. Vermutlich war sie mit dem Preis von 300 Francs, den Vollard mit Johanna vereinbart hatte, einverstanden. (Sie könnte aber auch mehr gezahlt haben, denn Vollards Bücher verzeichnen nur die erste Zahlung.) Ein Preis von 300 Francs entsprach 1897 58 Dollar. Käufern von post-impressionistischen Kunstwerken könnte das Porträt als relativ preiswert erschienen sein, denn Paul Durand-Ruel hatte ein Jahr zuvor bei seiner Ausstellung von Pierre Bonnard für einige der billigeren Gemälde den gleichen Preis verlangt. Bis jetzt beruhten Vollards Preise auf Spekulation. Erst durch Alice Ruben wurde das Porträt zu einem verkäuflichen Objekt.

Alice Ruben war Freizeitmalerin und am Rande Mitglied der Kopenhagener Gruppe *Freie Ausstellung*, außerdem sammelte sie und betätigte sich als Mäzenin mehrerer befreundeter dänischer Maler. Van Goghs Gemälde hatte sie erstmals 1893, bei der Kopenhagener Ausstellung *Gauguin und van Gogh*, gesehen.

Damals war sie mit dem Kunstkritiker Emil Hannover verheiratet gewesen, der für die Zeitung *Politiken* schrieb. Über van Gogh hatte Hannover geschrieben: »In Zukunft wird man ihn zusammen mit Gauguin ohne Zweifel als jemanden einstufen, der am Ende des neunzehnten Jahrhunderts den größten Mut und das meiste Talent für eine künstlerische Erneuerung hatte.« Die Hannovers hatten eine der Bretagnelandschaften Gauguins besessen, die sie 1893 Mette Gauguin abgekauft hatten und der *Gauguin und van Gogh*-Ausstellung zur Verfügung stellten.

Nun befand sich Alice Ruben zusammen mit ihrem zweiten Mann, dem Arzt Poul Kuhn Faber, in Paris. Gemeinsam besuchten sie dort Galerien. Auch Maurice Denis suchten sie in seinem Atelier in Saint-Germain-en-Laye auf. Ohne Frage war Alice durch Hannover, Johan Rohde oder andere Mitglieder der dänischen Avantgarde in den Kreis der Nabi eingeführt worden. Von Denis kaufte Faber das kreidefarbene Gemälde einer Mutter mit Kind *(Madonna mit dem Apfel)*. Im Februar 1897 hielt Denis den Verkauf in seinem Notizbuch fest: »Das nackte Kind ... Dr. Faber, Kopenhagen.« Alice Ruben und ihr Mann nahmen sowohl das Gemälde von Denis als auch das *Bildnis des Dr. Gachet* mit nach Dänemark. 1897 gab es in Kopenhagener Privatsammlungen drei van Gogh-Gemälde. Das waren mehr van Goghs als in allen anderen Städten außer Amsterdam und Paris.

Mit ihrer Leidenschaft für radikale Malerei ähnelte Alice Ruben anderen großbürgerlichen Kunden, die Ambroise Vollard aufsuchten. 1866 geboren, war Alice Ruben das älteste der fünf Kinder von Ida Coppel und Bernard Ruben, einem Unternehmer, der die Baumwollspinnerei seiner Familie in eine der größten Textilfirmen Dänemarks verwandelt hatte. Die Rubens gehörten in Dänemark zu den assimilierten jüdischen Familien der oberen Mittelklasse, von denen viele in christliche Familien eingeheiratet hatten, seit Dänemark 1814 der jüdischen Bevölkerung gleiche Bürgerrechte gewährte. Alice wuchs in einem großen Kopenhagener Haus auf, das an einem der Parks lag. Die geräumigen Zimmer waren mit gepolsterten, mit Seide bezogenen französischen Möbelstücken ausgestattet. Das

Landhaus Bella Vista überblickte den Sund im Norden Kopenhagens. Als Kind saß sie mit anderen Kindern und hörte Hans Christian Andersen zu, wenn er seine Geschichten vorlas. Sie hatte Privatunterricht und sprach Französisch, Deutsch, Englisch und die skandinavischen Sprachen. Alices Bemühungen, Malerin zu werden, ihre Bekanntschaft mit den progressiven Malern Kopenhagens und ihre Vorliebe für post-impressionistische Malerei, besonders für den introspektiven *Gachet*, zeigt, daß sie, wie viele privilegierte Zeitgenossen, jenseits des komfortablen Lebens nach tieferen Inhalten suchte.

Wie im übrigen Europa entstammten in Dänemark besonders die wohlhabenden Kunstmäzene der Mittelklasse. Mitte des neunzehnten Jahrhunderts waren die Kunstsammler meist Unternehmer, die enormen Reichtum mit dem Bau und der Finanzierung der Eisenbahnen, Bergwerke, Textil- und Chemiefabriken und anderer moderner Industriezweige angesammelt hatten. Dem Kunsthistoriker Albert Boime zufolge waren besonders die Sammler avantgardistischer Kunst »später Unternehmer, die sich von ihren aristokratischen Vorbildern zu emanzipieren begannen und nach exotischen Wegen suchten, um ihre Individualität herauszustellen.« Als Werke der Impressionisten noch relativ billig zu erwerben waren, wurden sie oft von Künstlern gekauft, doch jetzt gehörten zu den ersten Sammlern der Impressionisten auch Bankiers und Industrielle sowie wohlhabende Geschäftsleute und Beamte.

Wie in Frankreich, so unterstützten in Dänemark Unternehmer die erste Generation der Avantgarde, die, von der französischen realistischen und impressionistischen Malerei inspiriert, sich von der Königlichen Akademie abwandten. Die zwei bedeutendsten Sammler waren Heinrich Hirschsprung und Wilhelm Hansen. Hirschsprung erbte die Tabakfirma seiner Familie und befreundete sich mit dem Freiluftmaler Peder Severin Krøyer. (1902 schenkte Hirschsprung seine Sammlung dem dänischen Staat, und in Kopenhagen wurde dafür ein Museum gebaut. 1918 brachte Hansen seine Sammlung in Gut Ordrupgaard am Stadtrand unter, das ebenfalls zu einem öffentlichen Museum wurde.)

Mit Leib und Seele wandte sich Alice Ruben, die eine geisteswissenschaftliche Ausbildung und ein eigenes Einkommen besaß, der Kunst zu. Wie die Malerin Anna Boch, die zu *Les XX.* gehörte und als erste einen van Gogh kaufte, war Alice Ruben Tochter eines Industriellen. Dessen Wohlstand ermöglichte es ihr, Kunstunterricht zu nehmen, sich ein Modell zu leisten und zeitgenössische Kunst wie ihren ersten van Gogh erwerben zu können. Ihr gefielen Gemälde von Gauguin, van Gogh und den Nachimpressionisten, und damit befand sie sich in Einklang mit den Künstlern der Freien Ausstellung. So wie diese sich gegen die realistische Malerei der Vorgängergeneration gewandt hatten, wandte sich Alice als Sammlerin einer Malerei zu, die die subjektive Erfahrung betonte. Dies alles war Ausdruck ihrer Verbundenheit mit den immateriellen Werten der Symbolisten.

Mit Dreißig hatte Alice ein hübsches, offenes Gesicht mit tiefbraunen Augen und festem Blick, gerader Nase und dunklem Haar, das sie hochgesteckt wie ihre Zeitgenossin Edith Wharton trug. Sie war eine energische und unabhängige Frau.

1887 hatte sie mit einundzwanzig Jahren Emil Hannover geheiratet. Hannovers Vater war ein international bekannter Forscher, der als Jude darum hatte kämpfen müssen, einen Ruf an die Universität zu bekommen. (»Zu einer Zeit, als die meisten Juden noch orthodox waren, gehörte meine Familie zu den emanzipiertesten Familien der jüdischen Gemeinde«, schrieb Hannover. »Einmal im Jahr, zu Jom Kippur, gingen wir in die Synagoge in Krystalgade, um, wie mein Vater sagte, zu zeigen, daß wir zur Gemeinde gehörten.«) Schon damals hatte Alice begonnen, Kunstunterricht zu nehmen. Ihr Einkommen erlaubte es den Hannovers, 1889 in Paris zu leben. Als enge Freunde Johan Rohdes kannten sie viele avantgardistische dänische Maler, darunter Peder Severin Krøyer, Vilhelm Hammershøi, Joakim Skovgaard, mit dem Alice studierte, und Agnes Slott-Møller, mit der sie auf sehr vertraute Art korrespondierte. 1892 hatte Rohde Hannover vorgeschlagen, einen van Gogh zu erwerben. »Unsere Geldsituation ist im Augenblick schmerzlich schlecht«, erwiderte Hannover. »Die Folge ist, daß ich natürlich neben vielen anderen Dingen ohne den van Gogh auskommen muß.« Obwohl Alice ein beträchtliches Taschengeld von ihren Eltern erhielt, war ihr klar, daß ihre Einkommenssituation unsicher war, da die Eltern nicht immer mit ihrem Verhalten zufrieden waren. (»Wenn meine Eltern mir gewogen sind«, bemerkte sie, »kann ich mit 4000 Kronen im Jahr rechnen.«) Hannover, der viele Kunstbücher schrieb, wurde später Direktor des Kopenhagener Museums für Kunsthandwerk und der Sammlung Hirschsprung.

Während sich Alice im Sommer 1892 in einem Sanatorium in Silkeborg, Jütland, von ihrer Tuberkulose erholte, begann sie eine Affäre mit Poul Kuhn Faber, der in der Klinik arbeitete. Im folgenden Jahr, kurz nach Beendigung der *Gauguin und van Gogh*-Ausstellung, trennte sie sich von Hannover und heiratete am 3. Oktober 1896 Poul Faber.

Obwohl keine schriftlichen Aufzeichnungen den Grund für den Kauf des *Dr. Gachet* verraten, liefert ein außergewöhnliches Foto Hinweise auf ihre Beziehung zu dem Gemälde. Auf diesem Foto liegt sie, mit einer dunklen Decke zugedeckt und gegen ein weißes Kissen gelehnt auf einem einfachen Bett. Sie trägt ein weißes Nachthemd und blickt mit unsicherem Lächeln in die Kamera. Bei genauer Betrachtung scheint sie schwanger zu sein. (Zwei Monate, nachdem Vollard ihren Namen in sein Kassenbuch geschrieben hatte, wurde ihr Sohn geboren.) Neben dem Bett steht ein kleines, mit kariertem Wachstuch bedecktes Schränkchen, wie es oft in Küchen zu finden ist. Direkt hinter dem Bett hängt das Gemälde von Maurice Denis, *Madonna mit dem Apfel*, das Poul Faber in Frankreich gekauft hatte. Und auf dem Schränkchen steht, gegen die Wand gelehnt, das immer noch ungerahmte *Bildnis des Dr. Gachet*. Vor das Porträt hat jemand einen Gedichtband und einen Blumentopf mit einer einstieligen Pflanze gestellt – Requisiten, die das Stilleben in dem Gemälde nachempfinden.

Dieses Foto war die erste Reproduktion des Gachet-Porträts, doch sicherlich nicht zum öffentlichen Gebrauch bestimmt. Entwaffnend privat hält der Fotograf die exklusive Beziehung zwischen der Sammlerin und ihrem Gemälde fest und liefert damit deutliche Illustration von Walter Benjamins Beobachtung, daß »der Besitz das allertiefste Verhältnis [ist], das man zu Dingen überhaupt haben kann«. Einerseits kaufte Alice Ruben das Gemälde, wie andere ein wunderschönes Möbelstück gekauft haben mögen. Doch sie betrachtete das Gemälde auch als einen Talisman. Nachdem sie in der Galerie Vollards vor dem dunklen und gespenstischen Gemälde stehen geblieben war, stellte sie es nun neben ihr Bett, während sie auf die Geburt ihres ersten Kindes wartete.

12

Kopenhagen: Mogens Ballin

1897-1904

Sérusier erzählt mir, daß Ballin und Clement große Fortschritte machen. Gewiß werden sie ihr Zeichen hinterlassen.
Paul Gauguin zu Mette Gauguin, 5. November 1892

Kurz vor 1904 übergab Alice Ruben das *Bildnis des Dr. Gachet* und die *Madonna mit dem Apfel* dem Maler und Kunsthandwerker Mogens Ballin. Vielleicht verkaufte sie ihm die Gemälde, möglicherweise verschenkte sie die Bilder einfach, doch höchstwahrscheinlich bat sie Ballin, die zwei Gemälde für sie zu verkaufen. Ruben und der fünf Jahre jüngere Ballin waren befreundet, ihr sozialer Hintergrund fast identisch. Der Sohn eines jüdischen Fabrikanten hatte noch größere Abscheu als Ruben vor der finanziell gut gepolsterten Welt, in der er aufgewachsen war. Mehr als zehn Jahre zuvor hatte er zu den Kopenhagener Malern gehört, die sich in Paris ganz der symbolistischen Malerei verschrieben hatten und dann zurückgekehrt waren, um die neue Ästhetik in Dänemark zu verbreiten. Mogens Ballin war wie Alice Ruben Künstler und Sammler zugleich. Seine Unabhängigkeit erlaubte es ihm, seiner Leidenschaft für avantgardistische Kunst zu frönen.

Als einziges Kind von Hendrik Ballin, einem Ledergroßindustriellen, und Ida Levy, die aus einer reichen Brauereifamilie stammte, kam Ballin 1871 zur Welt. Im Alter von zwanzig Jahren ging er mit einer Empfehlung von Mette Gauguin nach Paris. Ballin war ernsthaft, empfindsam und neigte zu fanatischem Enthusiasmus. Er hatte dunkle Augen, die traurig durch randlose Brillengläser blickten, und einen schwarzen Bart, der sein ansonsten ebenmäßiges, jugendliches Gesicht älter erscheinen ließ. Auf einem Foto, das in Italien in einem

Garten aufgenommen wurde, trägt er einen zerknitterten, schlecht sitzenden Anzug. Schon bald nach seiner Ankunft in Frankreich hatte Ballin van Goghs Werke gesehen, als er mit einigen anderen in Theo van Goghs Wohnung die Gemälde für die Retrospektiv-Ausstellung auswählte. Im März 1891 führte Ballin eine Gruppe von dänischen Freunden zu Tanguys Laden. Dort kaufte der Musiker Fritz Bendix für 300 Francs *Unterholz: Winkel im Garten der Heilanstalt St. Paul*, ein Landschaftsgemälde. Als Bendix es den anderen Künstlern zeigte, verursachte es einen Aufruhr: »Diese seltene Kunst«, schrieb der Künstler Ludvig Find, »wo man fast gewaltsam in das Herz des Malers hineingezogen wird.«

In Paris traf Ballin durch Gauguin die Maler Jan Verkade und Paul Sèrusier, die der Nabi-Gruppe angehörten. Kurz nach Gauguins Aufbruch nach Tahiti am 4. April 1891 folgte Ballin den beiden anderen in die Bretagne, eine Gegend, die, so schrieb Emile Bernard, Maler trunken machte mit »Weihrauch, Orgelmusik, Gebeten, alten Glasmalereien, hieratischen Tapisserien«.

Die Nabi hatten sich, drei Jahre zuvor, nach der Rückkehr Sérusiers aus der Bretagne in Paris gegründet. Er zeigte seinen Freunden von der Akademie Julian eine Landschaft, deren radikal abgeflachte und vereinfachte Formen den ›symbolistischen‹ Stil wiedergaben, den Gauguin in Pont-Aven entwickelt hatte. Sérusier nannte das Gemälde *Der Talisman.* »So erfuhren wir, daß jedes Kunstwerk eine Übertragung in eine andere Tonart, eine Karikatur war«, erklärte Maurice Denis, »das leidenschaftliche Äquivalent einer erlebten Erregung.« Die ursprüngliche Gruppe der Nabi, zu der Pierre Bonnard, Henri Ibels, René Piot, Paul Ranson, Ker-Xavier Roussel und Edouard Vuillard gehörten, hatte sich erweitert; jetzt gehörten auch der Holländer Jan Verkade, der Ungar József Rippl-Ronai und der Schweizer Félix Vallotton dazu. Im Dezember 1891 stellten die Nabi ihre Arbeiten in der Galerie von Louis-Léon le Barc de Boutteville aus, der die Künstler als »Symbolisten und Impressionisten« ankündigte. Obwohl sich einige Mitglieder der Malervereinigung zum Mystizismus und Okkulten hingezogen fühlten, gehörten die profanen Darstellungen von Pariser Straßen, Parks, Interieurs von Bonnard und Vuillard, zu den besten ihrer stilistisch so grundverschiedenen Malereien, die direkt von den Impressionisten zu stammen schienen. Nachdem Gauguin nach Tahiti abgereist war, verkörperten in Paris nur noch die Nabi die progressive Malerei.

Ballin kehrte im Oktober 1891 nach Kopenhagen zurück und brachte seine eigenen, stark vereinfachten, flachen Landschaftsgemälde mit. Diese Bilder beeindruckten die Maler in Dänemark, so wie Sérusiers Gemälde seine französischen Freunde beeindruckt hatten. In kleinen, gefühlsbetonten Bildern hielt Ballin Landschaftssegmente in welligen, organischen Formen fest. Er bevorzugte rostbraune und olivfarbene Töne, so dünn aufgetragen, daß die Farboberfläche oft wie abgekratzt erschien. Ballin war zu einem ergebenen Symbolisten geworden und verbreitete Albert Auriers Beobachtung über die Kunst von Gauguin und van Gogh: »In der Seele des Künstlers lebt eine Vorstellung des Ideals, des Wortes«, schrieb Ballin über eine Ausstellung von Verkade in Kopenhagen, »die höchste Schönheit, von der auch die größten Kunstwerke nur eine schwache Abbildung sind.«

Während seines zweiten Sommeraufenthalts in der Bretagne trat Verkade zum Katholizismus über. Ballin begann, die Bibel zu studieren und die Prämissen moderner Malerei infrage zu stellen, der »das unerschütterliche Fundament der Religion … fehlt.« Er schloß, daß die »Renaissance«, die er und andere in der Kunst suchten, auf »Einfachheit im Glauben und vollständiger Hingabe, die sich in Opfern manifestiert«, beruhte. In jenem Herbst ließ sich der als orthodoxer Jude aufgewachsene Ballin in Italien katholisch taufen. Nachdem er dort ein Jahr mit der Restauration von Fresken zugebracht hatte, kehrte er 1898 nach Kopenhagen zurück.

Ein Jahr später gründete Ballin eine Werkstatt für Kunsthandwerk, deren Ziel es war, »Bronze, Zinn, poliertes Kupfer und andere billige Metalle« zu verwenden, um »Lampen, Leuchter, Gürtelschnallen, Kämme u.a.« zu machen, nicht »verschnörkelte Kunst« für »reiche Parvenüs«, wie er es nannte, sondern »Kunst für das Volk«. Ballin hatte, wohl beeinflußt von den Ideen William Morris', anscheinend einen Weg gefunden, seinen ästhetischen Idealismus und seine kreativen Impulse auf ein Unternehmen zu richten, von dem er sich sozialen Nutzen versprach – fein entworfene Objekte im maßvollen Stil des Art Nouveau. Zahlreiche Nabi hatten in unterschiedlichen Medien gearbeitet, schufen Bühnenbilder, Kostümentwürfe, Programmhefte und Theaterplakate. Voller Reformvisionen verweigerten sie der Malerei eine privilegierte Stellung unter den visuellen Künsten. In den frühen neunziger Jahren »erscholl ein Schlachtruf von einem Atelier zum anderen«, schrieb später Jan Verkade.

> Nie wieder Staffeleimalerei! Nieder mit nutzloser Ausrüstung! ... Die Arbeit des Malers beginnt dort, wo der Architekt seine für beendet hält. Die Mauer muß eine Oberfläche bleiben; sie muß geöffnet werden für die Abbildung unendlicher Horizonte. Es gibt keine Bilder, es gibt nur Ornamente!

1896 erweiterte Siegfried Bing seine Galerie in der Rue de Provence 22 und eröffnete *La Maison de l'Art Nouveau*, einen Laden, der einen neuen Stil von Kunsthandwerk zu vertreten suchte. Der eklektische, historisierende Stil war zugunsten organischer Formen verworfen worden. Bing beauftragte Denis mit dem Entwurf für die Inneneinrichtung und Vuillard und Bonnard mit Entwürfen für bunte Glasfenster, die er dann in den New Yorker Ateliers von Tiffany herstellen ließ.

Ballins Bewegung weg von der Malerei und hin zum Kunsthandwerk kam zur gleichen Zeit wie die Henry van de Veldes, des belgischen Neo-Impressionisten und Mitglieds von *Les XX*. 1893 entwickelte van de Velde ein ehrgeiziges Architektur- und Designprogramm, das das Kunsthandwerk von frivoler Ornamentik befreien und auf die ästhetische Ebene von Malerei und Bildhauerei heben sollte. Van de Velde beabsichtigte auch, industrielle Fertigungsmethoden einzusetzen, um modernes Kunsthandwerk einer breiten Öffentlichkeit nahezubringen. 1895 baute er außerhalb Brüssels in Uccle ein Haus, dessen Innenraum als Einheit konzipiert war. Jedes dekorative Element oder Möbelstück entsprach seiner nüchternen Auffassung von Art Nouveau. Van de Velde war ein hervorragender Theoretiker und Praktiker, er entwarf Inneneinrichtungen für Siegfried Bing, kannte die Nabi und arbeitete später in Berlin und Weimar als Architekt und auch als Buchkünstler. So spielte er eine zentrale Rolle im internationalen Netzwerk moderner Künstler, die vom letzten Jahrzehnt des neunzehnten Jahrhunderts bis zum Ersten Weltkrieg moderne Kunst schufen und propagierten. Auch war er einer der ersten, die sich für das Werk van Goghs engagierten. Er kaufte 1894 eine Zeichnung des Malers und erwarb später ein Gemälde. In den frühen neunziger Jahren gab er ein Heft einer belgischen Zeitschrift heraus, das Auszüge aus den Briefen des Malers veröffentlichte. Und schließlich zeigten seine Gemälde, Drucke, Möbel und Inneneinrichtungen durch ihre ausdrucksstarke Linienführung den immensen Einfluß des Zeichenstils van Goghs auf seine Arbeiten.

Als Mogens Ballin 1904 das Porträt Gachets verkaufen wollte, erwog er zweifellos, das Bild nach Paris zu schicken. Vollard hatte weiterhin seine Hand auf dem van Gogh-Handel, doch offiziell wurde der holländische Maler von keinem Händler in Paris vertreten. Weder Durand-Ruel noch Bernheim-Jeune, die einzigen anderen möglichen Galeristen, hatten offiziell seine Kunstwerke übernommen. Gauguins Freund, der Maler Emile Schuffenecker, dessen Bruder Amadée (ein Weinhändler), sowie der Kritiker Julien Leclercq hatten die Gelegenheit wahrgenommen und Johanna eine Anzahl Bilder abgekauft. Sie begannen nun inoffiziell als Agenten mit den Arbeiten van Goghs zu handeln. Bestrebt, den Bekanntheitsgrad des Malers zu steigern, lieh sich Leclerque im März 1901 von verschiedenen französischen Händlern einundsiebzig Gemälde für eine Ausstellung zusammen. Sie sollte bei Bernheim-Jeune stattfinden. Die Gemälde kamen von Vollard, den Bernheims, deren Vetter Jos Hessel und Emile und Amadée Schuffenecker, sowie von dem Kritiker Octave Mirabeau und den Künstlern Auguste Rodin und Camille Pissarro. Im Ausstellungskatalog äußerte Leclerque seine Absicht, französische Sammler auf van Goghs

Werk aufmerksam zu machen, und nannte ihn ein Mitglied »unserer französischen Schule der Maltradition«, dessen Ruhm hinter den »unbestreitbar glorreichen Namen« von »Monet, Degas, Renoir, Pissarro, Sisley« und auch Cézanne hinterherhinkte. Doch die Ausstellung wurde ein finanzieller Flop, und das entmutigte die Bernheims, weiterhin in van Gogh zu investieren. Dann starb Julien Leclercq völlig unerwartet im Oktober 1901.

Ballin wußte, daß Dutzende von van Goghs Bildern in Lagern französischer Händler schlummerten. Und so schickte er drei Jahre später das Porträt in eine Stadt, die er als geeigneteren Ort für den Verkauf des Porträts betrachtete. Diese Stadt war Berlin.

Teil III

Das »andere« Deutschland

Moderne Kunst, deutscher Nationalismus und die Entstehung des modernen Museums

13

Berlin: Paul Cassirer

1904

Jeder gebildete Berliner kennt aus den Ausstellungen im Kunstsalon Max Liebermann, Manet, Monet, Degas, Renoir, Cézanne, van Gogh zu einer Zeit, wo der Wert und der Ruhm dieser großen Künstler wenigen Sammlern und Kunstkritikern in Paris, und erst recht in England und Amerika noch ein Geheimnis war.
Harry Graf Kessler »In memoriam Paul Cassirer« 7.1.1926

Irgendwann im Frühjahr 1904 nahm Paul Cassirer das *Bildnis des Dr. Gachet* von Mogens Ballin in Kommission und hängte es in eine kleine van Gogh-Ausstellung in seiner Berliner Galerie. Die Galerie befand sich im Erdgeschoß des Hauses Viktoriastraße 35, in dem der Händler auch wohnte. Es war eine großstädtische Straße mit großen Häusern, Hotels und Botschaften, die zum Tiergarten führte. In der Nähe befanden sich die Geschäfte von drei anderen Händlern moderner Kunst – Fritz Gurlitt, Schulte, und Keller und Reiner. Der belgische Architekt Henry van de Velde hatte das Interieur von Cassirers Galerie ausgesprochen modern gestaltet. Die Opulenz der Pariser Galerien von Paul Durand-Ruel und Georges Petit war zugunsten einer nüchternen intellektuellen Raumkonzeption aufgegeben worden und sollte besonders Sammlern mit ausgesprochen progressivem Geschmack gefallen. Die Wände waren in neutralem Grau gehalten, und sparsam verwendete Holztäfelung kleidete das Lesezimmer aus.

Acht Jahre, nachdem Ambroise Vollard den *Gachet* in Frankreich verkauft hatte, befand sich das Gemälde jetzt erneut in der Hand eines ehrgeizigen Händlers, der sich leidenschaftlich zur modernen Kunst bekannte. Der gewitzte Unternehmer hoffte, für van Gogh in Berlin einen Markt zu finden. Mit dreiunddreißig Jahren war der vorausschauende Cassirer

Vorkämpfer einer Kampagne, die van Gogh und die französische Avantgarde bei der deutschen Öffentlichkeit bekanntmachen wollte. Zusammen mit seinem Vetter Bruno hatte er 1898, sechs Jahre zuvor, die Galerie eröffnet. Damals, so schrieb er, »war das Wort Impressionismus eine Beleidigung und bedeutete Revolution.« Die Aufgabe war, so erklärte der Händler, »eine Reihe von großen Künstlern zu unterstützen, die in Deutschland buchstäblich unbekannt waren«.

Cassirer hatte van Goghs Bilder 1901 bei der Julian Leclercq-Retrospektive in der Galerie Bernheim-Jeune entdeckt. Im Frühjahr des gleichen Jahres arrangierte er, daß bei der Mai-Ausstellung der Berliner Sezession fünf Gemälde des Malers, darunter *Selbstporträt mit verbundenem Ohr*, gezeigt wurden. Im Dezember 1901 hielt Cassirer die erste größere van Gogh-Ausstellung ab, für die er sich neunzehn Gemälde von Johanna van Gogh ausgeliehen hatte. Vor die grau ausgekleideten Wände der eleganten Galerie hängte er eine Version der *Sonnenblumen* und mehrere Landschaften, darunter auch *Regen: Hinter dem Hospital*, dem er den höchsten Preis zuordnete. Dem Maler Lovis Corinth zufolge war die Reaktion »eines bestürzten Berlins« »ironisches Gelächter und Schulterzucken.« Doch der Kritiker Hans Rosenhagen erkannte ein »hochgradig ursprüngliches Talent« und »die Kultiviertheit des Neo-Impressionismus ... verbunden ... mit der rohen Gewalt der Norweger«. Kurze Zeit später deutete der Verkauf des Landschaftsgemäldes, *Weizenfeld hinter dem Saint-Paul's Hospital*, für 1500 Mark an den Sammler Karl Ernst Osthaus darauf hin, daß der Händler seine Initiative für van Gogh nicht aufgab.

Drei Jahre später, am 9. Juli 1904, verkaufte Cassirer seinen dritten van Gogh, das *Bildnis des Dr. Gachet*. Der Käufer war Harry Graf Kessler, ein Freund und der Direktor des Großherzoglichen Museums für Kunst und Kunstgewerbe in Weimar. Er kaufte den van Gogh für seine Privatsammlung. Kessler gehörte zu den ersten Sammlern nachimpressionistischer Kunst in Deutschland. Wie Cassirer war Kessler ein rastloser, nicht zu übersehender Advokat der Moderne mit zahlreichen Verbindungen nach Frankreich. Zusammen mit dem *Gachet* erwarb er von Cassirer auch Maurice Denis' *Madonna mit dem Apfel*. Für die beiden Gemälde zahlte Kessler 3000 dänische Kronen, die Cassirer in 3378 deutsche Mark umrechnete. In seiner Buchführung, systematischer als Ambroise Vollard, verzeichnete Cassirer die Transaktion des *Gachet* in zwei schwarzen Büchern, in die er seine »Käufe« und »Verkäufe« eintrug. Darin kennzeichnete ein Assistent in ordentlicher Handschrift das Porträt mit der Nummer »5957« und nannte es einfach »Herrenportrait«.

Graf Kessler	Weimar
5957 v. Gogh	»Herrenportrait«
5958 Denis	3000 Kronen
a M. 112,60	3378

Da der Händler die Gemälde für fünfunddreißig Prozent in Kommission genommen hatte, verzeichnete er gleichzeitig mit der Niederschrift über den Verkauf an Kessler auch den Kauf von Ballin, dem er 2200 Kronen, oder 2477 deutsche Mark, zahlte. Angenommen, der *Gachet* war die Hälfte des Gesamtkaufpreises oder 1689 Mark wert, kostete das Porträt den wohlhabenden Kessler ungefähr zwei deutsche pro-Kopf-Jahreseinkommen. Legt man amerikanische Währungskonditionen zugrunde, war der Wert des Porträts in sieben Jahren von 58 Dollar auf ungefähr 400 Dollar gestiegen. Sein Wert betrug in der Währung von 1995 nun 6700 Dollar.

Cassirer besaß zahlreiche Verbindungen zur skandinavischen Avantgarde. Der norwegische Symbolist Edvard Munch war 1893 nach Berlin umgezogen und hatte sich einem aus vorwiegend skandinavischen Schriftstellern bestehenden Kunstkreis der Bohème angeschlossen, zu dem auch August Strindberg gehörte. Man traf sich im Café *Zum schwarzen Ferkel*. Möglicherweise kannte Kessler Mogens Ballin durch die Nabi. Er könnte dem dänischen Künstler vorgeschlagen haben, das Gemälde nach Berlin zu schicken. Er könnte sogar selbst die Verhandlungen über den Kauf der beiden Gemälde geführt und Cassirer als Mittelsmann benutzt haben. (Was erklären würde, warum Kessler in dänischer Währung bezahlte.) Doch es ist wahrscheinlicher, daß Mogens Ballin sich entschlossen hatte,

Cassirer den van Gogh anzuvertrauen, weil er den Ruf des Händlers kannte. Er könnte allerdings auch bemerkt haben, daß Berlin, das den Ehrgeiz hatte, Paris auszustechen, einen aufstrebenden Markt für moderne Kunst besaß.

1904 war Berlin die größte Stadt Deutschlands, zweimal so groß wie ihre stärkste Konkurrentin Hamburg. In der letzten Dekade des neunzehnten Jahrhunderts hatte ein explosives Wachstum stattgefunden; zwischen 1870 und 1900 hatte sich die Einwohnerzahl mehr als verdoppelt und stand nun bei 1,8 Millionen Bürgern. Das Deutsche Reich war erst dreißig Jahre zuvor gegründet worden. Die neue Allianz zwischen Preußen und vierundzwanzig kleineren souveränen Staaten, meist Erbmonarchien, hatte eine eigene Verfassung und Gesetze. Berlin war sowohl die Hauptstadt von Preußen als auch des Deutschen Reiches und das Finanzzentrum der Nation. Gleichzeitig kämpfte es aber auch um Beachtung als Stadt der Künste und der Kultur. Trotz seiner drei Museen, die im Verlauf des neunzehnten Jahrhunderts von Preußenkönigen gebaut worden waren, und einer jahrhundertealten Kunstakademie wurde Berlin von einigen als neureich angesehen. Konservative höhnten und gaben der Stadt den Spitznamen »Chicago an der Spree«. Und wirklich fehlte in Berlin die Kunsttradition von München und Dresden, die neben Wien seit dem achtzehnten Jahrhundert die Kunsthauptstädte Europas gewesen waren. München und Dresden besaßen auch jeweils eine herrliche Sammlung und Kunstakademien, die Studenten aus dem Ausland anzogen. Mehrere kleinere deutsche Städte wie Köln, Düsseldorf, Frankfurt und Weimar hatten ebenfalls Museen, Kunstakademien und Künstlerkolonien und manchmal sogar Kunsthändler. In der zweiten Hälfte des neunzehnten Jahrhunderts war München zum wichtigsten Kunstmarkt Mitteleuropas avanciert.

Am Ende des Jahrhunderts machte Berlin jedoch an Boden gut. Die ökonomische Vitalität der Hauptstadt jener Nation, die in der Technik am weitesten fortgeschritten und deren Industrialisierung am dynamischsten vor sich gegangen war, hatte die Bedingungen für einen blühenden Markt für moderne Kunst geschaffen. »Im frühen zwanzigsten Jahrhundert blies ein Wind in Berlin«, so erinnerte sich später van de Velde, der »den Nebel über der begrenzten, selbstgefälligen und alternden Kultur des Westens fortblies.« Mit der Eröffnung ihrer Galerie im Jahre 1898 betraten die Cassirers den Berliner Kunstmarkt in einer Zeit des Aufschwungs. Drei Jahre zuvor waren in Berlin nur zwei Kunstgalerien ansässig gewesen. Zwei Jahre später, 1900, war die Galerie der Cassirers eine unter acht. 1904, als das Gachet-Porträt eintraf, war die Stadt gerade dabei, München den Platz als Deutschlands führender Markt für Gegenwartskunst streitig zu machen.

Die deutschen Sammler van Goghs

Paul Cassirer und Harry Graf Kessler gehörten zu einer kleinen, doch nicht zu übersehenden Gruppe von Händlern, Sammlern, Kritikern, Verlegern und Museumsdirektoren, die moderne französische Malerei in Deutschland ausstellten und bei privaten und öffentlichen Sammlern warben. Einflußreich bei kulturellen Institutionen und Zeitschriften, unterstützte der Cassirer-Kessler-Kreis den Modernismus in unterschiedlichster Weise – man veranstaltete Ausstellungen, schrieb Artikel und kaufte Gemälde. Man strebte eine Erneuerung der bildenden Künste an, weil man die zeitgenössische akademische Malerei in Deutschland als abgeschottet und rückständig beurteilte. Impressionismus und Nach-Impressionismus repräsentierten die großartigsten Stile ihrer Zeit und wurden als Erbe der großen Maltradition Frankreichs angesehen. Die Fixierung des Impressionismus auf die Gegenwart – besonders auf die Stadt und die bevorzugten Freizeitorte der Städter – entsprach dem Geschmack des Bürgertums, das nun wirtschaftlich die Nation beherrschte. Unter diesen Sammlern fand van Gogh Anfang des Jahrhunderts ein interessiertes Publikum.

Diese Sammler waren liberale kosmopolitische Intellektuelle, die meist aus dem oberen Bürgertum stammten. Viele waren Kinder neureicher deutscher Fabrikanten und Bankiers, die bei der außergewöhnlich raschen Wandlung eines Agrardeutschland zu einer Industrienation ein Vermögen gemacht hatten. Ihre kulturelle Weltoffenheit war aus der weltweiten wirtschaftlichen Betätigung ihrer Eltern entstanden. Die Geschäftsinteressen dieser Generation erstreckten sich über ganz Kontinentaleuropa und nach Amerika, wo zum Beispiel die North Pacific Railroad mit dem Geld einer deutschen Bank unterstützt wurde. Mit der größten Eisen- und Stahlindustrie Europas, die ihre Produkte in Eisenbahnen, Schiffsbau und Waffenherstellung steckte, hatte Deutschland in den letzten drei Jahrzehnten des Jahrhunderts Frankreichs Platz als führende Nation in Europa eingenommen. 1913 war das nationale Einkommen Deutschlands doppelt so hoch wie das französische.

Als Cassirer den *Gachet* an Kessler verkaufte, befanden sich sieben Gemälde von van Gogh in deutschen Privatsammlungen. Kessler selbst besaß *Ebene bei Auvers*, ein Landschaftsgemälde. Die anderen sechs Bilder gehörten drei Sammlern, von denen jeder so wie Kessler nicht nur zahlreiche Exponate moderner Kunst erwarb, sondern auch vielschichtige Rollen in der deutschen Kulturpolitik spielte. Karl Osthaus, der 1901 von Cassirer ein kleines Landschaftsgemälde gekauft hatte, benutzte sein Erbe für den Bau eines Privatmuseums für seine Sammlung: das Folkwang Museum in Hagen (später in Essen). Hugo von Tschudi, der *Regen* und ein weiteres Landschaftsbild besaß, war ein Kenner der Renaissance-Kunst und Direktor der Berliner Nationalgalerie. Als die französische Regierung 1897 widerstrebend impressionistische Gemälde der Stiftung Gustave Caillebottes für das Museum Luxembourg annahm, erwarb Tschudi für das Berliner Museum nicht nur Edouard Manets *Im Konservatorium*, sondern auch Cèzannes *Mühle am Couleuvre in Pontoise*, den ersten Cézanne, der je für eine öffentliche Sammlung gekauft wurde. Wie Peter Paret schrieb, deutete Tschudi 1899 an, daß »die deutsche Öffentlichkeit ... der modernen Kunst hilflos gegenübersteht; ihr muß die Gelegenheit gegeben werden, sich in Museen und Ausstellungen selbst zu bilden.« Durch Tschudis mutigen Ankauf besaß die Nationalgalerie Exponate der neuen französischen Malerei schon zehn

Jahre früher als das Metropolitan Museum of Art, das als erstes impressionistisches Gemälde Renoirs *Madame Charpentier und ihre Kinder* kaufte. Tschudi sei es, »der sie alle ansteckt«, erzählte Mary Cassatt 1910 Louisine Havemeyer, nachdem sie von Cézannes Erfolg in Deutschland gehört hatte. Zur gleichen Zeit, als Kessler das Gachet-Porträt von Cassirer kaufte, erwarb Tschudi Gauguins *Martinique*, das der Kunsthändler ebenfalls in Kopenhagen von Mette Gauguin bekommen hatte. Der vierte Sammler von van Gogh-Gemälden war der Kritiker Julius Meier-Graefe. Er hatte ein Porträt und eine Version aus der Reihe *Garten des Dichters* in Paris erworben, als er in den neunziger Jahren die *Maison Moderne* besaß, ein Geschäft, das Art Nouveau verkaufte. Meier-Graefe veröffentlichte 1904, als der *Gachet* in Deutschland eintraf, seine bahnbrechende, dreibändige *Entwicklungsgeschichte der Modernen Kunst*. Darin widmete er van Gogh ein ganzes Kapitel und pries den »exzessiven« Maler als Revolutionär: »Seine Arbeit ist der größtmögliche Kontrast zur bequemen Kunst, die danach strebt, den Status Quo aufrechtzuerhalten, und lediglich das Haus der Banalität verziert. Er zerstört es.« An anderer Stelle schrieb er: »Vielleicht hat es nie einen Menschen gegeben, der, ohne sich dessen bewußt zu sein, so tief durchdrang, was wir heute als künstlerisch betrachten.«

Inzwischen hatte van Gogh bereits Einfluß auf die deutsche Kunst genommen. Der erste Ansatz von dezidiert moderner deutscher Malerei tauchte 1905 in Dresden auf, als die vier Architekturstudenten Fritz Bleyl, Erich Heckel, Karl Schmidt-Rottluff und Ernst Ludwig Kirchner eine Gruppe mit dem Namen *Die Brücke* gründeten. Sie lebten und arbeiteten zusammen in einer ehemaligen Metzgerei und produzierten Gemälde, Zeichnungen und graphische Blätter. Ihr gemeinsames Unternehmen, an dem sich später auch Max Pechstein und Otto Müller beteiligten, ähnelte der Art einer künstlerischen Bruderschaft, von der van Gogh geträumt hatte. Die Kritiker erkannten in dem groben, übertriebenen Stil, den ausgeprägten Pinselstrichen, den verführerischen Farben und der gequälten Bildersprache der Brücke-Künstler sofort den Einfluß van Goghs. Für ihre Holzschnitte holten sie sich ihre Inspiration nicht nur aus mittelalterlichen deutschen Drucken, sondern auch aus den grob vereinfachten und flachen Drucken des Nabi-Künstlers Félix Vallotton und von Henry van de Velde. Diese frühesten deutschen expressionistischen Werke glichen den Gemälden mit dem aufrührerischen Valeur, die 1905 im *Salon d'Automne* in Paris zu sehen gewesen waren. Diese Bilder veranlaßten die Kritiker sofort, ihre Schöpfer die »Wilden« (Fauvisten) zu nennen. In Frankreich verwendeten Henri Matisse, André Derain und Maurice de Vlaminck große Flächen mediterraner Farben (schrilles Gelb, Rot und leuchtendes Blau), um üppige und harmonische Landschaften und Figuren zu schaffen. Wie bei den Expressionisten reflektierten die Bilder der Fauvisten die Farben und den Malstil van Goghs. »Es ist jetzt fast ein Jahr her, seit wir die van Gogh-Ausstellung sahen«, schrieb André Derain 1902, »und tatsächlich, die Erinnerung daran verfolgt mich unaufhörlich.« Eines der hervorragendsten Gemälde von Matisse, das er *Die Lebensfreude* nannte, zeigte eine arkadische Vision, bevölkert mit nackten Figuren, die tanzen und musizieren. Im Gegensatz dazu neigten die deutschen expressionistischen Bilder der gleichen Ära zu düsteren Themen. Häufig deuteten Porträts und Figurenmalereien Ängste und Verzweiflung an. 1910 zogen die Künstler der Brücke von Dresden nach Berlin.

Kaiserliche Opposition

Obwohl van Gogh in der ersten Dekade des zwanzigsten Jahrhunderts sein enthusiastischstes Publikum in Deutschland fand, erregte er dort auch die größte Abneigung und löste Kontroversen aus, die Fragen des Nationalismus und der kulturellen Identität ebenso beinhalteten wie Fragen der Ästhetik. Die politische Signifikanz, die moderne Kunst am Ende des neunzehnten Jahrhunderts in Deutschland erlangte, beruhte auch auf der starren Haltung Kaiser Wilhelms II., der sie komplett ablehnte. »Die Auflehnung der neunziger Jahre und der ersten

Jahre dieses Jahrhunderts gegen die wilhelminische Kunst war in Wirklichkeit der Anfang der Revolution«, schrieb später Harry Graf Kessler. »Das Brüchige des kaiserlichen Systems ist in Kunst und Literatur viel früher gespürt und angegriffen worden als in der Politik.« Weil sie den Kanon der deutschen Akademiemalerei angriff, betrachtete man die neue französische Malerei lange als etwas, das die traditionellen Ideale der Monarchie und selbst die Autorität des Kaisers in Frage stellte.

Wirkliches Interesse sowie seine Überzeugung, daß der Kunst ein hoher Stellenwert im Staat zukommen müsse, verleiteten Wilhelm II. dazu, eine aktive Rolle in der Debatte über die bildenden Künste zu spielen. Er glaubte an die Überlegenheit der klassischen Kunst Griechenlands und Roms, und er wollte die Akademie-Prinzipien festschreiben. Als er 1910 eine Reihe von Denkmälern seiner Hohenzollernvorfahren entlang der Siegesallee im Tiergarten enthüllte, umriß er seine Ansichten über die Aufgabe der Kunst:

> Die Pflege der Ideale ist zugleich die größte Kulturarbeit und wenn wir hierin den anderen Völkern ein Muster sein und bleiben wollen, so muß das ganze deutsche Volk daran mitarbeiten, und soll die Kunst ihre Aufgabe voll erfüllen, dann muß sie bis in die untersten Schichten des Volkes hin durchdrungen sein.

Seiner Ansicht nach war die schönste und wertvollste Kunstrichtung die Historienmalerei – manchmal riesige Gemälde, die Szenen aus der klassischen, biblischen und insbesondere nationalen Geschichte zeigten. Einer seiner Lieblingsmaler war Anton von Werner, gefeiertes Mitglied der Akademie. Er war Direktor der Königlich Akademischen Hochschule für die Bildenden Künste in Berlin und Vorsitzender des Vereins Berliner Künstler sowie der Allgemeinen Deutschen Künstlergenossenschaft, des nationalen Kunstvereins. In seinem monumentalen Gemälde *Die Gründung des Deutschen Reiches* bevölkerte von Werner die Szene im Spiegelsaal von Versailles mit deutschen Offizieren, die siegreich ihre Schwerter vor Wilhelm I. und Otto von Bismarck erhoben. »Unendlich trocken und steif stehen meist zwölf bis sechzig uniformierte, auffallend ausdruckslose Herren herum«, höhnte Graf Kessler über von Werners Gemälde. Doch der Kaiser, so bemerkte Peter Paret, »hielt nicht nur die ästhetischen Prinzipien der Dynastie, so wie er sie interpretierte, aufrecht, sondern auch den Geschmack und die Wertmaßstäbe der Mehrheit.« Aber seine »Vorliebe für unkomplizierte, idealisierte Akte, realistisch ausgeführte Landschaften und Historienbilder entsprach dem Geschmack weiter Kreise des Mittelstandes wie der Oberschicht und gab ihm gleichzeitig eine Art feierliche Anerkennung.« Natürlich schloß die Auffassung des Kaisers von der Rolle der Kunst als Handlangerin seines Regimes experimentelle oder radikale Stile in Malerei und Bildhauerei aus.

Die neue französische Malerei, angefangen bei Naturalismus und Impressionismus, und ihre deutschen Ableger forderten die akademische Tradition nicht nur im Sujet, sondern auch im Stil heraus. Der Berliner Impressionist Max Liebermann faßte seine Ablehnung der Akademie mit der spitzen Bemerkung zusammen: »Die gut gemalte Rübe ist ebenso gut wie die gut gemalte Madonna.« Modernistische Gemälde ignorierten durch Formverzerrung und grelle Farben nicht nur die technischen Regeln der Akademiemalerei, sondern konfrontierten die Betrachter mit beunruhigenden Bildwelten, verwiesen auf Aspekte einer zunehmend instabilen Welt, erhoben Fragen der sozialen Ungerechtigkeit und deuteten, wie van Gogh im *Gachet*, Entfremdung und psychische Pein an. Daß der Impressionismus von einer rivalisierenden Macht in Europa ausging, machte ihn noch bedrohlicher für das deutsche Publikum und besonders für den Kaiser, der darauf bedacht war, das immer noch nach einer kulturellen Identität suchende Deutschland als Weltmacht zu proklamieren. Von Anfang an denunzierten die Konservativen die impressionistische Malerei als hirnlose Darstellung der sichtbaren Welt, und deren Unterstützer als Opfer einer Pariser Mode, die willens waren, die unreifen Beispiele der französischen Modetorheit zu akzeptieren. (Ähnlich regten sich nach dem Deutsch-Französischen Krieg die besiegten Franzosen darüber auf, welchen tückischen Einfluß die siegreichen Deutschen auf die Pariser Kunst haben mochten.)

Der Kaiser gehörte zu jenen, die nach einer spezifisch deutschen Kunst riefen. Damit wiederholte er die anti-modernistische Tendenz, die Julius Langbehn 1890 in seinem Buch *Rembrandt als Erzieher* artikulierte. Historiker schreiben das Streben nach »deutscher« Kunst im allgemeinen der kulturellen Unsicherheit einer Gesellschaft zu, die bei weitem schneller als ihre Nachbarstaaten mit der Industrialisierung konfrontiert worden war. Deutschlands rasche Transformation zu einem modernen Militär- und Industriegiganten veränderte die Gesellschaft grundlegend. 1850 lebten zwei Drittel der Deutschen auf dem Land. Ein halbes Jahrhundert später waren zwei Drittel der Bevölkerung in die sich ausdehnenden Städte gezogen. Die drastische soziale und wirtschaftliche Verschiebung ließ unter den Angehörigen der Mittelklasse eine Abneigung gegen den Kapitalismus entstehen. Sie gaben der Industrialisierung die Schuld an der Zerstörung der Landschaft, an der Schaffung städtischer Massenarmut und am Ersatz der alten Sozialstruktur durch eine neue, von Geld bestimmte Hierarchie. Während Deutschland sich an die wirtschaftlichen und technologischen Forderungen des zwanzigsten Jahrhunderts anpaßte, bestand weiterhin eine teilweise fanatische Nostalgie für die ländliche Lebensart, die erst kürzlich verlorengegangen war.

Viktoriastraße 35

Paul Cassirer hatte die Galerie in der Viktoriastraße zusammen mit seinem Vetter Bruno eröffnet, als beide Mitte Zwanzig waren und noch keine Erfahrung im Kunsthandel besaßen. Bruno stammte aus einer bekannten jüdischen Familie, der auch Richard Cassirer, ein bedeutender Neurologe, angehörte, sowie Ernst Cassirer, der Philosoph und Autor so einflußreicher Bücher wie *Philosophie der symbolischen Formen* (1929). Neben der Galerie betrieben die Vettern einen Verlag, dessen Bücher dabei halfen, der Galerie einen Namen zu verschaffen. Unter den dort veröffentlichten Autoren befanden sich unter anderem Henry van de Velde und die Museumsdirektoren Hugo von Tschudi, Alfred Lichtwark und Wilhelm von Bode. Die Cassirers arbeiteten darauf hin, daß Galerie und Verlag sich finanziell selbst trugen.

Paul Cassirer wurde 1871 geboren und war eines der fünf Kinder von Louis Cassirer, einem Ingenieur, dessen Firma Kabel für die transatlantische Telegrafenleitung und andere spezielle technologische Zwecke produzierte. (Unter der Naziherrschaft wurden die Kabelwerke Dr. Cassirer & Co. von Siemens übernommen.)

Cassirer war energisch, dezidiert im Geschmack und manchmal anmaßend in seiner Geschäftsführung. Nach Erfolgen als Schriftsteller in München, wo er 1890 zwei Romane veröffentlichte und für die satirische Zeitschrift *Simplizissimus* arbeitete, hatte er sich entschlossen, mit seinem Vetter eine Partnerschaft einzugehen. Mit Dreißig sah Cassirer jungenhaft und erwachsen zugleich aus, sein Gesicht zeigte breite Züge, große Augen und einen skeptischen Blick. Er besaß einen beißenden Humor, war bekannt für seine »brillante Beredsamkeit« sowie für seinen »spekulativen Verstand, der niemals seinen spielerischen, experimentellen Charakter verloren hatte.« Seine eigenwillige und charismatische Art leistete ihm gute Dienste in einer häufig umstrittenen Position als früher Verfechter und Händler moderner Kunst.

Von Anfang an rührte der Einfluß, dessen sich die Cassirers auf dem deutschen Kunstmarkt erfreuten, von deren einzigartiger Verbindung zur Berliner Sezession her, die 1898, im Eröffnungsjahr der Galerie, gegründet worden war. Die Cassirers waren nicht einfach nur Verwalter, sondern politische Macher; sie saßen im Vorstand der Sezession und halfen bei der Auswahl und beim Hängen der Gemälde für die Ausstellungen. Ihre Beziehung zur Sezession war ungewöhnlich, denn sie verband sie mit einer bekannten Gruppe und der Sache der Moderne und gab ihnen so eine öffentliche Rolle in der Kunstszene außerhalb des Kunsthandels. Die Sezession gewann rasch die finanzielle Unterstützung mehrerer Berliner Sammler und möglicherweise auch von Tschudi. Vor ihrer ersten Ausstellung hatte die Gruppe genug Geld gesammelt, um ein Gebäude mit sechs Ausstellungsräumen einzurichten, die über dreihundert Gemälden und fünfzig Skulpturen Platz boten. Offiziell behaupteten die Künstler der Berliner Sezession, nicht an eine »allein seligmachende Richtung in der Kunst« zu glauben. Trotzdem war die Gruppe mit den französischen Impressionisten assoziiert, da ihr Präsident Max Liebermann und andere einflußreiche Mitglieder wie Lovis Corinth, Walter Leistikow und Max Slevogt von der neuen französischen Malerei beeinflußt waren. Die Cassirers hatten ihre Stellung bei der Sezession größtenteils Liebermann zu verdanken, der den beiden jungen Männern Mentor und einer der ersten deutschen Sammler französischer Impressionisten war.

In der Galerie in der Viktoriastraße zeigten die Cassirers französische Impressionisten und Nach-Impressionisten sowie zeitgenössische deutsche Kunst, besonders die Arbeiten von Liebermann und anderen führenden Berliner Sezessionisten. Wenn sie Liebermann in einem Atemzug mit Edgar Degas nannten, betonten die Cassirers die stilistischen Bindungen, die zwischen französischer und deutscher Kunst bestanden. Nur fünf Jahre nachdem Vollard Cézanne seine erste Einzelausstellung gewährt hatte, hielten die Cassirers die erste Ausstellung des Künstlers in Deutschland ab. Die van Gogh-Ausstellung folgte ein Jahr später.

1901 löste sich die Partnerschaft auf. Paul behielt die Galerie und blieb Sekretär der Sezession. Bruno behielt den Verlag und gründete 1901 *Kunst und Künstler*, eine Zeitschrift, die Kunst aller Zeitalter aus modernistischer Perspektive diskutierte. Die ausführlichen analytischen Aufsätze lieferten den intellektuellen Überbau für die Rezeption der avantgardistischen Kunst, die in der Galerie gezeigt wurde. 1903 erschien in einer Ausgabe beispielsweise die vierzigseitige Rezension der Impressionistenausstellung der Wiener Sezession und Auszüge aus Briefen van Goghs. 1908 eröffnete Paul Cassirer seinen eigenen Verlag, den Paul Cassirer Verlag. Im Laufe der nächsten zwei Jahrzehnte veröffentlichte er zahlreiche Kunstbücher, darunter die Briefe von Franz Marc und zehn Bände *Frühe Niederländische Malerei* des Kunsthistorikers Max Friedländer. Unter dem Impressum *Pan Presse* produzierte Paul Cassirer, wie das Verlagsunternehmen seines Vetters auch, illustrierte Bücher und Mappen mit zeitgenössischer Graphik.

Paul Cassirers Erfolg als Händler beruhte auf seiner Fähigkeit, enge Verbindungen zu französischen Händlern wie zu Durand-Ruel, mit dem er einen Exklusivvertrag aushandelte, zu Vollard und den Bernheims aufzubauen, die ihn mit Ware versorgten. Er gewann auch das Vertrauen von Johanna van Gogh-Bonger. Geduldiger als Vollard tolerierte Cassirer ihre hohen Preise und sicherte sich auf diese Weise Zugang zur umfangreichsten Quelle von van Goghs Werk. Geschickt erweiterte er den Markt für van Gogh und andere Modernisten, indem er seine Ausstellungen zu Händlern in anderen deutschen Städten schickte. Sobald die Galerie begann, Gewinne einzufahren, verwendete er die Erlöse aus den Verkäufen der van Gogh-Gemälde und der Impressionisten zur Übernahme verschiedener zeitgenössischer Künstler, an deren Werk die Galerie nur wenig oder gar nichts verdiente. So zahlte Cassirer Ernst Barlach um die 5000 Mark, bevor er eine von dessen Skulpturen verkauft hatte.

Als einer, der neue französische Kunst finanziell unterstützte, wurde Cassirer schnell zum Ziel konservativer Kritik. Nach einer Ausstellung mit Edvard Munch, Pierre Bonnard, Edouard Vuillard, Edgar Degas und Claude Monet sowie der seit kurzem populären spanischen Meister Francisco de Goya und El Greco im Jahr 1903 griff eine katholische Zeitschrift den Händler mit unverhohlenem Antisemitismus an:

> Es ist von kennzeichnender Bedeutung, daß der Vermittler dieser Kunst und ihre ersten kritischen Herolde, ich will nicht sagen Juden, sondern was wesentlich, Vertreter des spezifischen Judengeistes von Berlin W sind. Daß viele Deutsche mitmachen und hinterdrein laufen, ist kein Wunder. Die Geschäftigkeit und Betriebsamkeit dieser Leute hat etwas Suggestives. Sie hat auch ihre Vorteile. Man hat aus dem verjudeten Berlin W einen Kunstmarkt ersten Ranges gemacht, und man hat es verstanden, diesen Markt ganz in seine Hände zu bringen. Der »Salon Cassirer«, den man

> ebensogut »Salon Liebermann« nennen kann, ist die »Secession«, deren Geschäfte in den geschickten »Kassierer-Händen« liegt, im Kleinen.

Cassirer ignorierte diese Angriffe. Als er 1911 jedoch erneut unter Beschuß stand, erwiderte er:

> Warum habe ich mich »in den Dienst« französischer Kunsthändler gestellt? ... Als ich mit meinem Vetter zusammen vor zwölf Jahren den Versuch machte, französische Kunst nach Deutschland zu importieren, da hat es uns niemand gedankt, da war es schwer, auch nur das Wenige zu verdienen, um das Unternehmen aufrecht zu halten. Aber hätte ich damals mit Achenbach, oder mit Friedrich August von Kaulbach, mit Grützner oder mit Kiesel Geschäfte gemacht, dann hätte ich leicht Geld verdient. Warum mußte ich denn gerade mit französischen Bildern spekulieren? ... weil ich die Einführung der französischen Kunst in Deutschland für eine kulturelle Tat gehalten habe. Und auch das ist nicht der wahre Grund. Sondern einfach weil ich Manet liebte, weil ich in Monet, Sisley und Pissarro starke Künstler sah, weil ich in Daumier und Renoir Genies, in Degas einen der größten Meister, in Cézanne den Träger einer Weltanschauung erblickte.

Cassirers van Gogh-Ausstellung

Nachdem Paul Cassirer im Juli 1904 den *Gachet* verkauft hatte, setzte er sich weiterhin für die Verbreitung von van Goghs Werk ein. Im gleichen Jahr organisierte er eine kleine Ausstellung, verkaufte aber keines der neun Gemälde. Im darauffolgenden Jahr, als sowohl das Stedelijk Amsterdam Museum sowie die Indépendants in Paris van Gogh-Retrospektiven abhielten, zahlten sich die Anstrengungen, die er zugunsten van Goghs unternommen hatte, schließlich aus. »Ich möchte in Zukunft die Zirkulation von van Goghs Werk intensivieren«, schrieb er Johanna, »und versuche, mehr Bilder zu höheren Preisen zu verkaufen.« Von den dreißig Gemälden, die er sich auslieh, verkaufte er zehn. (Er zahlte dafür 15000 Mark oder

1500 Mark pro Gemälde.) Tschudi erwarb drei, zwei Landschaften und eine Version der *Sonnenblumen.* Das Gemälde war teuer und kostete den Museumsdirektor 3200 Mark, fast soviel (3378 Mark), wie Kessler ein Jahr zuvor für den *Gachet* und die *Madonna mit dem Apfel* zusammen bezahlt hatte. Vier weitere Gemälde gingen an Berliner Sammler. Davon ermutigt stellte Cassirer eine große Ausstellung mit vierundfünfzig Gemälden van Goghs zusammen, die er größtenteils von Johanna bekommen hatte. Im September und Oktober 1905 schickte er sie in die Hamburger Filiale der Galerie und dann nach Dresden, Berlin und Wien. Cassirer bevorzugte kleine Ausstellungen und war der Ansicht, daß eine größere Auswahl die Sammler nur verwirren würde. In Hamburg verkaufte Cassirer vier Bilder. In Berlin kaufte Tschudi anschließend erneut zwei Landschaftsgemälde, eins davon das graugetönte *Brücke von Trinquetaille.* Insgesamt verkaufte Cassirer 1905 zwanzig van Gogh-Gemälde. Zwei Jahre später bat er Johanna, »ihn zum einzigen Agenten für Deutschland« zu bestimmen, doch sie lehnte ab. Trotzdem lieh sie ihm im Oktober 1908 fünfundsiebzig Gemälde für eine weitere Ausstellung in Berlin. In drei Jahren hatte Cassirer die Preise mehr als verdoppelt: *Rosen* und *Vase mit Iris* wurden im März 1908 für 9000 Mark an die Bankiers Robert von Mendelssohn und Fritz Oppenheim verkauft.

1911 unterschrieb Cassirer den Vertrag für die Veröffentlichung der Briefe van Goghs in deutscher Übersetzung. Er war sich des Marktes für van Gogh, dessen Entstehung er mit herbeigeführt hatte, so sicher, daß er elf Gemälde auf eigene Rechnung kaufte. Seine Kampagne für van Gogh erreichte kurz vor dem Ersten Weltkrieg ihren Höhepunkt, als er 151 Gemälde des holländischen Malers ausstellte. Fast die Hälfte – vierundfünfzig Gemälde und dreizehn Zeichnungen – waren Leihgaben deutscher und österreichischer Sammler.

Bei Ausbruch des Ersten Weltkrieges besaß Deutschland die umfangreichsten Sammlungen des Malers außerhalb der Niederlande, weil sein Werk in Deutschland Anklang gefunden hatte. In den Niederlanden befand sich die – etwas verkleinerte –

Sammlung der Familie van Gogh. Außerdem hatte Helene Kröller, eine reiche Kunststudentin, über fünfundzwanzig Werke des Malers erworben. Sie baute die zweitgrößte van Gogh-Sammlung auf, die später in einem Museum der Stadt Otterlo eine Heimat fand. 1938 schenkte sie diese Sammlung dem niederländischen Staat, und das Museum wurde zum Reichsmuseum Kröller-Müller.

1904 war das *Bildnis des Dr. Gachet* der siebte van Gogh, der von einem deutschen Sammler erworben wurde. Nur zehn Jahre später war das Gemälde unter den 120 Gemälden und siebenunddreißig Zeichnungen in privaten und öffentlichen Sammlungen Deutschlands. Der Bühnenautor Carl Sternheim besaß zehn Bilder, unter denen sich auch ein Selbstporträt, eine Version der *L'Arlésienne* und ein *Garten mit Trauerweide* befand. In Paris gab es jetzt nur noch um die dreißig van Gogh-Gemälde, in der Schweiz zwölf und im restlichen Europa (in Österreich, Rußland und Skandinavien) etwa zwanzig. Als 1912 der Arzneimittelmagnat Albert C. Barnes eine Version von *Portrait von Josef Roulin* erwarb, war er der erste Amerikaner, der einen van Gogh kaufte. Im folgenden Jahr sah die amerikanische Öffentlichkeit die Werke des Malers zum ersten Mal in der Armory-Ausstellung in New York. Bis dahin hatten amerikanische Sammler nur vier van Goghs erworben. Mehr als ein Jahrzehnt war vergangen, seit Paul Cassirer damit begonnen hatte, die provokativen Gemälde des holländischen Malers in Berlin bekannt zu machen.

14

Weimar: Harry Graf Kessler

1904-1908

Manchmal schien er deutsch, manchmal englisch, manchmal französisch, so europäisch war sein Charakter. In Wirklichkeit waren die Künste sein Zuhause. Denn er reagierte auf alles, was mit Kunst zu tun hatte mit sturmgleicher Schnelligkeit; selbst in der Musik, die er leidenschaftlich liebte, war er ... immer der erste, der eine Entdeckung machte.

Annette Kolb, aus einem Nachruf auf Harry Graf Kessler (gestorben am 30. November 1937)

Von der Berliner Galerie Paul Cassirers brachte Graf Harry Kessler das *Bildnis des Dr. Gachet* in sein Haus in der Cranachstraße in Weimar. Dort hängte er das Bild in eine kleine, exklusive Nische mit Werken der Nach-Impressionisten, Neoimpressionisten und Nabi. Von Henry van de Velde entworfen, war die Inneneinrichtung des Hauses selbst ein Manifest der Moderne, ein Heiligtum, Ausdruck von Kesslers künstlerischer Sensibilität. Van de Veldes Stil des Art Nouveau – in dem die Objekte auf ihre Struktur reduziert waren – zog sich durch die Räume, in denen Kessler arbeitete und lebte. Tische, Stühle, Bücherschränke, Schreibtische – alles war der Raumharmonie angepaßt. Die Möbel waren relativ klein und standen auf dünnen, leicht geschwungenen Beinen. Strohmatten bedeckten den Boden. Der Stil van de Veldes fing, in Kesslers Worten, »mit dem langen, eleganten Zug die Linien [ein], die jetzt überall merkwürdig ähnlich hervordringen: nicht bloß in den Eisenkonstruktionen, den mächtigen Hängebrücken, in Maschinen, Rennyachten, Automobilen, sondern auch im intimen Leben, im Rock, im Schnitt des Fracks, im ... Damenkleid.«

Fotografien zeigen, daß Kessler Wohnzimmer, Speisezimmer und Arbeitszimmer mit seiner Kunstsammlung ausgestattet hatte. An den Wänden hingen Gemälde von Renoir, Cézanne und Bonnard in einfachen Rahmen aus gestrichenem Holz. Bronzeskulpturen von Aristide Maillol und Renoir standen auf Podesten, Bücherregalen und an den Kanten des Schreibtisches. Im Jahr 1898 hatte Kessler Gemälde von Cézanne, Renoir, Bonnard, Vuillard und Maurice Denis gekauft. Er reiste regelmäßig nach Paris, wo seine Mutter lebte und wo er mit vielen Malern der Nabi befreundet war, deren Arbeit er unterstützte. Von Vollard erwarb er 1901 Gauguins *Manao tupapao (Der Geist der Toten erwacht)*, die *Olympia von Tahiti*, die der Maler 1893 bei der Gauguin- und van Gogh-Ausstellung in Kopenhagen gezeigt hatte. Wo immer möglich, waren die Gemälde buchstäblich in die Raumstruktur eingepaßt. Ein Wandgemälde mit *Nymphen im Wald* von Maurice Denis war zum Beispiel in die Wandvertäfelung des Speisezimmers montiert worden.

Die Bilder verschmolzen mit den Skulpturen und dem Design, und so fand der *Gachet* eine neue – angemessene – Heimat bei einem Sammler, der die Moderne nicht nur durch seine finanzielle Förderung zeitgenössischer Kunst unterstützte, sondern auch durch sein Ausstellungsprogramm in Weimarer Museen und durch seine Schriften, zu denen auch ein 1903 veröffentlichter Artikel über Neoimpressionismus gehörte. Kesslers Haus drückte aus, wie er seine Kunstsammlung in sein Berufs- und Privatleben integrierte, und es gab auch seine Überzeugung wieder, daß Kunst die Errungenschaften einer Nation zeige. »Der moderne Staat befaßt sich mit Kunst«, schrieb er. »Er hat Galerien, macht Ausstellungen, gibt Aufträge, baut, belohnt. Und es handelt sich hier nicht, wie Politiker nur zu leicht meinen, um kleine Fragen, die den Gang der ›großen‹ Politik nicht stören sollten. Sondern hier sind in Wirklichkeit die Dinge, um deretwillen alle Politik überhaupt da ist. Im letzten Grund erfüllt Politik nämlich immer nur in verschiedenen Formen eine Aufgabe: einem Volk, das heißt den idealen, intellektuellen oder künstlerischen Gaben eines Volkes, die höchste, mannigfaltigste und weiteste Entfaltung bahnen und sichern.« Es ist paradox, daß sich Kesslers große Vision für eine »Erneuerung der deutschen Kultur« in einem Privathaus manifestierte, das selbst eine Metapher war für Rückzug und Entfremdung, ein ästhetisches Refugium vor der Zerstörung, die durch das Fortschreiten der Industrialisierung verursacht wurde.

Hier, in einem Raum, der nach van de Veldes Aussage »durchdrungen [war] vom Geist ästhetischer Vollendung« stellte Kessler den *Gachet* einem Publikum aus Künstlern, Schriftstellern, Intellektuellen, Politikern und anderen vor, die Einfluß in der deutschen Kultur und Politik hatten. Nur an wenigen Orten hätte das Gemälde eine so gut abgestimmte Zurschaustellung genossen. Kesslers Haus erfreute sich eines ständigen Besucherstroms: die Museumsdirektoren Hugo von Tschudi, Gustav Pauli und Alfred Lichtwark, die Maler Max Liebermann, Edvard Munch, der eine Zeit lang in Weimar lebte, Max Beckmann, der Regisseur Max Reinhardt und der Bühnenbildner Edward Gordon Craig; der Industrielle Eberhard von Bodenhausen, der van de Veldes Werkstatt in Brüssel finanzierte. Zu Kesslers Freunden zählte der Sohn des Gründers der Allgemeinen Elektrizitätsgesellschaft (AEG), einer der zwei größten Elektrizitätsunternehmen des Landes, Walther Rathenau, der spätere Außenminister. Ein weiterer enger Freund Kesslers war der österreichische Dichter Hugo von Hofmannsthal, mit dem er später das Libretto zu *Der Rosenkavalier* schrieb. Hofmannsthal war einer der ersten deutschen Schriftsteller, der über die Anziehung sprach, die van Gogh auf Kessler und seinen Kreis ausübte. 1901 schrieb der Dichter einen fiktiven Brief darüber, wie er die Bilder des Künstlers sah und eine »ganze Welt der Offenbarung« darin fand. »Wie«, so fragte Hofmannsthals Erzähler, »kann ich es Dir nur zur Hälfte nahebringen, wie mir diese Sprache in die Seele redete, die mir die gigantische Rechtfertigung der seltsamsten unauflösbarsten Zustände meines Inneren hinwarf ...« Für viele von Kesslers Besuchern war die Begegnung mit dem *Gachet* und mit *Ebene bei Auvers* die erste Begegnung mit van Gogh überhaupt. Kesslers Freundin Helene von Nostitz erinnert sich in ihren Memoiren, das Porträt über dem Piano gesehen zu haben. Wie nicht selten, hielt auch sie es für ein Selbstporträt.

Obwohl er bewundert wurde, meinten einige, Kessler und sein Kreis trieben es mit ihrer Ästhetik zu weit. »Alles ging nach einem Zeremoniell vor sich«, erinnerte sich van de Velde, »in dem jedes falsche Wort, jede falsche Geste die Atmosphäre wie eine Beleidigung verdorben hätte, deren Urheber sich der allgemeinen Mißbilligung ausgesetzt hätte.« Maurice Denis, ein gläubiger Katholik, schreckte vor dieser Umgebung zurück, die er als dekadent empfand: »Weltbürgertum, Langeweile, Unsterblichkeit, die Gier nach neuen Sensationen. ... Welche Anstrengungen sie unternehmen, wahre Griechen zu sein! Vom Kult um Maillol zu den Tänzen von ... Isadora Duncan und den Verrenkungen der Ruth St. Denis.«

Die internationale Ausrichtung, die die frühen deutschen Sammler moderner Kunst charakterisierte, kann bei Harry Graf Kessler biographisch im Zusammenhang seiner deutschen und anglo-irischen Abstammung und mit seiner Ausbildung und Erziehung im Ausland gesehen werden. Überdies machte Kessler das Weltbürgertum zu seinem Lebensprinzip. Wie die Kunsthistorikerin Beatrice von Bismarck beobachtete, glaubte er, daß »Kunst und intellektuelle Angelegenheiten nicht an einen strengen nationalen Kontext gebunden werden können, sondern die Grenzüberschreitung und einen internationalen Ansatz brauchen, um zu gedeihen.« Kessler war mit der Forderung des Kaisers nach »germanischer Kunst« nicht einverstanden. »Unsere Heimat ist die Gegenwart«, schrieb er 1905, »wir müssen die Kultur und das Leben unserer Zeit in all ihrer Komplexität akzeptieren. Eine ausschließlich nationale Kunst ist eigentlich ein Ausmerzen, der Versuch, Kunst in unnatürlicher Isolation zu kultivieren.« Von Anfang an hatte er den Ehrgeiz, Diplomat zu werden, ein Beruf, der gut zu seinem adligen Hintergrund, seiner Herkunft und Ausbildung sowie seinen intellektuellen Leidenschaften paßte.

Kessler war 1868 als Sohn des Hamburger Bankiers Adolf Kessler und seiner Frau Alice Blosse-Lynch, der Tochter eines irischen Entdeckers, in Paris geboren worden. Adolf Kessler, der nach dem Deutsch-Französischen Krieg als Finanzier in

Paris arbeitete, hatte durch geschickte Ausnutzung seiner Möglichkeiten massiven Reichtum angesammelt. Für seinen Beitrag zum industriellen Aufschwung der Nation adelte ihn Kaiser Wilhelm I. Alice Kessler war ebenfalls mit dem Kaiser befreundet, und obwohl sie ihn erst nach Harrys Geburt kennengelernt hatte, verfolgten Harry zeit seines Lebens Gerüchte, daß eigentlich der Kaiser sein Vater sei.

Harry verbrachte seine frühe Kindheit in Frankreich und wurde in England und in Deutschland erzogen. Mit zwölf Jahren schickten ihn seine Eltern auf ein Internat in Ascot, doch er schloß seine Ausbildung in Hamburg ab. In Bonn und Leipzig studierte er Jura. Nach dem Staatsexamen und einer Weltreise trat Kessler 1892 dem Eliteregiment der III. Garde-Ulanen bei. Nach Beendigung seines Militärdienstes versuchte er vergeblich, in die Bastion der alten Aristokratie einzubrechen und dem diplomatischen Dienst beizutreten.

1894 zog er nach Berlin und arbeitete im ungeliebten Beruf eines Rechtsassessors in Spandau. Dort begann er, Artikel für das Jugendstil-Magazin *Pan* zu schreiben. Er hatte eine Wohnung in Berlin und reiste unablässig, verbrachte aber viel Zeit in London und Paris, wo er häufig die Galerie Vollard besuchte. In den Wochen vor dem Kauf des *Gachet* verzeichnet sein Tagebuch Einträge aus Weimar, Dresden, Berlin und Hamburg. Sein Reichtum, seine soziale Stellung und seine geistige Unabhängigkeit erlaubten es ihm, als Anwalt der Moderne und Kunstmäzen aufzutreten – Rollen, die er in Berlin schnell übernahm. Als im September 1895 das Herausgebergremium von *Pan* Julius Meier-Graefe entließ, weil er eine, wie sie meinten, skandalöse Druckgraphik Toulouse-Lautrecs veröffentlicht hatte, wurde Kessler Mitglied des Gremiums und unterstützte die Zeitschrift auch finanziell. In diesem Jahr starb Adolf Kessler und hinterließ seinem Sohn ein beträchtliches Vermögen. Von 1895 bis 1899 arbeitete Kessler für *Pan* und hielt Kontakt zu Malern, Schriftstellern, Kunstkritikern, Museumsdirektoren und Kunsthändlern in Frankreich und Deutschland. Er kannte Edvard Munch und die Bohème, die sich in der Gaststätte »Zum schwarzen Ferkel« traf. 1902 nahm ihn der Direktor der

Berliner Nationalgalerie, Hugo von Tschudi, mit nach Paris, um Maurice Denis in seinem Studio in Saint-German-en-Laye und Vuillard zu besuchen. Vollard stellte ihn Pierre Bonard und dem Bildhauer Aristide Maillol vor, die er beide in ihren Ateliers fotografierte.

Damals besaß Kessler schon Georges Seurats Meisterwerk *Les Poseuses (Die Modelle).* »Von Vollard für nur 1200 Francs!!!« so schrieb er am 30. Dezember 1897 triumphierend in sein Tagebuch. Da das Gemälde über zweieinhalb Meter breit war und an keine Wand in seiner Wohnung paßte, ließ er van de Velde einen speziellen Holzrahmen entwerfen, auf den die Leinwand wie eine Schriftrolle montiert wurde, so daß jeweils nur ein Teil des Gemäldes sichtbar war.

»Kessler war von vollendeter Haltung und natürlicher, selbstverständlicher Eleganz«, schrieb van de Velde, »und aus dem schönen Gesicht blickten scharfe, leuchtende Augen.« Doch selbst zu van de Velde, der ihn als engen Freund betrachtete, behielt Kessler eine gewisse Distanz. Seine Eleganz wird in einem Ganzkörperporträt sichtbar, das Edvard Munch 1906 gemalt hat und das sich heute in der Berliner Nationalgalerie befindet: Die schlanke Figur Kesslers, vor einem gelben Hintergrund stehend, mit einem dunkelblauen Anzug und breitkrempigem Strohhut.

So wie Kesslers persönliche Bindungen an England und Frankreich seine deutsche Identität komplizierten, so war seine Stellung innerhalb der deutschen Gesellschaft keineswegs gesichert. Er stammte aus dem neu entstandenen Bildungsbürgertum, dessen Erfolg in Wirtschaft und Finanzen die Nation in eine Industriemacht verwandelt hatte. Doch er war gleichzeitig Mitglied des neuen deutschen Adelsstandes, der zusammen mit der traditionellen Aristokratie 1910 immer noch Regierung und Militär beherrschte. In einer Gesellschaft, die unter Kaiser Wilhelm II. immer militaristischer wurde, besaß er als preußischer Offizier begehrte soziale und politische Beziehungen. Doch als Museumsdirektor und Sammler französischer Kunst liierte er sich öffentlich mit den kulturellen Dissidenten. Diese kontroversen Bindungen Kesslers verkörperten genau die

Spannungen und Konflikte zwischen der alten Ordnung des Kaiserreichs und dessen konservativer Elite und der neuen Ordnung des Bürgertums. Auf der persönlichen Ebene lebte Kessler die sozialen und politischen Widersprüche, die Deutschland als Nation beunruhigten. Später wurde Kessler wegen seiner Sympathien für den Sozialismus etwas übertrieben der »rote Graf« genannt. Seine Homosexualität brachte ihn ebenfalls an den Rand der Gesellschaft. Von diesem Außenseiterstandpunkt aus schrieb Kessler seine Tagebücher, eine bedeutende literarische Arbeit. Von 1880 bis zu seinem Tod im Exil im Jahre 1937 führte er in winziger, fast unleserlicher Schrift auf 15 000 Seiten Buch über sein Leben und flocht Beobachtungen aus Geschichte, Politik, Kunst und nationaler Identität mit ein.

Kessler kam 1903 als Direktor des Großherzoglichen Museums für Kunst und Kunstgewerbe nach Weimar. Er hatte diesen Posten nach dem Scheitern seiner Versuche, dem diplomatischen Dienst beizutreten, übernommen. 1902 traf er mit dem späteren deutschen Botschafter in England, Fürst Lichnowsky, zusammen, um mit ihm die Möglichkeit eines Postens in London zu erwägen. Er wurde abgelehnt: »Zu viele Leute sind dagegen«, bemerkte Lichnowsky. Unmittelbar danach erklärte sich Kessler bereit, den Posten im Weimarer Museum zu übernehmen. Seine Berufung verdankte er gewissermaßen der Schwester des Philosophen Nietzsche, Elisabeth Förster-Nietzsche, die in Weimar lebte und dort das Nietzsche-Archiv leitete. Seit 1900 hatte Kessler mit ihr an der Herausgabe einer Schmuckausgabe von *Also sprach Zarathustra* gearbeitet. Er konnte van de Velde gewinnen, das Buch mit 100 Holzschnitten zu illustrieren. 1901 nutzte Kessler seinen Einfluß, um den Großherzog von Sachsen-Weimar-Eisenach dazu zu veranlassen, van de Velde zum Direktor der Kunstgewerbeschule in Weimar zu bestellen. »Es wird eine Art Kunstlaboratorium in den Dienst der Industrie gegeben, das die der Industrie sich stellenden künstlerischen Aufgaben und Probleme bearbeitet, und ihr die Lösung zur Ausbeutung überläßt«, verkündete Kessler, »genau wie die chemischen Laboratorien ihr künstliches Indigo oder ihren Bremer Brenner.« Van de Velde veranstaltete

Workshops und entwickelte Ornamente, die den Weimarer Kunsthandwerkern und Fabriken zur Produktion übergeben wurden. Er entwarf auch neue Gebäude für die Kunstgewerbeschule und für die Kunsthochschule.

Kessler kaufte den *Gachet* im Jahr nach seiner Berufung zum Museumsdirektor. Mit van de Velde als Partner strebte Kessler danach, die nur 30000 Einwohner zählende Hauptstadt des Großherzogtums Sachen-Weimar-Eisenach in ein Zentrum moderner Kultur zu verwandeln und an die Blütezeit der Stadt Goethes und Schillers anzuknüpfen. Die Sache der Avantgarde voranzutreiben bedeutete, so schrieb er, »hier am Hof allmählich wieder ein wirkliches Publikum [zu] erziehen, was ja sonst in Deutschland fehlt«. Seine monatlichen Ausstellungen machten die Öffentlichkeit mit den Impressionisten (Manet, Monet, Renoir), den Post-Impressionisten (Gauguin, Cézanne) und den Neoimpressionisten (Paul Signac, Henri-Edmond Cross, Théo van Rysselberghe) sowie den Bühnenbild- und Kostümentwürfen von Edward Gordon Craig und den expressionistischen Gemälden von Emil Nolde und Wassily Kandinsky bekannt.

Mit der Unterstützung von Großherzog Wilhelm Ernst und besonders von Großherzogin Caroline verfolgte Kessler seine Mission, Weimar kulturell voranzubringen. 1903 traf er sich dort mit Repräsentanten zahlreicher Sezessionen, um den Deutschen Künstlerbund, eine landesweite Künstlervereinigung, zu organisieren. Der Künstlerbund forderte ein Mitspracherecht bei der Auswahl der Exponate für die Ausstellung in St. Louis. »Persönlichkeiten, die ich gar nicht kenne, Druet, Denis-Cochin, Octave Mirabeau, haben mir sagen lassen, daß sie mit uns Verbindung aufzunehmen wünschen«, erzählte Kessler van de Velde. »Ich sehe, daß wir heute schon in England und Frankreich den gleichen starken Rückhalt besitzen wie in Deutschland. Wir halten die Welt der Kunst in unseren Händen. Um keinen Preis dürfen wir den wunderbaren Angelpunkt, den Weimar bietet, verlieren.«

Doch nach dem plötzlichen Tod der Großherzogin Caroline im Jahre 1905 beschlossen die Konservativen in Weimar 1906, daß Kesslers Projekt zu weit gegangen sei. Der Rückschlag kam, als das Museum Aquarelle von Auguste Rodin zeigte, dessen Darstellungen weiblicher Akte als ›unmoralisch‹ angesehen wurden. Der Bildhauer hatte ausgerechnet auch noch eine Widmung an den Großherzog, der sich zur Jagd in Indien befand, auf eine der skandalösen Skizzen gekritzelt. »Es ist eine Frechheit des Ausländers, unserem hohen Herren so etwas anzubieten«, urteilte der Künstler H. Behmer, »und unverantwortlich vom Vorstand, diese ekelhaften Zeichnungen auszustellen und solch eine Ausstellung zu dulden.« Kessler, der sich während der Ausstellungseröffnung in London befand, zog die Skizze mit der Widmung zurück und forderte einen seiner Feinde am Hof zum Duell. Er [der Großherzog] war entschlossen, Kessler loszuwerden, ohne ihn anzuhören«, schrieb van de Velde. Der preußische Botschafter in Weimar berichtete dem Kaiser von dem Skandal. Am 13. Juni 1906 trat Kessler von seinem Amt zurück. »Das Prestige des Großherzogs ist ganz und gar unser Werk«, klagte er Eberhard von Bodenhausen. »Es wird uns nicht überdauern. Dagegen hoffe ich ganz und gar, unsren Kreis, und Weimar als Mittelpunkt dieses Kreises, zu erhalten und weiter auszubauen«, schrieb er. »Das soll meine einzige Rache sein, daß der Großherzog an diesem Werk fernerhin keinen Anteil haben soll oder kann.«

Auch andernorts hatte die konservative Opposition an Boden gewonnen. 1908 beugte sich Hugo von Tschudi, der sich mit seinen Anschaffungen für die Nationalgalerie offen dem Kaiser widersetzt hatte, schließlich dem Druck und trat von seinem Posten als Museumsdirektor zurück. (Die Kontroverse war ausgebrochen, als Tschudi ohne gesicherte finanzielle Grundlage Ankäufe für das Museum tätigte.) Tschudi wurde Direktor der Bayerischen Museen, wo er weiterhin moderne Werke erwarb.

Obwohl Kesslers Bindungen an das Museum nicht mehr bestanden, blieb er in Weimar. Er unterstützte auf vielfältige Art deutsche und französische Künstler und schrieb ein Buch über Impressionismus. »Ich möchte auch, wenn auch nur auf meine bescheidene Weise, selbst irgend etwas produzieren. Ich habe das viel zu sehr vernachlässigt und möchte und will das jetzt nachholen«, schrieb er an Hofmannsthal. 1908 reiste er mit dem Bildhauer Aristide Maillol und Hofmannsthal nach Griechenland. 1909 begann Kessler mit Hofmannsthal an dem Libretto zum *Rosenkavalier* zu arbeiten und 1912 an den Szenenbildern zum Ballett *Die Josefslegende* von Richard Strauss. In der Choreographie von Sergej Diaghilew wurde es am 14. Mai 1914 in der Pariser Oper uraufgeführt. Gleichzeitig gründete Kessler die Cranach-Presse, um anspruchsvolle klassische Textausgaben – mit modernen Illustrationen – herauszugeben, darunter Vergils *Eklogen* mit Holzschnitten von Maillol und den *Hamlet* mit Illustrationen von Craig.

Eugène Druet, 1908-1910

Auch als Privatsammler handelte Harry Graf Kessler mit Gemälden. Im Januar 1908, dreieinhalb Jahre nachdem er das *Bildnis des Dr. Gachet* in Berlin erworben hatte, brachte er es wieder zurück auf den französischen Markt. Kessler schickte das Gemälde an Eugène Druet.

Druet wollte den *Gachet* für eine Ausstellung, die er in Konkurrenz zu einer von Félix Fénéon organisierten van Gogh-Retrospektive in der Galerie Bernheim-Jeune plante. Fénéon hatte sich hundert van Goghs von Johanna van Gogh-Bonger geliehen und hoffte, damit in Frankreich eine Nachfrage nach seinen Werken zu entfachen. In Paris konnte der *Gachet* von vielen Sammlern aus ganz Europa und Amerika besichtigt werden, die annahmen, dort den besten Markt für moderne Kunst zu finden. Fénéon erzählte Karl Osthaus, daß deutsche Sammler immer noch gern in Paris einkauften, obwohl die Galerie ständig Gemälde zu deutschen Ausstellungen schickte.

Eugène Druet hatte fünf Jahre zuvor einen »prächtigen Laden« im Vorort Saint-Honoré eröffnet und kürzlich beträchtlich in van Goghs investiert, indem er mehrere Bilder von Johanna erwarb. Der Unternehmer Druet, ein ehemaliger Restaurantbesitzer, war 1899 von Auguste Rodin als Fotograf verpflichtet worden, um seine bildhauerischen Arbeiten zu dokumentieren. Druet fand erstmalig Gefallen am Kunsthandel, als er 1900 den Rodin-Pavillon bei der Weltausstellung leitete, wo er seine Fotografien als Souvenirs verkaufte. Seine Arbeit als Kunstfotograf führte ihn mit vielen Sammlern zusammen. Beim Tode Druets gingen nachweislich 15 000 Negative aus seinem Studio an den Louvre. Als Händler spezialisierte sich Druet auf die Nach-Impressionisten. Er besaß Gemälde von Paul Signac und den belgischen Neo-Impressionisten (Théo van Rysselberghe, Maximilien Luce, Ker-Xavier Roussel, Henri-Edmond Cross und Eugène und Anna Boch) sowie den Nabi (Pierre Bonnard, Edouard Vuillard, Maurice Denis und Paul Sérusier).

Paris hatte sich in den elf Jahren, seit Ambroise Vollard van Goghs letztes Porträt ausgestellt hatte, sehr verändert. Cézanne war 1906 gestorben. In dem Jahr veranstaltete Bernheim-Jeune eine Ausstellung mit neunundsiebzig Aquarellen des Malers, von denen viele noch nie ausgestellt worden waren. Im Oktober veranstaltete der Salon d'Automne eine Retrospektive mit sechsundfünfzig Cézannes sowie Druets Fotografien seines Ateliers. Französische Kunst gewann zusehends an Bedeutung. Im Jahr zuvor waren beim Salon d'Automne die Fauvisten Henri Matisse, André Derain und Maurice Vlaminck zu sehen gewesen. Schon hatte Vollard für Matisse die erste Einzelausstellung arrangiert. 1906 erwarb der Händler zwanzig Gemälde von Pablo Picasso. Bis dahin hatten Gertrude Stein, Sergej Schtschukin und andere Sammler Gefallen an seinen Arbeiten gefunden. 1907 vollendete Picasso sein Meisterwerk *Les Demoiselles d'Avignon*. Kurze Zeit später begannen er und Georges Braque in ihrem komplexen, erdfarbenen »analytischen« kubistischen Stil zu arbeiten, malten Landschaften und Stilleben, die untereinander fast austauschbar waren, und brachen dann ihre Motive in zahlreichen sich überschneidenden Flächen. Um diese Zeit machte Braque seine ersten Collagen. 1908 gab Bernheim-Jeune Matisse einen Vertrag, der ihm ein ständiges Einkommen im Tausch gegen die Lieferung von Gemälden garantierte. Zwei Jahre später ging Matisse nach Moskau, um seine Wandgemälde *Tanz* und *Musik* im Schtschukin-Palast anzubringen.

Die Nachfrage nach Gemälden der Fauvisten und Impressionisten steigerte auch die Preise der nach-impressionistischen Gemälde, die nun mehrere Jahrzehnte alt waren. Cézanne, Gauguin, Seurat und van Gogh gehörten jetzt zu den modernen Meistern. Unter ihnen besaß Cézanne das größte Ansehen, vielleicht weil er als Vater des Kubismus betrachtet wurde. Es war nicht nur eine neue Generation von Künstlern an die Öffentlichkeit getreten, sondern es gab auch neue Händler für ihre Werke. Der wichtigste war Daniel-Henry Kahnweiler, der 1907 eine Galerie eröffnete und im folgenden Jahr vierzig Picassos erwarb. 1912 versprach Kahnweiler Braque, Picasso, Derain und Fernand Léger Stipendien im Austausch gegen ihre Werke.

Auch französische Sammler hatten begonnen, mit diesen neuen Gemälden zu spekulieren. Im Januar 1908 investierte »La Peau de l'Ours«, ein Sammlersyndikat, das von dem Geschäftsmann und Freund von Gaston und Josse Bernheim, André Level angeführt wurde, 1 000 Francs in Picassos *Saltimbanques*. Das zum Zwecke der Investition in moderne Kunst gebildete Syndikat erwarb schließlich achtundachtzig Gemälde und sechundfünfzig Zeichnungen. Der Preisanstieg bei den Nach-Impressionisten wurde deutlich, als Kessler im März 1908 Maurice Denis' *Madonna mit dem Apfel* (das er 1904 zusammen mit dem *Gachet* erworben hatte) verkaufte, und das relativ kleine Bild 10000 Francs, zehnmal mehr als Picassos große Arbeit *Saltimbanques*, einbrachte.

Erstaunlicherweise beruhte van Goghs früher Erfolg wie bei Picasso hauptsächlich auf seiner Popularität in Deutschland. Nach John Richardson war es »die erfolgreiche Ostpolitik Kahnweilers«, die ihn zum »Helden der Moderne« in Europa und Amerika machte, denn Kahnweilers »Strategie« bestand darin, »progressive junge Händler zu seinen Ausstellungen in Deutschland zu locken und so einen Kundenkreis und einen Markt für seine Künstler außerhalb Frankreichs zu schaffen«. Doch Richardson bemerkte auch, daß »dieser Strategie ein gefährlicher Nebeneffekt eingebaut war. Je mehr Lob kubistische

Kunst in Deutschland bekam, auf um so mehr Ablehnung stieß sie in Frankreich.« Cassirer befand sich nicht unter den deutschen Händlern, die Picasso unterstützten. Doch Alfred Flechtheim in Düsseldorf, Hugo Perls in Berlin und Justin Thannhauser in München förderten ihn.

In seiner van Gogh-Ausstellung von 1908 stellte Druet fünfunddreißig Gemälde aus, davon waren zwölf Porträts, darunter ein Selbstporträt und der *Gachet*. Fünf der Gemälde stammten aus seinem eigenen Bestand. Die übrigen hatte er in Kommission genommen. Emile Schuffenecker lieh ihm acht Gemälde, darunter eine *Arlésienne* und eine der zwei Versionen von *Der Garten Daubignys*. Druets Ausstellung lief zwölf Tage, vom 6. bis zum 18. Januar 1908, und er verkaufte kein einziges Bild. Daß die Retrospektive der Bernheims nur geringfügig besser lief, deutet darauf hin, daß das französische Interesse an holländischen Künstlern bestenfalls unberechenbar zu nennen war. Bernheim-Jeune schickte seine Ausstellung in vier deutsche Städte, und so wurde die Gruppe der Gemälde auseinandergerissen. Zweiundzwanzig gingen an Cassirer nach Berlin, einundsiebzig wurden zwischen Brakls Moderner Kunsthandlung und dem Kunstsalon W. Zimmermann in München aufgeteilt. Diese Bilder wurden dann wieder zusammengebracht und gingen zu einer Vernissage nach Dresden und danach zum Kunstverein nach Frankfurt am Main.

Als Druet seine van Gogh-Ausstellung schloß, schien das *Bildnis des Dr. Gachet* nicht nach Weimar zurückgekehrt zu sein. Obwohl weiterhin im Besitz von Harry Graf Kessler, verblieb es in der Galerie in Paris, die es von Kessler in Kommission nahm. Zwei Jahre später, im Februar 1910, erwarb Druet das Gemälde selbst, vermutlich in der Überzeugung, nun einen Käufer für das Porträt zu finden. Gleichzeitig kaufte der Händler Gauguins *Manao tupapao (Der Geist der Toten erwacht)*. Für beide zusammen zahlte Druet 28000 Francs an Kessler. Es gilt als sicher, daß er beiden Gemälden gleiches Gewicht beimaß, was den Preis des *Gachet* bei 14000 Francs, ungefähr 2700 Dollar, festsetzen würde. Von Kesslers Standpunkt aus hatte er einen beträchtlichen Gewinn an dem Gemälde erzielt, das er sechs Jahre zuvor für 1689 Mark, oder 400 Dollar, erworben hatte. Nach dem Dollarkurs von 1995 war der Preis für den *Gachet* von weniger als 6744 Dollar im Jahre 1904 auf 44015 Dollar im Jahre 1910 gestiegen.

Unmittelbarer Grund für Kesslers Verkauf des *Gachet* war die Begleichung seiner Rechnung bei Druet, die sich auf 8000 Francs belief. Die Einnahmen aus den beiden Bildern gingen in den Erwerb eines großen, wundervollen Wandschirms von Pierre Bonnard, für den Druet 22000 Francs verlangte. Das mit eleganten Figuren bedeckte Stück paßte ausgezeichnet in Kesslers Haus in Weimar. Bei der großen Nachfrage auf dem Pariser Kunstmarkt war der Wandschirm fast mehr als doppelt so teuer wie der *Gachet*.

Kessler tauschte ständig Stücke seiner Sammlung aus, kaufte und verkaufte je nach dem, wie sich sein Geschmack änderte. Er hatte offenbar, trotz seiner immer noch bestehenden Leidenschaft für neue französische Kunst, keine sentimentalen Bindungen an das van Gogh-Porträt. Anfänglich schien er tatsächlich ambivalent in Bezug auf die Leistung des Malers zu sein. Über eine Version des *Olivenhain* schrieb er 1890: »Violette Bäume in einem roten Feld unter einem gelben Himmel ... die Bäume sehen aus wie ein Kampf von wahnsinnigen Schlangen.« Dreißig Jahre später urteilt er positiver: »Brutalität, fast irrsinniger Haß gegen die Natur in jedem Pinselstrich; das Ganze aber immer zart, süß und liebenswert. Die Brutalität des Pinselstrichs löst sich auf in eine helle und sanfte Harmonie des Ganzen. So ist die Natur; und van Gogh ist vielleicht der einzige, bei dem sie so dasteht.«

London: Manet und die Nach-Impressionisten 1910

Druet konnte das Gachet-Porträt nicht sofort verkaufen. Doch im Sommer 1910 traf Roger Fry in der Galerie ein und suchte Exponate neuer französischer Malerei, die er in einer für den Herbst geplanten größeren Ausstellung in London zeigen wollte.

Fry, Mitte vierzig, war Maler, Kritiker und eine führende Persönlichkeit im Bloomsbury-Kreis. Er hatte sich als Kunstexperte für das Quattrocento und die Hochrenaissance etabliert, und seine Schriften über Cézanne und andere Modernisten begründeten deren Ansehen in England und Amerika. 1910 war er als Berater der Abteilung für Malerei im Metropolitan Museum of Art in New York zurückgetreten. 1907 hatte er den Aufsichtsrat dazu überredet, für 84000 Francs (um 20000 Dollar) Renoirs *Madame Charpentier und ihre Kinder* zu erwerben, das erste impressionistische Gemälde des Museums. Druet überließ Fry gern dreiunddreißig Gemälde für seine Londoner Ausstellung. Eines davon war das *Bildnis des Dr. Gachet*.

Fry nannte die Ausstellung, die am 8. November 1910 eröffnet wurde, »Manet und die Nach-Impressionisten«. Virginia Woolf beschrieb die britische Reaktion später in ihrer Fry-Biographie:

> Die Öffentlichkeit bekam 1910 Wut- und Lachanfälle. Sie gingen von Cézanne zu Gauguin und von Gauguin zu van Gogh, sie gingen von Picasso zu Signac und von Derain zu Friesz, und sie waren entsetzt. Die Bilder waren ein Witz, ein Witz auf ihre Kosten.

Fry stellte einhundertfünfundfünfzig Gemälde und über fünfzig Zeichnungen, sowie zwanzig Bronzen und Keramiken aus. Die zweiundzwanzig Gemälde von van Gogh waren dem Kritiker des *Daily Express* unverständlich. Er lachte über den *Dr. Gachet*, urteilte, seine Ähnlichkeit sei die »gemeine Rache an einem geschätzten Feind«:

> Es ist ganz erstaunlich zu entdecken, daß van Goghs aufgewühlter Goldsee vor königsblauem Himmel, ein zinnoberroter Farbtopf-Aufstand im Vordergrund, ein Kornfeld mit Raben darstellt; und nur wenn man ans andere Ende des Raumes geht, kann man erkennen, daß die zinnoberroten Flecken – und dies ist nur ein Vorschlag, keine Tatsachenbeschreibung – Straßen sein könnten. Kein Wunder, daß Dr. Gachet nebenan schrecklich seekrank aussieht.

Im Gegensatz zu den deutschen Gegnern der Modernen Kunst blieb die britische Presse, trotz ihres Entsetzens, bei ihrem leichten Ton, auch wenn sie verhöhnte und verunglimpfte, was sie als unverständliche und wertlose Kunstwerke ansah. Obwohl sie vor den neuen französischen Bildern zurückschreckten, führten die englischen Kritiker die ästhetische Diskussion nie mit nationalistischen Intentionen. Da van Gogh bestenfalls als lächerlich betrachtet wurde, hatte man in England auch keine Verwendung für den *Gachet*. Dennoch machte der Titel der Ausstellung den Begriff »Nach-Impressionismus« dort bekannt. Weil der Verkauf des Porträts in London scheiterte, erhielt Druet das Bild zurück. Doch es blieb nicht lange in Frankreich. Als Roger Fry hörte, daß der van Gogh nach Deutschland zurückgeschickt würde, mokierte er sich über die Briten:

> Jene, die sich an den Aufschrei über das van Gogh-Porträt des Dr. Gachet während der Nach-Impressionisten-Ausstellung im vergangenen Jahr erinnern, werden mit Erstaunen vernehmen, daß Dr. Swarzenski den Mut hatte, ihn für das Städel in Frankfurt anzukaufen, wo es neben Meisterwerken der holländischen und italienischen Kunst seinen Platz finden wird. Wir in England werden möglicherweise zwanzig Jahre warten müssen und uns dann darüber beschweren, daß kein van Gogh mehr zu haben ist, außer zum Preis eines Rembrandt.

15

Frankfurt: Das Museum der Alten Meister und die neue Porträtmalerei

1911-1919

Hinter einem Tisch und auf den rechten Arm gestützt sitzt das Motiv in einer zugeknöpften preußischblauen Jacke. Die linke Hand liegt auf der Tischkante. Der Tisch nimmt die untere linke Ecke des Bildes ein ... die Lippen sind blutleer und die Hautfarbe ist blaß ... Auf dem Tisch liegen zwei gelb eingebundene Bücher, im Vordergrund – vom unteren Bildrand überschnitten – steht ein Wasserglas mit Fingerhut. Im Hintergrund ist ein etwas helleres Preußisch Blau, durch grüne Lichter wellig bewegt ... So umgibt ein dreifach differenziertes Blau das fahle Gelb des Kopfes. Inventarbuch, Städelsches Kunstinstitut, 1912

»Ich schicke heute per Eilpost das *Porträt des Dr. Gachet* weg«, schrieb der Kunsthändler Eugène Druet am 20. Februar 1911 an Georg Swarzenski. Swarzenski war Professor für Mittelalterliche Kunst und Direktor des Städelschen Kunstinstituts in Frankfurt am Main. In Harry Graf Kesslers Haus in Weimar hatte er zum erstenmal den *Gachet* entdeckt. Möglicherweise hat er das Bild auch in Roger Frys Ausstellung »Manet und die Nach-Impressionisten« von 1910 in London gesehen.

1911 kostete der *Gachet* 20000 Francs, oder zirka 3900 Dollar. Der Galerist Druet wußte, daß das deutsche Museum nur bereits »anerkannte« Kunstwerke suchte, und er verlangte fast fünfzig Prozent mehr als die 14000 Francs, die er ein Jahr zuvor an Harry Kessler bezahlt hatte. Dies war ein Preis, den zweifellos Käufer wie Verkäufer geheimhalten wollten.

Obwohl das Museum nur über begrenzte Mittel verfügte, war es weniger auf ein Preislimit festgelegt als ein Privatsammler. In den vierzehn Jahren, seit Vollard 1897 das Gemälde für 300 Francs verkauft hatte, war dessen Preis um das Sechzigfache gestiegen. Dennoch war Szwarzenskis Neuerwerbung auf dem Markt für impressionistische und nach-impressionistische Gemälde relativ billig. Im Jahr zuvor hatte Fritz Wichert, der Direktor der Mannheimer Kunsthalle, 100000 Mark (etwa 25000 Dollar) für das große Bild *Die Erschießung Kaiser Maximilians* ausgegeben. »Man kriegt keinen Cézanne für unter 3000 Dollar, und noch dazu ein kleines Landschaftsgemälde«, schrieb der amerikanische Künstler William Gackens 1912. Am 10. Dezember des Jahres erwarb Louisine Havemeyer bei der Versteigerung des Anwesens von Edgar Degas' Freund Henri Rouart anonym Degas' *Tänzerinnen bei der Übung an der Stange* für die Rekordsumme von 478500 Francs, die dieses impressionistische Gemälde auf das Preisniveau eines alten Meisters anhob. Tatsächlich kosteten Degas' *Tänzerinnen* mehr als die 336000 Mark (etwa 84000 Dollar), die das Städel kurz davor für Rembrandts *Blendung des Simson* aus dem Jahre 1636 bezahlt hatte. Dieser Preisrekord für das Werk eines noch lebenden Künstlers wurde jahrzehntelang nicht gebrochen.

Swarzenski reiste häufig nach Paris, und dort, in Druets Galerie, wurde er zwischen all den Neoimpressionisten und Werken der Nabi mit dem *Gachet* konfrontiert, einem Bild, das in seiner radikalen Modernität und geradezu metaphysischen Ausstrahlung Swarzenskis ästhetisches Empfinden ansprach und dessen jahrhundertealtes Thema mit seinen intellektuellen Interessen korrespondierte. Er erkannte das melancholische Gemälde als geeignetes Mittel, um seinen insgeheim gehegten Plan voranzutreiben, moderne Kunst nach Frankfurt zu bringen. Der *Gachet* war das erste nach-impressionistische Gemälde, das in die Sammlung des Städel aufgenommen wurde. Swarzenski wußte, daß diese Neuerwerbung sofort eine Kontroverse über die neue französische Malerei auslösen würde. Doch gleichzeitig konnte dadurch der Prozeß, das Städel von einer angesehenen, aber etwas verstaubten Sammlung alter Meister in ein modernes Kunstmuseum zu verwandeln, in Gang kommen. Und so wie das Gemälde das Museum veränderte, veränderte auch das Museum das Gemälde. Durch den Ankauf zeigte Swarzenski, daß ein noch nicht mal zwanzig Jahre altes

Meisterwerk es wert war, neben Werke von Albrecht Dürer, Hans Holbein, Rogier van Weyden und Rembrandt gehängt zu werden. Es war ein wichtiger Schritt im Prozeß der Anerkennung van Goghs, daß sich ein Kunsthistoriker von der Bedeutung des Werks überzeugt zeigte und ihm einen Platz im Pantheon alter Meister gab. Bislang hatten nur Künstler, Kritiker und Händler van Goghs Einzigartigkeit wahrgenommen. Der Ankauf durch ein Museum erhob das Gemälde über die Intrigen des Kunstmarkts, ließ aber auch keinen Zweifel an seinem kommerziellen Wert.

Mehr als ein Jahrzehnt war vergangen, seit Hugo von Tschudi Wilhelm II. mit dem Ankauf von Manet und Cézanne für die Berliner Nationalgalerie verärgert hatte. Impressionismus war nun in Europa nichts Neues mehr. Die Kämpfer der neuen französischen Malerei hatten ihre Sache über München und Berlin hinaus in andere deutsche Städte getragen. Swarzenski war neben Ludwig Justi in Berlin, Fritz Wichert in Mannheim und Gustav Pauli in Bremen einer der Museumsdirektoren, die in Tschudis Fußstapfen traten und vor dem Ersten Weltkrieg in fast zwanzig Städten moderne Kunstsammlungen zusammengetragen hatten.

Frankfurt

1911 war Frankfurt mit 370000 Einwohnern die siebtgrößte Stadt Deutschlands. »Die ganze Erscheinung der Stadt«, so erklärte Karl Baedeker in seinem Reiseführer *Der Rhein*, »verkündet den im allgemeinen nicht zur Schau getragenen Wohlstand seiner Einwohner.« Strategisch günstig am Main gelegen, diente die Stadt seit Jahrhunderten als Handelszentrum. Diese Position wurde durch die Fertigstellung des Hauptbahnhofes im Jahre 1888 noch gefestigt. Frankfurts Lage als wirtschaftlicher Kreuzungspunkt hatte eine Messetradition hervorgebracht, die schon im dreizehnten Jahrhundert begonnen hatte. Im achtzehnten Jahrhundert hatte Johann Wolfgang Goethe geschrieben, daß Frankfurts Einwohner »in dem Wahn [lebten], Geld zu verdienen und es auszugeben.« Frankfurt war auch die Heimat von Meyer Amschel Rothschild, dem Gründer der Bankdynastie, der 1811 bedeutenden Anteil am Kampf um die Gleichberechtigung der jüdischen Bevölkerung seiner Heimatstadt hatte. (Obwohl durch die Allianz mit Frankreich dazu gedrängt, dem Code Napoleon von 1804 zu folgen und den Frankfurter Bürgern gleiche Rechte einzuräumen, hatte Großherzog Karl von Dalberg 410000 Gulden aus der jüdischen Gemeinde herausgepreßt, bevor er zustimmte, die Rechte zu gewähren.) Ab 1815 war Frankfurt einundfünfzig Jahre lang eine der vier Freien Städte, die zusammen mit einundfünfzig Fürstentümern den Deutschen Bund bildeten, und die Stadt war stolz auf ihre liberaldemokratische Tradition. In der Paulskirche hatte sich 1848 das erste deutsche Parlament versammelt und versucht, eine einheitliche deutsche Demokratie zu bilden. Doch ohne politische Macht ausgestattet, scheiterten die Anstrengungen um politische Reformen. Nach der Vereinigung der deutschen Staaten unter Preußen im Jahr 1866 verdrängte Berlin Frankfurt als Finanzzentrum. Trotzdem bereicherte der Verkauf von Frankfurter Aktiva an größere preußische Institutionen manchen der Finanziers in der Stadt, von denen einige auch Geld für Kunst ausgaben. Zu Beginn des zwanzigsten Jahrhunderts rührte der fortschrittliche Charakter der Stadt zum Teil vom wohlhabenden Bürgertum her, einer Allianz zwischen Protestanten und assimilierten Juden. Die jüdische Bevölkerung Frankfurts, die auf 25000 Personen geschätzt wurde, stellte nach Berlin die zweitgrößte jüdische Gemeinde.

Das Städel

Frankfurts erstes Kunstmuseum, das Städelsche Kunstinstitut, war 1817 von dem Bankier und Händler Johann Friedrich Städel gegründet worden. Sein Vermächtnis, eine Sammlung von etwa fünfhundert holländischen, flämischen und deutschen Gemälden, die er in den letzten drei Jahrzehnten des achtzehnten

Jahrhunderts zusammengetragen hatte, bildete den Kern eines öffentlichen Museums. Doch noch zu Beginn des zwanzigsten Jahrhunderts hielt das Museum, trotz der großen Anzahl europäischer Kunstwerke, die es beherbergte, das Flair einer Privatsammlung aufrecht. Es zeigte einzelne, manchmal außergewöhnliche Exponate aus dem Œuvre der bedeutendsten Maler: Rembrandt, Lucas Cranach, Jan Vermeer (*Der Astronom*), Fra Angelico, Giovanni Bellini, Jacopo da Pontormo, Claude Lorrain und Nicolas Poussin.

Das Städel war eine der aus dem Geist der Aufklärung entstandenen öffentlichen Sammlungen, wie auch der Louvre, der kurz zuvor eröffnet worden war. Seit 1750 war im Palais Luxembourg in Paris zweimal in der Woche eine Kunstausstellung zu sehen. Es war schon geplant, eine Galerie im Palais du Louvre zu eröffnen, als die Revolution ausbrach. 1793, vier Jahre nach der Revolution, verwandelten der Maler Jacques-Louis David und das Komitee für Öffentliche Sicherheit den Palast der Bourbonen, seit dem fünfzehnten Jahrhundert königliche Residenz, in eine öffentliche Kunstgalerie und gewährten damit den Bürgern Zugang zur königlichen Sammlung von Antiquitäten, Gemälden, Skulpturen, Möbeln und anderen dekorativen Künsten, zu einer Sammlung, die nun theoretisch den Bürgern gehörte. Das riesige Pariser Museum wurde zu einem Symbol für die französische Demokratie und den modernen Staat. Im ersten Jahrzehnt des neunzehnten Jahrhunderts entstanden im Zuge nationalistischer Bestrebungen auch in anderen Ländern Kunstsammlungen: das Rijksmuseum wurde 1817 in Amsterdam gegründet, das Alte Museum 1823 in Berlin, die National Gallery 1838 in London.

Der Kurs der europäischen Politik war an den Kunstmuseen des Kontinents abzulesen. Gemäß der Geschichte einer Nation, die von einer in Paris ansässigen absoluten Monarchie regiert worden war, konzentrierte Frankreich seine Schätze in einem einzigen Museum nahe des Regierungssitzes. Im Gegensatz dazu hatte die Deutsche Nation, die erst 1871 geeint worden war, mehrere kulturelle Hauptstädte, die jeweils weltweit beachtete Museen beheimateten. Die zwei großartigsten

Sammlungen alter Meister in Deutschland befanden sich in der Alten Pinakothek in München und in der Dresdener Gemäldegalerie. Beide waren einst »fürstliche Sammlungen«, in Bayern die Sammlung der regierenden Wittelsbacher und in Dresden die Sammlung der Kurfürsten von Sachsen. In Berlin hatte der Preußenkönig einen Museumskomplex auf der Museumsinsel errichtet: Das Alte Museum, das Neue Museum, das Kaiser-Friedrich-Museum und die Nationalgalerie, die 1876 mit zeitgenössischer, moderner Kunst eröffnet wurde. Der größte Teil der Gemälde, Plastiken und archäologischen Schätze stammte von den Hohenzollern. Das erste deutsche Museum, das ausschließlich für »zeitgenössische«, moderne Kunst des neunzehnten Jahrhunderts eingerichtet wurde, war die Neue Pinakothek in München, die 1853 eröffnete. Als private Stiftung unterschied sich das Städel von diesen »fürstlichen Sammlungen«, die zu öffentlichen Museen geworden waren und die den jeweiligen Stadt- oder Staatsregierungen gehörten und von ihnen geleitet wurden.

Johann Friedrich Städel hatte wie viele Gründer großer europäischer Museen den Ehrgeiz, eine außergewöhnliche Sammlung zusammenzutragen, die Frankfurt, wie er hoffte, nicht nur wirtschaftlich und finanziell, sondern auch kulturell führend machen sollte. Doch hatte das Städel für das Museum keine nationalistische Agenda, ebensowenig wie er anstrebte, eine umfassende Sammlung in der Größenordnung des Louvre zusammenzutragen. Statt dessen suchte der mit begrenztem Reichtum ausgestattete Kenner des achtzehnten Jahrhunderts feine Stücke westeuropäischer Kunst aus, die er zu einem vernünftigen Preis bekommen konnte. Seine Sammlung entsprach dem gut entwickelten Geschmack des Bankiers, zeugte von seinem persönlichen Streben und geschäftlichem Scharfsinn. Städel war ein Beispiel für Frankfurts kultiviertes, unternehmerisches Bürgertum. Auf dessen Philanthropie und Bereitschaft, bürgerliche Einrichtungen zu unterstützen, war die Stadt angewiesen. Zu den zahlreichen Bürgerstiftungen zählten unter anderem ein Krankenhaus, ein wissenschaftliches Institut, das Opernhaus und die 1914 eröffnete Universität. Über Städels

Privatleben ist wenig bekannt. Eine Marmorbüste zeigt ein schmales Gesicht mit scharfen Konturen. Seine Sammlung befand sich in seinem riesigen Haus, in dem er allein lebte. Seine schönsten Stücke waren alte Zeichnungen, von denen er über 2000 besaß. Einige davon hatte er im Jahr der Louvre-Eröffnung bei Pariser Händlern erworben. Als öffentliche Stiftung richtete sich das Städel später nach den Vorgaben professioneller Kunstkenner. Städels Schenkung ermöglichte es den Kuratoren des Museums, die Sammlung so zu entwickeln, zu kaufen und zu verkaufen, wie die verfügbaren Mittel es erlaubten. Dadurch konnte sich das Museum mit dem Geschmack und den intellektuellen Strömungen der Zeit entwickeln.

1876 zog das Städel in das von Oskar Sommer im Stil der Neorenaissance entworfene elegante Gebäude am südlichen Mainufer. Das neue Gebäude orientierte sich architektonisch nicht an den extravaganten Barockpalästen absolutistischer Monarchen, sondern eher an den Residenzen Florentinischer Bankiers, die ja namhafte Kunstförderer waren. Das Erdgeschoß der zweireihig gegliederten Sandsteinfassade zeigt Bogenfenster; die feiner und komplizierter gestaltete obere Reihe besteht aus Fenstern, die durch jeweils zwei ionische Säulen voneinander getrennt sind. Über dem Eingang stehen Statuen von Albrecht Dürer und Hans Holbein. Durch die historischen Bezüge manifestiert die Architektur die Rolle des Museums als weltlichen Tempel der Kunst, der unterweisen und inspirieren sollte, sowie im weiteren die kulturellen Ambitionen der Stadt. Das Gebäude war Vorläufer des neobarocken Opernhauses (1880) und des Hauptbahnhofs (1883-1888), den zwei anderen Monumenten des Industriezeitalters in Frankfurt.

Trotz der reichverzierten Doppeltreppe, die von der Eingangshalle zum zweiten Stockwerk führt, war die Galerie im Inneren spartanisch und nur als Hintergrund für die Kunstwerke gedacht. Die Sammlung bestand ausschließlich aus Gemälden, Skulpturen, Zeichnungen und graphischen Blättern und zeigte Städels Treue zur hierarchischen Gliederung der bildenden Künste im achtzehnten Jahrhundert. Wie in den französischen Museen wurde die Kunst chronologisch nach

Schulen vorgestellt. Links von der Zentralrotunde hingen die niederländischen und deutschen Gemälde, rechts die alten Meister aus Italien und Spanien.

Dennoch wurde jedem der Museumsbesucher deutlich, daß das Städel ein deutsches Museum war, denn an hervorragender Stelle, nicht weit von der Eingangstür entfernt, hing J. H. W. Tischbeins Porträt *Goethe in der Campagna*. Es diente als Erinnerung an die große literarische Tradition des Landes und an Frankfurts Bedeutung als Goethes Geburtsort. Neben fünf Sälen mit deutscher Kunst des neunzehnten Jahrhunderts waren weitere fünf Frankfurter Malern gewidmet, und eine große Galerie enthielt Gemälde der in Rom ansässigen deutschen religiösen Maler, der Nazarener.

Kern der Städelsammlung waren jedoch Gemälde der Renaissance, eine Reihe von Bildern des fünfzehnten und sechzehnten Jahrhunderts aus Deutschland, den Niederlanden und Frankreich. Viele davon hatte der Museumsdirektor Johann David Passavant im frühen neunzehnten Jahrhundert erworben. Die sich stetig vergrößernde Sammlung der Zeichnungen (17000) und graphischen Blätter (63000) war eine der hervorragendsten Sammlungen in Deutschland.

Als Swarzenski 1906 die Leitung des Städel übernahm, besaß das Museum nur zwei impressionistische Gemälde. Außerdem lag das Museum mit der Stadt im Streit über die Frage, ob die Galerien auch moderne Kunst aufnehmen sollten. Der Bankier Ludwig Pfungst hatte zehn Millionen Mark hinterlassen, um ein öffentliches Museum für die Werke lebender Maler einzurichten, und Bürgermeister Franz Adickes wünschte, daß dieses Museum Teil des Städel würde. Obwohl neu in der Stadt, nutzte Swarzenski seine Autorität als Experte und sein diplomatisches Geschick dazu, das konservative Aufsichtsgremium des Museums, das sich aus Mitgliedern alteingesessener Frankfurter Familien zusammensetzte, für eine Aufnahme des neuen öffentlichen Museums für Moderne Kunst zu gewinnen. Die Stadt finanzierte die neu geschaffene Städtische Galerie, die, im Städel angesiedelt, als Abteilung für moderne und zeitgenössische Kunst diente. Mit der Möglichkeit, den

»letzten noch lebenden Meister der französischen Malerei des neunzehnten Jahrhunderts« einzukaufen, sagte Swarzenski dem Frankfurter Bürgermeister, »werden wir eine moderne Galerie der höchsten Ordnung werden.«

Von Anfang an war es Swarzenskis Absicht gewesen, Exponate der neuen französischen Malerei zu erwerben, doch er brauchte Zeit, damit sich eine gewisse Wertschätzung dieser Kunst entwickeln konnte. Als Liebhaber mittelalterlicher Kunst, die kaum mit den Gesetzen des Klassizismus und der Hochrenaissance in Übereinstimmung zu bringen war, ging sein Geschmack hin zum Unkonventionellen. Mittelalterliche Kunst hat »eine neue unvorhergesehene und unwiederholbare Schönheit«, schrieb er später, »unabhängig von und im Gegensatz zu der Realität.« Zwischen Frankfurt und Paul Cassirer in Berlin, E. Arnold in Dresden und Paul Durand-Ruel, Ambroise Vollard und Paul Rosenberg in Paris entwickelte sich eine rege Korrespondenz. Die Galeristen boten dem Museumsdirektor Gemälde von Edgar Degas, Edouard Manet, Claude Monet und Auguste Renoir, sowie von Pierre Bonnard, Henri-Edmond Cross und Maurice Denis an. Félix Fénéon sandte einen Toulouse-Lautrec und einen Gauguin zur Begutachtung, doch Swarzenski entschied sich gegen beide. Er erwarb zwei kleine Renoirs und Monets *Das Frühstück*, die monumentale Darstellung eines Familienfrühstücks im bürgerlichen Paris des neunzehnten Jahrhunderts. Er kaufte auch ein dunkles Landschaftsgemälde aus van Goghs holländischer Periode, *La Chaumière*. Die modernen französischen Gemälde und den schattenreichen van Gogh hängte er zusammen mit Landschaften aus der Schule von Barbizon in einen Ecksaal.

Swarzenskis Entscheidung, das *Bildnis des Dr. Gachet* exemplarisch zum Gegenstand der Diskussion moderner Kunst zu machen, war die Entscheidung eines Kunsthistorikers. Das Gemälde war nun zwanzig Jahre alt. Doch nach den historischen Maßstäben des Städel war seine Farbe noch kaum getrocknet. Verglichen mit den zwischen 1870 bis 1890 entstandenen impressionistischen Szenen zeitgenössischen Lebens, schien das Porträt mit der verzerrt dargestellten Figur und den sich windenden Linien atemberaubend modern. Doch Swarzenski erkannte sofort, daß der »Anarchist« van Gogh in diesem Porträt Inspiration aus der herkömmlichen Porträtmalerei gezogen hatte. Melancholie hatte als Motiv besondere Bedeutung in Deutschland, denn der größte Porträtist dieses psychischen Zustandes ist der Renaissancemaler Albrecht Dürer (1471-1528) gewesen. Erwin Panofskys spätere Interpretation von Dürers 1514 entstandenem Stich *Melencholia I* als »subjektives Bekenntnis« und »spirituelles Selbstporträt« könnte genauso für das Gachet-Porträt gelten. Swarzenski erkannte, daß das introspektive Porträt trotz seiner französischen Herkunft den romantischen Traditionen des Nordens folgte, dessen Maler im neunzehnten Jahrhundert, zum Beispiel Caspar David Friedrich und Philipp Otto Runge, Selbstporträts weniger mit Blick auf den Stil, sondern eher mit Blick auf Identität und Existenz des Porträtierten malten.

Dieser metaphysische Ansatz zog sich durch die Tradition der deutschen Kunst und war erst kürzlich durch die expressionistische Malerei, die jetzt in München, Dresden und Berlin entstand, erneut in Erscheinung getreten. Wassily Kandinsky begann 1910 völlig abstrakte Bilder zu malen. Es waren Bilder ohne identifizierbare Darstellungen aus der empirischen Welt, statt dessen zeigten sie vereinzelte Linien und Farbwolken, die er als Szenen der Apokalypse beschrieb. (1911 gründete Kandinsky mit Franz Marc in München die Gruppe *Der Blaue Reiter*, eine internationale Künstlervereinigung, die Kandinskys radikalem ästhetischen Prinzip verbunden waren. Maler, so war seine Auffassung, sollten nicht sklavisch Regeln der Form folgen oder sich darum bemühen, einen speziellen Stil zu imitieren. Statt dessen sollten Kunstwerke – ob gegenständlich oder abstrakt – die Gefühle und den Geist ihres Schöpfers ausdrücken, getrieben von dem, was er das »Prinzip der inneren Notwendigkeit« nannte.) Kritiker hatten bereits darauf hingewiesen, daß van Goghs Werke als Inspiration für die intensiven Farben und verzerrten Formen gedient hatte, die in einigen zeitgenössischen deutschen Gemälden zu sehen waren. Der Kunsthistoriker Wilhelm Worringer beschrieb den Expressionismus als »eine große neue Richtung, die von van Gogh ausgeht.«

Zu diesem Zeitpunkt hätte Swarzenski noch nicht gewagt, dem Gremium der Museumsdirektoren anzudeuten, daß sie in Zukunft expressionistische Kunst im Städel finden würden, doch er bewegte sich langsam in diese Richtung. Der *Gachet*, impressionistisch in der Farbe und expressionistisch in der Linienführung, sollte seiner neuen Sammlung als wichtigstes Bindeglied zwischen der französischen Malerei des neunzehnten Jahrhunderts und der deutschen Kunst des zwanzigsten Jahrhunderts dienen. In einer Galerie des Museums sollte das Porträt dem Direktor dabei behilflich sein, die neue – einigen mißtönend und entnervend erscheinende – Kunst zu verfechten und zu erklären, indem er auf die grundlegende Verbindung zum Althergebrachten hinwies.

Swarzenski erkannte auch, daß dieses düstere und schwierige van Gogh-Porträt das Städel selbst spiegelte: Die abgedunkelten Säle des Museums waren mit religiösen Bildern ausgefüllt, und die besten zeigten Stadien des Leidens und der Qual: Rembrandts *Blendung des Simson*, Robert Campins *Dieb am Kreuz* und Stephan Lochners *Martyrium der Apostel*, ein Altarbild mit sechs Tafeln, die detailliert sechs Heilige in den Händen ihrer Folterer abbilden.

Georg Swarzenski

1876 in Dresden als Sohn eines jüdischen Kaufmanns geboren, hatte Swarzenski seinen eigenen Weg aus einer Mittelklassefamilie heraus gefunden. Im Alter von nur dreißig Jahren übernahm er 1906 die Verantwortung für eines der größten Museen Deutschlands. Er war besessen davon, zu lernen, und nutzte seine Chancen in der Gesellschaft, durch Bildung zu Ansehen und Posten zu kommen. Anfänglich absolvierte er auf Betreiben seines Vaters eine Ausbildung zum Juristen, doch strebte er später selbst nach einer Karriere in der Kunstgeschichte und studierte an den Universitäten von Heidelberg, Freiburg,

Berlin, München, Wien und Leipzig. Nebenher belegte er auch noch Archäologie und Musikgeschichte (»Der deutsche Student ... verbringt ein Semester hier und ein anderes dort«, schrieb Erwin Panofsky 1955, »bis er einen Lehrer gefunden hat, unter dessen Anleitung er sich auf seine Doktorarbeit vorbereiten möchte, und der ihn gewissermaßen als persönlichen Schüler annimmt.«) Mit der bei dem Mediävisten Adolph Goldschmidt geschriebenen und 1901 veröffentlichten Dissertation über die Regensburger Miniaturen des zehnten und elften Jahrhunderts erlangte er 1900 den Doktortitel und begründete seinen Ruf als Wissenschaftler. Als Assistent von Julius Lessing, dem Direktor des Kunstgewerbemuseums in Berlin, vertiefte er seine Fähigkeit, Echtes von Falschem unterscheiden zu können. Zu dieser Zeit war Kunstgeschichte noch weniger systematisch und wissenschaftlich, und auf das Auge des Experten mußte man sich verlassen können. Während seines Berlinaufenthalts befand sich die Kunstwelt in einem Stadium der Veränderung. Paul Cassirer zeigte Manet, Degas, Cézanne und van Gogh. Hugo von Tschudi erwarb Impressionisten und Post-Impressionisten für die Nationalgalerie und verbannte viele der nationalistischen Historiengemälde aus den Museumssälen. 1904 eröffnete der Generaldirektor des Königlich-Preußischen Museums, Wilhelm von Bode, das Kaiser-Friedrich-Museum, eine ausschließlich den Renaissancekünsten gewidmete Sammlung, in der er Gemälde und Objekte gemeinsam ausstellte, um die Atmosphäre dieser Zeit hervorzurufen. Swarzenski kam nach Frankfurt in der Hoffnung, die Sammlungen der Stadt von Überflüssigem zu befreien und sie dadurch zu verbessern. Er war zu der Überzeugung gelangt, daß moderne Gemälde aus Frankreich angeschafft werden müßten, wenn das Städel mit den größten Museen in Europa konkurrieren wollte. Und er wußte, daß er als Museumsdirektor letztlich nach seinen Anschaffungen beurteilt werden würde.

Mit dreißig Jahren sah Swarzenski erheblich älter aus: Er hatte eine hohe, kahle Stirn, und zusammen mit dem sauber gestutzten Ziegenbart ließ dies sein ansonsten rundes Gesicht länger erscheinen. Doch das Beeindruckendste war sein schneidender Blick durch den randlosen Zwicker, den er meist trug. Er war klein und stämmig. Seine robusten Hände erschienen einem Zeitgenossen eher wie die Hände eines Arbeiters als die eines Intellektuellen, und seine Stimme war außerordentlich tief. Preußisch korrekt gekleidet, trug er meist dunkle, schwere Anzüge, gestärkte Hemden mit hohen Kragen und elegant gestreifte Krawatten. Mit der Zeit ließen ihn seine formale Kleidung und seine steife, aufrechte Haltung zunehmend altmodisch erscheinen.

Frankfurt schien die ideale Heimat für den ehrgeizigen, hervorragenden Gelehrten. Er war vom Temperament her gleichzeitig ängstlich und draufgängerisch und hatte zu Recht große Selbstsicherheit aufgrund dessen, was er intellektuell und beruflich erreicht hatte. (Die Bibliographie seiner Arbeit umfaßt über neunzig Aufsätze und Bücher.) Im Städel handelte er mit Bestimmtheit, doch manchmal war er vorsichtig und konservativ. Als er 1905 zu dem Schluß kam, daß Frankfurt eine repräsentative Skulpturensammlung fehlt, schuf er sie und erwarb in nur zwei Jahren über 350 Stücke aus Europa und Asien. Diese installierte er im Liebighaus, einer Villa, nur ein paar Schritte vom Städel entfernt, die so zur Skulpturenabteilung wurde. Mit gleicher Selbstsicherheit verbannte er kurz nach seinem Amtsantritt die Gipsabgüsse griechischer und römischer Skulpturen, die das halbe Erdgeschoß einnahmen. Solche Abgüsse wurden in Kunstmuseen im frühen neunzehnten Jahrhundert als notwendig angesehen, da Originale rar waren und alte Skulpturen und Gemälde der Hochrenaissance noch immer den Inbegriff des Kanons der absoluten Schönheit darstellten.

Swarzenski war ein außergewöhnliches, aber nicht einmaliges Beispiel für das Bildungsbürgertum Deutschlands, einer Klasse aus Anwälten, Journalisten, Doktoren und Professoren, die sich durch intellektuelle und kulturelle Leistungen hervortaten. In der Position eines Museumsdirektors war er wie zahllose andere assimilierte Juden als Mitglied der liberalen oberen Mittelklasse Frankfurts akzeptiert. Nach dem Tod seiner ersten Frau Ella Pertz-Wilcynska im Jahre 1913 heiratete Swarzenski

Marie Mössinger und wurde Mitglied einer wohlhabenden alten Protestantenfamilie.

Der Vinnen-Protest

Obwohl mehrere öffentliche Sammlungen in Deutschland Gemälde von van Gogh erworben hatten, besaßen solche Ankäufe immer noch Brisanz genug, um eine politische Debatte vom Zaun zu brechen. Gustav Pauli, der Direktor der Kunsthalle in Bremen, erwarb Anfang 1911 van Goghs *Mohnblumenfeld* für 3000 Mark von Paul Cassirer. Der Ankauf veranlaßte den Landschaftsmaler Carl Vinnen, der einmal Mitglied der Berliner Sezession gewesen war, *Einen Protest deutscher Künstler* zu veröffentlichen. Dies war ein bitteres Manifest, das die Kunsthändler beschuldigte, dem unwissenden deutschen Publikum überteuerte französische Kunst anzudrehen und damit nationale Interessen, Nationalcharakter und die arbeitenden Künstler zu gefährden.

> Angesichts der Invasion französischer Kunst, die sich seit einigen Jahren in den sogenannten fortschrittlichen deutschen Kunstkreisen vollzieht, scheint es mir ein Gebot der Notwendigkeit zu sein, daß deutsche Künstler ihre warnende Stimme erheben und daß sie von dem Einwand, sie triebe dazu nur der Neid, nicht zurückschrecken ... Aber die Spekulation hat sich dieser Frage bemächtigt, deutsche und französische Kunsthändler haben sich die Hand gereicht, und unter dem Deckmantel, künstlerische Zwecke zu fördern, wird Deutschland mit großen Massen französischer Bilder überschwemmt ... es sind durchschnittlich die Überreste, die uns gegönnt werden, nämlich das, was das Heimatland und die großen amerikanischen Börsenfürsten übriggelassen haben.

Der *Protest* enthielt eine Liste mit den Namen von 134 Unterstützern – die meisten Künstler, aber auch konservative Museumsdirektoren und Kritiker. Obwohl er demonstrierte, wie deutsche Konservative das Thema der modernen Kunst ständig als Frage der nationalen Zukunft behandelten, gelang es dem *Protest* nicht, der langsamen »Invasion« französischer Kunst Einhalt zu gebieten.

Swarzenski antwortete Vinnens Protest öffentlich mit einem glühenden Bekenntnis zum Impressionismus. In der *Frankfurter Zeitung* wandte er ein, daß 3 000 Mark für einen van Gogh nichts waren, im Vergleich mit dem, was Museen normalerweise für italienische und holländische Naive oder bestimmte deutsche Gemälde des neunzehnten Jahrhunderts ausgaben.

> So ist es doch gar keine Frage, daß ihre Großmeister Werke geschaffen haben, die zu jener höchsten Kategorie gehören, in der die Welt und ihre Erscheinungen in neuer und in sich vollkommener Weise schöpferisch gestaltet sind. Es ist demnach nur selbstverständlich, daß jedes Museum, das sich seiner höchsten kulturellen Aufgabe bewußt ist, glücklich sein wird, wenn es in die Lage kommt, derartige Werke zu erwerben.

Um eine mögliche öffentliche Kontroverse zu vermeiden sprach Swarzenski mit Victor Mössinger, einem Geschäftsmann und Stadtrat für kulturelle Angelegenheiten. Mössinger, der später sein Schwiegervater werden sollte, hatte dem Städel zwei Gemälde von Sisley und Monet geschenkt, *Seine-Ufer* und *Häuser am Wasser*. Swarzenski bat ihn, den van Gogh zu kaufen und dann dem Museum zu schenken. So umging er technische Schwierigkeiten, da sein Dispositionsfond für zeitgenössische Kunst nur den Ankauf von Bildern noch lebender Maler erlaubte. (Später schrieb er Karl Osthaus, daß er hoffte, einen Cézanne »auf die gleiche Weise« zu erwerben.) Doch hauptsächlich ging er damit der Anschuldigung aus dem Weg, das Museum hätte Gelder verschwendet, die besser für etablierte Kunstwerke ausgegeben worden wären.

Im kulturell ehrgeizigen Frankfurt führte das Auftauchen des *Bildnis des Dr. Gachet* jedoch zu keinem unmittelbaren öffentlichen Aufschrei. Swarzenski konnte beim Erwerb auf die Unterstützung einer ansehnlichen Gruppe von Sammlern zählen, die schon seit zehn Jahren französische Kunst kauften.

Dazu gehörten die Galeristen Ernst und Martin Flersheim, der Verleger der *Frankfurter Zeitung* Heinrich Simon und der Lederfabrikant Robert von Hirsch, der 1912 van Goghs *Schäferin (nach Millet)* erwarb. Alle neuen und interessanten Bewegungen begannen, so berichtet die Kunsthistorikerin Beatrice von Bismarck, mit diesen Frankfurter Sammlern. Sobald sie die Impressionisten gekauft hatten, stellten sie sie auch aus. Sie schätzte, daß diese Sammler acht van Goghs, zahlreiche impressionistische Gemälde sowie Bilder von Gauguin, Cézanne, Seurat, Bonnard und den Fauvisten Vlaminck, Othon Friesz, Matisse und Derain besaßen. Swarzenski war vielen von ihnen sowohl Freund als auch Ratgeber. Diese Sammler waren nicht nur Sponsoren des Kunstvereins, sondern auch des Museumsvereins, der vom Gründer der *Frankfurter Zeitung*, Leopold Sonnemann, ins Leben gerufen worden war. Diese Vereinigung von Freunden des Museums stellte bei den Städelerwerbungen eine Finanzierungsquelle dar. Der Kunstverein war eine der vielen Kunstvereinigungen, die sich aus Sammlern und manchmal auch Künstlern zusammensetzten und Mitte des neunzehnten Jahrhunderts zeitgenössische Kunst ausstellten und finanziell förderten. Im Juni 1908 hatte der Kunstverein die bahnbrechende van Gogh-Ausstellung von Félix Fénéon mit zweiundachtzig Gemälden und sechzehn Zeichnungen von Paris nach Frankfurt geholt. Zwei Jahre später zeigte der Verein eine kleinere van Gogh-Ausstellung mit neunundvierzig Gemälden und sechs Zeichnungen. Einen Monat später folgte eine Ausstellung mit 35 Zeichnungen van Goghs in der »modernen« Galerie der Kunsthändlerin Marie Held.

Wie als Antwort auf Vinnens Protest feierte der Kunstverein die klassische Malerei im Frankreich des neunzehnten Jahrhunderts mit einer Ausstellung, die Werke von Jean-Baptiste-Camille Corot bis van Gogh umfaßte. Bei einer Diskussion über französische Kunst argumentierte der Kritiker Carl Gebhard, daß der Holländer eigentlich mehr deutsch als französisch sei. »Wenn es das Wesen germanischen Geistes ist, Visionen des inneren Sinnes zu gestalten«, schrieb er, »wenn darum der Germane zum Philosoph und Dichter und Musiker, zu Kant und Schopenhauer, Goethe und Kleist, Beethoven und Wagner geworden ist, so hat er in van Gogh den Maler hervorgebracht, der in der Malerei seiner Wesensart zum Sieg verhalf.« So feierte er das neu erworbene *Bildnis des Dr. Gachet*: » [Es ist] überflüssig, von der äußeren Form dieses Bildes zu sprechen, von der suggestiven Gewalt dieser formgebenden Pinselzüge, von der mächtigen Gestaltung des Kopfes, in dem die Augen den beherrschenden Farbklang des Bildes wiederholen, inneliegend wie zwei tiefe Seen zwischen den Bergen.« Gebhard schloß: »All das tritt zurück vor dem einen großen Eindruck des Bildes: Hier ist das Letzte, Tiefste, ganz Wesenhafte im Erscheinenden offenbart, soweit überhaupt Wesen in der Erscheinung offenbart werden kann.«

Im gleichen Jahr veröffentlichten Wassily Kandinsky und Franz Marc eine Abbildung der zweiten Version des *Gachet* neben einem japanischen Druck eines Gauklers mit einem Affen auf der Schulter in ihrem Almanach *Der Blaue Reiter*. Damit veranschaulichten sie ihre Theorie, daß die Kunst jeglicher Kultur einer universalen Kraft entspringt, die sie »innere Notwendigkeit« nannten.

Daß sich van Gogh als einer der bedeutendsten Vertreter der Moderne einen Platz in Deutschland gesichert hatte, machte die 1912 in Köln veranstaltete Ausstellung des Sonderbundes deutlich. Die Ausstellung war ursprünglich vom Düsseldorfer Sonderbund Westdeutscher Kunstfreunde und Künstler organisiert worden. Unter den 577 Werken von 160 Künstlern befanden sich in den ersten fünf Ausstellungssälen 125 Arbeiten des inzwischen berühmten holländischen Malers. Cézanne und Gauguin waren jeweils nur mit zirka zwanzig Gemälden vertreten. Es gab auch sechzehn Picassos. Der Sonderbund wurde zum Modell für die 1913 in Manhattan veranstaltete Armory Show, in der die Vereinigung der amerikanischen Maler und Bildhauer 1300 Gemälde und Plastiken zeigte, die zu einem Drittel aus dem Ausland stammten. In Erwiderung auf Paul Cassirers van Gogh-Retrospektive von 1914 erklärte der Kritiker Meier-Graefe van Gogh zum »Christusmensch der modernen Kunst. Er, der sich für die Menschheit opferte, schuf für viele und litt für noch mehr. Ob er ihr Retter ist oder werden wird, hängt vom Glauben seiner Apostel ab.«

Die Städtische Galerie

Als Eckpfeiler eines Museums, das die alten Meister mit der modernen Kunst verband, signalisierte der *Gachet*, daß sich die Blickrichtung des Museums änderte. Es war nicht mehr hauptsächlich ein Lagerhaus von Objekten, deren Aufgabe es war, Kunstgeschichte zu vermitteln, sondern in Swarzenskis Worten sollte das Museum »wie eine Konzerthalle« sein, die »vollkommen das künstlerische Erlebnis vermitteln soll«. Er vertrat nicht mehr die Ansicht der Aufklärung, daß Kunstmuseen dafür entworfen seien, das Publikum über den Fortschritt der Zivilisation zu informieren und eine Identifikation mit den kulturellen Leistungen der Vergangenheit zu fördern. Die Möglichkeit, durch Fotografie Reproduktionen von Kunstwerken herzustellen, hatte dazu beigetragen, Kunstgeschichte von bebilderten Texten her studieren zu können. Als Konsequenz der neuen Techniken mußten die Museumsleiter nun die didaktische Rolle des Museums überdenken. Sie konnten sich darauf konzentrieren, im Museum eine Begegnung mit Originalkunstwerken anzubieten. Swarzenskis Aufsätze zu diesem Thema spiegelten seine Ausbildung in der deutschen idealistischen Tradition wider, die das Geistesleben als höchstes Gut ansieht. »Die besondere Natur des Museums liegt in der Tatsache, daß es nicht unmittelbar systematisches Verständnis oder den Impuls zu Wissen und Bildung steigert, sondern eher ethisches Bewußtsein und Erfindungsreichtum.« Als Mediävist glaubte er, daß es wirklich Wissen über Geschichte und künstlerische Tradition erforderte, um die Kunst der Vergangenheit zu verstehen, und natürlich folgte er der anerkannten Methode, die Sammlung des Museums zu ordnen und nach Schulen und historischen Abschnitten zu gliedern. Indem er dem Erleben des Betrachters beim Gang durch die Galerie Form gab, suchte er das zu schaffen, was er »stete Intensivierung« nannte. Das erreichte er durch den Aufbau eines provokativen Dialogs zwischen Exponaten aus verschiedenen Kulturen oder Perioden, die thematisch oder stilistisch in Verbindung standen. Auf diese Korrespondenz achtete er auch bei Neuerwerbungen. Als ihm 1934 ein Florentiner Tafelbild aus dem dreizehnten Jahrhundert, *Trauernder Johannes*, angeboten wurde, fand er darin ein Bild, dessen Inhalt und Stil van Goghs *Gachet* sechs Jahrhunderte früher vorbildhaft darzustellen schien. Statt durch das Museum Bekanntes verbreiten zu lassen, rekonfigurierte Swarzenski die Sammlung, um die ästhetische Erfahrung der Besucher zu erweitern, ihre Sinne zu schulen und sie zum Denken anzuregen. In einer Zeit, in der moderne Künstler aufhörten, bloße Realität zu kopieren, und Malerei und Bildhauerei vielmehr dazu benutzten, ihre eigene besondere Vision und Erfahrung auszudrücken, zog die Hinwendung der Kunst zur Subjektivität das Museum mit.

Der Erste Weltkrieg

Am 3. August 1914 erklärte Deutschland Frankreich den Krieg. Am folgenden Tag erklärte England Deutschland den Krieg. Die Kommunikation innerhalb der internationalen Kunstszene brach sofort zusammen. Cassirers Verbindungen zu den Pariser Kunsthändlern und zu Johanna van Gogh-Bonger wurden abrupt unterbrochen. In den Jahren vor Ausbruch des Krieges hatte es auf vielen Gebieten eine Art Kaufrausch gegeben. 1913 erreichten die Preise für Gemälde alter Meister bisher unbekannte Höhen. Der Händler Joseph Duveen verkaufte für 116500 Pfund eine *Madonna* von Raffael an den Amerikaner P.A.B. Widener. Kurze Zeit später verkaufte die Familie Benois ein Gemälde von Leonardo da Vinci für 310000 Pfund an Zar Nikolaus II.

Vermutlich unterstützte Swarzenski die Kriegsanstrengungen. Die meisten Künstler und Intellektuellen, die mit der Berliner Sezession assoziiert waren, unterstützten die deutsche Haltung, schrieb Peter Paret: »Wenigstens in der Anfangsphase des Krieges waren die Leute überzeugt davon, daß Deutschland gezwungen wurde, zu den Waffen zu greifen; sie vertrauten der Armee und ihren Führern und sahen die Notwendigkeit eines Opfers; die Propaganda der Alliierten, die die Deutschen als Barbaren darstellte, empörte sie; sie wurden sich der Schrecken eines Krieges zwischen industrialisierten Massengesellschaften bewußt und glaubten die Freiheit zu haben, ihre Ansichten über diese scheinbar nicht endenwollende Tragödie ausdrükken zu können, ohne zu glauben, daß ihre Reaktionen einer Kritik an Regierung und Oberkommando gleichkamen.«

Während des ganzen Krieges blieb das *Bildnis des Dr. Gachet* sicher im Städel verwahrt, Hunderte von Kilometern entfernt von den Kampfhandlungen in Belgien und Frankreich. Der nun vierzigjährige Swarzenski erhielt die Einberufung, wurde aber dann zurückgestellt. Statt dessen versuchte er, den Museumsbetrieb aufrechtzuerhalten. Es waren bereits Pläne einer Erweiterung für das Museum für moderne Kunst entworfen worden, denn bei Kriegsausbruch hatte Swarzenski bereits über dreißig impressionistische und nach-impressionistische Gemälde erworben. 1915 fand der erste Spatenstich statt. Doch innerhalb weniger Monate kamen die Bauarbeiten zum Erliegen. Das Museum blieb zwar geöffnet, die Öffnungszeiten wurden allerdings verkürzt. Bald schon waren die meisten Bediensteten der Aufsicht und Instandhaltung sowie die männlichen Angestellten auf dem Weg zur Front. 1916 dehnte man die Einberufungen auf alle Männer im Alter zwischen sechzehn und sechzig Jahren aus. Im Verlauf des Krieges dienten dreizehn Millionen Männer, fast zwanzig Prozent der deutschen Bevölkerung, in der Armee.

Auch die Mitglieder der deutschen Kunstszene blieben nicht vom Krieg verschont. Paul Cassirer, der bei Kriegsausbruch schon zweiundvierzig Jahre alt war, rückte ein. Trotz einer Herzerkrankung diente er als Meldefahrer in Belgien, wo er das Eiserne Kreuz erwarb. Er veröffentlichte ein Buch mit Gedichten von Mitgliedern seiner Kompanie, das mit Zeichnungen des Expressionisten Max Beckmann illustriert war. Er publizierte auch *Kriegszeit*, eine Zeitschrift, die neben Gedichten,

Prosa und Lithographien offizielle Kommentare und Auszüge aus Kriegsberichten sowie amtliche Verlautbarungen enthielt. Wegen seiner Herzkrankheit wurde er 1915 entlassen. Wieder in Berlin begann er mit der Publikation der Zeitschrift *Der Bildermann*, die die Wirklichkeit der Massenkriegsführung verdeutlichte. (»Die Not des Krieges hat uns gelehrt, dem Schrecken ruhig in die Augen zu sehen«, schrieb er, »aber sie hat auch unser Sehnen aus dem Schrecken heraus nach Reinerem, Höherem wieder erweckt.«) Möglicherweise als Rache für seine Veröffentlichungen wurde seine Rückstellung vom Kriegsdienst aus medizinischen Gründen widerrufen. Er wurde erneut einberufen, inhaftiert, dann jedoch wieder freigelassen. Durch Graf Kessler bekam er eine Anstellung als deutscher Kulturrepräsentant in der Schweiz, wo er bis 1918 blieb.

Die Kriegserklärung schien für den preußischen Offizier Harry Graf Kessler wie eine Befreiung. Mit sechsundvierzig Jahren meldete er sich als Reserveoffizier, wurde aber nach einem Nervenzusammenbruch in die Etappe versetzt. In der Schweiz diente er als Attaché in einer Mission des preußischen Außenministeriums. Er sollte seine Verbindungen zu Frankreich nutzen, um mögliche Friedensbemühungen voranzutreiben.

Max Beckmann war einer der vielen Künstler, die an die Front mußten, und er ging mit dreißig Jahren nicht ohne Enthusiasmus, um in einem Sanitätstrupp zu dienen. Im April schrieb er, daß er »allmählich alle Stimmungen und Möglichkeiten des Krieges« kennenlerne. Doch nach Monaten als Sanitätssoldat im Feld und in einem Typhuslazarett erlitt Beckmann einen Zusammenbruch und wurde 1915 aus gesundheitlichen Gründen entlassen. Er zog nach Frankfurt. Ende 1915 war der Enthusiasmus der Deutschen für den Krieg geschwunden. Im folgenden Jahr stieg die Zahl der Opfer an der deutschen Front auf 1,2 Millionen.

In Frankfurt nahm Beckmann die Malerei wieder auf. Von den Kriegserlebnissen zerrissen, wandte er sich nun Motiven aus der Bibel zu. 1916 begann er mit der Arbeit an der zwanzig Quadratmeter großen *Kreuzabnahme*. Beckmann malte die

Szene beängstigend und grotesk auf zusammengedrängtem Raum, beherrscht von einem übergroßen, skelettartigen Leichnam mit starren ausgebreiteten Armen. Zwei Frauen kauern mit abgewandtem Gesicht im Vordergrund. Alle Figuren sind totenblass.

Bald nach der Fertigstellung hängte Georg Swarzenski das Gemälde im Städel auf. Er und Beckmann waren inzwischen Freunde geworden. Jene, die im Museum Zuflucht vor der Alltagswelt suchten, wurden statt dessen mit etwas konfrontiert, das Julius Meier-Graefe als Porträt eines Volkes beschrieb, dem das »faule Fleisch ... weggebrannt wird, damit der Geist sich besinne.« Das Beckmann-Gemälde durchbrach die Stille der Galerie mit einem Schmerzensschrei. Es verdammte nicht nur das Schlachten, das in Belgien und Frankreich stattfand, sondern auch die Rolle, die Deutschland dabei spielte. Das expressionistische Gemälde war dem *Bildnis des Dr. Gachet* verwandt, weil es ebenfalls ein biblisches Motiv der Güte in eines der Sozialkritik verwandelte. 1919 erwarb das Museum das Gemälde für seine ständige Ausstellung.

16

Frankfurt: Museumsmeisterwerk

1920-1933

Aber dann hätte die große, die brennende Revolution folgen müssen. Die fehlte ... Und damit erscheint des Krieges Qual sinnlos, der Zusammenbruch der europäischen Welt vollends besiegelt zu sein.«

Benno Reifenberg, Feuilletonist der *Frankfurter Zeitung*, 1921

Der Erste Weltkrieg rief in Deutschland politische, ökonomische und soziale Krisen hervor, die mehr als ein Jahrzehnt lang die Nation erschüttern sollten. Der Waffenstillstand wurde am 11. November 1918 unterzeichnet, nachdem 10 Millionen Soldaten gefallen waren. Deutschland hatte zwei Millionen Tote zu beklagen. Über 800000 dieser Soldaten waren unter fünfundzwanzig Jahren alt. »Unter den Toten war die Zukunft der Jugend Europas«, schrieb Fritz Stern. »Die potentiellen Führungskräfte der 20er und 30er Jahre waren dezimiert worden, als Tausende von Männern mit anerkannten Talenten neben anderen starben, deren Genie und Talente für immer unentdeckt bleiben werden.«

Unterdessen blühten in der neuen Republik expressionistische und andere Kunstbewegungen, die noch im Kaiserreich gegründet worden waren und oft dazu in Opposition gestanden hatten. In den zwanziger Jahren hielt die moderne Kunst in viele öffentliche Sammlungen Einzug und erreichte ein breites Publikum.

Zwei Tage vor dem Waffenstillstandsabkommen dankte Kaiser Wilhelm II. ab. »Die Revolution hat in Berlin gesiegt«, schrieb Harry Graf Kessler am 9. November 1918 in sein Tagebuch. Das Kaiserreich wurde durch die am 31. Juli 1919 ausgerufene Weimarer Republik abgelöst. Man hoffte verzweifelt, daß die neue demokratische Regierung mit den Alliierten zu einer vernünftigen Friedensregelung käme. Doch die Alliierten forderten Reparationen in Höhe von 50 Milliarden Goldmark und zeigten wenig Sympathie für die Bitten der neuen Regierung. Von Anfang an wurde die Weimarer Republik von den Bürgern abgelehnt, weil sie mit dem Versailler Vertrag und einer riesigen Schuldenlast beladen war. Reparationszahlungen, die von den Alliierten 1921 auf 132 Milliarden Goldmark geschätzt wurden, und eine zusätzliche Staatsverschuldung, die zur Kriegsfinanzierung begonnen worden war, verursachten eine dramatische Inflation. Die Deutsche Mark brach gegenüber anderen Währungen zusammen. Man konnte, so schrieb Malcolm Cowley: »in München spielen, das halbe Vermögen eines tschechischen Kriegsgewinnlers gewinnen und dann den Gewinn, wenn man ihn nicht für Champagner und Picassos ausgeben konnte, übermorgen einem Bettler geben, der einem noch nicht mal dafür dankte.« Die Inflation ließ große Teile der Mittelklasse verarmen. Strikte wirtschaftliche Maßnahmen der Regierung und eine Reduktion bei den Reparationszahlungen brachten 1924 eine Entlastung und eine kurze Phase des Wohlstands, die bis 1929 anhielt.

Doch im Verlauf von vierzehn Jahren hatte die Weimarer Republik siebzehn verschiedene Regierungen, die ohne ausreichende Unterstützung der extremen Rechten und Linken sowie der Liberalen auskommen mußten. Paul Cassirer, der die Revolution zunächst unterstützt hatte, wurde zunehmend desillusioniert und bezeichnete das neue politische System als »einen einzigen großen Schwindel.« Anfangs waren die Sozialdemokraten als größte Partei des Reichstages in der Verantwortung. Im Januar 1919 unterdrückten sie den von Karl Liebknecht und Rosa Luxemburg angeführten Spartakisten-Aufstand. Liebknecht und Luxemburg wurden dabei getötet. Durch die verworrene Politik der Weimarer Republik fühlten sich viele Intellektuelle nicht an sie gebunden. Dazu gehörte auch Georg Swarzenski. Als Liberaler war er mit keiner politischen Partei liiert. An einem Wahltag ging er, so wird berichtet, zum Wahllokal, zögerte, lief mehrmals um den Block und kehrte nach

Hause zurück, weil es ihm unmöglich war, eine Stimme abzugeben.

Einer der Gewaltakte, der die Republik erschütterte, war die Ermordung des Außenministers und Freundes Graf Kesslers, Walther Rathenau, durch rechtsgerichtete Nationalisten. 1923 putschte Adolf Hitler im Münchener Bürgerbräukeller und zog anschließend mit einem Trupp Braunhemden zur Feldherrenhalle. Er wurde zu fünf Jahren Festungshaft verurteilt. Aber er saß nur neun Monate ab, die er dazu verwandte, den ersten Band von *Mein Kampf* zu schreiben, das 1925 veröffentlicht wurde.

Mit dem Untergang des Kaiserreichs verloren die Konservativen im Kulturbetrieb der Republik weiter an Einfluß. In Berlin verwandelte die Regierung das Kronprinzenpalais in eine Galerie für französische Impressionisten, Post-Impressionisten und deutschen Expressionismus. Die Preußische Akademie der Künste wählte Max Liebermann zum Präsidenten. Expressionistische Maler übernahmen einflußreiche Lehrämter. So wurde Oskar Kokoschka Fakultätsmitglied der Dresdener Akademie und Max Beckmann Professor an der Städelschule in Frankfurt.

Die einflußreichste Entwicklung bei den bildenden Künsten war die Gründung des Bauhauses durch den sechsunddreißigjährigen Architekten Walter Gropius. Gropius eröffnete die Schule 1919 in Weimar, indem er die Großherzoglich-sächsische Kunstgewerbeschule, an der van de Velde wirkte, und die Großherzoglich-sächsische Hochschule für Bildende Kunst zusammenlegte. Der Belgier van de Velde hatte während des Krieges Deutschland verlassen, doch das Bauhausprogramm reflektierte das Streben des Jugendstilkünstlers, die Unterscheidung zwischen Künstler und Kunsthandwerker aufzuheben und die Technik einzusetzen, um den Bereich Ornament einem breiteren Markt zuzuführen.

> Wollen, erdenken, erschaffen wir gemeinsam den neuen Bau der Zukunft, der alles in einer Gestalt sein wird: Architektur und Plastik und Malerei, der aus Millionen Händen der Handwerker einst gen Himmel steigen wird als kristallenes Sinnbild eines neuen kommenden Glaubens.

Unter den ersten Bauhaus-Lehrern waren die Maler Josef Albers, Wassily Kandinsky, Paul Klee und Oskar Schlemmer.

Sofort nach Kriegsende ordnete Georg Swarzenski die Wiederaufnahme der Bauarbeiten am Städel an. Der neue Flügel des Museums wurde 1923 eröffnet und gab den Gemälden des neunzehnten und zwanzigsten Jahrhunderts nun genauso viel Raum wie den alten Meistern. Dort fand auch das neueste van Gogh-Porträt seinen Platz, jedoch nicht im großen Saal mit den Impressionisten, sondern bei den deutschen Künstlern. Zusammen mit Werken von Hans Thoma bis hin zu Max Beckmann unterstrich diese Anordnung den großen Einfluß des Holländers auf die Expressionisten. Neben den van Gogh hängte Swarzenski das düstere Porträt des österreichischen Bankiers Hermann Schwarzwald, das Oskar Kokoschka 1911 gemalt hatte. Das Porträt war, bis auf Gesicht und Hände, einen weißen Kragenstreifen und den roten Schlips ganz in Grau- und Brauntönen gehalten. Seine existentialistische Atmosphäre reflektierte den benachbarten *Gachet*.

Während der gesamten zwanziger Jahre erwarben Museumsdirektoren unzählige expressionistische Gemälde. Swarzenski kaufte Dutzende von Gemälden, Zeichnungen und graphischen Blättern des zwanzigsten Jahrhunderts für die Städelgalerien, und obwohl er vor reiner Abstraktion und sozialkritischen Äußerungen zurückschreckte, erwarb er doch zahlreiche Werke deutscher Expressionisten. Porträts oder Figuren von Paula Modersohn-Becker, Lovis Corinth, Carl Hofer und Ernst Ludwig Kirchner; Landschaftsgemälde von Christian Rohlfs, Oskar Kokoschka und Erich Heckel und Stilleben von Karl Schmidt-Rottluff. 1919 hatte er mit Kirchners *Selbstbildnis als Soldat* (1914) ein weiteres Anti-Kriegsgemälde erworben. Der Künstler erscheint darin in Uniform und hält seinen teilweise amputierten rechten Arm hoch. Swarzenski bevorzugte weiterhin Beckmann-Gemälde und erwarb für das Museum Stilleben, Porträts und mehrere Stadtansichten. Seine Erwerbungen enthüllten seine Vorliebe für die frühen Exponate der Bewegung. Und tatsächlich verlor der Expressionismus nach dem Krieg seine ursprüngliche Intensität. Die *Brücke*-Gruppe bestand schon lange nicht mehr, und auch die Bewegung des *Blauen Reiters* endete mit dem Krieg, denn Kandinsky mußte als russischer Staatsbürger Deutschland verlassen, und Marc und Macke fielen, sechsunddreißig und siebenundzwanzig Jahre alt. »In seinen Anfängen war der Expressionismus eine ausgesprochen revolutionäre Bewegung mit sozial brisanten Untertönen, besonders erotischen«, schrieb der Historiker Peter Selz. »Doch in den Zwanzigern wurden viele der freidenkerischen Ideen der Expressionisten vom größten Teil des wohlhabenden Bürgertums akzeptiert, wenn nicht gar gutgeheißen.«

Swarzenski erwarb auch mehrere französische Exponate, darunter Gauguins *Aus Tahiti*, *Stilleben mit blauem Hintergrund* von Matisse, das Robert von Hirsch 1917 dem Museum geschenkt hatte, und noch ein Stilleben des Kubisten George Braque. 1924 übergab Picassos Galerist Paul Rosenberg dem Museum das zwei Jahre zuvor entstandene Bild *Frauenkopf*. Im Juni 1931 wurden die Neuerwerbungen zusammen mit unzähligen Stücken aus Privatsammlungen in der Ausstellung *Vom Abbild zum Sinnbild* gezeigt. Diese Ausstellung umfaßte zweihundert Exponate, die der Direktor der Städelschule, Fritz Wichert, zusammengestellt hatte, um den Modernismus als voranschreitenden Geschichtskomplex darzustellen, der mit den frühen Impressionisten begonnen hatte und sich bis in die deutsche Gegenwartskunst hinein fortsetzte. Unter den Exponaten befanden sich Bilder von George Grosz und Otto Dix, den Gründern der Neuen Sachlichkeit, der Bewegung »eines neuen Realismus mit sozialistischem Geschmack«. Ihre Arbeiten übten beißende Gesellschaftskritik und spiegelten in roher, manchmal grotesker Weise die verheerenden kriegsbedingten Umwälzungen. Dix' Grafik *Bombardement von Lens* zeigt das Entsetzen, das der Krieg über die Bürger gebracht hatte. In ähnlicher Weise porträtiert Beckmanns Lithographie *Bettler* Veteranen auf Krücken und mit Holzbeinen, die verwundeten Überlebenden, die in den Hauseingängen und Durchgängen lagerten.

Während der Weimarer Republik weitete sich Swarzenskis Einfluß in Frankfurt aus. 1922 gelang ihm die Planung und

Ausführung eines umstrittenen Tauschs mit dem Historischen Museum, der dem Städel ein riesiges Altargemälde von Hans Holbein d.Ä. und das Gemälde *St. Laurentius* von Matthias Grünewald bescherte. 1928 wurde Swarzenski, mittlerweile Professor für Kunstgeschichte an der Frankfurter Universität, auf einem eigens für ihn geschaffenen Posten Generaldirektor der Städtischen Museen. Mit siebenundfünfzig Jahren leitete er jetzt nicht nur das Städel und die Städtische Galerie, sondern auch das Historische Museum und das Kunstgewerbemuseum.

1929 eröffnete Alfred H. Barr jr. das erste moderne Museum New Yorks mit einer Ausstellung von Werken der vier wichtigsten Post-Impressionisten Cézanne, Gauguin, Seurat und van Gogh. 1931 veranstaltete er im Museum of Modern Art in New York die Ausstellung »Moderne deutsche Gemälde und Plastiken« zeitgenössischer deutscher Künstler. Im Katalog der Ausstellung führte Barr fünfzig deutsche Museen auf, die Leihgeber für seine Ausstellung waren. Deutsche Museumsdirektoren, so schrieb er, »haben den Mut, die Weitsicht und das Wissen, Werke der fortschrittlichsten Künstler zu erwerben, lange bevor die öffentliche Meinung sie dazu zwingt.« Und er fügt hinzu:

> Selbst in kleinen Städten haben die Museen Plastiken von Kolbe oder Barlach, Gemälde von Heckel, Hofer oder Beckmann, Aquarelle von Klee und Nolde. Größere Städte haben besondere Galerien, die der modernen Kunst gewidmet sind, mit großen Katalogen, die zum Beispiel in Dresden über 700, in Hamburg 1577 und in Essen 774 Werke aus dem neunzehnten und zwanzigsten Jahrhundert verzeichnen (ohne die graphischen Blätter). Berlin und München haben völlig separate Institutionen, die moderne Kunst seit dem Impressionismus zeigen.

Doch Deutschlands Museen waren nicht immun gegen die wirtschaftlichen Schwierigkeiten des Landes. Anfang 1930 war die Berliner Nationalgalerie das einzige Museum mit genug Geld zum Erwerb eines van Gogh. 1931 kaufte der Direktor Ludwig Justi eine der zwei Versionen von *Daubignys Garten* und ein Selbstporträt. Die Gemälde kosteten zusammen

240000 Mark. Kritiker beschuldigten Justi nicht nur, zu viel für die Gemälde bezahlt zu haben, sondern stellten auch die Echtheit von *Daubignys Garten* in Frage, weil die schwarze Katze im Vordergrund fehlte, die van Gogh beschrieben hatte. Zu seiner Verteidigung führte Justi an, daß er für das Berliner Museum nur Werke zweier ausländischer Maler erworben hätte, nämlich Munch und van Gogh, und diese beiden seien die »zwei großen germanischen Meister der Moderne«.

Van Gogh hatte zu der Zeit schon einen hohen Bekanntheitsgrad. 1921 veröffentlichte der Kritiker Julius Meier-Graefe, dessen frühe Schriften deutsche Sammler auf die Bedeutung von van Goghs Kunst aufmerksam gemacht hatten, eine melodramatische Biografie des Malers mit dem Titel *Vincent*. Sie basierte auf van Goghs Briefen und auf Berichten jener, die ihn gekannt hatten, und erzählte von der Desillusionierung, die Deutschland nach dem Krieg ergriffen hatte, und die sich auch in den Geschichten anderer »übergroßer Helden« manifestierte. Im Kontext der Nachkriegsperiode ähnelte das »Opfer« van Goghs (»... Künstler und der größte unserer Zeit«) den Opfern, die Millionen Deutsche den expansionistischen Ambitionen der politischen Führung gebracht hatten. »Etwas von van Goghs Schicksal sublimiert und unterdrückt die Intellektuellen unserer Zeit«, schrieb er. »Jeder Mensch, der nun um sein Leben kämpft, fühlt etwas von dieser Spannung.« Doch Meier-Graefes Optimismus, daß Kunst imstande sei, soziale Veränderungen auszulösen, war geschwunden. »Gewiß haben die Momente der Verzweiflung sich seit seinem Tod nicht vermindert. Der Riß in der Welt, den keiner deutlicher sah als Vincent ... hat sich zum Abgrund erweitert, und die Künstler, die letzten Beschützer der Welt, haben aufgegeben.« Die Biografie verkaufte sich gut und verherrlichte den Maler als Volkshelden, ein Klischee, dem er nur schwer wieder entkommen sollte.

Nicht nur Biografien, Memoiren und Romane wurden zum Thema van Gogh veröffentlicht, sondern auch medizinische Studien. Der Gedanke, daß van Goghs Irrsinn wesentlich zu seinem Genie beigetragen hatte, schuf eine Fülle an psychologischer Literatur, die auf Spekulationen über seinen Zustand beruhte. 1922 diagnostizierte der Heidelberger Professor und Psychiater Karl Jaspers, daß der Maler an Schizophrenie gelitten habe, deren Auswirkung er aus van Goghs Gemälden zu erkennen glaubte. (Ab 1889 »haben die Bilder eine inadäquate Wirkung; Einzelheiten scheinen zufällig.«) Zehn Jahre später behauptete die Psychologin Françoise Minkowska, daß van Gogh Epileptiker gewesen sei, und sah das *Bildnis des Dr. Gachet* als Beweis seines »nach-psychotischen Stadiums«. Sie interpretierte die »serpentinenartig gewundene Linie«, die entlang des Jacketts des Arztes verläuft, als Indiz der Geistesverwirrung des Malers, »weit entfernt von der relativen Ruhe des Porträts von Père Tanguy. Man fühlt sich nun selbst von einer unwiderstehlichen Kraft angezogen, wie der Maler selbst.«

Mit dem Aufkommen dieser Legenden um van Gogh schwand bei gewissen Kunsthistorikern sein Ruf, besonders bei Roger Fry, dem einflußreichen Veranstalter der 1910 in London gezeigten Ausstellung *Manet und die Nach-Impressionisten.* Fry bezeichnete den Maler jetzt als »Illustrator«, der lediglich eine periphere Rolle bei der Entstehung der Moderne innegehabt hätte. Der Formalist Fry, der Kunst einzig nach abstrakten visuellen Prinzipien beurteilte, schien dennoch die Ansicht jener zu akzeptieren, die van Goghs Werk als rein biographisch betrachteten. »Das Darstellen seines eigenen geistigen Zustandes – zu der Zeit befand er sich im Asyl in St. Rémy – wurde nun zum wirklichen Thema seiner Malerei«, schrieb Fry. »Seine Ansicht der Natur ist zu einer Ansicht dieses inneren Zustands verzerrt. ... Es ist zu diesem Zeitpunkt vielleicht gut, sich dankbar daran zu erinnern, was van Goghs heilige Selbstopferung für uns alle bewirkt hat, denn, um die Wahrheit zu sagen, die Bedeutung seines Werkes nimmt sichtbar ab. ... Van Gogh setzt alles beim ersten Auftreffen seiner Attacke ein, und wenn wir uns davon erholt haben, suchen wir vergeblich nach weiteren Offenbarungen.«

Frys Hohn änderte nichts am anhaltenden Enthusiasmus der Holländer für ihren einflußreichsten Maler seit Rembrandt. 1928 erschien ein vierbändiger Katalog über das Werk van Goghs (*L'œuvre de Vincent van Gogh*), eine kommentierte

Auflistung des vollständigen Werks, geschrieben von dem Händler Jacob Baart de la Faille. Obwohl voller Fehler, war der Katalog dennoch eine Pionierarbeit, die zum erstenmal einen nahezu vollständigen Überblick über das künstlerische Schaffen des Malers gab.

Mit van Goghs Ruhm stiegen auch die Preise für seine Bilder, und der Markt wurde zunehmend anfällig für Korruption. Als 1928 die Galerie Cassirer eine große van Gogh-Ausstellung in Berlin veranstaltete, entdeckte einer der Direktoren der Galerie mehrere gefälschte Gemälde. Während des nachfolgenden »Wacker-Skandals« wurden dreiunddreißig der im Umlauf befindlichen Gemälde van Goghs als Fälschungen entlarvt. Der Münchner Händler Otto Wacker wurde des Betruges angeklagt, und Meier-Graefe, der einige der Gemälde begutachtet hatte, befand sich unter jenen, deren Ruf dadurch Schaden nahm. 1930 veröffentlichte de la Faille *Die van Gogh-Fälschungen* (*Les Faux van Gogh*), worin er erklärte, daß nicht nur die Wacker-Bilder im Originalkatalog, sondern mehr als hundert andere van Gogh-Gemälde Fälschungen seien.

Trotz der in der Republik breit gefächerten Akzeptanz für den Modernismus waren die Gegner nicht verschwunden. (»Nicht alle Expressionisten liebten Weimar, [die Republik]«, schrieb Peter Gay, »doch die Feinde Weimars haßten alle Expressionisten.«) Nachdem die Rechtsparteien 1925 die Wahlen in Thüringen gewonnen hatten, wurden die Fördermittel für das Bauhaus gestrichen, und die Schule zog von Weimar nach Dessau um. Vier Jahre später wurde das NSDAP-Mitglied Wilhelm Frick Innenminister in Thüringen. Bald danach bezog eine Handwerksorganisation unter Leitung des Naziarchitekten Paul Schultze-Naumburg das Weimarer Gebäude des Bauhauses. (Schultze-Naumburg hatte 1928 in seinem Buch *Kunst und Rasse* den Modernismus verdammt, indem er Fotos deformierter Gesichter expressionistischen Gemälden gegenüberstellte.) Auch außerhalb Weimars gewannen die Anti-Expressionisten an Boden. In Chemnitz fürchtete der Direktor der Kunsthütte zum Beispiel 1925 um die Folgen, die eine Ausstellung der

Neuen Sachlichkeit haben könnte, denn seine Erwerbungen waren kürzlich als »Bolschewismus in der Kunst« denunziert worden. Als er die Ausstellung der Neuen Sachlichkeit von der Mannheimer Kunsthalle entlieh, fragte er an, ob der dortige Kurator etwas dagegen habe, wenn er den Katalog überarbeitete, um ihn weniger kontrovers zu machen. »Alles wird heute durch die politische Lage beeinflußt«, schrieb der Chemnitzer Direktor, »und [es gibt jene, die] alles töten wollen, was ihnen nicht gefällt. Das schließt natürlich den Expressionismus mit ein, besonders meinen Ankauf von Schmidt-Rottluff, Kirchner und Heckel.«

1929 betrug die Arbeitslosenzahl in Deutschland zwei Millionen und sollte bis 1930 auf 4,4 Millionen ansteigen. Als die Börse in New York zusammenbrach, löste dies eine weltweite Depression aus, deren Auswirkungen in Deutschland massiv zu spüren waren und der Sache der Konservativen halfen. 1927 hatte die NSDAP nur zwölf Sitze im Parlament, doch drei Jahre später erhielt sie durch den Gewinn von sechs Millionen Wählerstimmen 107 Sitze. Zur Reichstagseröffnung in Berlin schrieb Harry Graf Kessler:

> Den ganzen Nachmittag und Abend große Nazimassen, die demonstrierten und am Nachmittag in der Leipziger Straße die Fensterscheiben der Warenhäuser Wertheim, Grünfeld usw. einschlugen. Abends auf dem Potsdamer Platz Ansammlungen, die »Deutschland erwache«, »Juda verrecke«, »Heil, Hitler« riefen und fortwährend von der Schupo, die auf Lastwagen und zu Pferd patrouillierte, auseinandergetrieben wurde.

Teil IV

Moderne Kunst und das Dritte Reich

Propaganda, Beschlagnahmung und Ausfuhr

17

Frankfurt: »Entartete Kunst«, *1933-1938*

Dem Namen Frankfurts und dem seiner Galerie schenkte das Vorhandensein dieses Bildnisses einen Ruhm, der sich bis jenseits der Weltmeere dadurch geltend machte, daß dieses Bildnis unzählige Male zu großen Ausstellungen angefordert wurde. Die erfahrensten Kunstkenner aller Völker haben sich in dem Urteil zusammengefunden, daß das Bildnis des Dr. Gachet *zu den berühmtesten Werken der neueren Malerei zu rechnen ist.*

Max Brück, Herausgeber der *Frankfurter Zeitung* an den Frankfurter Oberbürgermeister, 8. Dezember 1937

Nur wenige Wochen nach der Machtergreifung Hitlers entfernte Georg Swarzenski im Frühjahr 1933 das *Bildnis des Dr. Gachet* aus der Galerie im zweiten Stock des Städelschen Kunstinstituts und schloß es in einem Raum unter dem Dach des Museums ein. Der umsichtige Museumsdirektor berichtete nie, was ihm durch den Kopf ging, als er das berühmte Porträt versteckte. Er bezeichnete die Nazizeit später lediglich als Zeit »des Tumultes, der Mystifikation und des Irrsinns«.

Hitler war am 30. Januar Kanzler geworden. Das Ereignis wurde durch massive Einschüchterung der von der Wirtschaftskrise gebeutelten Bevölkerung erreicht. Die Arbeitslosenzahl war auf 30 Prozent angestiegen. Hitler beschuldigte die Kommunisten, für den Reichtagsbrand vom 27. Januar verantwortlich zu sein, prophezeite eine Revolution und veranlaßte den greisen Reichspräsidenten Paul von Hindenburg, den Notstand auszurufen.

Harry Graf Kessler beobachtete das Naziregime von Berlin aus:

> Göring hat sofort die ganze Kommunistische Partei des Verbrechens für schuldig und die SPD für mindestens verdäch-

tig erklärt und diese vom Himmel gebotene, einzigartige günstige Gelegenheit ergriffen, um die ganze kommunistische Reichstagsfraktion, Hunderte oder gar Tausende von Kommunisten in ganz Deutschland verhaften zu lassen und die ganze kommunistische Presse auf vier Wochen, die ganze sozialdemokratische Presse auf vierzehn Tage zu verbieten. Die Aktion mit Verhaftungen, Verboten, Haussuchungen, Schließung von Verkehrslokalen geht munter ins Unabsehbare weiter. Göring hält dazu blutrünstige Reden, die stark nach »Haltet den Dieb!« klingen.

Die Nazis machten die Presse mundtot, griffen Oppositionsparteien an und erreichten damit 43,9 Prozent der Stimmen bei den Parlamentswahlen am 5. März. In der darauffolgenden Woche erhielten sie die Mehrheit bei den Kommunalwahlen. Noch vor Ende des Monats wies Hermann Göring seine Polizei an, die verbliebenen oppositionellen Reichstagsmitglieder zu verhaften. Ohne Opposition nutzte der von den Nazis kontrollierte Reichstag das Ermächtigungsgesetz dazu, Hitler vier Jahre diktatorische Macht zu verschaffen. »Gleichzeitig mit der Säuberung des öffentlichen Lebens wird die Reichsregierung eine allgemeine moralische Säuberung vornehmen«, erklärte Hitler im März 1933. »Das gesamte Bildungswesen, Theater, Film, Literatur, Presse und Rundfunk werden als Mittel dafür eingesetzt werden.«

Zu diesem Zeitpunkt, oder kurz danach, hatte Swarzenski bereits die modernen Kunstwerke aus den Städelgalerien entfernt. Später erklärte sein Assistent Oswald Goetz die pragmatische Reaktion auf die fanatische Kulturpolitik des Hitlerregimes:

Wir erfuhren, daß van Gogh zu einer großen Gruppe der degenerierten Künstler gehöre und daß seine Gemälde eine Gefahr für die Moral des Volkes seien. Um Auseinandersetzungen mit dem Kommissar der Nazis zu vermeiden, der dem Institut beigegeben war, und auch mit den Proletariern dieser Partei, entschieden wir uns dazu, die gefährdeten Gemälde aus den Galerien herauszunehmen und bessere Zeiten abzuwarten. Diese kamen jedoch nicht. In einem kleinen

Zimmer unter dem Dach des Museums, getrennt von den öffentlichen Galerien, sammelte ich sechzig bis siebzig Bilder der »entarteten« Kunst an. Darunter waren die deutschen Expressionisten, die französischen Kubisten, Beckmann, Kokoschka, Corinth, Klee, Chagall, Picasso, Braque, Munch, sogar Matisse und natürlich van Goghs *Dr. Gachet*. Ich behielt den Schlüssel zu diesem Gruselkabinett in meiner Schublade, und es war jedesmal eine besondere Zeremonie, wenn ich diese Bilder heimlich denjenigen zeigen durfte, die sich nicht der Nazidoktrin angeschlossen hatten. Aber es war ein erniedrigendes Unterfangen – meine heimlichen Unterhaltungen mit Dr. Gachet waren durchaus nicht ermutigend.

Von Anfang an wollten die Nazis die totale Kontrolle über die Produktion und Präsentation bildender Kunst, die sie als Propagandainstrument betrachteten und für politische und kriminelle Zwecke einsetzten. Am 12. März 1933 setzte Hitler das Reichsministerium für Volksaufklärung und Propaganda ein. Er berief Dr. Joseph Goebbels zum Direktor. Dieser hatte schon seit 1928 an der Spitze der Parteipropaganda gestanden und war maßgeblich am Wahlsieg Hitlers beteiligt gewesen, weil er die Rundfunksender mit Hitlerreden überschwemmt hatte. Als Propagandaminister oblag es ihm, die deutsche Gesellschaft in den ideologischen Gleichschritt mit der Parteiideologie der Nazis zu bringen. Die sogenannte »Gleichschaltung« beschrieb der Historiker Gordon Craig später mit Recht als einen Begriff, »so kryptisch und unpersönlich, daß er kein Gefühl für Ungerechtigkeit, Terror und Blutvergießen übermittelte, die mit ihm einhergingen«.

»Politik ist Kunst«, erklärte Goebbels, »vielleicht die erhabenste Kunst und die größte, die existiert, und wir – die der modernen deutschen Politik Gestalt geben – fühlen uns wie Künstler, denen die hohe Verantwortung übergeben wurde, angefangen bei den dumpfen Massen, das solide und kompakte Bild eines Volkes zu schmieden.«

Im September festigte Goebbels seine Kontrolle über die bildenden Künste, Musik, Theater, Literatur, Film, Presse und Rundfunk durch die Gründung der Reichskulturkammer, die parallel zum Propagandaministerium arbeitete. Er verlangte, daß deutsche Künstler der Reichskulturkammer angehören müßten, um Arbeit zu bekommen. Gleichzeitig verwehrte er jenen die Mitgliedschaft, deren Arbeiten oder politische Einstellung Hitler und den anderen Ideologen nicht paßten. Ab 1935 wurde auch Juden die Mitgliedschaft verweigert. Innerhalb der Reichskulturkammer war die Kammer für bildende Künste dafür zuständig, die Produktion der schönen Künste sowie Kunstausstellungen und den Kunstmarkt zu überwachen.

Die Nazis setzten auf seit langem bestehende anti-modernistische Strömungen, die die Entwicklung der Avantgarde in Deutschland seit Beginn des Jahrhunderts überschattet hatten. Naziideologen verdammten alle Arten von französischen und deutschen Modernisten – kubistische, fauvistische und expressionistische Gemälde und Plastiken – als »entartet«. Vollkommen unerträglich schien den Nazis die beißende Gesellschaftskritik von George Grosz und Otto Dix, die das Blutbad des ersten Weltkrieges und sein Vermächtnis in Bildern verstümmelter und verwundeter Soldaten dargestellt hatten. Die Bezeichnung »entartete Kunst« stammte ursprünglich aus der 1890 veröffentlichten, fünfhundert Seiten starken Schmähschrift *Entartung* von Max Nordau, der pseudowissenschaftliche Theorien bemühte, um zu belegen, daß »Entartete nicht immer Kriminelle, Prostituierte, Anarchisten und ausgesprochene Irre [sind]; sie sind häufig Autoren und Künstler.« Hitler, der eine Zeit lang Kunststudent in Wien gewesen war, attackierte die moderne Kunst. »Das Volk betrachtet diese Kunst als Auswurf einer frechen und unverschämten Arroganz«, behauptete er, »oder eines einfach schockierenden Mangels an Fertigkeit; es fühlt, daß dieses Kunstgestammel – diese Leistungen, die von untalentierten Kindern zwischen acht und zehn Jahren geschaffen sein mochten – niemals als Ausdruck unserer Zeiten oder der deutschen Zukunft gewertet werden können.«

Die Nazis weiteten die Anklage gegen den Modernismus (»er war für wenige Auserwählte – die Kunstintellektuellen und den Kunstmarkt«) in ihren breiten politischen Angriff gegen die Weimarer Demokratie und Kultur sowie gegen die

Marxisten, Bolschewisten, Kommunisten, Sozialisten und die Juden aus. Die Juden waren eine Minderheit von 564000 unter der 62 Millionen zählenden deutschen Bevölkerung, die vom Antisemitismus der Nazis als der Feind ausgemacht wurde. »Das eine wissen wir, daß unter keinen Umständen die Repräsentanten des Verfalls, der hinter uns liegt, plötzlich die Fahnenträger der Zukunft sein dürfen«, erklärte Hitler 1933. Doch zu Beginn hatten Swarzenski und andere in Kunstkreisen Schwierigkeiten damit, genau einzuschätzen, wie es weitergehen würde. Der Museumsdirektor, ein selbstbewußter Intellektueller, neigte dazu, die Nazirhetorik als irrational und extrem lächerlich abzutun. Er vermutete, daß sich die politische Situation wieder bessern würde. Weniger als drei Monate nach Hitlers Machtergreifung machte der Museumsdirektor seine eigenen Erfahrungen mit der Nazitaktik.

Gefeuert

Am 13. März 1933 ersetzte Göring den Oberbürgermeister Frankfurts, Ludwig Landmann, durch Friedrich Krebs, ein loyales Parteimitglied. Innerhalb weniger Wochen wurde Swarzenski darüber informiert, daß er mit sofortiger Wirkung suspendiert sei. Am 27. April berichtete Krebs der ihm vorgesetzten Naziparteiführung in Wiesbaden und erklärte seinen Entschluß, Swarzenski zum Ersuchen um seine Beurlaubung zu zwingen: »Der Generaldirektor der Städtischen Museen, Herr Prof. Dr. Georg Swarzenski, ist Jude ...« In anderen Briefen nannte Krebs den Kunsthistoriker später »Georg Israel Swarzenski«. Im Juli informierte Krebs den Regierungspräsidenten, daß Swarzenski ›in den Ruhestand‹ versetzt worden sei. Als leitender Direktor entlassen, verlor Swarzenski seine Stelle am Historischen Museum, am Museum für Kunsthandwerk und an der Städtischen Galerie. Zusammen mit einem Drittel der Fakultät wurde er auch als Honorarprofessor gefeuert. Doch Swarzenski hielt an seiner Stelle als Städeldirektor fest, für deren Besetzung die Nazis nicht zuständig waren, da es sich um eine private Stiftung handelte. Eine Nazizeitung beschrieb Swarzenskis kulturelle ›Verbrechen‹: »Der gute Besitzstand des Städel wurde durch fremdrassisches und kulturbolschewistisches Gebräu zersetzt.« Auch habe er versäumt, zeitgenössische Werke zu erwerben, die »ihren Ursprung aus Frankfurter Mutterboden zum Ausdruck bringen würden«.

Swarzenski war nicht der einzige Museumsdirektor, der seine Stellung verlor. Die Nazis setzten ungefähr zwanzig Direktoren und Kuratoren aus Museen in Berlin, Köln, Hamburg, Halle, Hannover, Lübeck, Mannheim und München sowie anderen Städten ab. Viele hatten moderne Kunst erworben und sich dafür eingesetzt, einige von ihnen waren Juden. In bestimmten Fällen warf das neue Regime einfach die alte Belegschaft hinaus, um eigene Leute einzusetzen. Unter den Opfern befanden sich Gustav Hartlaub von der Kunsthalle in Mannheim und Ludwig Justi von der Nationalgalerie Berlin. Justi weigerte sich, das Museum zu verlassen und zwang die Funktionäre, ihn in die Bibliothek zu versetzen, wo er blieb, bis er das Pensionsalter erreicht hatte. Sein Nachfolger, Alois Schardt, lagerte die moderne Kunst in das oberste Stockwerk des Museums aus, doch auch er wurde gefeuert. Fritz Wichert, Hartlaubs Vorgänger in der Mannheimer Kunsthalle, wurde ebenso wie Max Beckmann als Direktor der Städelschule entlassen. Ein Saal mit Beckmanns Gemälden in der Berliner Nationalgalerie wurde auf Dauer geschlossen.

Die rechtliche Grundlage für Swarzenskis Entlassung lieferte das bekannte »Gesetz zur Wiederherstellung des Berufsbeamtentums« vom 7. April 1933, das die Entfernung von Juden und anderen politisch unzuverlässigen Personen von ihren Posten in der Regierungsbürokratie und aus den – von der öffentlichen Hand geförderten – Universitäten und Museen anordnete. Am 11. April schloß Hermann Göring das Bauhaus in Berlin. Zahlreiche Mitglieder der Preußischen Akademie – unter ihnen Karl Schmidt-Rotluff, Käthe Kollwitz und Ernst Ludwig Kirchner – traten zurück, einige unter Zwang, andere aus Protest. Max Liebermann hatte bereits 1932 seine Präsidentschaft niedergelegt.

Ungeachtet des Drucks weigerte sich Swarzenski stur, seine Stelle aufzugeben. Krebs hatte bereits das fünfköpfige Museumsdirektorium entlassen und durch Nazikollegen ersetzt. Robert von Hirsch, einer der Museumsdirektoren, hatte mit Göring ausgehandelt, daß er samt seiner mit Hilfe von Swarzenski zusammengestellten Kunstsammlung emigrieren durfte. Der Preis, den Göring dafür wollte, war ein Meisterwerk des Lieblingskünstlers des Reichsmarschalls, Lucas Cranach. 1933 ging von Hirsch in die Schweiz. Doch sein Freund Georg Swarzenski dachte anders. Wie vielen assimilierten Juden widerstrebte ihm die Idee, das Land zu verlassen, dessen Kultur er angenommen hatte. Er war siebenundfünfzig und meinte, er habe zu viel zu verlieren. Außerdem besitze er wenig Geld und sei zu alt, um noch einmal anzufangen. Sein Sohn Hanns, ebenfalls Mediävist, arbeitete an einem wissenschaftlichen Forschungsinstitut in Princeton. Doch die Vereinigten Staaten, die sich immer noch im Griff der Depression befanden, boten einem älteren deutschen Kunsthistoriker wenig Perspektiven. Außerdem glaubte Swarzenski, er könne auf die Hilfe einflußreicher Freunde bauen. Zu diesen gehörte der Weinhändler Otto Henkell, dessen Tochter Annalies mit Joachim von Ribbentrop verheiratet war. Von Ribbentrop war Hitlers außenpolitischer Berater und von 1938 an deutscher Außenminister. Wie viele schätzte Swarzenski die Situation falsch ein. Damals hatten die Nazis die Juden bereits aus dem öffentlichen Dienst gedrängt und versagten jüdischen Studenten die Zulassung zu höheren Bildungseinrichtungen. 1935 nahmen die Nürnberger Gesetze den deutschen Juden das Bürgerrecht. Doch nach wie vor glaubten viele Deutsche der Propaganda, daß die seit 1933 errichteten Konzentrationslager nur Verbrechern vorbehalten seien.

Seltsamerweise fand Swarzenski in Oberbürgermeister Friedrich Krebs einen Beschützer. Der Rechtsanwalt und Richter Krebs war ein alter Kämpfer der Nazipartei, der sich in den zwanziger Jahren einen Namen als Anwalt gemacht hatte, indem er viele Parteimitglieder verteidigte, die brutaler Verbrechen gegen Kommunisten und andere angeklagt waren. Krebs war kahlköpfig und grobschlächtig. In voller Montur – mit hakenkreuzgeschmückter Armbinde und hohen schwarzen Stiefeln – sah er wie die Karikatur eines Nazibonzen aus. Er hatte sich beeilt, Frankfurt in eine Stadt der Nazis zu verwandeln, beaufsichtigte bis zum Ende des Jahres 1933 die Schließung von über fünfhundert jüdischen Geschäften. Als Gründungsmitglied der Frankfurter Ortsgruppe des Kampfbundes für Deutsche Kultur erwies er sich als wütender Antimodernist. Der Auftrag des Bundes war die Förderung von nazi-genehmer Kunst und der Angriff auf alle Formen von Modernismus. Unter Krebs gelang es dem Kampfbund, Aufführungen der *Dreigroschenoper* von Brecht/Weill zu zerschlagen.

Trotzdem tolerierte der Frankfurter Bürgermeister Swarzenskis Bleiben, der, wie er dachte, als Leiter eines Museums für alte Meister keinen wirklichen Schaden anrichten könne. Darüber hinaus diente der Erhalt des Frankfurter Kunstmuseums und der Universität (deren Schließung die Nazis einmal angedroht hatten) Krebs' eigenem Interesse als Bürgermeister einer Stadt, deren Stellung und Vitalität teilweise von diesen hoch angesehenen Institutionen abhing, die weitgehend durch jüdischen Bürgersinn finanziert worden waren.

Mit solch wohlwollenden Gesten versuchte Krebs bewußt, sich von Gauleiter Jakob Sprenger in Wiesbaden zu unterscheiden. Der Hardliner Sprenger stand in der Kommandostruktur der Nazis über ihm und kämpfte als Rivale um den Einfluß in der Stadt. Daß Krebs, der innerhalb der Nazihierarchie seine Position suchte, Swarzenski gestattete, im Amt zu bleiben, zeigte die für die wirren Anfangsjahre des Nationalsozialismus kennzeichnende Doppeldeutigkeit und Widersprüchlichkeit, mit denen die Nazi-Funktionäre ihre Macht festigten; die politische Front wurde häufig von miteinander konkurrierenden Bürokraten vorangetrieben. Extremisten, die Swarzenski loswerden wollten, überredeten Krebs dazu, eine Kommission (aus Künstlern, Architekten und dem neuen Direktor der Städelschen Galerie, Alfred Wolters) zu bilden, um seine Kompetenz als Leiter des Städel zu beurteilen. Swarzenski wurde vor die Untersuchungskommission befohlen, die ihn beschuldigte, »eine Menge fremdrassige, kulturboljewistische Machwerke

[Orthographie der Anklageschrift]« darunter vor allem zu viele von Max Beckmann angeschafft zu haben und zudem ein leidenschaftliches Bekenntnis zu Max Beckmann abzulegen. Swarzenski ergriff die Gelegenheit, eine bewegte Erklärung zu Beckmanns Unterstützung abzugeben. Nachdem nicht genügend Belastungsmaterial zu finden war, wurde die Kommission aufgelöst. Mit Krebs' stillschweigender Billigung hielt der Museumsdirektor aus.

Gleichermaßen weckte Joseph Goebbels Vorliebe für bestimmte deutsche Expressionisten die schwache Hoffnung, daß trotz der Parteirhetorik die Naziregierung bestimmte Formen avantgardistischer Kunst tolerieren würde. Als der Architekt Albert Speer Aquarelle von Emil Nolde in Goebbels neuer Residenz aufhängen ließ, hatte der Propagandaminister keine Einwände. Verbal unterstützte er auch den Nationalsozialistischen Deutschen Studentenbund, der mehrere Ausstellungen expressionistischer Kunst organisiert hatte. Und in einer Rede vom Mai 1933 nannte er die ›Neue Sachlichkeit‹ eine Bewegung »der deutschen Kunst der nächsten Dekade«.

Goebbels Hauptrivale um die Kontrolle der Künste war Alfred Rosenberg, ein fanatischer Antimodernist und Gründer des Kampfbundes, den Hitler 1934 als Chefideologen und Ausbilder der NSDAP einsetzte. Vielleicht wollte er damit die Macht des Propagandaministers schwächen. Rosenberg war der Autor von *Der Mythos des 20. Jahrhunderts*, in dem er erklärte: »Der Mythos ist der Mythos des Blutes, der unter dem Zeichen des Hakenkreuzes die Weltrevolution entfachte.« Goebbels stand auch in Konkurrenz zu Bernhard Rust, dem Reichsminister für Wissenschaft, Bildung und Unterrichtung der Öffentlichkeit. Er war die oberste Aufsichtsinstanz für die deutschen Museen und Kunstakademien. »Alfred Flechtheim gesprochen«, notierte Harry Graf Kessler am 15. Juli 1933 in sein Tagebuch: »Er erzählte von den Vorgängen in Berlin in der Kunst: die entgegengesetzten Richtungen innerhalb der Nazis, die, die die moderne Kunst bejahen, auch Nolde und Barlach, und die, die sie ausrotten möchten unter der Führung von Schultze-Naumburg.«

Goebbels, Rust und Rosenberg »kämpften nicht nur untereinander um die Verwaltung der Künste«, schrieb Jonathan Petropoulos in *Kunst und Politik im Dritten Reich*, »sondern sie waren gezwungen, sich mit einer ganzen Reihe von anderen Ministern zu messen: Himmler und Göring, die ihre jeweiligen Positionen oberhalb von Polizei und Wirtschaftsbürokratie als Mittel zur Unterwanderung nutzten. Die regionalen Führer, meistens Gauleiter und später Reichskommissare, stellten auch eine Konkurrenz dar.« Hitler versuchte durch das Aufsplitten von Verantwortlichkeiten seiner Untergebenen, eine Machtbalance aufrechtzuerhalten, um seine eigene Autorität zu festigen. Schließlich »erforderte es vier Jahre, die genauen Kriterien für die den Nazis genehme Kunst zu verfeinern«, schreibt Lynn Nicholas in *Der Raub der Europa*. »Am Ende wurde toleriert, was immer Hitler gefiel und was der Regierung zu Propagandazwecken am meisten nützte.«

Bei einem Besuch von Paul Rosenbergs Galerie in Paris im Sommer 1935 traf Swarzenski Alfred Barr, den Direktor des Museum of Modern Art in New York. Barr war einer der wenigen Amerikaner, die von Swarzenskis Situation wußten. Zwei Jahre zuvor hatte er Deutschland bereist und die repressive Kulturpolitik der Nazis aus nächster Nähe erlebt. In einer Artikelserie beschrieb er später die schockierende Lage. »Einer der größten deutschen Gelehrten, Prof Zwarzenski [sic], ehemaliger Generaldirektor der Frankforter Museen, ist abgesetzt worden«, schrieb er, und »in Frankfort sind bestimmte Galerien moderner deutscher Kunst einfach geschlossen [Orthographie des Originals].« Doch Barrs Berichte wurden von bedeutenden amerikanischen Zeitschriften als zu kontrovers abgelehnt, und so wagte 1934 nur sein Kollege Lincoln Kirstein, in *Hound and Horn* einen Artikel zu veröffentlichen. In Paul Rosenbergs Galerie erzählte Barr Swarzenski von seinen Plänen, eine große van Gogh-Retrospektive zu veranstalten und fragte ihn, ob er »van Goghs großartigstes Porträt«, das *Bildnis des Dr. Gachet* ausleihen dürfe. Wieder in New York erhielt Barr die Nachricht von Swarzenski, daß er beim Ministerium in Berlin um

Erlaubnis für die Ausleihe gebeten habe. (»Die Regierung hat eine neue Verordnung über die Ausleihe von Kunstwerken herausgegeben, die zur gleichen Zeit eintraf wie Ihre Anfrage«, schrieb er. »Das hat unzweifelhaft die Dinge kompliziert, und ich weiß nicht, ob wir die Erlaubnis bekommen.«) Im September informierte Swarzenski Barr darüber, daß eine Ausleihe nicht möglich sei. Unbeeindruckt versuchte Barr über eine Amerikanerin in Berlin, das Ministerium direkt anzusprechen. Was dann passierte, ist unklar, doch das Gemälde blieb in Frankfurt.

Am 2. November 1935, drei Wochen nach Eröffnung von Barrs van Gogh-Ausstellung im Museum of Modern Art, wurde dem Direktor der Städtischen Galerie in Frankfurt, Alfred Wolters, ein nur fünf Zeilen langes Telegramm vom Reichspropagandaministerium übermittelt. »Auf Anordnung der Reichskanzlei ersuche ich um sofortige Zusendung durch Eilboten der Photographie folgenden Bildes an Ministerialrat von Keudell, Reichspropagandaministerium: van Gogh Porträt Dr. Gachet. Reichspropagandaministerium im Auftrag gez. Ministerialrat von Keudell.«

Am gleichen Tag verlangte das Propagandaministerium in einem zweiten Telegrammen Fotos der zwei wertvollsten impressionistischen Gemälde des Museums: Auguste Renoirs *Gartenfrühstück* und Edouard Manets *Kroquett-Partie*. Beide Gemälde hatte Swarzenski vor dem Krieg erworben.

Dienstbeflissen schickte Wolters Fotos des *Gachet* nach Berlin. Was man dort mit dem Porträt im Sinn hatte, blieb unklar, weil van Gogh lange als germanischer Künstler gefeiert worden war und nicht notwendigerweise der Naziideologie zuwiderlief. Der Nazikritiker Wilhelm Schramm hatte absurderweise sogar behauptet, daß van Gogh den nationalsozialistischen Staat vorausempfunden hätte. »Viel von der Kraft, die erst eine Generation später in Deutschland zur politischen Wirkung kam, wurde erstmals in den Bildern des Flamen van Gogh sichtbar.« Er pries an van Gogh die »noble Barbarei, auf der die notwendige Erneuerung aller nordischen Völker beruht«, auch wenn er die »jüdische Literatia und die Kunsthändler« verhöhnte.

Am 17. Dezember hörte Wolters wieder von Berlin, doch diesmal von Bernhard Rust. Rusts plötzliches Eingreifen deutet darauf hin, daß er zu vereiteln suchte, daß das Propagandaministerium Weisungen gegenüber Museen aussprach, die eigentlich unter seiner Aufsicht standen. Er stellte drei Fragen: Gab es Einwände gegen den Verkauf der drei Gemälde? Konnte Wolters weitere Exponate vorschlagen, die von der Regierung zu einem hohen Preis verkauft werden konnten? Könnte der Museumsdirektor ihm Kunstwerke, vorzugsweise Impressionisten – in Privatsammlungen nennen, die ebenfalls den Zwecken der Regierung dienen könnten?

Am 18. Dezember wandte sich ein besorgter Alfred Wolters an seinen direkten Vorgesetzten beim Frankfurter Kulturamt. Der aus einer wohlhabenden Familie der Oberschicht stammende Wolters war weder von Natur aus noch von seiner Erziehung her ein Kämpfer. Doch nun zögerte Wolters, der möglicherweise von Swarzenski beraten wurde, keinen Moment, sich Rusts Forderungen zu widersetzen. Wolters, ein Freund von Swarzenskis Sohn Hanns, hatte sein ganzes Berufsleben lang unter dem Städeldirektor gearbeitet. Als der 1933 seines Postens als Direktor der Städtischen Galerie enthoben worden war, hatte Wolters diese Position übernommen. Er war seinem alten Vorgesetzten gegenüber loyal und arbeitete weiterhin eng mit ihm zusammen. In einem vertraulichen Brief informierte Wolters den Zuständigen bei der Stadt Frankfurt, Keller, darüber, daß Goebbels Fotos von einem Manet, einem Renoir und dem van Gogh verlangt hatte – drei der »allerwertvollsten« modernen Gemälde des Museums. Das Reich, so erklärte er, erwäge einen Verkauf der Bilder, und er widerspreche dem mit Nachdruck. Diese Gemälde, so argumentierte er, seien weithin als Meisterwerke berühmt und unersetzlich. Wegen Frankfurts enger Beziehung zur klassischen französischen Malerei des neunzehnten Jahrhunderts hätten sie besondere Bedeutung für die Stadt und ihre kulturelle Tradition. Durch ihren Verlust, behauptete er, würde die städtische Galerie ihren hohen Rang einbüßen. Schließlich erwähnte Wolters noch eine rechtliche Komponente: das *Bildnis des Dr. Gachet* von van Gogh war nicht mit städtischen Mitteln erworben worden, sondern war ein Geschenk des ehemaligen Stadtrates Viktor Mössinger an die Bürger gewesen. Als Alternative bot Wolters zwei repräsentative Bilder aus dem späten neunzehnten Jahrhundert an: Maurice Denis' *Die Badenden* und Henri-Edmond Cross' *Der Garten*. Was die Werke in Privatbesitz betreffe, die zum Verkauf geeignet seien, so behauptete Wolters, daß er keine kenne.

Von Wolters Bitte gedrängt, legte Keller die Angelegenheit am 19. Dezember dem Bürgermeister in einem Brief vor. Am selben Tag noch setzte Friedrich Krebs, den Worten nach ein Gegner der Moderne, dennoch unter buchstäblich den gleichen Brief seine Unterschrift und sandte ihn an Bernhard Rust in Berlin. Entschiedener in seiner Argumentation als Wolters riet Krebs gegen den Verkauf irgendeines Frankfurter Gemäldes der modernen Kunst.

Der Plan, impressionistische Gemälde gegen Devisen zu verkaufen, stammte, nach Lynn Nicholas, von dem Kunsthändler Karl Haberstock, der auch Parteimitglied war. Er behauptete, einen Sammler in Paris zu kennen, der daran interessiert sei, eine Anzahl von Werken für fünf Millionen Mark zu kaufen. Doch dieses Ansinnen wurde von Eberhard Hanfstaengel, dem Direktor der Berliner Nationalgalerie, zurückgewiesen und von einem Beamten im Ministerium Rusts unterbunden. Laut Nicholas weigerte der sich, den Zuständigen in den Museen zu gestatten, Objekte zu verkaufen, die »ein unersetzlicher Verlust für die öffentlichen Sammlungen« wären oder die Schenkungen waren oder deren Wiederverkauf aus rechtlichen oder moralischen Gründen verboten war. »Als die Angelegenheit Hitler vorgetragen wurde«, schrieb Nicholas, »lehnte dieser jegliches Geschäft dieser Art ab.«

1936 fanden die Olympischen Spiele in Deutschland statt, und vor dem internationalen Publikum suchten die Nazis tunlichst, ihre wahre Ideologie zu verschleiern. Trotzdem hatte Hitler zu dem Zeitpunkt schon klargemacht, daß er Modernismus in jeglicher Form nicht dulden würde, und der opportunistische Goebbels hielt sich daran. Am 26. November verbot das Propagandaministerium jegliche Kunstkritik, denn den Nazis zufolge war die Presse weitestgehend für der Erfolg des Modernismus verantwortlich. Am 1. Dezember ernannte Goebbels Adolf Ziegler, Parteimitglied und Lieblingsmaler des Führers, zum Präsidenten der Reichskammer der bildenden Künste, einer der sieben Abteilungen der Reichskulturkammer.

Im Juni 1937 verschärfte Goebbels seine Angriffe auf die moderne Kunst mit der Ankündigung einer Ausstellung über »Verfallskunst«, die im Sommer in München eröffnen würde. (»Trostlose Beispiele von Kunstbolschewismus werden mir vorgelegt«, schrieb Goebbels am 4. Juni in sein Tagebuch. »Jetzt schreite ich aber ein.«) Am 30. Juni erließ er ein Dekret, das Adolf Ziegler ermächtigte, für eine Ausstellung »die im Deutschen Reichs-, Länder- und Kommunalbesitz befindlichen Werke deutscher Verfallskunst seit 1910 sicherzustellen.«

Der Propagandaminister ernannte eine Kommission, die Ziegler bei der Auswahl der Stücke für die Ausstellung helfen sollte. Ihr gehörten aktive Nazis an: der von den Nazis eingesetzte Direktor des Folkwang-Museums Klaus Graf von Baudissin, der Kunstlehrer Walter Hansen, der Propagandakünstler Hans Schweitzer und Wolfgang Willrich, Autor von *Die Säuberung des Tempels der Kunst*, dem Buch, das zum Teil Anstoß für die Ausstellung »Entartete Kunst« gab. Ziegler und seine Kommission trafen am 7. Juli im Städel ein. (»Indem wir die Gemälde zur Seite schafften, hatten wir gehofft, sie würden der Aufmerksamkeit der Partei entgehen«, schrieb Goetz. »Doch die Beschlagnahmung der entarteten und bolschewistischen Kunstwerke fand unter der Kontrolle heimtückischer Experten statt, die mithilfe des gedruckten Katalogs vorgingen.«) Zieglers

Kommission durchkämmte die Sammlung der Städtischen Galerie, die Swarzenski und Goetz in einem Raum unter dem Dach eingeschlossen hatten. Für die Ausstellung wählten sie fünfzehn Gemälde und bildhauerische Arbeiten sowie über einhundert graphische Blätter. Sie nahmen Pablo Picassos *Frauenkopf* und Oskar Kokoschkas *Porträt Hermann Schwarzwald*, die in der Galerie neben dem *Gachet* gehangen hatten. Diese beiden Stücke entsprachen jedoch eigentlich nicht der Definition »deutsche entartete Kunst« aus Goebbels Dekret, denn weder Picasso noch Kokoschka waren Deutsche. Die Mitglieder der Kommission arbeiteten außergewöhnlich schnell, gaben ihre Anweisungen und zogen weiter. Vielleicht gelang es Wolters, den *Gachet*, der ebenfalls der Definition nicht entsprach, Zieglers Blick zu entziehen. Eineinhalb Jahre waren vergangen, seit er das Foto des Gemäldes und einen Protestbrief an das Ministerium geschickt hatte. Doch er hatte noch keine Antwort bekommen.

In den ersten zwei Juliwochen durchforstete die Kommission die modernen Sammlungen von zweiunddreißig Museen in achtundzwanzig Städten, darunter Berlin, Chemnitz, Köln, Dresden, Düsseldorf, Essen, Hamburg, Hannover, Königsberg, Leipzig, Lübeck, Mannheim, München, Stuttgart, Ulm und Weimar. In nur vierzehn Tagen hatten sie Anweisung erteilt, fünftausend Kunstwerke nach München zu transportieren. Einige Kommissionsmitglieder bezweifelten, daß Werke der beiden Weltkriegsopfer August Macke und Franz Marc auch sichergestellt werden sollten, doch Ziegler überstimmte sie. (Marcs Gemälde waren in der Münchener Ausstellung zu sehen, wurden aber entfernt, als die Ausstellung nach Berlin ging.)

Die Ausstellung »Entartete Kunst« wurde am 19. Juli 1937 in den Hofgartenarkaden in München eröffnet. In den Räumen der Gipssammlung des Antikenmuseums waren 650 Kunstwerke untergebracht worden. Abwechselnd ernste und sarkastische Bemerkungen, die direkt auf die Wände gepinselt worden waren, verbreiteten die schauerliche Botschaft der Nazis. »Irrsinn wird Methode« war auf einer Wand in Saal 5 zu lesen. »Verrückt um jeden Preis« begleitete Aquarelle von Kandinsky, der als »Lehrer des kommunistischen Bauhauses in Dessau bis 1933« bezeichnet wurde. Die Kommentare unterstrichen, daß die Verantwortlichen der Museen für diese Erwerbungen öffentliche Gelder verschwendet hätten (»Verschwendung von Steuergeldern des arbeitenden deutschen Volkes«). Beschuldigt wurden Kritiker, Kuratoren und Historiker: »Kulturschaden mindestens so toll wie die Ausgeburt unfähiger, boshafter oder kranker ›Künstler‹ ist die Verantwortungslosigkeit der literarischen Zuhälter der beamteten Museumsleiter und Referenten, die den Widergeist dem Volk aufgezwungen haben und ihn auch heute noch als Kunst anbieten möchten.« Elf Gemälde des Städel wurden in der chaotischen Ansammlung von Bildern gezeigt. An der Westmauer von Saal 1, der religiösen Themen gewidmet war, hing Beckmanns *Kreuzabnahme* in einer Reihe mit anderen Bildern so eng, daß die Rahmen aneinanderstießen. Marc Chagalls *Winter* befand sich im Saal der »jüdischen Künstler«. In Saal 4 war Kirchners *Gattin des Künstlers* mit der Bemerkung ausgezeichnet: »1919 5000 Mark.« Weitere acht Frankfurter Gemälde, darunter Heinrich Campendonks *Blumen und Tiere (Bergziegen)*, Marcs *Waldinneres mit Vogel*, Carl Hofers *Zwei Freunde* und Kokoschkas *Monte Carlo* hingen verstreut.

Goebbels präsentierte die von den Nazis abgelehnte Kunst, indem er die traditionelle Idee der Kunstausstellung umkehrte. Er wollte öffentliche Abscheu vor den Exponaten erzeugen und brandmarkte sie als gesetzwidrige Objekte, rassisch inakzeptabel und politisch subversiv (jüdisch-bolschewistisch). Sie durften nicht verehrt, sondern mußten verschmäht werden. »Wie tief der perverse jüdische Geist das kulturelle Leben in Deutschland durchdrungen hat, wird in den beängstigenden und entsetzlichen Gestalten der Ausstellung ›Entartete Kunst‹ in München gezeigt«, erklärte Goebbels in einer Rede im November 1937.

Ergänzend zu dieser Ausstellung veranstaltete Goebbels die »Große Deutsche Kunstausstellung« im erst kurz zuvor gebauten »Haus der Deutschen Kunst«. Sechshundert Exponate offizieller Nazikunst aus Malerei und Bildhauerei sollten die

Rassetheorie der Nazis verdeutlichen, die Volksgemeinschaft feiern und dem Volk gefallen. Vorwiegend Landschaftsgemälde waren ausgestellt. Dazwischen befanden sich Bauern- und Familienszenen, Soldaten und andere Vertreter der arischen Rasse, darunter auch Zieglers unbeholfene Akte. In einem Gemälde war Hitler als Ritter in einer Rüstung auf einem Pferd dargestellt. Bei der Ausstellungseröffnung sprach der Führer:

> Nun aber werden – das will ich Ihnen hier versichern – alle die sich gegenseitig unterstützenden und damit haltenden Cliquen von Schwätzern, Dilettanten und Kunstbetrügern ausgehoben und beseitigt. Diese vorgeschichtlichen prähistorischen Kultursteinzeitler und Kunststotterer mögen unseretwegen in die Höhlen ihrer Ahnen zurückkehren, um dort ihre primitiven internationalen Kritzeleien anzubringen.

Paul Rave, ein Kurator der Berliner Nationalgalerie, beschrieb das entsetzliche Spektakel:

> Seine Sprechweise wurde von Satz zu Satz aufgeregter. ... Er schäumte wie von Sinnen tatsächlich vor Wut, Geifer vor dem Munde, so daß selbst seine Umgebung entsetzt auf ihn starrte. War es ein Wahnsinniger, der da wie in Krämpfen sich bog, mit den Händen in der Luft herumfuchtelte und mit den Fäusten trommelte?

Kurz darauf floh Beckmann nach Amsterdam.

Die Ausstellung »Entartete Kunst« zog während einer Laufzeit von vier Monaten in München, offiziellen Angaben zufolge, über zwei Millionen Besucher an, mehr als die Große Deutsche Kunstausstellung, die nur von 400000 Besuchern gesehen wurde. Die offiziellen Zahlen deuten darauf hin, daß Goebbels es geschafft hatte, ein Massenpublikum zu einem Propagandaereignis zu holen. Doch die Besucherzahl gibt keine Auskunft über die Motive der Besucher und deren Reaktionen. »Viele Besucher der Ausstellung ›Entartete Kunst‹ waren ausländische Touristen, insbesondere Amerikaner und Briten«, berichtete die *New York Times* einige Wochen nach Ausstellungseröffnung, »aber es befinden sich auch viele deutsche Kunststudenten darunter, für die diese Ausstellung vermutlich die letzte Gelegenheit ist, moderne Kunst zu studieren.« Die Künstlerin Hannah Höch, die im September zweimal die Ausstellung besuchte, beschrieb das Publikum als ernsthaft und betroffen. »Die wichtigsten Werke der Nachkriegszeit sind hier vertreten. Nach dem öffentlichen Aufschrei ist es erstaunlich, wie gut sich das Publikum benimmt. Viele Gesichter sind verschlossen, und man kann auch eine Menge Opposition entdecken. Es wird kaum gesprochen.«

Am 27. Juli 1937 gab Goebbels einen zweiten, sehr viel umfassenderen Ukas heraus, der Ziegler Anweisung gab, »all jene Machwerke der Zeit der Dekadenz ... die sich als Deutscher Reichs-, Länder- oder Kommunalbesitz noch in Museen, Galerien und Sammlungen befinden, zu beschlagnahmen.« Die Kommission kam am 25. August erneut ins Städel. Diesmal beschlagnahmte sie 77 Gemälde, darunter 10 Beckmanns und das blaue *Stilleben* von Matisse, eine Schenkung von Hirschs, drei Plastiken sowie über 572 Zeichnungen und graphische Blätter. Oswald Goetz berichtete:

> Mein ›Gruselkabinett‹ war geleert, mit Ausnahme einiger weniger Gemälde, worunter sich auch *Dr. Gachet* befand. Die van Goghs in Köln, Essen, München und *Daubignys Garten* waren beschlagnahmt worden. Warum der *Dr. Gachet* den Argusaugen der Räuber entging, wußten wir nicht.

Goebbels riß die Kunstsammlung, die von Swarzenski über die vorangegangenen drei Jahrzehnte aufgebaut worden war, auseinander und machte das Städel wieder zu dem, was es am Anfang des Jahrhunderts gewesen war – zu einem Museum der alten Meister und der Landschaftsgemälde, das die Revolution, die da kommen sollte, bloß andeutete. Nach dem Besuch der Kommission begann die Belegschaft des Städel Listen zu schreiben; jede dokumentierte jedes Exponat der modernen Kunst, das vom Propagandaministerium beschlagnahmt worden war. Diese Listen wurden in zahlreichen Aktenordnern und Archiven des Museums abgelegt, Zeugnisse der über hundert Gemälde, 600 Zeichnungen und graphischen Blätter, die sich ehemals im Besitz des Museums befunden hatten.

Bis zum Oktober 1937 hatte Zieglers Kommission aus 102 deutschen Museen sämtliche moderne Kunst entfernt. 17000 Exponate – 5000 Gemälde und Plastiken und 12000 graphische Blätter wurden zu einem Lagerhaus in der Köpenicker Straße in Berlin transportiert.

Am 1. Dezember 1937 traf ein Beauftragter Zieglers in der Städtischen Galerie ein und sprach bei Wolters vor. Er erklärte, daß das Propagandaministerium weitere fünf Frankfurter Gemälde haben wolle: drei relativ kleine Gemälde, einen Gauguin (*Aus Tahiti*) und van Goghs *Bildnis des Dr. Gachet*.

Um Zeit zu gewinnen, verlangte Wolters eine schriftliche Bestätigung des Ministeriums. Währenddessen beantwortete er die Anfrage des Ministeriums nach dem Wert der Gemälde. Er setzte den Wert des *Gachet* bei 350000 Reichsmark an.

Noch am gleichen Tag erhielt Wolters die schriftliche Anweisung von Ziegler: »unverzügliche Übersendung« der fünf aufgeführten Gemälde »auf Anordnung des Führers«. Die Liste wurde vom *Bildnis des Dr. Gachet* angeführt (»1. van Gogh *Bildnis des Dr. Gachet*, 350000 Reichsmark«). Die Sendung hatte an die »Agentur Knauer, Station Kolonnenstrasse, Berlin« zu erfolgen. Unterzeichnet war die Anordnung von Zieglers Stellvertreter, Rolf Hetsch.

Wolters ließ sich Zeit. Er werde die Gemälde schicken, sobald er »die Genehmigung meines Herrn Oberbürgermeisters erwirkt« habe, teilte er dem Propagandaministerium mit. Doch seine Taktik war nicht sehr wirkungsvoll und verzögerte den Transport der Gemälde nur um ein paar Tage. Oswald Goetz holte den *Gachet* aus seinem Versteck.

> Unser Schreiner machte eine Kiste. Da van Gogh eine billige Leinwand von Père Tanguy verwendet hatte, befürchtete ich, das Gemälde würde während des Transports beschädigt werden. So ergriff ich ein paar Vorsichtsmaßnahmen. Als alles vorbereitet war, rief mich der Schreiner. Die Aufgabe war sauber ausgeführt worden. Das Gemälde lag gut abgesichert mit der Bildseite nach oben. Als der Schreiner ein Öltuch über das Bild legte, schauten mich die blauen Augen von

Gachet vorwurfsvoll an. Die Atmosphäre war wie bei einer Beerdigung.

Am 8. Dezember schrieb der Herausgeber der *Frankfurter Zeitung*, Max Brück, einen Brief an den Bürgermeister. »Durch Besucher der Städtischen Galerie sind wir darauf aufmerksam gemacht worden, daß ... *Das Bildnis des Dr. Gachet* ... in den Beständen der Galerie nicht mehr anzutreffen ist.«

Am folgenden Tag beklagte in einem nicht unterzeichneten Leitartikel der *Frankfurter Zeitung* mit dem Titel »Dr. Gachet« der Feuilletonist Benno Reifenberg den Verlust des Porträts. Er erwähnte nicht, daß das Gemälde verschwunden war. Statt dessen interpretierte er die Bedeutung des Gemäldes für Deutsche, die sich in den Naziterror schickten. Im sorgenvollen Blick des Doktors, der auf ein Verständnis von van Goghs Schicksal hindeutete, sah Reifenberg das unausgesprochene Verständnis unter Humanisten, die nun isoliert, entfremdet und unter Gefahr im Nazistaat lebten. Die düstere Stimmung des Porträts drückte die Verzweiflung aus, die Reifenberg unter der Tyrannei der Nationalsozialisten spürte. Mit dem Gefühl des heraufziehenden Untergangs zog er eine Parallele zwischen van Goghs Selbstmord und dem Schicksal der deutschen Nation.

Wer in der Ferne an das *Bildnis des Dr. Gachet* denkt und damit an das Museum Städels, dem das Werk van Goghs teuerster Besitz geworden ist, wer an das Gesicht dieses Arztes sich erinnert, der ist getröstet. Wie jeder getröstet wird, dem die Kraft des Guten als das unveräußerliche Kennzeichen des Menschlichen sich offenbart. Das Bildnis redet uns Heutige, uns, die Bereitwilligen, so unmittelbar an, daß es staunen macht, wenn man bedenkt, es sei vor fast einem halben Jahrhundert gemalt worden. Nämlich in jenen Wochen, in denen der Maler ... sterben sollte. ... Die beiden [van Gogh und Gachet] verstanden sich. Vielleicht brauchte deshalb vieles nicht ausgesprochen zu werden. In einem Brief an Gauguin (den man später unvollendet unter van Goghs Papieren gefunden hat), notierte der Maler: »... mein Freund Dr. Gachet sagte plötzlich, nachdem er zwei oder dreimal gezögert: Wie ist das schwer, einfach zu sein.« Das Bildnis, van Goghs letztes Porträt, zeugt dafür, daß auch in unserer Epoche die große Einfachheit gelingen kann. Am 4. Juli 1890 ist das Bildnis skizziert worden, am 29. Juli schied der Maler aus dem Leben. ...

Zuweilen etwa in dem Handgelenk der Rechten wird die Stille zur Müdigkeit. Es ist nicht die Müdigkeit nach Arbeit, es ist etwas von einer müden Erkenntnis, wie nach vielem Grübeln zustandegekommen.

Aber alle Linien und alle Farben führen zu dem Gesicht. ... Ein Staunen ist übriggeblieben und steht als fester Bogen in den Lidern. Die Augen schauen geradeaus, über den Maler hinweg und weiter. ... Diese beiden Augen sind tief und zugleich durchsichtig wie ein See; von ihnen geht die Ruhe eines noblen Menschen aus. Van Gogh hat in ebenjenem Brief an Gauguin den Dr. Gachet gekennzeichnet: »Sein Gesicht hat den schmerzlichen Ausdruck unserer Zeit.« Genau dieser Ausdruck ist durch die Achtung gebietende Kraft des Malers aufbewahrt worden, und aus den Schmerzen von einst können die Nachfahren dankbar Linderung auch für eigene Wirren finden.

Reifenbergs eloquente Verurteilung des Nazi-Regimes war einer der wenigen öffentlichen Proteste gegen die Beschlagnahmung moderner Kunstwerke durch das Propagandaministerium.

An einem Samstag, nicht lange nach Erscheinen des Leitartikels, saß Georg Swarzenski mit seiner Frau und mit Freunden zu Tisch, als die Gestapo kam und ihn aufforderte, mit zum Hauptquartier zu kommen. (Zuvor hatte ein Gaupropagandaleiter bemerkt, daß das »Verfallsprodukt« Swarzenski immer noch im Amt war und hatte das Direktorium des Städel gedrängt, ihn zum Rücktritt zu zwingen.) Swarzenski erklärte Marie die Situation und ging mit den Bewaffneten. Im Gestapo-Hauptquartier legte ein Offizier dann seine Pistole vor Swarzenski auf den Tisch und verhörte den Museumsdirektor wegen des Leitartikels. Obwohl er leugnete, etwas damit zu tun zu haben, behielt man ihn über Nacht dort. (»Nachdem Swarzenski von der Gestapodienststelle zurückgekommen war, wurde er wütender als jemals zuvor, und nach dieser negativen Erfahrung verstärkte er seine Bemühungen, in die Vereinigten Staaten auszuwandern«, schrieb Goetz.) Wolters, der dem Kulturamt mutig mitteilte, daß er völlig mit dem Leitartikel übereinstimme, wurde ebenfalls verhört. Reifenberg, der ins Propagandaministerium nach Berlin befohlen wurde, weigerte sich zu sagen, wer ihn über die Beschlagnahmung des van Gogh informiert hatte.

In den Wochen nach der Entfernung des *Gachet* zwang das Direktorium des Städel Swarzenski schließlich zum Rücktritt. Doch selbst dann weigerte sich der Zweiundsechzigjährige noch, Frankfurt zu verlassen. Im April 1938 erließen die Nazis ein Dekret, das Juden zwang, Besitztümer, die über eine Summe von 5 000 Reichsmark hinausgingen, anzugeben. Zwei Monate später »arisierte« die Regierung die jüdischen Geschäfte. Ärzten und Rechtsanwälten wurde eine Frist zur Schließung ihrer Praxen und Kanzleien gesetzt. Swarzenski fürchtete die Emigration, wenn er nur seine persönliche Habe und zehn Prozent seines Geldes mitnehmen könnte. Später erinnerte sich sein Freund Litschan Volhard, daß er den Museumsdirektor manchmal allein an einem Tisch im Bahnhofsrestaurant sitzen sah. Er schien zu wissen, daß seine Zeit abgelaufen war. Aber dennoch blieb er und sagte seiner geliebten Stadt auf diese Weise Lebwohl.

Nur wenige Tage nach der Veröffentlichung von Benno Reifenbergs Kommentar schrieb Johanna Mössinger, die Mutter Marie Swarzenskis, an Alfred Wolters und fragte nach dem *Bildnis des Dr. Gachet* – einer Schenkung ihres verstorbenen Mannes, die, wie sie gehört hätte, aus der Sammlung des Städel entfernt worden sei. Wenn dies wirklich der Fall wäre, bitte sie »respektvoll um Rückgabe des Gemäldes«. Zu dem Zeitpunkt lebte Frau Mössinger, die die Familie sonst zu Weihnachten in ihrem großen Haus in der Nähe der Alten Oper bewirtet hatte, in viel beengteren Verhältnissen. Die Inflation hatte ihre Erbschaft erheblich geschmälert, und die Weltwirtschaftskrise hatte sie arm gemacht. Anfänglich vermietete sie ein Zimmer, dann ein ganzes Stockwerk in ihrem Haus und schließlich hatte sie das Haus verkauft und war in eine kleine Wohnung gezogen.

Trotz der Bedrohung durch Gestapo-Verhöre gab Krebs den Kampf um die Rückgabe des *Gachet* nicht auf. Zwei Monate nach der Beschlagnahmung des Gemäldes reagierte das Frankfurter Kulturamt auf die Bitte, Informationen über das Gemälde zu sammeln, um den Bürgermeister für eine Besprechung in Berlin vorzubereiten. Dieses längere Memorandum sollte den naiven Versuch des Bürgermeisters, an den gesunden Menschenverstand und den guten Willen seiner Vorgesetzten zu appellieren, untermauern.

Am 13. Januar 1938 brachte Goebbels Hitler in das Lagerhaus in der Köpenickerstrasse, damit der Führer die Tausende von Beispielen »entarteter Kunst« inspizieren konnte. »Das Ergebnis ist vernichtend«, schrieb Goebbels in sein Tagebuch. »Kein Bild findet Gnade ... Einiges davon wollen wir im Ausland gegen gute Meister austauschen.«

Unterdessen versuchte Krebs Johanna Mössinger zu beruhigen. Am 14. Januar informierte er sie, daß das Gemälde zur Kammer für bildende Kunst geschickt worden sei, und erklärte, daß er keine definitive Auskunft geben könne, solange über dessen Schicksal in Berlin noch nicht entschieden wäre. Mitte Februar 1938 gab Rolf Hetsch Wolters nur Nachricht, daß das Porträt »unbeschädigt« in Berlin eingetroffen sei. Hetsch ließ den Museumsdirektor bewußt im unklaren. Zweifellos wußte er, daß das Propagandaministerium das Porträt zusammen mit Tausenden von Kunstwerken in dem Lagerhaus in der Köpenicker Straße verwahrte. Dort gab irgend jemand dem *Gachet* die Inventarnummer 15677.

18

Berlin: Hermann Göring und die Fremdwährung

1938

Es scheint mir früher eine ziemlich einfache Angelegenheit gewesen zu sein. Man nannte es Plünderung. Es war Sache der siegreichen Partei, das, was erobert wurde, wegzuschaffen. Aber heute sind die Dinge humaner geworden. Trotzdem habe ich vor, zu plündern, und zwar sorgfältig.

Hermann Göring in einer Rede vor Reichskommissaren der besetzten Gebiete, 1942

Anfang Mai 1938 erschien Josef (Sepp) Angerer, ein Berliner Antiquitätenhändler, im Büro von Friedrich Krebs in Frankfurt. Angerers Firma, Quantmeyer & Eicke in der Kronenstrasse 61-63, hatte sich auf Teppiche, Gobelins und Dekorationsstoffe spezialisiert. Unter der Naziherrschaft war das Geschäft aufgeblüht, denn sein wichtigster Kunde war Hermann Göring, mit dessen Ansichten Angerer konform ging. Als Jahre zuvor ein Münchner Kunsthändler zögerte, ihm seltene französische und belgische Gobelins zu verkaufen, drohte er, ihn mittels der Gestapo umzustimmen.

Angerer stellte sich Krebs als Unterhändler des Berliner Verantwortlichen für die Verwertung der beschlagnahmten »entarteten Kunst« vor. Er wolle das weitere Vorgehen im Fall *Bildnis des Dr. Gachet* besprechen. Er sei nach Frankfurt gekommen, um dem Bürgermeister zu raten, seinen Protest gegen den Verkauf des van Gogh einzustellen. Das Bild sei »lange Zeit« (fünf Monate) in Berlin gewesen, und nun solle es verkauft werden. Der verblüffte Krebs zweifelte an Angerers Befugnis. Eingedenk seiner Verantwortlichkeit gegenüber der Stadt weigerte er sich, zu kapitulieren.

»Ich erklärte Herrn Angerer«, schrieb Krebs später, daß »die Stadt das Bild nicht verkaufen dürfe, weil es eine Schenkung an die Städtische Galerie gewesen ist.« Angerer kehrte nach Berlin zurück, wo er vom Widerstand Krebs' gegen seine Vorgesetzten berichtete. Währenddessen bereitete sich der Bürgermeister auf eine Reise nach Sofia vor.

Nur Tage später, am 10. Mai, bevor er nach Bulgarien abreiste, erhielt Krebs einen Anruf von Hermann Göring. Im Verlauf des Gesprächs befahl der Reichsmarschall dem Bürgermeister, seinen Widerstand gegen den Verkauf des *Bildnis des Dr. Gachet* aufzugeben. Er nannte drei Gründe für die sofortige Veräußerung des Bildes, die Krebs sich notierte:

– Bei dem *Bildnis des Dr. Gachet* handelt es sich um ausgesprochen entartete Kunst.
– In aller Kürze werde ein Gesetz erlassen, welches die entschädigungslose Enteignung derartiger fragwürdiger Kunstwerke vorsehe.
– Der Führer wünsche diese Verkäufe, weil die auf diesem Wege zu erzielenden Deviseneinnahmen nützlicher seien als Bilder der fraglichen Art.

Es ist erstaunlich, daß das loyale Parteimitglied Krebs selbst unter so heftigem Druck an einer rechtlichen Argumentation festgehalten zu haben scheint und sich damit behauptete. Seiner Reputation sicher, weigerte sich der Bürgermeister, Görings Forderungen umgehend nachzukommen. Statt dessen beharrte der widerspenstige Bürgermeister vor dem Verkauf auf einer Klärung der rechtlichen Voraussetzungen, die die Schenkung von 1911 berührten. Sie beträfen die Frage des Besitztitels, die Rechte des Stifters und die Pflichten der Stadt. Göring erwiderte, daß Frankfurt zu einer sofortigen Entscheidung zu kommen habe, und beendete das Telefongespräch.

Im Frühjahr 1938 befand sich Göring auf dem Höhepunkt seiner Macht. Er war sowohl Chef der Luftwaffe als auch zuständig für den Vierjahresplan, was ihm beträchtlichen Einfluß auf die deutsche Wirtschaft gab. Außerdem war er Preußischer Ministerpräsident und Innenminister, was ihm Einfluß auf die Polizei gab. Übergewichtig, morphiumsüchtig (ursprünglich hatte er Morphium als Schmerzmittel eingenommen, als er beim Marsch auf die Feldherrenhalle verwundet worden war) und grotesk in Erscheinung und Geschmack, war Göring im Vergleich zu anderen Nazigrößen dennoch eine populäre Figur. Die Öffentlichkeit schien seine Erfolge als Kampfpilot im Ersten Weltkrieg zu bewundern. Sie mochte seine Volkstümlichkeit und seinen Sinn für Humor und tolerierte seine offensichtlichen Schwächen.

Göring machte sich später einen Namen als einer der habgierigsten Kunsträuber der Geschichte, der unter den Nazis nur noch von Hitler übertroffen wurde. Er nutzte die territoriale Expansion der Nazis in Österreich und der Tschechoslowakei, Polen, den Niederlanden und Frankreich als Gelegenheit, eine gigantische Kunstsammlung anzuhäufen. Göring stellte seinen Reichtum, seine Macht und sein Prestige durch acht Residenzen zur Schau, die er mit Gemälden, Gobelins und Plastiken ausstattete. Eine Berliner Residenz hinter dem Leipziger Platz, die Göring 1933 umgestaltet hatte, dokumentierte seinen Geschmack. Es war ein »verwinkeltes Gehege mit kleinen Räumen mit düsteren Glasfenstern und schweren Samttapeten, das mit klobigen Renaissancemöbeln ausgestattet war«, erinnerte sich Albert Speer. »Eine Art Kapelle stand im Zeichen des Hakenkreuzes, aber auch in den übrigen Räumen war das neue Symbol an Decken, Wänden und Fußböden angebracht.«

Josef Angerer war einer von neun Agenten, die für Göring Kunstwerke kauften und verkauften. Nach dem Fall Frankreichs im Juni 1940 eilte Angerer nach Paris, um als erster Zugriff auf die französischen Kunstschätze zu haben. 1940 und 1941 besuchte Göring zwanzigmal Paris und machte jedesmal im Jeu de Paume Station, um die Kunstsammlungen durchzusehen, die der Einsatzstab Reichsleiter Rosenberg (ERR) gestohlen hatte. Hitler hatte der vom »Kampfbund«-Gründer und Nazi-Ideologen Alfred Rosenberg geleiteten, in Paris ansässigen Organisation den Auftrag zur Beschlagnahme von Kunstsammlungen französischer Juden gegeben. Laut eines Berichts des OSS handelte Angerer »als Vermittler, indem er Göring Fotos der vom ERR beschlagnahmten Objekte vorlegte«, und der Händler »prahlte damit, Bücher, Möbel und Kunstwerke aus der Sammlung des Palais Rothschild für Göring zurück nach

Deutschland zu bringen.« Göring nahm ganze Wagenladungen entgegen. Die Stücke, die er für sich selbst auswählte, wurden verpackt und mit dem Zug nach Carinhall transportiert. Dies war ein Jagdschloß außerhalb Berlins, das er nach seiner verstorbenen Frau Carin von Fock, einer schwedischen Adligen, benannt hatte. In manchen Räumen waren Gemälde in drei, vier Reihen aufgehängt. »Zahlreiche Exponate der größten italienischen und deutschen Meister hingen Seite an Seite mit schlechten Schmierereien moderner deutscher Maler«, schrieb der amerikanische Gesandte Sumner Welles 1940. Göring schien *Brücke von Langlois* von van Gogh aus einer französischen Privatsammlung besessen zu haben, das er vermutlich für etwas, das mehr nach seinem Geschmack war, eintauschen wollte. Selbst nach dem Scheitern der Schlacht um England 1940, als Göring seine politische Macht verlor, stellte er den Erwerb von Kunstwerken nicht ein und vergrößerte ständig dieses Monument seiner Habgier und Kriminalität. Bei Kriegsende, so schätzten Offizielle des OSS, bestand die Sammlung Görings aus 1 375 Gemälden, 250 Plastiken und 168 Gobelins (die in den zwanziger Jahren zu den teuersten Stücken auf dem Kunstmarkt gehörten). Nach dem Krieg bezeugte Walter Andreas Hofer, der Direktor der Sammlung des Reichsmarschalls, daß sich Görings Ausgaben für Kunst schließlich auf 100 Millionen Reichsmark belaufen hatten.

Nur Hitler übertraf Göring noch, denn bei Kriegsende bestand seine Kunstsammlung aus rund 5 000 Exponaten. 1939 hatte Hitler Hans Posse, den Direktor der Gemäldegalerie in Dresden, zum Leiter seines geplantes Führermuseums in Linz benannt. Da ihm die Kunstwerke aus den Plünderungen in den besetzten Gebieten sowie die Geldmittel für den »Sonderauftrag Linz« zur Verfügung standen, wollte Posse eine Kunstsammlung zusammenzustellen, die einen kompletten Überblick über die europäische Kunstgeschichte geben würde. Seine ersten Erwerbungen tätigte er im 1938 »angeschlossenen« Österreich. Er stellte Gemälde, seltene Bücher und Münzen der Rothschilds sicher und holte um die 324 Gemälde aus jüdischen Sammlungen. Hitlers Unterhändler bedrängten die Familie

Czernin, Jan Vermeers *Der Maler in seinem Atelier* zu verkaufen. Das Gemälde war lange Zeit in ihrer Galerie in Wien ausgestellt gewesen und wechselte nun für 1,65 Millionen Reichsmark den Besitzer. (Dies war beträchtlich weniger als die Summe von 1 Million Dollar, die Andrew Mellon angeblich einige Jahre zuvor dafür geboten hatte.) »Ganz abgesehen davon, was Hitler gestohlen hat«, schrieb Janet Flanner, »seine Erwerbungen während der ersten fünf Jahre des Krieges, beliefen sich auf 163 975 000 Reichsmark, die größte von einer Einzelperson je getätigte Ausgabe für Kunst, die je verzeichnet wurde, besonders für einen Menschen, der davon nichts verstand und sich auch nicht darum scherte. Im letzten Jahr des Krieges fehlte ihm allerdings dafür der Sinn.«

Krebs kämpft um das Porträt

Bevor Krebs nach Bulgarien fuhr, übergab er seinem Stellvertreter Kremmer die Angelegenheit *Gachet*. Der Bürgermeister erklärte, daß eine Sitzung der Stadtverordneten einberufen werden müsse, um zu entscheiden, ob er dem Vorschlag des Reichsmarschalls zustimmen solle. Unterdessen sollte das Kulturamt die genauen Bedingungen prüfen, unter denen Victor Mössinger das Gemälde dem Museum vermacht hatte. Ohne das Problem gelöst zu haben, trat der Bürgermeister seine Reise an. Am nächsten Tag trafen sich die Stadtverordneten. Wie vorauszusehen, beschlossen sie, daß die Stadt nichts anderes tun könne, als Göring nachzugeben und dem Verkauf zuzustimmen. Nach der Sitzung setzte Kremmer eine Erklärung an Göring auf, in der er mitteilte, daß die Stadt der Freigabe des Bildes zugestimmt habe. Sobald eine Zustimmung der Vorgesetzten in Wiesbaden eintreffe, werde es überstellt. Der Brief war versandfertig, als Krebs aus Sofia anrief. Er verwarf sofort die Entscheidung der Stadtverordneten und befahl Kremmer, den Brief nicht abzusenden. Statt dessen bestand er darauf, daß sein Stellvertreter die Verwaltung des Kulturamtes konsultierte, damit alle wichtigen das Gemälde betreffenden Informationen morgen auf seinem Tisch lägen. Die Anwälte der Stadt sollten sich bereithalten, um ihn für eine Verteidigung der Angelegenheit in Berlin vorzubereiten. Folgende Fragen wollte er beantwortet haben: War die Schenkung Victor Mössingers unter Auflagen erfolgt, und wie bindend waren sie? Hatte Johanna Mössinger Rechte an dem Gemälde? Hätte sie ein Mitsprache- und Entscheidungsrecht, wenn der Verkauf des Gemäldes beschlossen werden sollte?

Die Anwälte machten sich an die Arbeit. Eine schnelle Untersuchung erbrachte, daß die Stadt zwar den Besitztitel für das van Gogh-Porträt besaß, das Vermächtnis Mössingers jedoch beinhaltete, daß die Stadt das *Bildnis des Dr. Gachet* »dauernd in der Galerie öffentlich ausgestellt« zu halten habe. Das behauptete jedenfalls Johanna Mössinger. Ein paar Tage später, am 20. Mai 1938, lieferten die Anwälte Krebs ein umfassenderes Bild der Rechte und Pflichten der Stadt gegenüber dem Porträt und der möglichen Folgen, die der Stadt im Falle eines Verkaufs des Gemäldes entstehen würden. Nach Ansicht der Anwälte hatte Mössinger dadurch, daß er das Gemälde der Galerie und nicht der Stadt schenkte, deutlich ausgedrückt, daß er es ständig ausgestellt wissen wollte. Falls die Stadt Frankfurt diesen Wunsch ignorierte, könnte sie den Erben des Stifters gegenüber zur Verantwortung gezogen werden, die das Gemälde zurückfordern konnten. Mit dieser juristischen Einschätzung ausgestattet blieb Krebs hart. Am 23. Mai schrieb er seinen Vorgesetzten in Wiesbaden. Im Ton eines ehrerbietigen Staatsdieners appellierte er an jedes bißchen Gerechtigkeitsgefühl, das sie vielleicht besitzen mochten. Er nutzte den Hinweis auf Johanna Mössingers Lebenslage als Angelpunkt seiner Argumentation. Vielleicht dachte er, daß ein Mitglied der Nazihierarchie den Problemen einer Witwe zugänglicher wäre als denen eines modernen Museums. Er bat seine Vorgesetzten, die Rechte der Witwe vor den Rechten der Stadt zu bedenken und schlug vor, daß beim Verkauf des Gemäldes Johanna Mössinger wenigstens eine kleine Entschädigung erhalten sollte. Frankfurt, so schloß er, könne das *Bildnis des Dr. Gachet* nicht »guten Gewissens« verkaufen.

Am 27. Mai hörte Krebs erneut von Johanna Mössinger. Sie verlangte höflich das Gemälde zurück. In seiner Antwort log Krebs und behauptete, bis jetzt noch keine Nachricht über das Gemälde erhalten zu haben.

Frustriert durch seinen fruchtlosen Versuch, über offizielle Kanäle zu erfahren, was Göring und Goebbels mit dem Bild gemacht hatten, wandte sich Krebs an ein anderes Mitglied der Nazi-Elite, Philipp Prinz von Hessen, Ministerpräsident von Hessen-Nassau. Er war mit der Tochter des italienischen Königs Emmanuel III., Prinzessin Mafalda von Savoyen verheiratet und wirkte als Unterhändler, der in Italien Kunst für das Museum in Linz akquirierte. Krebs schrieb am 30. Mai 1938 an den Prinzen, erklärte ihm den Fall des *Gachet* und bat ihn, sich bei Göring zu verwenden. Im Gegenzug, so versprach er, würde das Städel den Reichsminister gern mit einer griechischen Skulptur entschädigen.

No. 15677

Am 31. Mai 1938 erließen die Nazis ein Gesetz, das rückwirkend die Beschlagnahmung von »Entarteter Kunst« aus den Museen rechtfertigte. Das Gesetz enthob den Staat auch der Verpflichtung, die Öffentlichkeit für die verlorenen Sammlungen in irgendeiner Weise zu entschädigen. Nun kämpfte Goebbels mit dem Problem, was er mit den Tausenden von Kunstwerken tun sollte, die sich in dem Lagerhaus in der Köpenicker Straße stapelten. Im Juni schuf er die »Kommission zur Verwertung der Produkte Entarteter Kunst«, die von Franz Hofmann aus dem Propagandaministerium geleitet wurde. »Gemälde der Entarteten Kunst-Aktion werden nun auf dem internationalen Markt angeboten«, schrieb Goebbels am 28. Juli 1938 in sein Tagebuch. »Wir hoffen, dabei noch Geld mit dem Mist zu verdienen.« Doch das war problematisch, da der Kunstmarkt mit der Weltwirtschaftskrise zusammengebrochen war. Zudem würde allein die Anzahl der plötzlich käuflichen Exponate deutscher Expressionisten unweigerlich zu einem Preisverfall führen. Zu Beginn beschloß die Verwertungskommission, vier Kunsthändler mit dem Problem zu betrauen – Karl Buchholz, Ferdinand Möller, Bernhard Boehmer und Hildebrand Gurlitt. Man erlaubte ihnen, für wenig Geld Kunstgegenstände zu erwerben, solange sie mit fremder Währung bezahlten.

Das Propagandaministerium eröffnete bei der Reichsbank das »Sonderkonto Entartete Kunst«, auf das die Einnahmen aus den Verkäufen fließen sollten. Schließlich sollten diese Einnahmen Bernhard Rust übergeben werden, der sie wieder den deutschen Museen zuführen wollte, besonders jenen Museen, denen die Beschlagnahmungen die schwersten finanziellen Verluste zugefügt hatten. Das Sonderkonto EK stand unter der Aufsicht von Wirtschaftsminister Walther Funk, der die Gelder an die wichtigen Stellen leiten sollte.

Doch Monate bevor die Verwertungskommission im November zusammenkam, war das *Bildnis des Dr. Gachet* bereits verkauft worden. Am 10. Mai, als Göring Friedrich Krebs telefonisch unter Druck setzte, bat er nur um Zustimmung für eine schon geschaffene Tatsache. Damals schon hatte Göring den »Entartete Kunst«-Apparat umgangen und Vorbereitungen getroffen, das Gemälde durch seinen eigenen Händler Josef Angerer zu verkaufen. Die Transaktion beinhaltete nicht nur den *Gachet*, sondern auch zwei weitere Meisterwerke aus Museumssammlungen: Cézannes *Steinbruch Bibémus* aus dem Folkwang-Museum in Essen und van Goghs *Daubignys Garten* aus der Berliner Nationalgalerie. Cézannes Gemälde einer felsigen, baumbestandenen Landschaft in Ocker, Blau und Grüntönen war fast einen Meter lang. Er hatte es 1895 gemalt, und Karl Ernst Osthaus hatte es 1906 für sein Museum von Ambroise Vollard erworben. *Daubignys Garten*, die Version ohne die schwarze Katze, war sieben Jahre zuvor Ludwig Justis umstrittene Erwerbung für die Berliner Nationalgalerie gewesen.

Der Käufer der drei Bilder hieß Franz Koenigs, ein deutscher Bankier und Sammler, der in Amsterdam lebte. In einem Brief vom 18. Mai bestätigte Koenigs, daß er die drei Gemälde für 12000 englische Pfund in bar und 800000 Effekten-Sperrmark, die auf einem Konto lagen, kaufen wolle.

Franz Koenigs war ein Partner der Berliner Bank Delbrück, Schickler & Co. sowie der Amsterdamer Investmentfirma Rhodius-Koenigs Handels-Maatschappij.

In Kunstkreisen war Koenigs weithin bekannt für seine Sammlung von Zeichnungen alter Meister, die viele als die bedeutendste private Sammlung Europas betrachteten.

Koenigs zwang dem Reichsmarschall außer der britischen Währung auch Sperrmark auf, eine verbotene Währung, die nur innerhalb Deutschlands verwendet werden konnte und für internationale Bankiers nutzlos war. Die Sperrmark kamen aus dem Rhodius-Koenigs-Konto bei Delbrück, Schickler & Co. in Berlin.

Später erinnerte sich Angerer, daß Koenigs um die 500000 Reichsmark für die drei Gemälde bezahlt hatte. Theoretisch kostete der *Gachet* ein Drittel der Gesamtsumme, zirka 167000 Reichsmark.

Franz Koenigs schien an den Kauf eine Bedingung geknüpft zu haben: daß die Nazis für das Gemälde *Kreuzigung* von Mathias Grünewald das Ausfuhrverbot aufhoben. Doch diese Bedingung scheint irgendwann aus dem Brief gestrichen worden zu sein. (Koenigs' Erben verkauften nach dem Krieg den Grünewald an die Samuel H. Kress Stiftung, die ihn der National Gallery in Washington übergab.) Koenigs legte in einem Brief vom 18. Mai 1938, der später in Berliner Archiven gefunden wurde, den genauen Tag und Ort der Transaktion fest und fragte, ob Angerer es arrangieren könne, die drei Gemälde am Samstag, dem 21. Mai 1938 um 9 Uhr morgens ins San Regis Hotel in der Rue Jean Goujon 19 in Paris zu bringen.

Drei Tage nachdem er diesen Brief geschrieben hatte, holte Koenigs die drei Gemälde vermutlich selbst in Paris ab. Görings Unterhändler nahm 12000 englische Pfund in bar entgegen. Die weniger interessanten Sperrmark würden später bezahlt werden.

Görings Verantwortlichkeiten als Chef des Vierjahresplans beinhaltete die Regelung der Devisenkurse. Doch bei der *Gachet*-Transaktion ignorierte er die starren Regelungen für den Devisenaustausch. Von Anfang an bemühte sich Göring,

Angerers Geschäften den Anschein von Legalität zu geben, um die Zustimmung des Wirtschaftsministers zu bekommen, mit dem er um Einfluß konkurrierte. Um den Anschein von Korrektheit aufrechtzuerhalten, war Görings »Geschäftsgruppe Devisen« angewiesen, zu berichten, zu erklären und die Transaktion zu rechtfertigen. Der Verkauf der drei Gemälde an Koenigs löste eine Flut von Berichten, Memoranden, Buchführungen und wiederholten Versuchen aus, Teile der Transaktion, den Weg der Kunstwerke und des Währungsflusses zu dokumentieren und abzustimmen. Die Fülle an Papieren spiegelt die Beharrlichkeit, mit der Legitimität für die Beschlagnahme und den Verkauf der Gemälde vorgetäuscht werden sollte. Göring, der nie sehr sorgfältig mit seiner Buchführung war, konnte über diese Kunsterwerbungen niemals lückenlos Auskunft geben. Wenn es eine Buchführung gab, dann wurde sie oft erst nach Vollendung der Geschäfte entwickelt.

Gobelins und Kontenführung

Sobald Sepp Angerer Koenigs Geld in Händen hielt, nahm er 10 500 der 12 000 englischen Pfund und kaufte am 21. Mai drei Tapisserien aus dem achtzehnten Jahrhundert für 6 200 Pfund bei dem Brüsseler Antiquitätenhändler F. Stern-Drey. Die Gobelins zeigten *Jagdszenen Maximilians*, nach Zeichnungen von Bernaert van Orley. Er kaufte dort auch drei kleinere Gobelins für weniger als 1 600 Pfund. Die Maximilian-Gobelins waren für Carinhall bestimmt, und die billigeren Gobelins landeten in der Reichskanzlei. Angerer erwarb auch das Lucas Cranach-Bild *Nymphe an der Quelle*. Göring gab später an, daß der Cranach für seine persönliche Sammlung erworben wurde und er selbst dafür bezahlen werde. Am Ende des Krieges enthielt Görings Sammlung fünfzig Cranachs. Angerer gab Göring die restlichen 1 500 Pfund. Der bezahlte damit sofort den Berliner Händler Karl Haberstock, den Mann, der hinter der ursprünglichen Absicht steckte, Exponate aus Museen zu verkaufen. Das Geld sollte einen Teil des Kredits von 7960 Pfund abdecken, den Haberstock bereits für den Kauf sieben kleinerer Werke gewährt hatte. Zu diesen gehörte eine mythologische Szene von van Dyck, *Jupiter und Antiope*, sowie Stadtansichten von Wien, Pyrna und Dresden von Canaletto. Um die Differenz auszugleichen, die er Haberstock noch schuldete, bat Göring durch Staatsrat Neumann den Direktor der Reichsbank, Gelder vom Sonderkonto »Entartete Kunst« bei der Midland Bank in London auf Haberstocks Konto bei der Filiale einer Schweizer Bank zu transferieren. (Er versprach, dieses Darlehen bis zum Ende des Monats zurückzuzahlen.) Unterdessen gab Angerer weitere 400000 Lire für zehn flämische Gobelins aus dem achtzehnten Jahrhundert aus. Sechs davon waren für Hitler bestimmt. Angerer ging davon aus, er bekäme die Summe aus dem Sperrmarkbetrag erstattet, den Koenigs noch für die drei Gemälde schuldete. Die Käufe, die Göring für Hitler tätigte, so bemerkte Jonathan Petropoulos, waren nicht nur eine Geste der Loyalität, sondern »ein komplexes Geschäft, mit dem er seine eigenen Machenschaften tarnen konnte«. Angerer ging soweit, einen Beamten des Wirtschaftsministeriums zu bitten, Koenigs Bank zu beauftragen, die 800000 Effekten-Sperrmark direkt an ihn zu überweisen. Am 15. Juni stellte er dem Preußischen Staatsministerium 287000 Reichsmark für Gobelins in Rechnung.

Daß sich das *Bildnis des Dr. Gachet* tatsächlich nicht mehr in Deutschland befand, wußten nur sehr wenige – Koenigs, Angerer, Göring, Goebbels und einige Bedienstete, die für Devisengeschäfte zuständig waren. Doch statt die Erträge aus dem Verkauf des *Gachet* dem Staat zuzuführen, leitete Göring sie in seine eigenen Kunstsammlungsunternehmungen um, was von Hitler und Goebbels anscheinend stillschweigend gebilligt wurde. Goebbels war sowieso damit beschäftigt, die sich häufenden Werke der »entarteten Kunst« zu reduzieren, und möglicherweise hoffte er, daß Görings internationale Geschäftsverbindungen ihm bei der Lösung des Problems helfen würden. Im Gegensatz zum Wirtschaftsminister Funk war Goebbels kein penibler Buchhalter. Er übersah einfach den Umstand, daß Göring etwas von den Staatseinnahmen abzweigte, um seine

Sammlung zu vergrößern. Schließlich hatte die Beschlagnahmung des van Gogh nur am Rande mit der Konfiskation der »Entarteten Kunst« zu tun. Eigentlich hatten Haberstock und andere Nazis schon 1935, bei der ersten Anforderung eines Fotos durch das Ministerium, den van Gogh der Städtischen Galerie als vermarktbare Ware ins Auge gefaßt. Irgendwann bemächtigte sich Göring dann des Gemäldes, das ihm leicht veräußerbar schien, um für Gobelins und Gemälde zu zahlen, die er sich anders nicht hätte leisten können.

Göring eignete sich noch zehn weitere beschlagnahmte Gemälde an, die er hoffte im Ausland verkaufen zu können. Neun davon kamen aus der Berliner Nationalgalerie: *Weizenfeld* und *Junge Liebende* von van Gogh; *Drei Hirsche* und *Turm der Blauen Pferde* von Franz Marc; *Die Umarmung, Begegnung am Meer, Melancholie* und *Schneeschaufler* von Edvard Munch und *Der Hafen*, ein Landschaftgemälde von Signac. Ein dritter Franz Marc, *Hirsche im Wald,* stammte aus dem Museum in Halle.

Am 26. Juni 1938, einen Monat nachdem Koenigs die Gemälde in Paris in Empfang genommen hatte, war er immer noch die Sperrmarksumme schuldig. Unterdessen informierte Angerer das Büro für den Vierjahresplan darüber, daß Koenigs zugesichert worden war, er könne noch ein weiteres beschlagnahmtes Gemälde kaufen. Um welches Gemälde es sich dabei handelte, sagte er jedoch nicht und behauptete nur, daß »zuständige deutsche Behörden eine Freigabe des Gemäldes ablehnten«. Angerer wollte dem Sammler zwei weitere Gemälde anbieten und beabsichtigte, jemanden nach Holland zu schikken, um dort über den Verkauf zu verhandeln. Doch diese Transaktion scheint nicht stattgefunden zu haben. Am 19. Juli zahlte Koenigs dann die 800000 Reichsmark in Effekten-Sperrmark an das Preußische Staatsministerium.

Zufällig traf sich Friedrich Krebs am gleichen Tag mit Heinrich Hoffmann von der Verwertungskommission in dessen Büro im Propagandaministerium. Der Frankfurter Bürgermeister hoffte, endlich zu erfahren, was mit dem *Gachet* geschehen war. Hoffmann eröffnete ihm nur, daß das Porträt in der Tat bereits verkauft worden sei. Als Johanna Mössinger im darauf folgenden Monat erneut höflich anfragte, hielt Krebs sie wieder hin und gab vor, noch immer keine Informationen zu haben. Er versprach, sie zu informieren, wenn er einen abschließenden Bescheid hätte. Krebs wollte ihr die Wahrheit nicht sagen. Doch vermutlich informierte er zahlreiche Bedienstete der Stadt über den Verkauf des Gemäldes, und irgendwann im Sommer hörte Swarzenski davon, der dann die Nachricht seiner Schwiegermutter übermittelte. Trotzdem schrieb sie am 12. November noch einmal an Krebs. Der bestätigte, daß das Gemälde beschlagnahmt worden war, könne ihr aber nicht sagen, was die Behörden damit vorhätten.

Im September 1938 verließen Georg und Maria Swarzenski schließlich ihr geliebtes Frankfurt. Swarzenski nahm mehrere Beckmanns mit, die sich in seinem Besitz befanden, und ungefähr 10000 Dollar. Am 19. September schrieb er aus dem Hôtel des Rois in Brüssel an Paul Sachs, den Direktor des Harvard Fogg Art Museum und teilte ihm mit, daß er Deutschland vor einer Woche verlassen hätte. Im Oktober waren die Swarzenskis in London. Nur einige Wochen später, in der Nacht des 9. November, setzten Banden die Frankfurter Synagoge in Brand und zertrümmerten die Schaufensterscheiben jüdischer Geschäfte. Von 29000 Frankfurter Juden wurden 11000 in Konzentrationslager deportiert. 18000 Menschen schafften es zu entkommen. Aber wie viele von denen, die in andere Teile Europas flohen, tatsächlich entkamen und wie viele davon deportiert wurden, ist unbekannt.

Am 24. Januar 1940 informierte das Preußische Staatsministerium die Kuratoren des Städel, daß der Führer verfügt habe, den Museen keine Entschädigung für den Verlust der »Entarteten Kunst« zu gewähren. Doch auf Befehl von Reichsmarschall Göring würde das Städel 150000 Reichsmark für den *Gachet* erhalten, den Wolters drei Jahre zuvor auf 350000 Reichsmark geschätzt hatte. (Angerer hatte von einer Entschädigung der Stadt abgeraten, weil die Zuständigen »so viel Ärger gemacht hätten«.) Die Angelegenheit *Gachet* endete schließlich zehn Monate später, als Frankfurt am 10. Oktober

1941 das Geld erhielt. Göring zahlte auch dem Folkwang Museum 100000 Reichsmark und 150000 Reichsmark an die Nationalgalerie. Obwohl die Frankfurter Rechtsanwälte ursprünglich behauptet hatten, daß Johanna Mössinger im Falle des Verkaufs des van Gogh Anrecht auf eine Entschädigung hätte, vertraten die Zuständigen bei der Stadt am 20. Februar 1940 die Ansicht, daß ihr eine solche nicht zustehen würde.

Die Verwertungskommission war am Ende nur wenig erfolgreich. Nach sechs Monaten beschloß die Kommission, die Werke einfach zu zerstören. Am 20. März 1939 wurden im Rahmen einer Übung im Hof der Hauptfeuerwache in Berlin 1004 Gemälde und Plastiken sowie 3825 Aquarelle, Zeichnungen und graphische Blätter heimlich verbrannt. Aus Notizen, die bei der Sitzung der Kommission am 11. Dezember 1941 aufgenommen wurden, geht hervor, daß der Verkauf der »Entarteten Kunst« nur um die 1 Million Reichsmark eingebracht hatte. Die 12000 Pfund, die Koenigs für die drei Gemälde an Göring bezahlt hatte, tauchten nie in der offiziellen Buchhaltung auf.

Nachdem Swarzenski 1912 den *Gachet* für das Städel angeschafft hatte, registrierte die Inventarabteilung das »Geschenk des Herrn Stadtrat Victor Mössinger« in einem der großen, mit schwarzem Leder eingebundenen Bücher, in denen die Sammlung des Museums verzeichnet war. In zierlicher Schrift umfaßt der Eintrag mit der Überschrift *Porträt Dr. Gach*et dreizehn Zeilen am Ende einer Doppelseite. Das Bild wird sorgfältig beschrieben. »Auf seinen rechten Arm gestützt sitzt hinter einem Tisch der Dargestellte in zugeknöpftem, dunkelblauen (Preußisch-Blauem) Rock.« Des weiteren werden die gelben Bücher, das Wasserglas, die Blumen und das »dreifach differenzierte Blau«, das »das fahle Gelb des Kopfes« umgibt, erwähnt. 1938 wurden die dreizehn Zeilen ordentlich durchgestrichen und an den Rand schrieb jemand das Wort: »beschlagnahmt«.

19

Amsterdam: Der Weg ins Exil – Franz Koenigs und Siegfried Kramarsky

1938-1940

Im Mai 1938 rief Franz Koenigs Walter Feilchenfeldt in der Galerie Cassirer in Amsterdam an. Der siebenundfünfzig Jahre alte Bankier war bei den führenden Kunsthändlern in Europa bekannt und seit den zwanziger Jahren Kunde der Galerie. Er unterhielt sich häufig mit Feilchenfeldt, von dem er einige seiner schönsten Degas-Zeichnungen und Cézanne-Aquarelle erworben hatte. Koenigs hatte es sich zur Gewohnheit gemacht, nach Verlassen des Büros am Abend die Straße hinunter zur Galerie zu spazieren, wo ihm Feilchenfeldt dann die neu hereingekommenen Exponate zeigte. Manchmal blieb der Sammler auch zum Abendessen. Doch dieser spezielle Anruf war so außergewöhnlich, daß sich über fünfzig Jahre später die Frau des Händlers, Marianne Feilchenfeldt, noch daran erinnerte. Koenigs erzählte Feilchenfeldt, daß er im Antiquitätengeschäft Quantmeyer & Eicke in Berlin gerade drei moderne Gemälde gesehen hatte, die sich in Sammlungen deutscher Museen befunden hätten: Paul Cézannes *Steinbruch Bibémus*, Vincent van Goghs *Daubignys Garten* und *Bildnis des Dr. Gachet*. Koenigs fragte Feilchenfeldt, ob er Interesse hätte, sie zu kaufen.

Feilchenfeldt, damals dreiundvierzig Jahre alt, war einer der Direktoren der Galerie Cassirer und ein Experte für Cézanne und van Gogh. 1928 hatte er eine große Ausstellung des Holländers organisiert. Doch der Anruf von Koenigs machte ihn wütend, und er erklärte ihm, daß er mit den Bildern nichts zu tun haben wolle. Der Galerist hatte Deutschland kurz nach Hitlers Machtergreifung 1933 verlassen. Vorher wickelte er die Geschäfte des Stammhauses von Cassirer in Berlin ab und verlegte sie in die Amsterdamer Filiale. Die Entscheidung zur Emigration traf Feilchenfeldt, nachdem er Zeuge geworden war, wie die Nazis eine Kunstausstellung kurzerhand geschlossen hatten, ohne auf Widerstand zu stoßen. Nach Feilchenfeldts Ansicht handelte es sich bei den beschlagnahmten Gemälden um gestohlenen Besitz, der rechtmäßig dem Folkwang-Museum, der Nationalgalerie und dem Städel gehörte. Auch wenn die Gemälde aus öffentlichen Sammlungen entfernt worden waren, und damit eher der Allgemeinheit als Privatbürgern etwas genommen worden war, betrachtete Feilchenfeldt die Beschlagnahmungen und den Verkauf der »Entarteten Kunst« als unrechtmäßig. Die durch die Verkäufe erzielten Einnahmen an Fremdwährung gingen, so glaubte er, in die deutsche Rüstungsindustrie. Da die Nazis keinen rechtmäßigen Anspruch auf die Gemälde hatten, würden die deutschen Museen schließlich die Rückgabe verlangen. Und jeder, dem die Gemälde dann gehörten, müßte sie zurückgeben.

Im Frühjahr 1938, als die Europäer versuchten herauszufinden, welche Pläne Hitler hatte, war wenig Zeit für lange Überlegungen, ob man die Gemälde kaufen sollte oder nicht. Obwohl sich viele in Frankreich, Belgien und den Niederlanden in Sicherheit wähnten, hatte Hitler bereits seine Expansionsbestrebungen gezeigt. Im März war Österreich annektiert worden und die Nazis hatten dort eine Terrorkampagne gegen die jüdische Bevölkerung begonnen. Die SS bediente sich bei den Sammlungen der reichen Wiener Juden, »schützte« sie im Kunsthistorischen Museum und anderswo. Jene Juden, die es schafften, Visa zu bekommen, bezahlten dafür mit ihrem Besitz.

Trotz Feilchenfeldts Ablehnung fragte Koenigs, ob er die Gemälde zur Galerie Cassirer schicken lassen dürfte. Er glaubte, Siegfried Kramarsky, ein deutscher Bankier, der seit den frühen zwanziger Jahren in Holland lebte, hätte vielleicht Kaufinteresse. Feilchenfeldt war einverstanden, und Koenigs ließ die Gemälde nach Amsterdam senden. Es war diese für Koenigs bezeichnende vorausschauende Entscheidung, die dem Gachet-Porträt am Ende ein heimliches Entkommen aus Deutschland ermöglichte. Als Finanzier und Sammler erkannte er sofort nicht nur die ästhetische Bedeutung der nach-impressionistischen Gemälde, sondern auch deren Vermögenswert, der mit der Bedrohung der politischen Stabilität Europas durch Deutschland steigen würde. Das *Bildnis des Dr. Gachet*, das sich Göring gesichert hatte, um seine Gobelins kaufen zu können, war nun eine Ware, deren kostbarste Eigenschaft darin bestand, zusammengerollt in einem Koffer versteckt werden zu können. Das berühmte Gemälde konnte in harte Währung und unter Umständen in sicheres Geleit eingetauscht werden. Das machte es besonders für Juden und all jene in Europa attraktiv, die plötzlich zu Flüchtlingen wurden. In einer Zeit wirtschaftlicher und politischer Unsicherheiten waren gut etablierte Kunstwerke so wertvoll wie Gold und Edelsteine. Koenigs war Pragmatiker. Er konnte behaupten, mit dem Kauf der beschlagnahmten Gemälde das ästhetische Dogma der Nazis unterlaufen und die Kunstwerke vor einer ungewissen Zukunft unter dem antimodernistischen Kulturprogramm der Nazis gerettet zu haben. Doch die drei Gemälde stellten nicht nur eine Investition dar, sondern auch die Möglichkeit, jüdischen Freunden zu helfen, deren Besitz und Wohlergehen zunehmend gefährdet waren.

Franz Koenigs und Siegfried Kramarsky hatten vom sozialen Hintergrund her wenig miteinander gemein. Trotzdem verband sie seit Beginn der zwanziger Jahre eine komplizierte Geschäftsbeziehung und Freundschaft. Damals waren beide von Deutschland nach Amsterdam gezogen und hatten bessere Geschäftsbedingungen in einem Land gesucht, dessen wirtschaftliche Verhältnisse stabiler als die deutschen waren. Als Finanziers fanden Koenigs und Kramarsky gleichermaßen Gefallen am Risiko und am Spekulieren. Mehrmals gewannen und verloren beide große Geldmengen. Als Koenigs den *Gachet* erwarb, schuldete er Kramarskys Bank eine beträchtliche Summe (offensichtlich mehr als eine Million Gulden). Vermutlich diskutierte Koenigs mit Kramarsky den Gemäldekauf, es ist aber auch möglich, daß Kramarksky sich dazu bereit erklärte, Koenigs die Gemälde unbesehen abzunehmen. Höchstwahrscheinlich verwendete Koenigs die drei Gemälde dazu, einen Teil seiner Schulden zu begleichen. Einzelheiten des Geschäfts, das den van Gogh von Koenigs zu Kramarsky transferierte, scheinen nur den beiden Bankiers bekannt gewesen zu sein. Es ist nicht bekannt, wie lange Koenigs den *Gachet* besessen hat. Koenigs schien nicht die finanzielle Kapazität gehabt zu haben, zu verhindern, daß der *Gachet* ihm durch die Finger schlüpfte.

Das *Bildnis des Dr. Gachet* traf höchstwahrscheinlich im Mai 1938 in der Galerie Cassirer ein. Vier Monate später, am 17. September 1938, registrierte einer der Direktoren der Galerie Cassirer und der inoffizielle Kurator der Sammlung Koenigs, Helmuth Lütjens, offiziell das Gemälde als Inventar der Galerie, indem er den Titel »*Gachet*« zusammen mit »*Steinbruch*« und »*Daubignys Garten*« in ein Geschäftsbuch schrieb, in dem er Kunstwerke registrierte, die Kunden der Galerie zur sicheren Aufbewahrung überlassen hatten. Als Besitzer der drei Gemälde gab er die Bank Siegfried Kramarskys, Lisser & Rosencrantz, an. Die Bilder befanden sich da schon in Kramarskys Besitz. Doch der hat sie nie in seinem Haus aufgehängt. Er lagerte die Gemälde in der Galerie ein und ließ sie dort, während er zu entscheiden suchte, ob und wann er Amsterdam verlassen sollte. Wo sich das Frankfurter Porträt befand, wußten nur Koenigs, Kramarsky, die Feilchenfeldts, Lütjens, Grete Ring (die dritte Direktorin der Galerie) und vermutlich die Partner. Der van Gogh hatte bereits vier Jahre im Versteck verbracht.

Koenigs

Bei der *Gachet*-Transaktion spielte Koenigs den Vermittler, eine Rolle, die er als anti-nazistischer deutscher Bankier der Oberschicht häufig spielte. Koenigs war 1881 in eine wohlhabende rheinländische Bankiersfamilie hinein geboren worden, die besonders zur Textilindustrie Verbindungen hatte. Er wuchs in einem großen Haus im Herzen Kölns auf und wurde von Privatlehrern unterrichtet. Nach einem kurzen Jurastudium in München begann er eine umtriebige Karriere im Banken-

und Geschäftswesen. In seinen Zwanzigern war er Lehrling in einer deutschen Spinnerei, Angestellter in einem Pariser Bankhaus, einer Londoner Jutehandelsfirma und Präsident einer rumänischen Ölgesellschaft. Mit zweiunddreißig Jahren wurde er 1913 Direktor von Delbrück, Schickler & Co., einer großen Privatbank in Berlin, an der seine Familie Anteile besaß. Das Bankhaus Delbrück operierte wie eine amerikanische Investmentbank, beschaffte Kapital für neue Unternehmen, vergab Geschäftskredite, handelte mit Aktien, Wertpapieren, Waren und Währungen. Es arbeitete mit eigenem Vermögen und Kapital von außen. Die Investitionen in bestimmte Firmen waren groß genug, um ihm eine Kontrollfunktion zu geben, und Koenigs saß in mehreren Aufsichtsräten. Als 1923 die Berliner Geschäfte infolge der Inflation stagnierten, ging Koenigs zusammen mit einem Cousin nach Amsterdam und gründete Rhodius-Koenigs-Handels-Maatschappij, eine Firma, die sich auf Währungs- und Warenhandel spezialisierte. Doch er blieb weiterhin im Aufsichtsrat von Delbrück.

Daß Franz Koenigs den Erwerb des Gachet-Porträts in Berlin in die Wege leitete, es in Paris abholte und nach Amsterdam brachte, hing mit seinem Terminkalender zusammen. Er bevorzugte ein Tempo, wie es eher für das späte zwanzigste Jahrhundert charakteristisch ist, als für die dreißiger Jahre. Von Natur aus ungeduldig, reiste er mit der Bahn und später mit dem Flugzeug durch ganz Europa. Seine Freunde erinnern sich, daß er stets zu irgendeinem Bahnhof eilte und kaum genug Zeit hatte, den Zug zu erreichen. Für seinen Geschmack verschwendeten die meisten Menschen viel zuviel Zeit auf Bahnsteigen. Seinen Freunden gegenüber war Koenigs äußerst großzügig. Nach Aussagen von Hermann Josef Abs, seinem Assistenten in Amsterdam und späteren Vorsitzenden der Deutschen Bank, basierten Koenigs Investitionsentscheidungen eher auf freundschaftlichen als auf finanziellen Erwägungen. Koenigs war zu dem Zeitpunkt Ende Fünfzig, ein großer, gefühlsbetonter, energischer Mann mit viel Charme und Humor. Er hatte ein hervorragendes Gedächtnis, was ihm in Geschäftsdingen und bei seiner Kunstsammlung sehr zugute kam. Seit 1913 war er mit

Anna Herzogin von Kalckreuth, der Tochter Leopolds von Kalckreuth verheiratet. Der Münchener Sezessionsmaler stammte aus einer deutschen Adelsfamilie. Sie hatte Koenigs kennengelernt, als dessen Vater von Kalckreuth beauftragt hatte, die Familienporträts zu malen.

Die Zeichnungen

1921 begann Koenigs, Zeichnungen alter Meister und moderner Künstler zu sammeln. Zwölf Jahre später umfaßte seine Sammlung 2671 Zeichnungen, die systematisch die großen Schulen der europäischen Kunst von der frühen Renaissance bis zum späten neunzehnten Jahrhundert abdeckten. Diese Geschwindigkeit zeugt nicht nur von Koenigs' Charakter, sondern auch von den Möglichkeiten, sich in den finanziell turbulenten Zwanzigern Kunstwerke leisten zu können. Große Sammlungen kamen auf den Markt, und jene, die genug Geld hatten, konnten in großem Stil einkaufen. 1929 erwarb Koenigs beispielsweise 250 Zeichnungen des Schweizer Sammlers Julius W. Böhler, der bankrott gegangen war. 1923 tätigte Koenigs seinen wohl spektakulärsten Kauf und erwarb die Gaburri-Mappen, gebundene Bücher mit 500 Zeichnungen des italienischen Hochrenaissancemeisters Fra Bartolomeo. Über die nächsten drei Jahre erwarb er noch ungefähr 700 Zeichnungen.

Koenigs besaß alte Meisterzeichnungen italienischer, französischer und deutscher Schulen – von Albrecht Dürer (17), Jacopo Tintoretto (40), Rembrandt (35 sowie 48 der Schule Rembrandts), Rubens (42), Antoine Watteau (31), Jean-Honoré Fragonard (38) und Giovanni Battista Tiepolo (50). Er besaß auch fabelhafte französische Zeichnungen aus dem neunzehnten Jahrhundert: 26 von Eugène Delacroix, 24 von Honoré Daumier, 21 von Edgar Degas, 13 von Edouard Manet und 22 von Henri de Toulouse-Lautrec. Er verwahrte die Zeichnungen in hölzernen Schubladenschränken, und wenn Besucher sie sehen wollten, legte er sie auf einem Billardtisch aus. In seinem

Haus am Florapark, einer Wohngegend im achtundzwanzig Kilometer westlich von Amsterdam gelegenen Haarlem, lebte er mit seiner Frau Anna und sechs Kindern.

»Es ist die tiefste Bezauberung des Sammlers«, so schrieb Walter Benjamin, »das einzelne in einen Bannkreis einzuschließen, in dem es, während der letzte Schauer – der Schauer des Erworbenwerdens – darüber hinläuft, erstarrt. Alles Erinnerte, Gedachte, Bewußte wird Sockel, Rahmen, Postament, Verschluß seines Besitztums.« Koenigs Sammelleidenschaft wurde zweifellos auch durch die Befriedigung über ein bestimmtes Maß an Kennerschaft angeheizt, wie sie sonst nur von Professionellen auf diesem Gebiet erreicht wurde. In den zwanziger Jahren gab es auf dem Gebiet der Zeichnungen kaum Dokumente, um ihre Echtheit zu belegen. Als Käufer war er schließlich auf seine Kenntnis der Kunstgeschichte und auf sein Auge angewiesen. Eine seiner schönsten modernen Zeichnungen war eine rote Kreideskizze von Toulouse-Lautrec. Sie zeigte eine junge Prostituierte, die schlafend auf dem Bett liegt. Eine zart wiedergegebene Szene, leicht und sorgenvoll zugleich.

Koenigs kaufte den Lautrec 1929. In diesem Jahr wendete sich sein finanzielles Glück infolge des Börsenkrachs in New York, der zu einer weltweiten Wirtschaftskrise führte. Die folgende Bankenkrise in Deutschland führte in Koenigs' Firma zu großen Verlusten. Dies traf auch ihn persönlich und war im plötzlichen Nachlassen seiner Kunsterwerbungen deutlich zu sehen. 1931 erwarb er nur neunzehn Zeichnungen und über die nächsten paar Jahre gar nichts mehr. Da er seine Finanzen in seine Sammlung hatte fließen lassen, eine relativ unproduktive Investition, besaß Koenigs nun wenige andere Ressourcen, auf die er bei der sich verschlechternden finanziellen Situation zurückgreifen konnte. Statt seine Zeichnungen zu verkaufen, entschloß er sich, eine große Summe von Kramarskys Bank Lisser & Rosencrantz zu leihen. Kramarsky und sein Partner Salo Flörsheim waren auf Risikokapital und verschiedene Arten von Arbitragegeschäften sowie auf Devisen- und Sicherheitenhandel spezialisiert. Sie verdienten Geld, indem sie die Preisspannen zwischen den Märkten in verschiedenen Ländern ausnutzten. Über die spezifischen Bedingungen und die Kreditabsprachen zwischen Koenigs und Lisser & Rosencrantz kann nur spekuliert werden. Doch zur Kreditsicherung hinterlegte Koenigs einen Teil seiner Sammlung. (Später wurde behauptet, daß er um die 4,5 Millionen Gulden für die Sammlung erhalten habe.) Der Sammler drängte darauf, die Zeichnungen nicht in einem Banksafe, sondern statt dessen im Boymans-Museum in Rotterdam aufzubewahren, wo die Kuratoren wüßten, wie mit den fragilen Blättern umzugehen sei. Damit hatte er zunächst sein Lebenswerk verloren. Nachdem seine Sammlung 1935 an das Boymans-Museum gegangen war, begann er, eine zweite Sammlung aufzubauen. Das meiste erwarb er über Walter Feilchenfeldt. Und diese Sammlung verbarg er vor seinen Gläubigern in seiner Berliner Wohnung.

Kramarsky

Nun hatten sich die Vorzeichen umgekehrt. Zehn Jahre zuvor hatte Kramarsky, laut Abs, in Koenigs' Schuld gestanden. Der Grund für Kramarskys Umzug nach Holland war der Bankrott des Bankhauses Lisser & Rosencrantz in Hamburg. Um die Firma in Amsterdam wieder neu zu beleben, hatte sich Kramarsky von Koenigs Geld geliehen. (Abs behauptete, daß Kramarsky der einzige Bankier war, den er je gekannt hatte, der nach einem Bankrott später die Gläubiger voll entschädigte.)

Kramarsky war am 14. April 1893 in Lübeck geboren worden. Sein Vater starb, als er zehn Jahre alt war. Seine Mutter, die als Wäscherin arbeitete, schaffte es nicht, ihre fünf Kinder zu ernähren und zu kleiden. Und so kamen er und sein Bruder Felix in ein Waisenhaus. Die Töchter blieben jedoch zu Hause. Seine Schulausbildung endete, als er mit vierzehn Jahren als Lehrling in eine Textilfirma eintrat, die ihn in die Provinz schickte, um Stoffe und Bänder zu verkaufen. 1916 ging er zu Rosencrantz & Co. (später Lisser & Rosencrantz) in Hamburg. Durch seinen Chef Franz Lisser lernte er Lola Popper kennen, die als Privatlehrerin Lissers Kinder unterrichtete. Lisser erzählte Lola, Kramarsky sei ein intelligenter junger Mann, und er ermunterte die beiden, zu heiraten.

Lola, eigentlich Violet Else Ingeborg Popper, war als Tochter von Karl Popper, einem Kohlenhändler, und Alma Flies 1896 geboren worden und hatte ihre Kindheit in Hamburg verbracht. Eine gute Ausbildung und einige Universitätssemester verschafften ihr solide Kenntnisse in Literatur und Kunst. Doch der Erste Weltkrieg, in dem ihr Vater und ihr Zwillingsbruder fielen, hatte ihr Leben erschüttert. Als sie Kramarsky kennenlernte, half sie ihrer Mutter gerade dabei, die Reste der Kohlenhandlung über Wasser zu halten. Lola war ernsthaft und gefühlsbetont, hatte dunkles Haar und dunkle Augen. Der Tod ihres Vaters und der gleichzeitige Verlust der finanziellen Sicherheit der Familie schienen sie gefestigt zu haben. So konnte Kramarsky Lola zwar nicht mit seinen sozialen Verdiensten oder seiner Ausbildung beeindrucken, doch er verdiente gut. Als die beiden 1921 heirateten, war Lola fünfundzwanzig Jahre alt.

Lola Kramarskys Entschlossenheit, eine Position als respektiertes Mitglied des europäischen Bürgertums zu behalten, scheint mit zunehmendem Alter und ihrer anhaltenden Bindung an Kramarsky zugenommen zu haben. Nicht lange nach ihrer Heirat ging Lisser in Pension und verkaufte die Firma an Kramarsky und Flörsheim. 1922 kam das erste Kind der Kramarskys, Sonja, zur Welt. Bernard folgte ein Jahr später und Hans Werner, der später Wynn genannt wurde, drei Jahre darauf.

1923 zogen die Kramarskys nach Amsterdam. Dort blühten die Geschäfte von Lisser & Rosencrantz. Die Kramarskys lebten in einem dreistöckigen Gebäude an der Prins Hendriklaan, nahe dem Rijksmuseum. Lola führte ihren Haushalt streng, und die Kinder wurden von Gouvernanten erzogen. Als die Kramarskys es sich leisten konnten, spendeten sie für jüdische Aktionen, erwarben Kunstwerke und Antiquitäten und schmückten ihr Haus mit französischen Tapeten, Möbeln aus dem achtzehnten Jahrhundert und Meißner Porzellan.

Franz Koenigs wurde einer der engsten Freunde von Lola und Siegfried Kramarsky. Sie reisten gemeinsam durch ganz Europa, besuchten Weingüter in Frankreich und Auktionen in Paris und London. Schon bevor Kramarsky nach Amsterdam gezogen war, hatte er Kunstwerke gekauft, doch unter Koenigs' Beratung erweiterten die Kramarskys ihre Sammlung. Sie erwarben holländische Landschaftsgemälde aus dem siebzehnten Jahrhundert, Zeichnungen von Watteau und Ölskizzen von Rubens. In den Zwanzigern hatten sich zu den französischen Möbeln die damals bei den Sammlern beliebten impressionistischen und post-impressionistischen Bilder gesellt. Lola mochte die Impressionisten und bewegte Siegfried zum Kauf. 1932 erwarb Kramarsky auf einer von Feilchenfeldt veranstalteten Auktion in Paris *Die Brücke von Trinquetaille* von van Gogh. Er zahlte dafür 361000 französische Francs. Das im Farbton graue Landschaftsgemälde der Brücke bei Arles hatte Hugo von Tschudi 1905 von Cassirer gekauft.

In Amsterdam waren sich die Kramarskys der Maßnahmen der Nazis gegen die Juden deutlich bewußt. In den ersten fünf Jahren der Naziherrschaft flohen fast 270000 der 525000 Juden aus Deutschland. Flüchtlinge strömten nach Amsterdam. Doch die »Reichskristallnacht« vom 9. November 1938 – als Nazihorden 191 Synagogen in Brand setzten, die Schaufenster von 7500 Geschäften zertrümmerten, 91 Menschen ermordeten und 20000 weitere in Konzentrationslager schickten – markierte ein neues Stadium der Barbarei. Um die Kosten der Zerstörungen zu decken, ließ Göring die Juden 1 Million Reichsmark Strafe zahlen und erließ ein »Dekret zur Entfernung der Juden aus der deutschen Wirtschaft«, das sie aus den letzten noch für sie verfügbaren Arbeitsbereichen vertrieb. Von diesem Zeitpunkt an übernahmen die Nazis jüdischen Besitz und legalisierten diese Beschlagnahmungen durch neue Gesetze. »Auf jede nur erdenkliche Weise wurden Besitztümer versteckt, verkauft oder exportiert«, schrieb Lynn Nicholas, »doch für das meiste war es jetzt schon zu spät.« Zwischenzeitlich hatte die »Arisierung« der Geschäfte die Juden gezwungen, ihre Unternehmen zu Schleuderpreisen zu verkaufen und dann noch

25 Prozent Kapitalfluchtsteuer zu zahlen. Es blieb ihnen oft nur noch ein kleiner Teil ihres Vermögens. Im Januar 1939 hatte Hitler deutlich gemacht, daß eine Lockerung dieser Politik nicht zu erwarten sei, und er erklärte vor dem Reichstag: »Wenn internationale jüdische Finanziers innerhalb und außerhalb Europas es schaffen sollten, die Nation erneut in einen Weltkrieg zu stürzen, wird das Ergebnis nicht die Bolschewisierung der Erde, und somit der Sieg des Weltjudentums sein, sondern die Vernichtung der jüdischen Rasse in Europa.«

Sonja Kramarsky nannte später das Ende der dreißiger Jahre die »schweren Jahre«, in denen ihre Eltern viel Zeit und Geld in die Unterstützung der Flüchtlinge steckten. Siegfried sammelte für das jüdische Flüchtlingskommitee, dessen Büro in der Räumen von Lisser & Rosencrantz untergebracht war. Man sagte Kramarsky und Salo Flörsheim nach, daß sie »unfehlbar immer neue Wege auftaten, Geldmittel zu sammeln und immer bereit waren, Geld vorzustrecken«. Im ersten Stock des Kramarsky-Hauses verbrachten freiwillige Helfer lange Stunden damit, um für die Immigranten Unterkunft und Arbeitsmöglichkeiten zu finden. Der Chauffeur der Kramarskys wurde regelmäßig mit dem Wagen zur Grenze geschickt, um Leute abzuholen. Lola arbeitete für das Flüchtlingskommitee und für das Amsterdamer Büro der Jugend-Aliyah, deren Aufgabe es war, jüdische Jugendliche auf ein Leben in Palästina vorzubereiten. Als sie erfuhr, daß eine große Gruppe Kinder in Amsterdam eintreffen sollte, verschaffte sie sich mit Freunden die Genehmigung, ein großes Haus aus dem siebzehnten Jahrhundert nutzen zu dürfen, das schon einmal als Waisenhaus gedient hatte, und richtete es eilig ein. Lola, die immer über reichlich Dienerschaft verfügen konnte, schrubbte dort nun selber auf den Knien den Fußboden.

Franz Koenigs half ebenfalls Flüchtlingen. Er nutzte seine weitläufigen Verbindungen zu deutschen Industriellen und Bankiers, um Geld und Vermögen von Juden heimlich aus Deutschland herauszuschaffen und die verheerende Fluchtsteuer zu umgehen. Für Käthe Oppenheimer, eine Freundin, erreichte er, daß »rheinländische Industrielle« ihre Gelder, die auf

Konten im Ausland lagen, mit Käthe Oppenheimers auf deutschen Konten liegenden Geldern tauschten. Koenigs' Versuche, die Restriktionen der Nazis bezüglich jüdischen Besitzes zu umgehen, brachten ihn mit den deutschen Behörden in Konflikt. Als Käthe Oppenheimer mit ihm zum Essen verabredet war, erschien Koenigs nicht. Erst in der Nacht kam er zu ihrer Wohnung und erzählte, daß er den ganzen Tag bei der Reichsbank festgehalten worden sei und die Nazis ihn wegen seiner Finanzgeschäfte verhört hätten.

Die Fischer-Auktion

Im September 1938 akzeptierten Großbritannien und Frankreich im Münchener Abkommen die Annexion des Sudetenlandes durch Hitlerdeutschland. Es sollte nicht die letzte deutsche Gebietsbeanspruchung sein. Im März 1939 brach Hitler dieses Abkommen und ließ Truppen in die Tschechoslowakei einmarschieren. Im folgenden Monat erschien eine Anzeige in der Zeitschrift *Art News* und kündigte eine Auktion von »Gemälden und Plastiken moderner Meister aus deutschen Museen« an. Diese Auktion, die von der Galerie Fischer in Luzern organisiert wurde, sollte am 30. Juni im Grand Hotel National stattfinden. In dem dreisten Versuch, mit der beschlagnahmten »Entarteten Kunst« Einnahmen zu erzielen, hatte Goebbels Verwertungskommission die Versteigerung von 125 Stücken, die als am besten vermarktbar erschienen, arrangiert. Der Auktionator Theodor Fischer, der in den zwanziger Jahren bei Cassirer in Berlin gearbeitet hatte, gab die höchsten Vorverkaufsschätzung (250000 Schweizer Franken) dem mit einer Widmung für Gauguin versehenen *Selbstporträt vor grünem Hintergrund* von van Gogh. Hugo von Tschudi hatte dieses Gemälde 1906 für die Staatsgalerie München erworben, wo es am 27. März 1938 beschlagnahmt worden war.

Für die Auktion hatte die Verwertungskommission elf Werke aus der Sammlung der Städtischen Galerie Frankfurt ausgewählt, darunter Gauguins *Aus Tahiti*, Kokoschkas *Hermann*

Schwarzwald, *Stilleben* von Matisse und Picassos *Frauenkopf*. Man nahm an, daß Picassos *Die Absinthtrinkerin* mit 73 500 Schweizer Franken und *Akrobat und junger Harlekin* mit 105 000 Schweizer Franken nach dem van Gogh die höchsten Preise erzielen würden.

Die Auktion in Luzern war ein höchst umstrittenes Ereignis. Viele Händler aus Europa und Amerika boykottierten den Verkauf. Die Preise lagen im allgemeinen niedrig. Walter und Marianne Feilchenfeldt gingen zur Auktion, um das Ganze zu beobachten. Der Herausgeber von *Art News*, Alfred Frankfurter, der für den New Yorker Finanzier Maurice Wertheim bot, kaufte den van Gogh für nur 200 000 Schweizer Franken inklusive einer Kommission von 25 Prozent und Wertheim vermachte das Gemälde später dem Fogg Art Museum in Harvard. Der Preis lag in der Nähe dessen, was Koenigs vor einem Jahr für den *Gachet* bezahlt hatte. Am Ende brachte die Fischer-Auktion um die 500 000 Schweizer Franken ein.

Alfred Barr, der Direktor des Museum of Modern Art, blieb der Auktion fern. Doch im August verkündete er, daß er bereits fünf Exponate der »Entarteten Kunst« erworben habe. Dazu gehörte Beckmanns *Kreuzabnahme*. »Das einzig Gute an der Emigration solcher Kunstwerke«, sagte Barr der *New York Times*, »ist die daraus folgende Bereicherung anderer Länder, in denen kulturelle Freiheit noch existiert.« Er betonte, daß er seine Neuerwerbungen nicht direkt von der Regierung des Dritten Reiches, sondern von Curt Valentin bezogen habe, einem Händler, der in New York eine Filiale der Galerie Buchholz eröffnet hatte. Charles Kuhn, der Direktor des Germanic Museum der Harvard University, dem späteren Busch-Reisinger-Museum, kaufte 1940 von Valentin die zwei wichtigsten Gemälde des Museums: Erich Heckels Triptychon *Ruhende Frau (Die Genesende)* und Max Beckmanns *Selbstporträt im Smoking*, für nur 600 Dollar. »Ich würde es begrüßen, wenn Sie nicht zu vielen Leuten erzählen würden, welchen Preis Sie für dieses Bild bezahlt haben«, meinte Valentin zu Kuhn.

Im Sommer 1939 bereitete sich Europa auf den deutschen Angriff vor und die deutsche Rüstungsindustrie steigerte ihre

Produktion. Am 23. August schloß die National Gallery in London. Kurz darauf folgten das Rijksmuseum und der Louvre ihrem Beispiel. Die Kuratoren im Louvre setzten ihre Evakuierungspläne in die Tat um. Sie hängten Gemälde ab, hoben Skulpturen von den Sockeln und packten Exponate in Kisten, die dann mit Lastwagen zu zahlreichen Schlössern in Südfrankreich gebracht wurden. Zu diesem Zeitpunkt befanden sich auch die Kunstwerke der Londoner Museen per Bahn auf dem Weg nach Schottland, und die Galerien anderer großer Museen in Europa wurden geräumt. Unter den unvergeßlichen Fotos der Zeit befindet sich auch das Bild der großen Galerie des Louvre, die Wände leer, der Boden mit leeren Rahmen übersät. Ein anderes Foto zeigt, wie Museumsbedienstete die Marmorstatue *Nike von Samothrake* in einer Holzkiste die aus Planken gefertigten Rutschen im Treppenhaus hinunterdirigieren. In Privathäusern fanden dieselben Vorbereitungen in kleinerem Rahmen statt. Tausende von Objekten verschwanden aus dem Blickfeld, denn die Besitzer versuchten, kostbaren Besitz vor Bombardement und Diebstahl zu schützen. »Überall hielt der Exodus bis in den Oktober hinein an«, schrieb Lynn Nicholas, »als die kleineren Sammlungen den Meisterwerken folgten.«

Zu diesem Zeitpunkt beschloß Siegfried Kramarsky, Teile seiner Sammlung von Amsterdam in die USA zu verlegen. Er beauftragte Helmuth Lütjens, *Bildnis des Dr. Gachet*, *Daubignys Garten* und *Steinbruch Bibémus* durch die französische Transportfirma Chenou nach London bringen zu lassen. Lütjens arrangierte, daß die Bilder am 14. August 1939 abgeholt würden. Von London aus gingen sie nach New York. Kurze Zeit später schickte der Händler Raphael Rosenbaum andere Stücke der Kramarsky-Sammlung, darunter *Brücke von Trinquetaille* von Amsterdam aus zu seinem Cousin Eric Striebel, der von einem kleinen Apartment in Manhattan aus die Kunstgalerie der Familie betrieb.

Am 1. September marschierten deutsche Truppen in Polen ein. Frankreich und England erklärten Hitler den Krieg. Die ruhigen Kriegsmonate an der Westfront zwischen September 1939 bis zum 9. Mai 1940, der sogenannte »Sitzkrieg«, begannen.

Am 11. November 1939 besuchten die Kramarskys Den Haag und bemerkten, daß vor dem britischen Konsulat Wagen gepackt wurden. Sie eilten nach Amsterdam zurück und erhielten von einem Freund die vereinbarte verschlüsselte Botschaft: »Heute Nacht wird es regnen«, die Invasion der Niederlande sollte beginnen. In dieser Nacht bestiegen die Kramarskys mit je einem Koffer Handgepäck das einzige Schiff, das Amsterdam verließ. Die *Jan Pieterszoon Coen* fuhr nach Holländisch Ost-Indien, doch in Lissabon gingen die Kramarskys von Bord und hofften, eine Passage nach Nordamerika buchen zu können. Von Lissabon aus schickten sie ihre beiden in Holland geborenen dreizehn und fünfzehn Jahre alten Söhne, die amerikanische Visa hatten, nach New York, wo sie bei einer Tante bleiben sollten. Da Siegfried, Lola und Sonja deutsche Pässe und nur kanadische Visa hatten, waren sie gezwungen zu warten, denn die unzureichende, niedrige amerikanische Quote für deutsche Immigranten war schon erfüllt. Wie sich dann herausstellte, verschoben die Nazis die Invasion der Niederlande. Kramarskys Partner Salo Flörsheim war in Amsterdam geblieben und wickelte die letzten Geschäfte der sich in Liquidation befindenden Firma Lisser & Rosencrantz ab. Neun Tage nach dem verschobenen deutschen Angriff schrieb Max Beckmann gefaßt an einen Freund: »Ich schreibe dieses gerade während einer Verdunkelung in Amsterdam, beim harmonischen Konzert des Sirenengeheuls.«

Der Verkauf der Zeichnungen

Nachdem Kramarsky Holland verlassen hatte und der Krieg unmittelbar bevorstand, konnte Koenigs nicht länger damit warten, seine Schulden an Lisser & Rosencrantz zurückzuzahlen. Da er nicht genügend Mittel besaß, war er gezwungen, sich Geld zu beschaffen. Im Herbst 1939 begann er seine Sammlung zu veräußern und machte dies in Sammlerkreisen bekannt. Koenigs hoffte, daß die Zeichnungen vielleicht vom Boymans-van Beuningen-Museum in Rotterdam erworben würden, wo sie sich bereits als Leihgabe befanden. Dann könnten sie wenigstens permanent in einer öffentlichen Sammlung in Holland bleiben, denn im Februar 1939 war Koenigs holländischer Bürger geworden. Da das Museum selbst nicht über ausreichende Mittel zum Erwerb der Sammlung verfügte, wandte sich der Direktor Dirk Hannema an die beiden Rotterdamer Sammler Daniel G. van Beuningen und Willem van der Vorm. Van Beuningen, Schiffseigner und Agent für zwei deutsche Kohlenfirmen, sammelte auch alte Meister. Doch keiner der beiden ergriff die Gelegenheit, die Sammlung Koenigs zu kaufen. Zweifellos erkannten sie, daß sie nicht unter Zeitdruck stünden. Am 13. März 1940 erklärte Hannema van der Vorm die nun erdrückende Situation Koenigs':

Heute hat mich Koenigs angerufen und erklärt, daß die Sammlung innerhalb der nächsten vierzehn Tagen nach Lissabon gebracht werden wird. Eine längere Verzögerung ist nicht mehr möglich, weil die Bank, der seine Sammlung als Sicherheit gehört, sich in Liquidation befindet. Herr Koenigs hat mir versichert, daß er alles nur Mögliche tun will, um die Sammlung hier zu behalten. Wie Sie wissen, wurde die Sammlung 1935 für 4,5 Millionen Gulden versichert, was ungefähr der Summe entspricht, die Herr Koenigs dafür über die Jahre ausgegeben hat. Sie wird nun für 2,2 Millionen Gulden angeboten. Anfänglich waren die bedeutenden französischen Zeichnungen des neunzehnten Jahrhunderts nicht inbegriffen, doch jetzt sind sie es. Zwei Zeichnungen von Dürer und Grünewald, die sich im Augenblick in Amerika befinden, gehören auch dazu. Meine Schätzung könnte niedrig genannt werden. Ich würde einen anderen Standard für den eventuellen Verkauf nur eines Teils der Sammlung anlegen. Es wäre eine Katastrophe, wenn sie (die Sammlung) Rotterdam für immer verlassen würde.

Der Museumsdirektor sandte am 21. März einen fast gleichlautenden Brief an van Beuningen. Doch die beiden Sammler machten immer noch kein Angebot. Am 2. April informierte Koenigs die Direktoren des Boymans-Museum darüber, daß die Sammlung nun uneingeschränkt Lisser & Rosencrantz gehöre. Am gleichen Tag erklärten Vertreter der Bank Hannema, daß ihr Transporteur beabsichtigte, die Sammlung »irgendwann in der Woche abzuholen«.

Am 8. April schrieb Hannema erneut an van Beuningen, der mittlerweile angeboten hatte, die Sammlung Koenigs (sowie einige Gemälde des Sammlers) für eine Million Gulden zu erwerben. (Kramarsky und Flörsheim schienen dieses Angebot abgelehnt zu haben.) Nun versuchte der Museumsdirektor, van Beuningen zu überreden, bei seinem Preis zu bleiben. Koenigs' Zeichnungen stellten die wichtigste Privatsammlung dieser Art dar und wäre so nicht wieder aufzubauen, führte er an. Um die Kosten für die Zeichnungen zu reduzieren, schlug Hannema vor, daß van Beuningen einige Zeichnungen verkaufen sollte. Am 9. April machte van Beuningen erneut ein Angebot – vermutlich wieder eine Million Gulden. Für diese Summe würde er alle Zeichnungen, drei Gemälde von Hieronymus Bosch und neun von Rubens nehmen. Das Angebot, so schrieb Hannema, stehe bis 10 Uhr abends. »Das neue Angebot ist unter diesen Umständen mehr als gut«, riet er den Bankiers, »und ich bin überzeugt, daß sie woanders nicht so leicht ein besseres Angebot bekommen.« Er fügte hinzu, die Sammlung sei bis Montag verpackt und am Dienstag zur Abholung bereit. Er erinnerte die Bankiers an das Transportrisiko bei solch fragilen Blättern: »Da jeder Transport ein Risiko darstellt und besonders alte Zeichnungen an Wert verlieren, wenn sie Feuchtigkeit ausgesetzt sind, werden die wichtigsten Blätter mit Zellstoff abgedeckt.«

Innerhalb weniger Stunden akzeptierten die Direktoren von Lisser & Rosencrantz das Angebot van Beuningens. Ihre Entscheidung, nur eine Million Gulden für die zwölf Gemälde sowie die Zeichnungen, die im Inventar des Boymans-Museum mit über 1,8 Millionen Wert veranschlagt waren zu nehmen, zeigt die verzweifelte Notwendigkeit, ihre Gelder aus Holland abzuziehen. Die Angst, an der Ausfuhr solch einer Sammlung gehindert zu werden veranlaßte sie, Bargeld zu akzeptieren.

In seinen Briefen zögerte Koenigs keinen Moment und zeigte auch keinen Schmerz über den Verlust seiner Sammlung. Dem Boymans-Museum war er dankbar. Einige Tage später schrieb er Hannema, daß er dem Museum noch zwei Zeichnungen von

Carpaccio geben würde um, wie er empfand, die Lücke bei den venetianischen Exponaten zu schließen. Das war eine Geste, die zeigte, wie sehr er es begrüßte, daß die Sammlung in Holland blieb.

Am 9. April marschierten die Nazis in Dänemark und Norwegen ein, und am 10. Mai begannen deutsche Flugzeuge die Angriffe auf Holland. In nur fünf Tagen nahmen die Nazis das Land ein. Innerhalb weniger Wochen setzten die Deutschen ihre eigene Regierung in Holland ein und befahlen die Inhaftierung der deutschen Juden, die nach 1933 nach Holland gekommen waren. Dann folgen sie dem Muster, das sie schon in Österreich angewandt hatten und durchforsteten die holländischen Kunstsammlungen.

Einen Monat nach dem Einmarsch traf Hans Posse, der Direktor des »Sonderprojekt Linz« im Boymans-Museum ein. Begleitet wurde er von Lukas Petrich, dem deutschen Schwiegersohn von van Beuningen, der Mitglied der NSDAP war. Sie waren wegen der Sammlung Koenigs gekommen. Am 14. Oktober berichtete Posse Hitlers Sekretär Martin Bormann, »der Führer stimmte im Prinzip der Erwerbung einer der berühmtesten Sammlungen alter Meister zu, die aus 24 Zeichnungen von Dürer, 40 von Rembrandt usw. besteht.« Der Preis für Teile der Sammlung, so Posse, beliefe sich auf 1,5 Millionen Gulden. Zu dem Zeitpunkt war Hannema schon der von den Nazis geschaffenen holländischen Kulturkammer als Aufsicht für die Museen beigetreten. Am 3. Dezember 1940 kaufte Posse 527 Zeichnungen der Koenigs-Sammlung, meist von deutschen Künstlern, für 1,4 Millionen Gulden. Er bekam weniger als ein Drittel der Sammlung und bezahlte fast 50 Prozent mehr, als van Beuningen für die ganze Sammlung gezahlt hatte. Solche Geschäfte waren möglich, als die Nazis noch mit ausreichend finanziellen Mitteln ausgestattet waren. »1940 war noch nicht allgemein bekannt, daß es für viele um Leben oder Tod ging, und wenige verstanden die Säuberungsideologie der Nazis. Zu diesem frühen Zeitpunkt schienen alle Arten von Kompromissen möglich«, schrieb Lynn Nicholas in *Der Raub der Europa*, »und während man auf Flucht oder Befreiung hoffte, gab es keinen Grund, die enormen Profite auszulassen, die auf Kosten des Feindes gemacht werden konnten. Nirgends war dies deutlicher als im Kunsthandel. Und nirgends war das Überleben von anderenfalls Verdammten eher möglich als durch die Befriedigung des Sammelfiebers, von dem die führenden Nazis besessen waren.« Bald darauf schenkte van Beuningen die restlichen 2200 Zeichnungen der holländischen Nationalsammlung. 1958 wurde das Museum in Boymans-van Beuningen-Museum umbenannt.

Göring wartete nur bis wenige Tage nach der Kapitulation Hollands, um die Beute zu sichten. Für 700000 Gulden hatte auch er sich Gemälde gesichert, die Koenigs gehört hatten. Er erwarb sie in einer verwickelten Transaktion von Alois Miedl, einem Nazi-Geschäftsmann, der seit 1932 in Amsterdam lebte und als Kunstagent für Göring tätig war. 1941 übernahm Miedl die Vermögenswerte von Lisser & Rosencrantz.

Im September 1940 besuchte der Frankfurter Bürgermeister Friedrich Krebs Franz Koenigs in Amsterdam, weil er ein altes Meistergemälde kaufen wollte. Von Koenigs erfuhr Krebs, daß »der van Gogh zusammen mit einem Cézanne und einem anderen Gemälde für 110000 Dollar verkauft worden war und sich in Amerika befand.« Doch Koenigs machte Krebs aus irgendwelchen Gründen Hoffnung, daß es »vielleicht möglich wäre, das Gemälde für »60000 Dollar« zurückzubekommen.

Am 6. Mai 1941 kam Koenigs beim Aufspringen auf einen Zug im Kölner Hauptbahnhof ums Leben. Von Anfang an glaubten Freunde, daß Koenigs von den Nazis ermordet worden war. Obwohl Koenigs wegen des Todes seines Sohnes, der im spanischen Bürgerkrieg gekämpft hatte Depressionen gehabt hatte, sagten diejenigen, die ihn kannten, er hätte sich niemals selbst das Leben genommen. Aus Angst vor möglichen Repressionen gegen die Familie in Holland schwieg Anna Koenigs-von Kalckreuth. Am 26. Mai 1941 hatten die von Posse für Hitler erworbenen 527 Zeichnungen aus der Koenigs-Sammlung die Gemäldegalerie in Dreden erreicht. Dort sollten sie aufbewahrt werden, bis das Führermuseum in Linz gebaut werden könnte.

Teil V

New York
in der Nachkriegszeit

20

New York: Emigranten

1941

Bei meinen Rundgängen durch das Metropolitan Museum ... besuchte ich eine Ausstellung französischer Gemälde im 2. Stock ... . Plötzlich sah ich mitten unter den Impressionisten das Kobaltblau des Dr. Gachet. *Ich ging näher, weil ich an eine optische Täuschung glaubte. Es schien das Frankfurter Bild zu sein, oder war es die andere Version, die ich niemals gesehen hatte? Nein, da waren die purpurnen Fingerhüte unserer Version. Um sicher zu sein, berührte ich ein Ornament des Rahmens, das ich einmal ausgebessert hatte. Es war der Frankfurter* Gachet. *Ich schaute wieder den alten Mann an, der sein trauriges Lächeln bewahrt hatte, und hörte ihn murmeln: »Vanitas vanitatum, et omnia vanitas«.* Oswald Goetz

So beschrieb Oswald Goetz seine Begegnung mit dem van Gogh-Porträt Anfang 1941. Der ehemalige Assistent von Georg Swarzenski war im Frühjahr 1938 aus Frankfurt in die Vereinigten Staaten geflohen. Im Dezember 1937 hatte er das Porträt zum letzten Mal im Städel gesehen, als er es für den Transport ins Propagandaministerium verpackte und *Gachet* »Lebewohl« sagte. Von dem Kauf des Porträts durch Franz Koenigs hatte er nichts erfahren. Die bittersüße Begegnung zwischen Goetz und dem verlorenen Porträt (»Leihgeber anonym«) war nicht so ungewöhnlich, wie es schien. Sowohl die Museumsbediensteten als auch die Bilder waren Teil der Migration von Exponaten und Personen aus Kunstkreisen, die vor Hitlers Unterjochung Europas geflohen waren. Der Kunsthistoriker Colin Eisler bemerkte, daß eine Reihe emigrierter Kuratoren »in Amerika exportierter Kunst wiederbegegneten, die sie erst in Deutschland gekauft hatten und dann in Amerika für Museen, die sie anstellten, wieder ankauften.«

Das Gachet-Porträt war im Herbst 1939 still und leise in einer gut versicherten Frachtkiste in New York eingetroffen und sofort eingelagert worden. Der erste Hinweis auf seine Existenz in Amerika war eine handgeschriebene Liste des Kunsthändlers Sammy Rosenberg aus dem Jahre 1940, die er möglicherweise kurz nach Eintreffen des Gemäldes in New York niederschrieb. Der deutsche Jude Rosenberg war wie die Kramarskys aus Amsterdam geflohen. Von dort aus ging er nach England, wo er als feindlicher Ausländer interniert wurde, bis er in die Vereinigten Staaten auswandern konnte. An erster Stelle der Liste führte Rosenberg die drei Gemälde auf, die Kramarsky von Koenigs erworben hatte. Der Galerist setzte für das *Bildnis des Dr. Gachet* den höchsten Wert fest: 45 000 Dollar. Die Summe war etwas höher als die für *Garten Daubignys*, 40 000 Dollars, doch dreimal höher als für *Steinbruch Bibémus* von Cézanne, dessen Wert er nur auf 15 000 Dollar festlegte. Irgendwann im Jahre 1940 war das Gemälde in der Galerie für alte Meister der Duveen Brothers in der Fifth Avenue 720 aufbewahrt worden.

Amerika nahm das van Gogh-Porträt bereitwilliger auf als dessen Besitzer. Die Kramarskys waren gezwungen, bis Januar 1940 in Portugal zu bleiben, weil sie keine Visa für die USA bekommen konnten. Als sie schließlich ihre Passage nach New York buchen konnten und dort ankamen, durften sie nur über Nacht bleiben und mußten dann sofort nach Montreal weiterfahren, wo sie erneut auf die Einreiseerlaubnis für die Vereinigten Staaten warten mußten. Franklin Roosevelt hatte sich den Bemühungen jüdischer Gruppen widersetzt, die Einreisequote für jüdische Emigranten in die USA anzuheben. Die Vereinigten Staaten gewährten zwischen 1933 und 1944 nur 157 000 deutschen Juden Asyl. 1938 wurden nur 18 000 Einreisen bewilligt. Im Mai 1941 erhielten die Kramarskys schließlich die Einreisegenehmigung und zogen nach New York. Während sie sich verzweifelt bemühten, Lolas Mutter, Alma Popper, die in Amsterdam geblieben war, zu retten, erfuhren sie in diesem Monat auch, daß Franz Koenigs umgekommen war.

Nur ein Teil der aus dem von den Nazis besetzten Europa Geflohenen waren Kunstsammler oder Menschen, die mit Kunst arbeiteten. Doch sie hinterließen deutliche Spuren auf dem amerikanischen Kunstmarkt. Der Aufstieg New Yorks als Zentrum moderner Kunst fiel mit dem Transfer moderner französischer und deutscher Gemälde und Plastiken sowie der Künstler, Händler und Galeristen, der Sammler und Kunstkritiker avantgardistischer Kunst nach Amerika zusammen, und viele dieser Menschen waren auf der Höhe ihres Berufslebens. Mit dem *Gachet* kamen nicht nur die Kramarskys, sondern auch der Wissenschaftler, der das Gemälde für die Städtische Galerie in Frankfurt 1911 erworben hatte. Georg Swarzenski zählte zu den Kunsthistorikern, die, so bemerkte Erwin Panofsky, durch den »glücklichen Umstand ..., daß der Aufstieg des Faschismus und des Nazismus in Europa mit der Entfaltung der Kunstgeschichte in den Vereinigten Staaten zusammenfiel«, Amerikas Kunstwelt bereicherten. Zahllose Fakultäten der höheren Bildungseinrichtungen in den Vereinigten Staaten profitierten von der enormen intellektuellen Migration, und die Kunstgeschichte zählte dazu. Zu den aus Deutschland emigrierten Künstlern und Architekten gehörten unter anderen Josef Albers, Marcel Breuer, Lyonel Feininger, Walter Gropius, George Grosz, Wassily Kandinsky, Ludwig Mies van der Rohe und Lászlò Moholy-Nagy. Aus Frankreich kamen Marc Chagall, Fernand Léger, Jacques Lipchitz, Piet Modrian und die Surrealisten André Breton, Max Ernst und Yves Tanguy.

Auch der Kunstmarkt emigrierte zusammen mit Händlern wie Georges Wildenstein, Paul Rosenberg und Germain Seligmann und siedelte sich in New York, dem neuen Zentrum der modernen Kunst an. Sowohl Rosenberg, der Picasso, Braque, Matisse und Léger zu den von ihm vertretenen Künstlern zählte, wie auch Wildenstein erkannten sofort die Gelegenheit, das Interesse am Werk van Goghs zu wecken. Jeder von ihnen veranstaltete während des Krieges eine van Gogh-Ausstellung, in der der *Gachet* zu sehen war. Die Ausstellung bei Wildenstein im Jahre 1943 zeigte über achtzig Werke, darunter *Schwertlilien (Iris)* sowie vierzehn Gemälde aus der Sammlung der Familie van Gogh, die sich bei Kriegsausbruch zufällig in den USA befunden hatten. Zeitgleich mit der Ausstellung Wildensteins lief in der Galerie von Pierre Matisse die Ausstellung *Künstler im Exil*, in der vierzehn Emigranten ihre Werke präsentierten. Durch Paul Rosenberg erwarb das Museum of Modern Art 1941 das erste van Gogh-Gemälde der Sammlung, *Sternennacht*.

1937 eröffneten auch die Galeristen Karl Nierendorf und Curt Valentin neue Galerien in New York. Sie brachten deutsche expressionistische Kunst mit, die wie der *Gachet* zu Sammlungen deutscher Museen gehört hatten. (Curt) Valentins Buchholz Galerie war eine Filiale der Berliner Galerie von Karl Buchholz, eines Händlers, der Zugang zum Lager der beschlagnahmten »Entarteten Kunst« hatte.

Als Finanz- und Kulturmetropole und Zentrum der amerikanischen Kunstwelt und ihres Marktes war New York das Ziel vieler Künstler, Sammler, Händler und Kunsthistoriker, die aus Europa hatten fliehen müssen. Dort fanden sie außergewöhnliche Museen vor: das Metropolitan Museum of Art, das Museum of Modern Art, die Frick Collection, das Whitney Museum of American Art und die Solomon R. Guggenheim Collection of Non-Objective Art. Diese Sammlungen spiegelten den wirtschaftlichen Erfolg der Stadt sowie Amerikas in ständigem kulturellem Wettbewerb stehende Beziehung zu Europa. Sobald Amerikaner genug Geld hatten, um Kunstwerke zu kaufen, richteten viele sofort ihren Blick auf die kulturellen Errungenschaften Europas und versuchten, sowohl bei der Anschaffung von Kunstobjekten wie auch beim Erwerb von Wissen aufzuholen. Der Besitz von Kunstwerken war gleichbedeutend mit sozialem Aufstieg. Als eine der reichsten Städte der Vereinigten Staaten war New York auch die wohl weltoffenste Stadt. Der Kunsthistoriker Erwin Panofsky, der 1930 seine Lehrtätigkeit in New York antrat, beschrieb die Atmosphäre, die ihn empfing:

> Zahllose Ausstellungen und endlose Diskussionen, privat finanzierte Forschungsobjekte, die heute begonnen und am nächsten Tag eingestellt wurden, Vorträge, die nicht nur an den Stätten der Gelehrsamkeit, sondern ebenso in den Häusern der Reichen stattfanden, wobei das Publikum in Zwölf-

Zylinder-Cadillacs, altgedienten Rolls Royces, Pierce-Arrows und Locomobiles eintraf.

Allein die Sammlungen des Metropolitan Museums machten nicht nur denen der Eremitage in Leningrad, sondern auch denen des Louvre Konkurrenz. Sie waren 1870 von einigen Geschäftsleuten ins Leben gerufen worden, die die Idee hatten, »eine mehr oder weniger vollständige Sammlung kunsthistorisch bedeutender Objekte« zusammenzutragen. Zu Beginn des Jahrhunderts hatte der damalige Berater des Museums, Roger Fry, geklagt, daß die Sammlung außer »sentimentaler, anekdotischer« Kunst des neunzehnten Jahrhunderts nichts aufzuweisen hätte. Damals konnte sie sich mit keiner der größeren europäischen Sammlungen messen. Doch Dank der Methodik ihres Präsidenten, J.P. Morgan, hatten die Kuratoren des Museums bis zum Ersten Weltkrieg die größten Lücken geschlossen. Als sich 1920 der wirtschaftliche Aufschwung auf seinem Höhepunkt befand, erhielt das Metropolitan Museum zahlreiche Schenkungen, darunter die bedeutende 1972 Objekte umfassende Sammlung von Louisine Havemeyer und deren Erben. Sie vermachte dem Museum eine Sammlung französischer Gemälde des neunzehnten Jahrhunderts, die nur von der Sammlung der französischen Regierung in Paris übertroffen wurde. Kurz vor Ankunft der ersten Emigranten wurde von drei Sammlerinnen, Lillie P. Bliss, Abby Aldrich Rockefeller und Mary Sullivan, 1929 das Museum of Modern Art gegründet, und die bislang vernachlässigte nach-impressionistische Kunst und Kunst des zwanzigsten Jahrhunderts hatte so einen Platz gefunden. In den zehn Jahren seit der Eröffnung des Museums hatte Alfred Barr hervorragende Ausstellungen organisiert und brachte dem Publikum dadurch zahlreiche avantgardistische Bewegungen wie den Post-Impressionismus nahe – 1929 *Cézanne, Gauguin, Seurat und van Gogh*, 1936 *Kubismus und abstrakte Kunst*, 1936 *Phantastische Kunst, Dada, Surrealismus* – sowie die großen Maler *Matisse*, 1931, *van Gogh*, 1935 und *Picasso*, 1939.

Im Metropolitan Museum entdeckte der emigrierte Kunsthistoriker Oswald Goetz das *Bildnis des Dr. Gachet* wieder, und zwar bei einer Ausstellung, die selbst ein Nebenprodukt des Krieges war. 1939 hatte der Kurator des Louvre, Réne Huyghe, an die siebzig Gemälde und ebenso viele Zeichnungen aus öffentlichen Sammlungen in Frankreich auf eine Tour durch südamerikanische Städte geschickt. Als die Tour endete, beschlossen die französischen Verantwortlichen, daß die Bilder »wegen des hohen Risikos des Seetransports zu Kriegszeiten sicherer auf dieser Seite des Atlantiks« seien. Von Südamerika aus gingen die französischen Kunstwerke zuerst nach San Francisco und dann ins Metropolitan Museum, wo der Kurator der Gemäldeabteilung, Harry B. Wehle, eine Ausstellung mit dem Titel *Französische Gemälde: Von David bis Toulouse-Lautrec* organisierte, die am 6. Februar 1941 eröffnet wurde. Wehle vervollständigte die Schau mit Leihgaben aus nordamerikanischen Sammlungen. Darunter befand sich auch der *Gachet*, den die Galerie Duveen beisteuerte. Die Kramarskys befanden sich zu der Zeit immer noch in Montreal.

Im Metropolitan Museum wurde das *Bildnis des Dr. Gachet* zum ersten Mal seit acht Jahren wieder öffentlich ausgestellt. Doch außer Goetz erkannten wenige das in der amerikanischen Öffentlichkeit unbekannte Bild. Selbst Wehle schien nicht zu wissen, um welches Bild es sich handelte. »Dieses«, so schrieb er in der Einleitung des Katalogs, »ist vermutlich die zweite Version«. Doch im de La Faille-Œuvrekatalog von 1928 wäre nachzulesen gewesen, daß das Frankfurter Exponat sich erheblich von der zweiten Version unterschied, die sich immer noch im Besitz von Paul Gachet befand. Aber zweifellos war Wehle, wie andere Amerikaner auch, mit drängenderen Problemen befaßt. Dazu gehörte die Frage über den Kriegseintritt der Vereinigten Staaten. Als Museumskurator wußte er von der Beschlagnahmung »entarteter Kunst« durch das Propagandaministerium der Nazis. Möglicherweise hatte er durch Kollegen wie Alfred Barr davon gehört oder in der Presse davon gelesen.

Im August 1937 berichtete die *New York Times*, daß Göring »eine Verordnung erlassen hat, die eine Säuberung aller deutschen Kunstmuseen und anderer öffentlichen Kunstausstellungen nach den von Hitler festgelegten Richtlinien verordnet.« Im Juli 1939 beschrieb die *Times* auch die Auktion der Galerie Fischer in Luzern und berichtete, daß ein Selbstporträt van Goghs verkauft worden sei. Vielleicht war Wehles Unkenntnis der Identität des Gemäldes darauf zurückzuführen, daß der Erwerb »entarteter Kunst« umstritten war. Die Kramarskys selbst könnten davon Abstand genommen haben, den Werdegang des Erwerbs ihres Gemäldes publik zu machen, weil einige Amerikaner die Umstände vielleicht mißbilligt hätten. Als Paul Rosenberg im Januar 1942 den *Gachet* in seiner Ausstellung *Van Gogh Meisterwerke* zeigte, führte der Katalog die Besitzer auf, vergaß aber, die Städtische Galerie in Frankfurt zu nennen. Dennoch wußte der Galerist zweifellos, daß das Gemälde sich in dem Frankfurter Museum befunden hatte, denn in Rosenbergs Galerie in Paris hatten Barr und Swarzenski über das Gemälde gesprochen. Von da an war dieser Teil der Geschichte des Gemäldes, der die Beschlagnahmung durch die Nazis und den anschließenden Verkauf umfaßte, vergessen.

Die Kramarskys

Als Siegfried und Lola Kramarsky im Frühjahr 1941 in New York eintrafen, kauften sie eine Wohnung am Central Park West. Dorthin brachten sie auch ihre Bilder von Cézanne und die drei van Goghs – *Daubignys Garten*, *Brücke von Trinquetaille* und *Bildnis des Dr. Gachet*. Es war eine der größeren privaten Sammlungen von van Goghs in den USA. (1953 sollten die Kramarskys noch *Ein paar Schuhe* von van Gogh erwerben.) In ihrer Wohnung versuchten sie, das Flair ihres Amsterdamer Hauses wieder erstehen zu lassen. Lola richtete das Wohnzimmer mit eleganten französischen Möbeln des neunzehnten Jahrhunderts ein, die aus Europa gebracht worden waren. Den

Fußboden bedeckten Aubusson- und Perserteppiche. Auf den Regalen standen Teekannen, Vasen und Figurinen aus Dresdner und Meißner Porzellan. Eine zur Lampe umgearbeitete chinesische Vase gab weiches Licht. Passend dazu hingen an den Wänden die Werke alter Meister, Zeichnungen von Antoine Watteau, Ölskizzen von Peter Paul Rubens und eine Reihe holländischer Landschaftsgemälde.

Siegfried Kramarsky hatte sein Büro in der Wall Street 40, doch arbeitete er nicht als Bankier, weil ihm die amerikanischen Bankreglements zu restriktiv schienen. Zusammen mit einem holländischen Ingenieur kaufte er eine pharmazeutische Firma in New Jersey, doch das Unternehmen war nicht sehr erfolgreich. Wie in Amsterdam bemühte sich Lola ab 1942 wieder um die Rettung noch in Europa eingeschlossener Juden. Auf Einladung von Gisela Warburg, die in Berlin das Büro der Jugend-Aliyah geleitet hatte und nun in New York lebte, begann Lola damit, ganztags als Freiwillige ihre ungeheure Energie und ihre Fähigkeiten als Organisatorin einzubringen. »Diese Jahre ... des Weltkrieges, der Verfolgungen durch Hitler bedeuteten für jeden von uns Entsetzen und Belastung und Spannung«, schrieb sie später. »Um von den tagtäglichen allgemeinen und persönlichen Sorgen Abstand zu gewinnen, mußte man für eine Sache arbeiten, an die man glaubte, an eine gute und gerechte Sache. « Zu dieser Zeit war die Lage der Juden in Europa noch verzweifelter. Ein Gesetz vom Oktober 1941 verhinderte die Emigration aus von Hitler-Deutschland besetzten Gebieten. Am 7. Dezember griffen die Japaner Pearl Harbour an, und Amerika trat in den Krieg ein. Bei der Berliner Wannsee-Konferenz im Januar 1942 unterbreitete der Führer der SS, Heinrich Himmler, seinen Plan zur Ausführung der »Endlösung«, die einige Monate zuvor von Hitler angeordnet worden war. Im Juli 1942 begannen in Holland die Transporte nach Auschwitz. Die Transporte von Polen, Deutschland und Frankreich hatten schon im Februar begonnen. In Amsterdam war Kramarskys Partner, Salo Flörsheim, offiziell von seinem Posten bei Lisser & Rosencrantz zurückgetreten, und das Vermögen war von dem mit Göring verbundenen deutschen Geschäftsmann Alois Miedl übernommen worden. Der holländische Staatsbürger Flörsheim wurde festgenommen und ins Konzentrationslager gebracht, das er wundersamerweise überlebte. Bei Kriegsende hatten die Nazis 105 000 Juden aus den Niederlanden deportiert. Unter ihnen war auch Lolas Mutter, deren Spur sich in Bergen-Belsen verliert.

Swarzenski

Nur wenige Wochen nachdem Georg und Marie Swarzenski im September 1939 widerstrebend Frankfurt verlassen hatten, befanden sie sich in einem Hotel in New York. Dank des Einflusses von Paul Sachs, dem Direktor des Fogg Art Museums der Harvard University, bot das Boston Museum of Fine Arts dem ehemaligen Städel-Direktor eine Stelle als Forschungsassistent für Plastiken und mittelalterliche Kunst an. Es war ein bescheidener Posten, den er jedoch freudig annahm. Sachs hatte schon Jakob Rosenberg, der im Kaiser Friedrich Museum in Berlin gearbeitet hatte, als Kurator für graphische Blätter und Professor für holländische und flämische Kunst des siebzehnten Jahrhunderts beim Fogg Museum eingestellt. Paul Sachs besaß eine außergewöhnliche Mischung von sozialen und akademischen Verbindungen. Der Sammler hatte seine Karriere als Investmentbankier im Familienunternehmen Goldman, Sachs & Co. in New York begonnen, sich entschlossen, den Beruf zu wechseln, und war 1915 als Lehrer für Kunstgeschichte nach Harvard gegangen.

Rosenberg und Swarzenski befanden sich unter den wenigen deutschen Kunsthistorikern, die in amerikanischen Museen eine Anstellung fanden. Erwin Panofsky erläuterte, daß »die Einwanderer ... dem Personal der bereits bestehenden College- oder Universitätsabteilungen ... angegliedert wurden (Museen waren aus verständlichen, wenngleich etwas heiklen Gründen, nicht gleicherweise begierig, sie aufzunehmen) ...« Diese »heiklen Gründe« ließen sich im allgemeinen auf einen unausgesprochenen Antisemitismus reduzieren.

1933 hatten die Nazis um die 250 Kunsthistoriker von ihren Posten an Universitäten und Museen verbannt. Erst im frühen neunzehnten Jahrhundert war das Lehrfach Kunstgeschichte entstanden, und die meist jüdischen Wissenschaftler machten fast ein Drittel der in diesem Bereich in Deutschland Beschäftigten aus. Ungefähr 130 Kunsthistoriker fanden in Amerika Zuflucht, darunter Alexander Dorner, Julius Held, Horst W. Janson, Adolf Katzenellenbogen, Ernst Kitzinger, Richard Krautheimer, Ernst Kris, Alfred Neumeyer, John Rewald, Charles de Tolnay und Rudolf Wittkower. Der Einfluß deutscher Wissenschaftler brachte Internationalismus und Stringenz in einen Forschungsbereich, dessen Praktiker in Amerika oft daran scheiterten, die Disziplin als Fach zu etablieren und von laienhafter Kunstbegeisterung zu trennen. »In den frühen dreißiger Jahren, nach einer Dekade hervorragender Beiträge, blieb die Kunstgeschichte in Amerika sporadisch und provinziell«, schrieb John Coolridge. »Es war die Aufgabe der deutschen Einwanderer, sie als einheitliche Disziplin zu etablieren und sie auf den gleichen Stand mit Europa zu bringen.« Jansons *Kunstgeschichte* wurde zum Standardtext in zahllosen College-Seminaren. Mit seinen Büchern *Geschichte des Impressionismus* (1946) und *Nachimpressionismus* (1955) legte John Rewald die erste umfassende Studie dieser Bewegungen der Moderne vor. Rewald war auch in Auvers gewesen und hatte mit Gachets Sohn Paul gesprochen, der ihm half, das wirkliche Aussehen des Doktors zu bestimmen, inklusive des »blauen Woll-Überrocks und der weißen Mütze mit Lederschirm«, die er im Sommer trug.

Von den eingewanderten Gelehrten war Erwin Panofsky der Einflußreichste. Der Autor zahlreicher Schriften lehrte zu Anfang am New York Institute of Fine Art. Nach 1935 arbeitete er am Institute for Advanced Study in Princeton. Panofskys Schriften – darunter die Bücher *Das Leben und die Kunst Albrecht Dürers* (1943), *Altniederländische Malerei* (1953) und *Meaning in the Visual Arts/Sinn und Deutung in der bildenden Kunst* (1955/1978) – wurden zu Grundlagen der amerikanischen Kunstgeschichte, indem viele deutsche Lehrschriften ins

Englische übersetzt wurden. Doch Panofsky revolutionierte auch die Lehrmethoden durch seine »ikonographischen Methoden«, die die Lehre weg von Ästhetik und Stil und hin zum jeweiligen Objekt und seiner Geistesgeschichte führte. »Denn es ist offenkundig«, schrieb er, »daß Philosophie- oder Skulpturhistoriker sich nicht insofern mit Büchern oder Skulpturen befassen, als diese Bücher und Skulpturen materiell existieren, sondern insofern, als sie eine Bedeutung haben. Und gleicherweise offenkundig ist, daß sich die Bedeutung nur danach erfassen läßt, daß man diejenigen Gedanken reproduziert und dadurch ganz buchstäblich ›realisiert‹, die in den Büchern ausgedrückt sind, und ebenso die künstlerischen Konzeptionen, die sich in den Statuen manifestieren.«

Im Boston Museum of Fine Arts wurde Georg Swarzenski unterhalb seiner Qualifikation beschäftigt. Dennoch gelang es ihm, die Grundlagen für die drittgrößte Sammlung mittelalterlicher Kunst in Amerika zu schaffen. Auch beim Aufbau dieser Sammlung konzentrierte sich Swarzenski nicht nur darauf, umfassendes Material anzuhäufen, sondern er erwarb schöne und ungewöhnliche Stücke. 1940 lenkte er durch die Ausstellung *Kunst des Mittelalters 1000-1400* erstmalig das Augenmerk der amerikanischen Öffentlichkeit auf dieses Thema. Trotzdem blieb Swarzenski in den Vereinigten Staaten weitgehend unbekannt. Er veröffentlichte zwar Artikel über seine Neuerwerbungen im *Museums-Bulletin* und anderen Wissenschaftsjournalen, doch selbst in Boston kannten ihn nur wenige im ohnehin kleinen Kreis der Kunsthistoriker.

Der Krieg hatte Swarzenskis Bindungen an Europa durchtrennt, und er hatte seinen Freund Max Beckmann aus den Augen verloren, der in Amsterdam geblieben war. 1946 schließlich schickte ihm der Galerist Curt Valentin Fotos von Gemälden, die Beckmann in Holland geschaffen hatte, und Swarzenski erfuhr, daß der Maler überlebt hatte. »Das waren aufregende Neuigkeiten! « schrieb Swarzenski. »Er ist wirklich am Leben, hat weiter gemalt und, trotz der Nazi-Invasion ... ist es ganz seine, Beckmanns Malerei!« Im gleichen Jahr stellte

Valentin diese Bilder in der Galerie Buchholz aus. 1947 machte sich Beckmann auf den Weg in die USA und nahm eine Lehrtätigkeit in Saint Louis an. Zwei Jahre später zog der Maler nach New York.

Weder der Museumsdirektor noch der Maler kehrten je nach Frankfurt zurück. Swarzenski, der nach dem Krieg Europa bereiste, hielt sich verständlicherweise fern. Frankfurt war nun eine Stadt ohne Geschichte. Die jüdische Bevölkerung, die so maßgeblich den Charakter Frankfurts als finanzielles und kulturelles Zentrum geprägt hatte, existierte nicht mehr. Das alte Frankfurt mit den steilen Dächern, gotischen Kirchen, Kaminen und Glockentürmen war verschwunden. Fotos aus dem Jahr 1945 zeigen eine düstere Trümmerlandschaft. Statistischen Angaben zufolge war die Innenstadt in zwölf Millionen Kubikmeter Schutt verwandelt worden. Achtzehn Luftangriffe der Alliierten hatten 5 559 Bürger getötet. Im März 1945 war die Bevölkerungszahl von 500 000 im Jahr 1933 auf fast die Hälfte gesunken. Brandbomben hatten fünfzig Prozent der 176 000 Häuser und Wohnungen sowie die Mehrzahl der gewerblichen Gebäude zerstört. Die Oper und auch die meisten der Gebäude aus dem dreizehnten Jahrhundert in der Altstadt waren zerstört. Der Hauptbahnhof blieb wundersamerweise verschont. Auch das Städelsche Kunstinstitut hatte überlebt, war aber schwer beschädigt. Beim Angriff auf die Flak-Stellung auf dem Dach des Städels waren der zentrale Treppenaufgang sowie die Seitenflügel des Gebäudes zertrümmert worden.

Fünf Jahre nach Kriegsende sahen Swarzenski und Beckmann sich in New York wieder. Man hatte Beckmann gebeten, ein Porträt des ehemaligen Museumsdirektors anzufertigen, das eine von Oswald Goetz zum 75. Geburtstag Swarzenskis herausgegebene Aufsatzsammlung illustrieren sollte. Das Kohleporträt, ein Frontalbildnis, zeigt eindringlich das Abbild eines alternden Mannes. Swarzenskis Augen blicken aus dunklen Höhlen unbeirrbar durch die randlosen Gläser der Brille. Im späten Dezember erlag der sechsundsechzigjährige Beckmann, nur wenige Wochen nachdem er die Zeichnung gemacht hatte, bei einem Spaziergang im Central Park einem Herzanfall.

Sieben Jahre später starb Swarzenski an Krebs. Er wurde nach einem Episkopalgottesdienst in der Kapelle auf dem Mount Auburn Cemetery in Cambridge begraben. Wenn der vorausschauende Gelehrte in Amerika jemals das *Bildnis des Dr. Gachet* gesehen hat, so hinterließ er darüber keine Aufzeichnungen. Er äußerte sich auch nicht zur jüngsten Vergangenheit, in der das Schicksal des Gachet-Porträts so sehr dem seinen glich. 1985 erwarb der Kurator für Zeichnungen am Städel das Porträt Swarzenskis von Max Beckmann für die Frankfurter Museumssammlung.

21

»Wie bedeutend war er denn als Maler?«

1950-1970

> *Als er das* Bildnis des Dr. Gachet *mit dem, wie er es nannte »schwermütigen Ausdruck unserer Zeit« malte, schlug Vincent eine Saite an, die immer noch in den zeitgenössischen Empfindungen nachschwingt. Ein Zeitalter, das Dostojewski vergöttert hat und einen Propheten aus Kafka macht, wird auch weiterhin auf solch heftige, bis zum Zerreißen gespannte Emotionen reagieren ... Van Goghs moralische Strenge, seine unerbittliche Akzeptanz der Wirklichkeit und Handlungsverantwortlichkeit, stellen einen fast klassischen Fall des Existenzialismus dar. ...*
> *Wie kann man die Massen von Überlebenden des Krieges erklären, die in Paris und London geduldig Schlange standen, begierig auch nur den kleinsten Blick auf das Bild zu erhaschen? ... Ein Teil dieser anhaltenden Faszination mag in seiner einzigartigen Fähigkeit liegen, die Spannungen und das Durcheinander anzudeuten, unter denen die Menschen heute leben.*
>
> Daniel Catton Rich

So interpretierte Daniel Catton Rich vier Jahre nach der Kapitulation Deutschlands das *Bildnis des Dr. Gachet* für das amerikanische Publikum. Der Direktor des Art Institute of Chicago hatte das Gemälde bei den Kramarskys für eine van Gogh-Retrospektive ausgeliehen. Sie sollte zuerst im Metropolitan Museum und dann in Chicago zu sehen sein. Für Rich war der *Gachet* ein psychologisches Porträt des Künstlers. Psychologie diente als relativ neue und populäre Betrachtungsweise der Welt. In dieser gequälten Bildhaftigkeit würden die Betrachter, so glaubte er, eine Reflektion der kollektiven Angst finden, die plötzlich im neuen Zeitalter des Kalten Krieges spürbar war. Die Euphorie über den Sieg der Alliierten war in Folge von Stalins Berlin-Blockade im Juni 1948 und der Atombombentests der Sowjets im darauffolgenden Jahr überraschend schnell verschwunden.

Van Gogh war jetzt der vielleicht bekannteste Maler in Amerika. 1929 hatte Alfred Barr den Holländer neben Cézanne, Gauguin und Seurat für die Eröffnungsausstellung im Museum of Modern Art ausgewählt. Zwei Jahre zuvor war bei Houghton Mifflin die erste englische Ausgabe der *Briefe des Malers* in zwei Bänden veröffentlicht worden, denen 1929 *Weitere Briefe* folgten. Doch noch wichtiger für den Ruhm des Malers war Irving Stone. Er veröffentlichte 1934 den Roman *Ein Leben in Leidenschaft*, der auf der Biographie des Malers basierte und zum Bestseller wurde. Barr organisierte im folgenden Jahr im Museum of Modern Art die erste van Gogh-Retrospektive in Amerika. Die Ausstellung versprach, bisher in Amerika noch niemals ausgestellte Werke zu zeigen. Zu dem Zweck holte Barr dreißig Gemälde und fünfunddreißig Zeichnungen als Leihgabe aus der Kröller-Müller-Sammlung in Otterlo und dreizehn Gemälde und sechs Zeichnungen aus Vincent Willem van Goghs Sammlung in Amsterdam. Der Neffe des Malers hatte nach dem Tod seiner Mutter Johanna van Gogh-Bonger im Jahre 1925 die Sammlung geerbt und bewahrte sie in einem ungeheizten Raum seines Hauses in Laren auf, bis er sie 1930 dem Stedelijk Museum in Amsterdam als Dauerleihgabe überließ. Außerdem besorgte sich Barr dreiundzwanzig Gemälde und neunzehn Zeichnungen aus sechs Museen in Chicago, Detroit, Kansas City, Toledo, Buffalo und Washington sowie von zwanzig amerikanischen Sammlern. Sowohl in öffentlichen wie in privaten Sammlungen in den USA waren damals herausragende Exponate des Malers zu finden, darunter *Schlafzimmer des Malers in Arles, La Berceuse, Sonnenblumen, Nachtcafé, L'Arlésienne, Rosen, Landschaft bei Saint-Rémy, Olivenbäume* und *Die Trinker (nach Daumier)*. Zahlreiche amerikanische Museen hatten Barrs Ausstellung angefordert, und so reiste sie von New York aus nach Boston, Philadelphia, Cleveland und San Francisco. In diesen fünf Städten zog die Ausstellung 878709 Besucher an. »Die Leute kamen, als würde das Museum die Sixtinische Kapelle ausstellen«, bemerkte Harold Edgell, der Direktor des Bostoner Museums. Die Kritiker waren begeistert. Ein Redakteur des *New Yorker* nannte die Ausstellung »die vollständigste, beispielhafteste und anregendste Ausstellung moderner Kunst«, die bisher in New York zu sehen gewesen sei. Später bewertete Alfred Frankfurter Barrs Leistung:

> [Sie] wird möglicherweise als der herausragendste künstlerische Erfolg der dreißiger Jahre, wenn nicht gar der Geschichte der amerikanischen Museen bis heute, in Erinnerung bleiben. Tausende von Besuchern stellten die beengten Einrichtungen des Museumsgebäudes auf eine harte Probe, Kaufhäuser entlang der Fifth Avenue dekorierten van Gogh-Schaufenster (und führten so die Verwendung von Kunst zu Werbezwecken ein, was seither viele Male wiederholt wurde), und eine Tageszeitung ging soweit, van Gogh-Reproduktionen als Werbegeschenk anzubieten.

Doch Frankfurter bemerkte auch, daß die Anziehungskraft der Ausstellung auf der Popularität von Irving Stones Roman beruhte, den er »wegen der billigen Melodramatik der Dialoge« unmöglich fand.

Im Amerika der Nachkriegszeit blühte die Legende van Goghs. In den fünfziger Jahren hatte man im ganzen Land die Gelegenheit, die Bilder des Holländers im Original zu sehen. Seit dem Ersten Weltkrieg waren in amerikanischen Städten über zweihundert neue Kunstmuseen entstanden. Die Nationalgalerie in Washington, durch eine Stiftung von Andrew Mellon gegründet, war 1941 eröffnet worden. Im Jahr der van Gogh-Retrospektive im Metropolitan Museum in New York erwarb das Museum schließlich die ersten van Gogh-Exponate: eine Version der *Landschaft mit Zypressen* und ein kleines *Stilleben mit Sonnenblumen*. Im Verlauf der nächsten fünfzehn Jahre stifteten Privatsammler sechs weitere Gemälde: *Olivenpflücker*, *Erste Schritte* (nach Millet), *Vase mit Schwertlilien*, *Blühende Obstbäume*, *Oleander* und *l'Arlésienne*. Die Kramarskys liehen 1951 ihr Porträt einer Ausstellung im neuen Contemporary Arts Museum im Houston. Einem Kurator in Texas stellte van Goghs »tragisches Leben« eine »bedeutende Lektion für unsere Zeit« dar, eine Lektion darin, »Anstrengungen zu unternehmen, zeitgenössischen Künstlern, die sich heute abmühen, ein wohlwollendes Verständnis entgegenzubringen.« Für die Presse in Houston bedeutete van Gogh Geld. Eine Zeitung berichtete, daß die Ausstellung für 1,5 Millionen Dollar versichert sei. Der Versicherung sei der *Gachet*, so schätzte man, 200000 Dollar wert. (1935 betrug die Versicherungssumme für die Gemälde von Barrs van Gogh-Ausstellung jeweils 40000 Dollar.) Selbst ein Sportreporter widmete der Ausstellung eine Kolumne. *Dr. Gachet*, so schrieb er, ist ein »trauriger Kerl am tiefsten Punkt, der aussieht wie der South-Michigan-Trainer Rusty Russel nach dem Spiel in Texas im letzten Herbst«. Im Sommer 1957 reiste das *Bildnis des Dr. Gachet* nach Los Angeles zu einer von Wildenstein organisierten Ausstellung in der Municipal Art Gallery.

Zwei Jahre zuvor hatte MGM begonnen, die Filmversion von *Ein Leben in Leidenschaft* zu drehen. Das Studio hatte 1946 die Buchrechte für 120000 Dollar eingekauft, doch MGM wies mehrere Drehbücher zurück. 1953 spornte der Erfolg von *Moulin Rouge*, einem Film von John Huston über Henri de Toulouse-Lautrec, das Studio an weiterzumachen. Als Regisseur gewann man Vincente Minnelli. Minnelli, der den Film so exakt wie möglich drehen wollte, verpflichtete den Kunsthistoriker John Rewald als Berater und drehte an Originalschauplätzen in Belgien und Frankreich. Die Crew besuchte sogar den Garten Dr. Gachets, doch die Szene, in der das Porträt gemalt wird, drehte man in Hollywood. Fotografen wurden in zahllose Ausstellungen geschickt, um Fotos der Gemälde aufzunehmen, die später in den Film eingearbeitet wurden. Die Premiere des Films, mit Kirk Douglas als van Gogh und Anthony Quinn als Gauguin, fand im September 1956 im Metropolitan Museum statt.

Inzwischen hatten sich die Amerikaner an die Denkweise der Avantgarde gewöhnt. Kurz nach dem Krieg versammelte sich in New York eine Gruppe von Künstlern, die als abstrakte Expressionisten oder Actionpainters bekannt wurden. Ihre wandgroßen, im allgemeinen abstrakten Gemälde lenkten zum ersten Mal die Aufmerksamkeit des Auslands auf amerikanische

Malerei. Unter den Mitgliedern der Gruppe befanden sich Arshile Gorky, Willem de Kooning, Adolph Gottlieb, Robert Motherwell, Jackson Pollock und Mark Rothko. Der Kritiker Clement Greenberg stellte diese »neuen Talente voller Energie und Inhalte« den legendären Kubisten Picasso, Braque und Léger gegenüber, deren Arbeiten, so behauptete er, »im Niedergang begriffen« wären. Das prominenteste Mitglied der Gruppe, Jackson Pollock, goß oder tröpfelte Farbe auf Leinwand, die er auf den Boden gelegt hatte und schuf durch die ellenlangen linearen Elemente Farblinienflächen ohne Form. 1949 machte das Magazin *Life* Pollock und seinen Malstil berühmt, indem es Fotos vom Künstler bei der Arbeit im Atelier veröffentlichte. 1950 erwarb das Museum of Modern Art für 2350 Dollar *Number 1* von Pollock. Elf Jahre später wurde ein Pollock nachweislich für mehr als 100000 Dollar verkauft. »Die Vollständigkeit, mit der Pollock das Syndrom des *artiste maudit* zu veranschaulichen scheint«, schrieb Greenberg, »hat seiner Legende eine Resonanz ähnlich der van Goghs gegeben.«

Obwohl Greenberg es an dieser Stelle nicht anmerkt, entzweite der Massenerfolg der van Gogh-Legende die Kunstschaffenden, ihn eingeschlossen. Wie im Europa der zwanziger Jahre bewirkte das Aufkommen der Mythenbildung um van Gogh bei Kritikern und Kunsthistorikern eher eine Minderung seiner Reputation. 1949 hatte sich Daniel Catton Rich gesorgt, daß »der Künstler Gefahr lief, völlig zu verschwinden, seine Gemälde und Zeichnungen dienten lediglich zur Veranschaulichung einer populären Biographie.« Trotzdem sahen Rich und seine Kollegen van Goghs Leben als ein »hoch moralisches, religiöses Drama« und schienen der Vorstellung nicht zu widersprechen, daß van Goghs Gemälde anschauliche Darstellungen seiner verworrenen Psyche seien. »Er fühlte sich besonders zu verzerrten Objekten hingezogen«, schrieb der Kunsthistoriker Meyer Schapiro 1955, »zu Landschaften, unstabil, blockiert und verkrampft, zu einer umstürzenden Welt stürmischer Bewegungen und Umwälzungen, einer leidenden oder verstörten Natur.« Die Annahme, bei den Gemälden handele es sich um psychologische Illustrationen, führte bestimmte Kritiker dazu, van Goghs Fähigkeit als Maler in Frage zu stellen. »Gibt es dort handwerkliche Kompetenz, hatte van Gogh seine Kunst professionell im Griff?« fragte Clement Greenberg. »Oder war es seine Verwirrung, die ihn zu dem Maler machte, der er war?« In der Rezension zur Wildenstein-Ausstellung von 1943 fragte er: »Wie bedeutend war er denn als Maler?« Und er fügte hinzu: »Das Problem wird durch diese Ausstellung nicht geringer, in der die Meisterwerke nur dünn gesät sind.« Der *Gachet* war eines der fünfundsechzig Werke in der Ausstellung, doch es beeindruckte ihn nicht genug, um es zu erwähnen.

Zu jener Zeit war Greenberg die Leitfigur einer formalistischen Kritikerschule, die das Feld der Moderne in der Nachkriegszeit beherrschte. Die Formalisten hatten auf den Spuren Roger Frys van Gogh an den Rand der Geschichte der Moderne gedrängt, in deren Mittelpunkt Cézanne stand. Sie betrachteten Kunstgeschichte als Stilgeschichte. In ihren Augen war der Modernismus, angefangen beim Naturalismus von Courbet und Manet bis hin zur Abstraktion der Kubisten, die Evolution einer in Paris beheimateten anti-akademischen Malerei. Mit seiner bekannten *Olympia*, nach Tizians *Venus von Urbino*, die im Salon von 1865 gezeigt worden war, hatte Manet sowohl die Pariser Kritiker wie auch das Publikum gegen sich aufgebracht, die in der nackten Frau, die den größten Teil der Leinwand einnimmt, eine Pariser Kurtisane erkannten. Doch trotz der Radikalität solch moderner Thematik, zollten die Formalisten ihr nur geringe Beachtung. Das zeitgenössische Leben, das Thema so vieler impressionistischer Gemälde war, wurde von den Kommentatoren unbesehen akzeptiert. Die vom Maler ausgewählte und abgebildete Straße, das Kabarett, die Gruppe von Ballett-Tänzerinnen, Feldern und Blumen, Freunden und Familienmitgliedern wurde nur als bedeutsam interpretiert, weil es der akademischen Konvention widersprach. In den Augen der Formalisten schienen die Künstler die Bedeutung der Dinge an sich zu verwerfen, weil sie die Darstellung traditioneller heroischer oder moralisierender Themen ablehnten. Die Kunsthistorikerin Linda Nochlin bewertete diese formalistische Voreingenommenheit: »Einfach formuliert ging es bei der ganzen Moderne seit Manet darum, die Kunst von dem sie belastenden Thema zu befreien und die Schaffung eines Bedeutungszusammenhanges – die von jeher als eine obsolete Betonung des Moralisierens und Geschichtenerzählens verstanden wurde – dem Akademismus zu überlassen.«

Der bedeutendste Beitrag Manets zum Modernismus war, nach Ansicht der Formalisten, sein Stil. Sie würdigten besonders seinen flachen Farbauftrag, der als selbstbewußtes zweidimensionales Markieren der Leinwand gesehen wurde, der die Malerei von der fotografischen Illusion hin zur Abstraktion treibt. Nach Manet hoben die Impressionisten weiter den zweidimensionalen Aspekt des Mediums hervor, benutzten gebrochene Pinselstriche, um gobelinartige Farboberflächen zu schaffen. Auf dem Höhepunkt der Formalismusdiskussion erregte van Gogh nur bei wenigen amerikanischen Kunsthistorikern Aufmerksamkeit, weil er deutlich gemacht hatte, daß er sein Thema, angefangen bei den *Kartoffelessern*, mit symbolischer Signifikanz oder »Bedeutung« versah, und weil sein freifließender gestischer Stil eher von Empfindung als von ästhetischen Belangen geprägt schien. 1971 fand in New York die erste van Gogh-Retrospektive nach vierundzwanzig Jahren statt. Doch sie eröffnete weder im Metropolitan Museum noch im Museum of Modern Art, sondern im Brooklyn Museum. In den siebziger Jahren war der *Gachet* nur einmal, zusammen mit neun anderen Gemälden van Goghs, in der kleinen, innovativen öffentlichen Ausstellung *Van Gogh als Kritiker und Selbstkritiker* im Metropolitan Museum zu sehen.

Der Kunstmarkt

Welche Zweifel die Kritiker der Nachkriegszeit auch an van Gogh hatten, die Preise für seine Bilder stiegen mit seiner Popularität in der Öffentlichkeit. Während der fünfziger und sechziger Jahre fuhren die nun in New York zahlreicher als in Paris vertretenen Galerien damit fort, den holländischen Nach-Impressionisten im Bewußtsein der Öffentlichkeit zu halten. Sieben Prozent der Weltbevölkerung lebten in den Vereinigten Staaten, 50 Prozent der Weltproduktion wurde dort hergestellt und 42 Prozent des Welteinkommens dort verdient. Deshalb konnte man es sich mehr denn je leisten, französische Kunst des späten neunzehnten Jahrhunderts zu erwerben. Dieser Markt war relativ klein und wurde von einer handvoll Galerien beherrscht. Dazu gehörten die Galerien Knoedler, Wildenstein, deren Hauptsitz sich wieder in Paris befand, und Paul Rosenberg. Diese Händler besaßen impressionistische Gemälde, die sie meist aus Privatsammlungen und bei Auktionen in London und auf dem Kontinent erwarben. Ende der fünfziger Jahre lagerten bei Wildenstein in New York nachweislich um die 2000 Gemälde. Die Besitzer der Galerie »strebten stets danach, mindestens zwanzig Werke von Renoir und jeweils zehn von Cézanne, Gauguin und van Gogh auf Lager zu haben.« Wildenstein vermarktete die Impressionisten und Nach-Impressionisten hauptsächlich bei Wohltätigkeits-Ausstellungen und bediente damit das ästhetische und philantrophische Interesse seiner Kunden. Die Galerie spielte den kommerziellen Aspekt des Geschäfts herunter, indem sie die Ausstellungen dazu verwandte, Gelder für wohltätige Zwecke zu sammeln, deren Nutznießer häufig Kunden von Wildenstein und die Leihgeber der Ausstellung waren. Nach dem Krieg hielt die Galerie mindestens zwanzig Jahre lang an diesem Konzept fest. Dreimal lieh man von den Kramarskys den *Gachet* aus: 1948 für die Ausstellung *Sechs nach-impressionistische Meister*, 1955 für *Vincent van Gogh* und 1965 für *Olympias Nachkommen: Französische impressionistische und nach-impressionistische Gemälde*.

London blieb in den sechziger Jahren jedoch das Zentrum des Auktionsmarktes. Dort konkurrierten das 1766 gegründete Auktionshaus Christie's und das 1744 vom Buchhändler Samuel Baker gegründete Auktionshaus Sotheby's miteinander. Ihre Auktionen funktionierten weitgehend wie ein Großhandelsmarkt, wo Händler oft zweitrangige Ware mit anderen

Händlern austauschen konnten. Selbst in den Sechzigern konnten Händler Gemälde bei Auktionen in Europa erwerben und sie in Amerika an Sammler verkaufen, die nicht wußten, was die Bilder vorher gekostet hatten. Die Auktions-Kataloge enthielten nur wenige Fakten als Informationen: Name des Künstlers, Titel und Maße des Bildes. Bei größeren Posten nannte der Katalog die Vorbesitzer und listete die Ausstellungen und Publikationen auf, in denen das Werk erschienen war. Sammler kauften beim größten Auktionator in New York, der Gallery Parke-Bernet, bei Sotheby's und Christie's, doch im allgemeinen nicht ohne den Rat eines Händlers. Selbst unter den Zuschauern einer öffentlichen Versteigerung konnten nur Insider mit Bestimmtheit sagen, welche Stücke tatsächlich verkauft wurden. Jedem Auktionslos war und ist noch eine Reserve beigegeben, ein Mindestgebot, unter dem ein Besitzer nicht verkauft. Wird das Mindestgebot nicht erreicht, kauft der Verkäufer theoretisch sein Eigentum zurück. Selbst ohne Gebot für ein Los geht der Auktionator durch das gesamte Ritual des Anbietens, um den Schwung nicht zu verlieren. Obwohl die Londoner Auktionshäuser nach jeder Verkaufsauktion Preislisten veröffentlichten, befanden sich diese Listen nicht in großem Umlauf. Bis Mitte der siebziger Jahre gaben die Londoner Preislisten bei jedem Stück den Namen eines Käufers an, ob es tatsächlich verkauft worden war oder nicht. Händler wußten, daß viele der Namen nur fiktiv waren. Einer der Experten bei Christie's benutzte die Namen seines Lieblingsfußballteams. Die Auktionshäuser versuchten so, den Wert des Besitzes ihrer Kunden zu schützen, und gaben vor, jedes Los verkauft zu haben. Scheiterte der öffentliche Verkauf eines Gemäldes, so galt es als »verbrannt« und in den nächsten fünf Jahren als uninteressant für den Markt.

Dennoch war der Besuch einer öffentlichen Auktion die einzige Möglichkeit, die Preise von Impressionisten und Nach-Impressionisten zu erfahren. Ein 1952 bei der Gabriel Cognacq-Auktion in der Galerie Charpentier in Paris verkauftes Stilleben von Cézanne war das erste öffentlich gehandelte moderne Gemälde, das den 1912 von Louisine Havemeyer gezahlten Preis für Degas' *Tänzerinnen üben an der Stange* von 95 700 Dollar (478 000 Francs) erreichte. Am 15. Oktober 1958 bei der Sotheby's-Auktion von sechs Gemälden aus dem Besitz Jakob Goldschmidts halfen mehrere amerikanische Millionäre mit, den Marktwert für moderne Gemälde beträchtlich anzuheben. Paul Mellon trieb mit dem Rekordgebot von 616 000 Dollar für *Junger Mann in roter Weste* die Preise für Cézanne in die Höhe. Henry Ford II. zahlte für van Goghs *Park mit Paar und Blautanne* den Rekordpreis von nahezu 400 000 Dollar. Die Goldschmidt-Auktion war die dritte in einer Reihe von Impressionisten-Auktionen im Verlauf eines Jahres, bei der die Gemälde aus dem Besitz von Emigranten kamen. Ihr Erfolg ist dem Marketingtalent des Vorsitzenden von Sotheby's, Peter Wilson, zu verdanken, der später auch die Firma vergrößerte. Doch ebenso bedeutend wie Wilsons Fähigkeiten war die Stärke der Börse. Zum ersten Mal seit dem Börsenkrach von 1929 stieg im November 1954 der Dow Jones Index über die 300-Punkte-Marke. 1964 kaufte Sotheby's die Galerie Parke-Bernet und begann Auktionen in New York abzuhalten.

Dennoch erreichte das teuerste impressionistische Gemälde noch nicht den Preis der teuren alten Meister. Am 15. November 1961 bot James Rorimer, Direktor des Metropolitan Museum of Art, gegen Seamy Rosenberg, der das Cleveland Museum of Art vertrat, und kaufte Rembrandts *Aristoteles mit der Büste Homers* bei Parke-Bernet für 2,3 Millionen Dollar. Als Siegfried Kramarsky 1944 den *Gachet* einer Ausstellung in Montreal auslieh, wurde für die Versicherung der Wert auf 60 000 Dollar geschätzt. Sechsundzwanzig Jahre später schätzte der Händler Eric Stiebel den *Gachet* auf 1,5 Millionen Dollar.

22

Das Frankfurt der Nachkriegszeit

1958 versuchte Hermann Josef Abs erstmals, den *Gachet* aus den Vereinigten Staaten nach Frankfurt zurückzuholen. Der ehemalige Assistent von Franz Koenigs in Amsterdam war nun der mächtigste Bankier in Deutschland. 1934 wurde Abs mit Anfang Dreißig zum jüngsten Direktor der Deutschen Bank. Obwohl er sich dem Kreisauer Kreis angeschlossen hatte, der heimlich an Hitlers Sturz gearbeitet hatte, weigerte er sich später zu behaupten, er hätte für die Sache sein Leben riskiert. Abs, ein sprachgewandter, gewitzter Finanzier, war anglophil, ein Musikkenner und Kunstsammler. Seit dem Krieg hatte er an Deutschlands wirtschaftlicher Gesundung und Frankfurts Aufstieg zur Finanzmetropole mitgewirkt. 1948 zeigte die Berlin-Blockade, daß die Sowjetunion ihre Truppen nicht aus Ostdeutschland abziehen würde. 1949 wurde Westdeutschland zur Bundesrepublik und Mitglied der Nato. Vier Jahre nach Kriegsende waren die USA auf Westdeutschland als wichtigstem europäischen Verbündeten angewiesen. Zwischen 1948 und 1952 pumpte der Marshall-Plan 13,4 Milliarden Dollar nach Westeuropa. In der Bundesrepublik wurden die zerbombten Städte wiederaufgebaut und die Wirtschaft umgestaltet.

Wie zahllose Deutsche hatte Abs Probleme damit, seine Vergangenheit hinter sich zu lassen. Obwohl er Berater und Vertrauter des neuen deutschen Kanzlers Konrad Adenauer wurde, hielten sich hartnäckig Gerüchte über Abs' Rolle als einflußreicher Bankier während der Hitlerzeit. Adenauer weigerte sich, Abs einen Kabinettposten zu geben, weil der Bankier sich nicht völlig vom Naziregime distanzieren konnte.

Die Aufgabe, das beschädigte Städelsche Kunstinstitut wieder aufzubauen, war Ernst Holzinger zugefallen, der 1938 zum Direktor ernannt worden war. Ein komplexeres und zwingenderes Problem als die Beseitigung des Schutts und die Reparatur des Gebäudes stellte die Frage dar, wie die Leere zu füllen sei, die durch die Beschlagnahmungen der Nazis in der modernen Sammlung entstanden war. Von Anfang an hoffte der idealistische Holzinger, einige der Exponate, die Swarzenski angeschafft hatte, insbesondere den *Dr. Gachet*, aufzuspüren und zurückzubringen.

In dieser düstersten Nachkriegsperiode symbolisierte das für die Stadt die Erinnerung an den Beginn des zwanzigsten Jahrhunderts und die Gemeinschaft der weltoffenen Sammler wie den Stifter des *Dr. Gachet*, Victor Mössinger, den Zeitungsverleger Heinrich Simon und den Lederfabrikanten Robert von Hirsch, die moderne Werke erworben hatten. Doch hauptsächlich symbolisierte das Gemälde das moderne Museum, das Georg Swarzenski auf der Grundlage der Sammlung alter Meister errichtet hatte. Daß Benno Reifenbergs 1937 in der Frankfurter Zeitung erschienener Leitartikel der Antipathie gegen das Nazi-Regime Ausdruck gegeben hatte, gab dem Gemälde noch mehr Gewicht. Im nachhinein schien die Melancholie van Goghs Symbol für das »andere Deutschland« gewesen zu sein, für die Gemeinschaft der Schriftsteller und Gelehrten, die Geschichte, Bildungswesen und Wissenschaft in Ehren gehalten und bedeutende Durchbrüche in zahllosen Wissensfeldern erreicht hatten. Der Pragmatiker Abs behauptete, daß die Frankfurter das van Gogh-Porträt erst schätzten, als sie es verloren hatten.

Der Nazigegner Holzinger war 1941 einberufen worden und kam vier Jahre später zurück, um seinen Posten im Museum wieder aufzunehmen. Der Sohn eines protestantischen Theologen aus Ulm war ein sanftmütiger, asketischer Intellektueller, der, wie viele seiner Generation, stur an seinem Glauben an die moralische Autorität großer Kunstwerke festhielt. 1920 war Holzinger Student bei Heinrich Wölfflin gewesen, und 1955 befand er sich unter jenen deutschen Kunsthistorikern, die die *Documenta* in Kassel organisierten. Unausgesprochenes Ziel dieser Ausstellung moderner Kunst war es, in Reaktion auf die Ausstellung »Entartete Kunst« von 1937 Deutschland als Verfechterin der Moderne zu etablieren. Doch Holzinger hatte eine schwierige Mission. Einerseits kämpfte er um die Zustimmung des konservativen Stiftungsrats für den Ankauf von Beckmanns Gemälde *Die Synagoge in Frankfurt am Main*, das schließlich 1972 erworben wurde, andererseits wurde er von linken Künstlern in Frankfurt angegriffen, deren Werke er sich weigerte zu erwerben.

Im Dezember 1958 setzte Holzinger Abs aufgrund der Ankündigung in einer Kunstzeitschrift darüber in Kenntnis, daß Felix Kramarskys Sammlung im Mai bei Parke-Bernet versteigert würde. In der fälschlichen Annahme, Felix sei Besitzer des *Gachet*, sorgte sich Holzinger, daß das Gemälde an ein Museum verkauft werden könnte, was jede Chance auf eine Rückführung nach Frankfurt zunichte machen würde. Abs hatte Siegfried Kramarsky in Amsterdam gekannt, wo beide Männer in den zwanziger Jahren mit Franz Koenigs befreundet gewesen waren. Am 21. Januar schrieb Abs an Kramarsky und erzählte ihm, daß das Städel das Gemälde gern wieder hätte, wenn es zum Verkauf stünde. Offenbar führten die Annäherungsversuche des Bankiers zu nichts. Zwischenzeitlich forderte Holzinger im Februar von der Stadt alle mit der Beschlagnahmung des *Gachet* in Verbindung stehenden Dokumente an. Anscheinend wollte er in der Lage sein, die Umstände der Beschlagnahmung und alle von Seiten des Museums unternommenen Schritte zur Verhinderung der Entfernung des Gemäldes genau nachzuvollziehen.

Am 25. Oktober 1961 starb Siegfried Kramarsky im Alter von achtundsechzig Jahren an Lungenkrebs. Ein Nachruf in der *New York Times* beschrieb ihn als »Bankier im Ruhestand und Philanthrop, der eine große Rolle bei der Hilfe für deutsch-jüdische Flüchtlinge gespielt hatte«. Er erwähnte auch dessen Unterstützung des Weizmann-Instituts für Wissenschaft in Israel und der Kampagnen des United Jewish Appeal. Kramarskys Kunstsammlung, berichtete die Zeitung, umfasse »Werke von van Gogh, Cézanne, Toulouse-Lautrec, Renoir, Seurat und Gauguin«.

Kurz nach Kramarskys Tod berichtete Benno Reifenberg in der *Frankfurter Zeitung* über Holzingers jüngste Erwerbung von einem Schweizer Händler – *Stilleben mit blauem Hintergrund* von Matisse. Robert von Hirsch hatte das Gemälde dem Städel gestiftet, und es war 1939 bei der Fischer-Auktion in Luzern versteigert worden. Schon 1961 konnte Holzinger *Der weiße Hund* von Franz Marc zurückerwerben. Reifenberg deutete an, daß nach dem Tod Siegfried Kramarskys ein Rückkauf des *Bildnis des Dr. Gachet* für das Frankfurter Museum möglich werden könnte.

Am 4. April 1962 schrieb Holzinger an Werner Kramarsky in New York. Sein Brief diente als Beileidsschreiben und als Anfrage bezüglich des Gachet-Porträts. Über die Erwähnung von *Daubignys Garten*, den die Kramarskys einem amerikanischen Museum angeboten hatten, kam er auf das Gachet-Porträt zu sprechen, dem »größten erlittenen Verlust der modernen Sammlung des Museums«. Holzinger schilderte dann die Umstände der Beschlagnahmung und bekundete das Interesse des Museums, den *Gachet* zurückzuerwerben, sollten die Kramarskys einen Verkauf erwägen. Holzinger erwähnte sogar kurz die deutsche Kollektivschuld für die Verbrechen der Nazis, etwas, das jeden moralischen Anspruch des deutschen Museums auf die Rückführung des Gemäldes komplizierte. »Ich glaube, es könnte mit ihm ein guter Geist wieder in diese Stadt, die solcher Geister so sehr bedarf, zurückkehren, nachdem 1933 und später soviele gute Geister sie verlassen haben – durch unsere Schuld, wie ich wohl weiß und immer ausspreche.«

Lola antwortete auf Holzingers Brief am 17. April und erklärte, daß ihr Sohn zur Zeit nicht anwesend wäre. (Später erinnerte er sich nicht, den Brief je erhalten zu haben.) Sie war überfreundlich:

> Was die van Gogh-Gemälde betrifft, die Sie in Ihrem Brief erwähnten, so sind sie Teil des Vermächtnisses meines Mannes und solange die Nachlaßfragen noch nicht geklärt sind, sind wir nicht in der Lage, in Verkaufsverhandlungen einzutreten. Doch lassen Sie mich Ihnen mitteilen, daß *Dr. Gachet* von van Gogh in absehbarer Zukunft nicht zum Verkauf stehen wird.

Kurze Zeit später erzählte Holzinger Abs, er habe gehört, daß Reifenbergs Artikel Lola Kramarsky verärgert hätte. Zu diesem Zeitpunkt schienen beide den *Gachet* schon aufgegeben zu haben. Drei Jahre später fragte der Museumsdirektor einen Anwalt, ob das Museum wegen des Porträts eine Schadensersatzklage gegen die Erben Görings anstrengen könnte. In einem sieben Seiten umfassenden Brief schloß der Anwalt, daß die Beschlagnahmungen von »entartete Kunst« durch das Reich rechtmäßig durch ein entsprechendes Gesetz gedeckt gewesen seien und Göring erst nach der Beschlagnahmung durch das Propagandaministerium das Gemälde für sich erworben habe.

Wie Holzinger hatte der Direktor des Folkwang-Museums, Heinz Köhn, die Kramarsky-Gemälde im Auge behalten, besonders Cézannes *Steinbruch Bibémus*, das Karl Ernst Osthaus 1907 von Vollard erworben hatte und das 1937 beschlagnahmt worden war. Nach dem Krieg hatte er Walter Feilchenfeldt, den früheren Partner Cassirers, gefragt, ob er dem Museum helfen könne, das Gemälde zurückzuerhalten. Vor dem Krieg waren Feilchenfeldt und seine Frau Marianne von Amsterdam über England in die Schweiz geflohen. 1947 hatte er in Zürich eine Galerie eröffnet. Nach seinem Tod im Jahr 1953 übernahm seine Frau das Geschäft. Irgendwann erzählte sie Saemy Rosenberg in New York vom Wunsch des Museumsdirektors, das Bild zu kaufen. Rosenberg & Stiebel hatten in ihrer Galerie auf der siebenundfünfzigsten Straße das Flair einer altmodischen europäischen Galerie mit einer erlesenen Auswahl an Kunstwerken aufrechterhalten. Sie führten alte Meister, Tapisserien, Renaissance-Bronzen und als Spezialität Möbel des achtzehnten Jahrhunderts. Die Kramarskys waren Stammkunden und kamen meist samstags, um die neu hereingekommenen Stücke anzusehen. Rosenberg erzählte Lola, daß er einen Käufer für ihren Cézanne hätte. Er hatte den Kramarskys gegenüber auch deutlich gemacht, daß die Galerie den *Dr. Gachet* gerne kaufen würde, sollte er zum Verkauf stehen. Lola eine hatte enge Beziehung zu den Bildern, die sie und Siegfried aus Europa mitgebracht hatten, doch die Steuerlast zwang sie zum Verkauf bestimmter Werke. So verkaufte sie 1964 als Reaktion auf Rosenbergs Angebot den Cézanne, ihr Lieblingsgemälde unter den Nach-Impressionisten.

Zehn Jahre später mußte Lola, wieder unter dem Druck der Steuerlast, das zweite der drei Gemälde, das Siegfried von Franz Koenigs erworben hatte, verkaufen: van Goghs *Daubignys Garten*. Die Frage nach der Echtheit des Gemäldes – der Version ohne die schwarze Katze – war seit Ludwig Justis Erwerb für die Berliner Nationalgalerie in den dreißiger Jahren immer wieder gestellt worden. Obwohl van Gogh in seinen Briefen nur eine Version des Gemäldes erwähnt hatte, behaupteten Wissenschaftler, daß dies zwei Bilder nicht ausschließe. Die andere Version befand sich als Dauerleihgabe der Rudolf-Staechlin-Stiftung in der Öffentlichen Kunstsammlung in Basel. Van Gogh fertigte meist eine Skizze und danach eine vollständigere Studie des Motivs an. 1986 schrieb Ronald Pickvance, daß der Version ohne Katze

> die Restauration nicht gut bekommen ist ... dem Himmel wurde etwas hinzugefügt, das Bild ist retouchiert worden und die Farboberfläche wurde abgeflacht.
>
> Abgesehen davon ist das Gemälde eine schöne Komposition, eine letzte Ehrung für Daubigny, die van Gogh seit seiner Ankunft in Auvers geplant hatte.

In den frühen siebziger Jahren stimmten Wissenschaftler im allgemeinen darin überein, daß, wenn es tatsächlich nur ein Bild gäbe, die Kramarskys es besaßen. In der Folge akzeptierten sie beide Versionen als echt. Schließlich verkaufte Lola das Gemälde über die Galerie Rosenberg & Stiebel an das Hiroshima Museum of Art in Japan.

Die von Hirsch-Auktion, 1978

Robert von Hirsch war über neunzig Jahre alt, als er im November 1977 starb. Der jüdische Lederfabrikant, der mit seiner Sammlung aus Frankfurt fliehen konnte – indem er Göring Lucas Cranachs *Urteil des Paris* überließ, das 1945 zurückgegeben wurde – hatte seitdem in der Schweiz gelebt. Obwohl er seine Sammlung erweitert hatte, war ihr Kern, den er vor dem Krieg in Frankfurt zusammengestellt hatte, intakt geblieben. Von Hirschs Sammlung spiegelte durch die außergewöhnliche Qualität der Exponate aus dem Mittelalter und durch ihre Bandbreite den ausgezeichneten, aber auch wählerischen Geschmack seines Freundes und Beraters Georg Swarzenski wider. Von Hirschs erste Erwerbung im Jahre 1907 war Toulouse-Lautrecs *Rothaarige Frau in weißer Bluse*. Kurze Zeit später kaufte er Picassos *Straßenszene*. In den zwanziger und dreißiger Jahren erwarb von Hirsch außergewöhnliche Exponate aus dem Mittelalter und der Renaissance – Elfenbeinschnitzereien, Emaillen, Bronzen und Miniaturen sowie alte Meister. Trotz seiner Ausbürgerung vermachte er dem Städel in seinem Testament zwei Bilder: eine Rembrandtzeichnung (*Der verlorene Sohn feiert mit Kurtisanen*) und ein Gemälde aus Siena, das Ugolino Lorenzetti zugeschrieben wird und das er zur Erinnerung an Georg Swarzenski stiftete. Er vermachte dem Museum noch andere Kunstwerke, doch er hatte verfügt, daß der größte Teil der Sammlung zu versteigern sei. Die Versteigerung fand im Juni 1978 bei Sotheby's in London statt.

Darin sah Abs, entnervt wegen des gescheiterten Versuchs, den *Gachet* zurück nach Frankfurt zu bringen, eine Gelegenheit für deutsche Museen, Meisterwerke deutscher Kunst zurückzukaufen, die von den Nazis ins Exil getrieben worden waren. Er überredete die Bundesregierung, fünfzehn Millionen Deutsche Mark aus einem eingefrorenen Kulturfond in Stipendien für jene Museen umzuwandeln, die Werke deutscher Kunst aus der von-Hirsch-Sammlung erwerben wollten. Dann entwickelte er eine Strategie, die die Kuratoren der zehn beteiligten Museen davor bewahren sollte, bei der Auktion miteinander in Konkurrenz zu treten.

Wie viele Nachlaßversteigerungen, bei denen innerhalb von Minuten Sammlungen veräußert werden, die über Jahrzehnte aufgebaut worden waren, stellte die von-Hirsch-Auktion eine flüchtige Gedenkfeier für den Sammler und zugleich einen Wendepunkt dar. Händler, Sammler und Museumskuratoren trafen sich zu diesem drei Tage dauernden Ereignis und wußten, daß viele der Exponate aus dem Mittelalter wohl nie wieder auf dem Markt auftauchen würden. Diese Sammlung eines Emigranten mit Werken von Dürer und van Gogh war ein Phänomen Vorkriegsdeutschlands, und die Auktionsbesucher, darunter auch Hermann Abs, Marianne Feilchenfeldt und Lola Kramarsky beobachteten, wie ein Vermächtnis dieser Zeit auseinandergerissen wurde. Seltsamerweise waren es der Charakter und die Aura der großen Sammlung, die viele Besucher anzogen und den Wert der einzelnen Stücke steigerte. Wie erwartet kam es bei diesem Ereignis zu Rekordpreisen. Walter Feilchenfeldt, Sohn des verstorbenen Direktors der Galerie Cassirer und einer der Händler, die für das Deutsche Museum boten, gelang es, ein Aquarell Dürers zu kaufen, dessen Preis in weniger als einer Minute auf 1,17 Millionen Dollar stieg. Der New Yorker Händler Eugen Thaw bot für das Cleveland Museum of Art 95 000 englische Pfund für eine Raphael-Zeichnung. Zwei Zeichnungen von van Gogh wurden für jeweils 250000 Dollar verkauft. Die Auktion brachte insgesamt 34 Millionen Dollar. Zweiundfünfzig Preisrekorde wurden gebrochen. Thaw drückte sein »Unbehagen« über den Erfolg der Auktion aus:

Ich mache Sotheby's keinen Vorwurf. Sie haben hervorragende Verkaufsarbeit geleistet und das ist ihre Pflicht dem Verkäufer gegenüber. Die Schuld liegt darin, daß Kunstsammeln derzeit als reine Investition angesehen wird; diese Gesellschaft kann keine Kunst mehr betrachten, ohne die Dollars im Hinterkopf zu haben.

Die Hirsch-Auktion kennzeichnete den Beginn einer Ära, in der rekordbrechende Auktionspreise zum Alltag gehören und Auktionshäuser den Kunstmarkt beherrschen würden.

In den siebziger Jahren blieb Lola Kramarsky eine dominierende Gestalt, manchmal stur und fordernd. 1977 wurde sie achtzig Jahre alt, bestand jedoch immer noch darauf, täglich zur Arbeit ins Büro der Hadassah zu gehen, wenn sie sich in New York aufhielt. Aus Europa schrieb sie einer Freundin: »Ich hoffe, es geht dir so gut wie es einem in diesen weltweit unruhigen Zeiten gehen kann. Ich vergrabe mich in die Geschichte und

Kunst von Spanien, die einem das Überleben sehr bewußt macht.« Im Mai 1984 erlitt sie einen Gehirnschlag. Danach war sie blind und gelähmt. Sie lebte mit ihrer Sammlung in ihrer Wohnung. Die Bilder, deren Geschichte so eng mit ihrer zusammenhing, gehörten ihr nur theoretisch. (Der *Gachet* gehörte der Stiftung Siegfried Kramarsky, in deren Stiftungsrat Lola und ihre drei Kinder saßen.) Zu krank, um ihr Zimmer zu verlassen oder Besuche von Freunden zu empfangen, trat sie in das letzte schwierige Stadium ihres Lebens ein, währenddessen die Kinder sich mit der Frage herumschlagen mußten, was mit den Gemälden geschehen sollte.

Teil VI

Die achtziger Jahre

23

Das Metropolitan Museum und der neue van Gogh

1984-1990

Da lag Geld in der Luft, so viel Geld – darum ging es also, grob gesagt. Und das ganze Geld sollte für die exquisitesten Dinge sein – für all *die exquisiten Dinge, außer der Schöpfung selbst, die gar nicht auf der Bildfläche erschien; für Kunst, Auswahl, Kritik, für Wissen, Pietät, Geschmack. Es wäre widerwärtig gewesen, wenn es um andere, geringere Interessen gegangen wäre als diese ... Kurz gesagt: Das Museum würde großartig werden.*

Henry James, The American Scene 1907

Im Juli 1984 wurde das *Bildnis des Dr. Gachet* in eine Kiste gepackt, auf einen Lastwagen geladen und knapp einen Kilometer weit von der Wohnung der Kramarskys zum jenseits des Central Park gelegenen Metropolitan Museum of Art gefahren. Dort sollte es als Dauerleihgabe auf unbestimmte Zeit untergebracht werden. Das Gemälde war schon häufig, mindestens bei sechs Ausstellungen, dort gewesen. Wenn auch Lola Kramarskys Gesundheitszustand als Grund für den Umzug des Gemäldes in das Museum angeführt wurde, so war es doch eher die gemeinsame Anstrengung von Sammlern, Kritikern, Händlern und, in jüngster Zeit, auch der Kunsthistoriker, die im Verlauf fast eines Jahrhunderts ein weltbekanntes Museum geschaffen und den *Gachet* als hervorragendes Beispiel für nachimpressionistische Malerei definiert hatten. Ein revolutionär modernes Porträt, das die psychologischen Porträts des zwanzigsten Jahrhunderts vorwegnahm. In den siebzig Jahren, seit Georg Swarzenski das Gemälde für das Städelsche Kunstinstitut erworben hatte, war die Frage, ob es ein wirklich großes Kunstwerk sei, beantwortet worden. Wie schon im Frankfurter Museum fand das Gemälde starken Zuspruch im Metropolitan Museum mit seiner riesigen Sammlung europäischer Malerei, den Porträts der holländischen Meister Rembrandt und Hals, dem Degas-Porträt Jacques Tissots, das wie der van Gogh eine klassische Charakterisierung des modernen Malers im späten neunzehnten Jahrhundert war. Sowohl praktisch wie theoretisch war das größte Museum der Welt, das Metropolitan Museum, das einzig logische Ziel für das *Bildnis des Dr. Gachet*.

In diesem Museum war es nicht nur sicher, sondern auch jederzeit zugänglich. Das Gemälde traf zu einer Zeit ein, als van Gogh eine noch nie dagewesene wissenschaftliche Aufmerksamkeit zuteil wurde. Schon drei Monate nach der Ankunft eröffnete das Museum die Ausstellung *Van Gogh in Arles*. Diese wurde zwei Jahre später gefolgt von *Van Gogh in Saint-Rémy und Auvers*. Die bahnbrechenden Ausstellungen waren Teil der Anstrengungen von Kunsthistorikern, die van Gogh-Legende zu widerlegen und durch akkurate historische Informationen zu ersetzen. Die Wissenschaftler beschäftigten sich mit dem Problem der spärlichen Beweise für seinen Krankheitszustand und kamen zu dem Schluß, daß dieser wenig mit den Leistungen van Goghs als Maler zu tun hatte. Im Katalog zur Ausstellung *Saint-Rémy und Auvers* erklärte der britische Wissenschaftler Ronald Pickvance:

> Im Falle van Gogh gab es einen vorherbestimmten Weg vom Asyl (mit der inhärenten Annahme seines Irrsinns) zum Selbstmord, der dem Mythos vom irren Genie Nahrung gab. Doch welche Krankheit er auch gehabt haben mag – wahrscheinlich eine Art von Epilepsie, von Absinthgenuß, Glaukom, Digitalisvergiftung oder Syphilis verstärkt – Tatsache ist, daß sie seine Arbeit nicht direkt beeinflußte.

Verworfen wurde auch die seit langem existierende Theorie, daß van Goghs Gemälde direkte Berichte über seine Psyche waren. Um die Beziehungen zwischen Kunst und anderen intellektuellen Unternehmungen der Zeit zu beleuchten, versuchten die Kunsthistoriker jetzt van Goghs Beziehungen zu seinen Zeitgenossen, besonders zu Gauguin, zu entschlüsseln und ihn in einen politischen und gesellschaftlichen Kontext einzuordnen. Van Gogh wurde als intellektueller Führer der nach-impressionistischen Generation und als einflußreiche Persönlichkeit unter den Künstlern betrachtet, der weit entfernt davon gewesen war, ein ungelehrter Geisteskranker zu sein, dessen Isolation und Versagen ihn zum Selbstmord trieben. Pickvance und andere räumten im Verlauf der achtziger Jahre die bestehenden Zweifel an van Goghs Stellenwert als Maler ersten Ranges aus.

Diese Zeit war auch die Blütezeit der van Gogh-Ausstellungen. Neun Ausstellungen wurden in Europa, Japan und Nordamerika veranstaltet, davon zwei im Metropolitan Museum. Höhepunkt war 1990 die Retrospektive zum 100. Todestag des Malers im Rijksmuseum Vincent van Gogh in Amsterdam, gefolgt von der Ausstellung *Vincent van Gogh und die frühe moderne Kunst* im Folkwang-Museum in Essen. Jede Nation wollte van Gogh für sich beanspruchen. 1984 stellte die Ausstellung *Gauguin und van Gogh in Kopenhagen* wieder die Gemälde der außergewöhnlichen dänischen Ausstellung von 1893 zusammen und demonstrierte so, wie früh Skandinavien der Moderne Aufmerksamkeit gezollt hatte. 1984 gab es *Van Gogh en Belgique* in Brüssel, vier Jahre später gefolgt von *Van Gogh à Paris*. Die Japaner, deren Drucke der Maler so eifrig gesammelt hatte, hielten in Tokio und Nagoya eine Retrospektive. *Bildnis des Dr. Gachet* war in drei dieser Ausstellungen zu sehen: in Kopenhagen, wo ihm fast einhundert Jahre zuvor seine erste Besitzerin begegnet war, in Tokio und schließlich in New York.

Die beiden Ausstellungen des Metropolitan Museums waren hervorragende Beispiele für internationale Leihgeberausstellungen, wie sie das New Yorker Museum in den siebziger Jahren erstmals veranstaltet hatte. Im besten Fall waren diese Ausstellungen eine gelungene Verbindung zwischen der amerikanischen Tradition der Volksbildung und der deutschen Tradition einer wissenschaftlichen Annäherung an Kunst. Es wurden oft brillante Exponatsequenzen gezeigt, die provokative Interpretationen ihrer Themen anboten, dabei die Forschung voranbrachten und gleichzeitig riesige Menschenmengen anzogen. Sie dienten zahlreichen Zwecken und einem breit gefächerten Publikum, zielten nicht nur auf internationales Kunstpublikum, sondern auch auf den Kreis der Historiker, Kritiker, Sammler und Galeristen, die die Kunstwelt beherrschten. Mit den ausführlich recherchierten und üppig illustrierten Ausstellungskatalogen stellten sich die Museen auf eine Stufe mit den Universitäten als Herausgebern neuester kunsthistorischer Forschungsergebnisse. Ronald Pickvances Katalog der Ausstellung im Metropolitan Museum wurde zum Standardlehrbuch.

Bildnis des Dr. Gachet blieb sechs Jahre lang im Metropolitan Museum. Die Auswirkungen des Preisanstiegs auf dem Kunstmarkt der achtziger Jahre machten sich unweigerlich auch in den Museen bemerkbar. Eine Preisinflation bei den Gemälden bedeutete, daß die Versicherungskosten für die Leihgaben dramatisch anstiegen und die Notwendigkeit einer staatlichen Absicherung erhöhte. Da das Gachet-Porträt dem Museum nur als Leihgabe zur Verfügung stand, war es direkter von den Entwicklungen auf dem Kunstmarkt betroffen als Gemälde in permanenten Sammlungen. Durch die Berichte über steigende Preise beim Verkauf anderer Werke, besonders der bedeutenderen van Goghs, stieg der Wert des Porträts ständig. Da sein Wert auch von der Expertenmeinung abhängig war, erhöhte deren Entscheidung, das Gemälde für zahlreiche Ausstellungen und als Thema neuer Interpretationen auszuwählen, ebenfalls dessen Wert. Natürlich behielten die Galeristen das Bild im Auge und fragten sich, ob es wohl zum Verkauf stünde.

Das Metropolitan Museum of Art

1984 war das Metropolitan Symbol für den sagenhaften Reichtum der Stadt New York schlechthin. New York war nach wie vor finanzielle und kulturelle Hauptstadt des Landes. Die Beaux-Art-Fassade zog sich vier Blocks weit die Fifth Avenue entlang. Steinstufen führten hinauf zu den drei Eingangsportalen. Über den Portalen wehten Banner in Rot, Violett, Königsblau und Gold im Wind, verkündeten die Titel der laufenden Ausstellungen und verliehen dem monolithischen grauen Bauwerk Farbe. Seine Form und seinen Charakter, was Ehrgeiz, Grandiosität und Aufsehen betraf, hatte das Museum aus der riesigen Stadt selbst bezogen.

Der Anspruch des Metropolitan wurde in den Sammlungen deutlich, die nun aus über zwei Millionen Objekten bestanden: Gemälden, Plastiken, Textilien, graphischen Blättern, Photographien, Zeichnungen, Vasen, Rüstungen und Amuletten. Die ägyptische Galerie allein enthielt 37000 Artefakte und Kunstwerke. In wenig mehr als zehn Jahren hatte das Museum seine glanzlose Sammlung asiatischer Kunst auf die Höhe der Sammlungen des Museum of Fine Arts in Boston und der Freer Gallery in Washington gebracht. Die europäischen Gemälde befanden sich an der Spitze des großen Treppenaufganges. Diese privilegierte Position bezeugte Amerikas Anspruch, Erbe der europäischen Kultur zu sein und unter den Nationen seit Jahrzehnten eine Stellung als internationale Macht zu besitzen. Amerikanische Kunst befand sich in den Seitengalerien und wurde als nebensächlich angesehen.

Das *Bildnis des Dr. Gachet* traf in einem Moment der Veränderung und der Expansion im Metropolitan Museum ein. Nach dem 1970 entwickelten Plan hatte das Direktorium das Gebäude um das Doppelte vergrößert. Mit neu gebauten Seitenflügeln nahm das Museum über 44517 Quadratmeter im Central Park ein. Der ursprüngliche Plan stammte von Thomas Hoving, einem ehemaligen Kommissionsmitglied der New York City Park-Verwaltung, der von 1966 bis 1977 als äußerst umstrittener Museumsdirektor wirkte. Hoving, der für teure Neuerwerbungen und spektakuläre Ausstellungen bekannt war, hatte im Museum eine andere Richtung eingeschlagen und es ungeachtet seiner historischen Sammlungen entschlossen der Gegenwartskunst geöffnet.

Aus der Vogelperspektive schien das Museum wie ein gigantisches rechteckiges Labyrinth aus ineinandergreifenden Stein-, Stahl- und Glassektionen. Neue Flügel und Galerien wurden eröffnet: Ein Flügel, der die Robert Lehman-Sammlung beherbergen sollte, wurde 1975 errichtet, ein anderer 1978 für den ägyptischen Tempel von Dendur. Im Verlauf der nächsten vier Jahre fügte das Museum Galerien für amerikanische Kunst sowie für die Kunst der pazifischen Inseln, Afrikas und Mittel- und Südamerikas hinzu. Schon existierten Pläne für einen vierstöckigen Flügel, der die Kunst des zwanzigsten Jahrhunderts auf 60000 Quadratmeter Ausstellungsfläche beherbergen sollte. Zweiundzwanzig neue Galerien, von Kevin Roche und John Dinkeloo entworfen, hätten dort Platz. Ständig zogen Menschenmengen durch das Gebäude, deren Zahl, außer in abgelegenen Galerien, allen Räumen die Stille nahm, die früher in traditionellen Museen geherrscht hatte. Außer bei schlechtem Wetter waren die Stufen zum Eingang des Museums ein Versammlungsort und informelles Theater, wo die Menschen sich trafen und beobachteten. Mehr als vier Millionen Besucher pro Jahr waren ein Maß für den Erfolg dieser Museumskonzeption. Die Besucherzahl der beiden van Gogh-Ausstellungen allein überstieg eine Million. »Aufgrund der Annahme, daß Kunst von der Bildung nicht zu trennen war, haben die amerikanischen Museen ihr Hauptaugenmerk eher auf den Normalbürger gerichtet«, schrieb der Schriftsteller Calvin Tomkins, »als auf Künstler, Wissenschaftler oder Kenner, die natürlich trotzdem willkommen sind – und deshalb sind die Museen in einem Maß erfolgreich, das in Europa unbekannt ist.«

Die Eingangshalle des Metropolitan, mehrere Stockwerke hoch, war zu einem von New Yorks größten öffentlichen Plätzen geworden, ein Ort, an dem sich Kunsttempel und Marktplatz vereinigen. Manche beschwerten sich über den Buchladen und den Kommerz: »Das Rasseln und Klingeln der riesigen Kasse, die genau vor dem letzten Raum der van Gogh-Ausstellung steht«, so schrieb der Kritiker der New York Times, John Russell im Jahre 1984, »ist das absolut störendste Geräusch, das ich je in einem großen Museum gehört habe.« Bis Mitte der achtziger Jahre wurden Bücher, Postkarten, Kataloge und Reproduktionen zu einer zunehmend wichtigen Einnahmequelle für das Museum, das auf Gelder aus Stiftungen, auf Mitgliedsbeiträge, Eintrittspreise, Zuwendungen, Fördermittel und Gelder der Stadt angewiesen war. 1987 hatte das Museum vier Millionen Dollar Einnahmenüberschuß, der u.a. auf den Erfolg der Ausstellung *Van Gogh in Saint-Rémy und Auvers* zurückgeführt wurde. Allein die van Gogh-Poster brachten 1,5 Millionen Dollar Einnahmen. »Das neue Museum«, schrieb Arthur Danto, Kunstkritiker der *Nation*, »verquickte den Konsum von Kunst dann auch unweigerlich mit dem Konsum von Nahrungsmitteln und dem Erwerb von Waren in Geschenkartikelläden ...«

Die Gemäldesammlungen des neunzehnten Jahrhunderts

Die Kuratoren des Metropolitan Museum plazierten das *Bildnis des Dr. Gachet* mit anderen Gemälden van Goghs im Zentrum der Sammlung impressionistischer und nach-impressionistischer Kunst. Nur vier Jahre zuvor hatten sie die französischen Gemälde des neunzehnten Jahrhunderts vom Rest der europäischen Gemälde getrennt und ihnen einen Platz in eigenen, nach dem französischen Bankier und Sammler André Meyer benannten Räumen untergebracht. Diese neuen Galerien umfaßten 2023,5 Quadratmeter und beherbergten über fünfhundert Kunstwerke. Das allein schon dokumentiert den Stellenwert, den französische Malerei des neunzehnten Jahrhunderts für das Museum hatte. Seit dem Krieg hat kein Gebiet der Kunstgeschichte so viel akademisches Interesse auf sich gezogen wie die Moderne. »In dem Versuch, französische Kunst von 1850 bis zum Ersten Weltkrieg neu zu bedenken, zu benennen, zu datieren, zu betiteln und zu erforschen, sind über praktisch jeden Künstler, jedes Medium, jede künstlerische Bewegung und jeden kritischen Standpunkt Bücher, Dissertationen, Ausstellungen, Kataloge, Artikel und Kritiken produziert worden«, schrieb der Kunsthistoriker Richard R. Brettell, »und viele der methodologischen Entwicklungen in diesem viel diskutierten Gebiet haben zu wichtigen Durchbrüchen auf anderen Feldern der Kunstgeschichte geführt.«

Die André-Meyer-Galerien waren nach den neuesten Erkenntnissen auf dem Gebiet des Museumsdesigns gestaltet. Im Zentrum befand sich ein großer, lichtdurchfluteter Raum, der durch Trennwände gegliedert wurde, was die größtmögliche Flexibilität bei der Installation und Umgestaltung der Sammlung erlaubte. Im großen und ganzen reflektierte die Installation die etablierte, auf Paris ausgerichtete Kunstauffassung des neunzehnten Jahrhunderts: Dem Impressionismus von Monet, Degas, Pissarro und Sisley folgte der Post-Impressionismus von Seurat, Gauguin, Cézanne und van Gogh als dem Höhepunkt einer Geschichtsfolge, die ihren Ursprung im Neoklassizismus, Romantizismus und dem Naturalismus Courbets hatte.

Doch neben der Hauptgalerie gestalteten die Kuratoren John Pope-Hennessey und Charles Moffett eine große Galerie mit Akademiegemälden unter anderem von Meissonier, Chabanel, Gérôme und Bouguereau. Diese Reinstallation akademischer Malerei dokumentierte einen Aspekt der »neuen Kunstgeschichte«, die jetzt an amerikanischen Universitäten gelehrt wurde. Durch die Aufnahme auch der lange Zeit als Kitsch in den Lagern der Museen versteckten Gemälde der Salonmaler erkannten die Kuratoren an, daß nur ein Teil der Geschichte sichtbar wird, wenn einzig die Moderne beachtet wird.

Form und Inhalt der André-Meyer-Galerien, die dreizehn Jahre später komplett umgestaltet wurden, deuteten darauf hin, daß die Kunstgeschichte wie auch zeitgenössische Kunst an sich in Bewegung war und daß die Kuratoren des Metropolitan Museums diskutierten, wie eine Geschichte der Kunst in Zukunft zu erzählen sein würde. Sie hatten begonnen, sich eher als Historiker und weniger als »Kenner« zu verstehen, ein Begriff, der vergangene Zeiten heraufbeschwor, als die schönen Künste noch eine aristokratische Berufung waren.

Der neue van Gogh

In der Ausstellung *Van Gogh in Arles* (vom 18. Oktober bis zum 30. Dezember 1984) wurde ein streng historischer Ansatz gezeigt. Schon der Blick auf nur eine bestimmte Periode im Leben des Künstlers war außergewöhnlich. Es wurden fünfundsechzig Gemälde und fünfundsiebzig Zeichnungen ausgestellt – vierzig Prozent der Arbeiten, die der Maler vom 20. Februar 1888 bis zum 8. März 1889 in Arles produziert hat. In Pickvances Worten waren es »fast 15 Monate, über 63 Wochen, genau gesagt 444 Tage.« Die Kuratoren wollten vor allem den Hergang richtig dokumentieren, um romantische Vorstellungen über van Gogh zu beseitigen. Die Ansicht, van Gogh sei ein emotional sprunghafter, wenn auch begabter Amateur gewesen, sollte durch eine mit Tatsachen untermauerte Darstellung des Malers als professionell und auf Hochtouren produzierendem Künstler ersetzt werden.

Pickvance zeichnete in seinem Katalog die zeitliche Abfolge der Arbeiten des Malers, seiner Schriften, zahlreicher Ereignisse sowie seiner Reisen nach Saint-Maries-de-la-Mer nach, indem er Gemälde, Zeichnungen, Briefe und was er sonst noch über van Gogh finden konnte, studierte. Die Reise ans Meer, so Pickvance, hatte »eine ausgesprochen positive und bedeutende Wirkung auf seine Ansicht über den Süden, sowie auf seine künstlerische Entwicklung«. Am 4. Juni 1888 hatte van Gogh geschrieben: »Der Blick ändert sich, man sieht mit japanischen Augen, man spürt die Farbe ganz anders, auch habe ich die Überzeugung, daß sich durch einen langen Aufenthalt hier meine Persönlichkeit besser ausprägt.« Pickvance konzentrierte sich auf die Dokumente: Karten, Photographien, Chroniken von Henry James und anderen Besuchern von Arles. Im Katalog schlug er – wie vor ihm schon die Wissenschaftler Jan Hulsker und Artemis Karaghensian – eine Neufestsetzung der Reihenfolge der zweihundert Briefe aus Arles vor, und er kategorisierte sie von »signifikant« über »radikal« bis zu »noch radikaler«. Dies erforderte bei einigen Gemälden und Zeichnungen eine Neudatierung. Um der Biographie van Goghs die Melodramatik zu nehmen, relativierte Pickvance den bekannten Konflikt zwischen Gauguin und van Gogh zu einer Auseinandersetzung, die teilweise durch das Wetter ausgelöst worden war: »Während der ›dunklen‹ Periode vom 19. bis zum 23. Dezember regnete es Tag und Nacht. In diesem Monat regnete es zehn Mal mehr als im Durchschnitt.«

Diese Ausstellung, die sich einen Maler an einem Ort zum Thema genommen hatte und sich ganz auf dessen Biographie bezog, war der Höhepunkt der Versuche, ein historisch genaues Porträt van Goghs herzustellen. Schon in den sechziger Jahren hatten holländische Wissenschaftler damit begonnen, da die Sammlungen der Familie van Gogh in Amsterdam und im Kröller-Müller-Museum in Otterloo die Niederlande zum Zentrum der van Gogh-Forschung hatten werden lassen. Für die holländischen Wissenschaftler waren van Goghs Jahre in Holland die entscheidende Periode seiner Karriere. 1970 stellten sie die Forschung auf eine solidere Basis, indem sie eine überarbeitete Fassung des Œuvrekatalogs von Jacob Baart de la Faille veröffentlichten. Das »neue« Werkverzeichnis war von einer 1961 gegründeten Kommission bedeutender Kunsthistoriker verfaßt worden, die die offizielle chronologische Liste von van Goghs Gesamtwerk auf den neuesten Stand brachten. Nun zweisprachig in Englisch und Französisch behielt der Katalog die Originalnumerierung von de la Faille bei, wonach der *Gachet* mit der Nummer F753 verzeichnet war. Doch es konnten immer noch nicht alle Fehler beseitigt werden: Die Besitzerliste des *Gachet* führt neun Händler oder Sammler und das Frankfurter Museum auf, schließt jemanden namens »J. Keller« ein, vergißt aber Ambroise Vollard und die bis dahin unentdeckt gebliebene Alice Ruben. Auch wird die Geschichte der Beschlagnahmung des Gemäldes im Städel durch das Reichspropagandaministerium nicht erwähnt. Die Kommission wies auch auf die zweite Version des Gemäldes hin, die von Paul und Marguerite Gachet dem Louvre geschenkt worden war und die später im Museum Jeu de Paume in Paris hing. (In einer Notiz in seinem Manuskript beschrieb de la Faille diese Version als »eine sehr schwache Replik der ersten, die den stechenden Blick von F 753 und den ›schmerzlichen Ausdruck unserer Zeit‹ (Brief 643) vermissen läßt.« Einige Kunstsachverständige bemängelten das Versagen der Kommission bei der Entfernung aller Fälschungen und fälschlich zugeschriebenen Gemälde, die früher Eingang in den Kanon gefunden hatten. Später stellten unter anderen Roland Dorn und Walter Feilchenfeldt die Echtheit mehrerer Bilder, darunter vier Selbstporträts, in Frage. Wegen des hohen Interesses an der Biographie des Malers hatte immer große Nachfrage nach den Selbstporträts bestanden, obwohl nur wenige in Umlauf waren. Van Gogh hatte fünf weggegeben, Johanna fünf weitere verkauft, drei davon an deutsche Sammler, die restlichen Selbstporträts behielt sie. Die vier fraglichen Bilder schienen erst zu Beginn des zwanzigsten Jahrhunderts aufgetaucht zu sein. Ihnen »fehlt«, so Feilchenfeldt und Dorn, »die innere Selbstkontrolle, die ›aufrechte Haltung‹, die van Gogh selbst in Zeiten größter Isolation nie vermissen ließ«.

Als Jan Hulsker, Mitglied der de la Faille-Kommission, in den siebziger Jahren eine neue Reihenfolge der meist undatierten Briefe des Malers vorschlug, wurde deutlich, daß ein stiller Angriff auf die Legende van Goghs begonnen hatte. Eines der wichtigsten Ermittlungsergebnisse Hulskers war, daß die Notiz, die nach dem Tod van Goghs in seiner Jackentasche gefunden worden war, nicht, wie lange angenommen, ein Abschiedsbrief, sondern lediglich der Entwurf eines optimistischeren Briefes an Theo war. In dem Brief hatte van Gogh eine Anzahl von Skizzen gezeichnet, um dem Bruder einen Eindruck seiner jüngsten Arbeiten zu vermitteln. Darunter befand sich *Daubignys Garten* (»eine meiner stärksten Arbeiten«), das sonnendurchflutete Bild eines Hauses und einer grünen Wiese mit Blumenbeeten, und Skizzen von »alten Strohdächern« und von »weiten Kornfeldern nach dem Regen«. Hulsker schloß daraus, daß *Getreidefeld mit Raben*, das so lange als van Goghs letztes Bild betrachtet wurde, früher gemalt worden sein muß. Plötzlich wurden nicht nur die 1890 entstandenen Gemälde in einem anderen Licht gesehen. Selbst van Goghs Selbstmord schien vielleicht doch nicht ein lange vorhergeplantes Ereignis, sondern das Ergebnis besonderer Umstände an jenem Tag gewesen zu sein, die Konsequenz einer Krankheit, gegen die er sich schutzlos fühlte. Zumindest hat Hulskers Arbeit eine Neubewertung zahlreicher Annahmen über van Goghs Leben und seine Arbeit bewirkt.

Auch in den Arbeiten der kanadischen Wissenschaftlerin Bogomila Welsh-Ovcharov nahm der »neue« van Gogh Gestalt an. Zum erstenmal erforschte sie eingehender die »Pariser Periode« – jene zwei Jahre von März 1886 bis Februar 1888, in denen van Gogh bei Theo in Paris wohnte und arbeitete. Dieser Zeitraum fiel zwischen van Goghs frühe Jahre in Holland und die späten Jahre in Südfrankreich, wo er die besten seiner Arbeiten angefertigt hatte. Über das Leben des Malers in Paris ist allerdings nur wenig bekannt, weil er dort nur wenige Briefe geschrieben hat. Bislang hatten Historiker die Pariser Jahre vor allem deshalb ignoriert, weil van Goghs Erfahrungen in Paris nicht dem Bild eines Genies entsprachen, das in Einsamkeit seine Meisterwerke schafft. Er war damals einer unter Hunderten von ausländischen Malern.

Welsh-Ovcharov hatte mit Jan van Gelder in Utrecht gearbeitet, als die van Gogh-Forschung noch nicht so populär war. Als Studentin in den Niederlanden hatte sie leichten Zugang zur van Gogh-Sammlung im Stedelijk, wo die meisten seiner Bilder unbeachtet auf dem Fußboden im Keller des Museums lagerten. Jeder, der sich die Mühe machte danach zu fragen, durfte sie ansehen. Sie verbrachte dort viele Stunden allein, konnte die Bilder untersuchen wie es ihr gefiel, die Farboberflächen studieren und auf den Rückseiten nach Händlersignets suchen. Während ihrer langjährigen Arbeit sah sie, wie das Forschungsfeld populärer und die Forschungsmethoden ausgefeilter wurden. 1970 hatte die Regierung schließlich die Sammlung von Vincent Willem van Gogh übernommen, die sich bis dahin als Leihgabe im Stedelijk Museum befunden hatte, und sich bereit erklärt, ein Museum für sie zu bauen. 1973 eröffnete die Stadt Amsterdam das Rijksmuseum Vincent van Gogh in einem von Gerrit Rietveld entworfenen Gebäude. Die Sammlung der Familie van Gogh befand sich nun zum erstenmal in klimatisierten Räumen. Später wurden viele Gemälde zum Schutz mit Plexiglasscheiben abgedeckt und auf den Rückseiten versiegelt.

In ihrer Dissertation verwarf Welsh-Ovcharov die Ansicht, van Gogh sei ein isolierter Außenseiter gewesen, und stellte ihn ins Zentrum des französischen Post-Impressionismus. Sie verwies darauf, daß van Gogh vom Augenblick seiner Ankunft in Paris im Jahr 1886 an unmittelbar mit der progressiven Malerei dieser Zeit in Berührung kam. Sie erklärte das besondere Beziehungsgeflecht zwischen van Gogh und den französischen Malern Louis Anquetin, Emile Bernard, Henri de Toulouse-Lautrec, Jacob Meyer de Haan, Charles Laval, Paul Sérusier und Maurice Denis. Sie korrigierte auch die lange Zeit allgemein akzeptierte Behauptung Gauguins, er habe in der Beziehung Gauguin – van Gogh die Rolle des Meisters gespielt. Statt dessen verfolgte sie van Goghs Rolle als Pionier des Post-Impressionismus.

1981 erreichte Welsh-Ovcharovs Forschung durch die Ausstellung *Vincent van Gogh und die Geburt des Cloisonnismus* ein breites Publikum. Diese Ausstellung wurde von der Art Gallery of Ontario in Toronto in Zusammenarbeit mit dem Rijksmuseum Vincent van Gogh in Amsterdam präsentiert. Der Begriff *Cloisonnismus* wurde von einem französischen Kritiker geprägt, um die Malerei van Goghs und seiner Kollegen zu beschreiben, deren flache Farbflächen mit dunklen Umrissen umgeben werden, und so an Emailcloisonné (Zellenschmelz) und Bleiglas erinnern. Aufbauend auf ihren früheren Forschungen stellte Welsh-Ovcharov, nun Professorin an der Universität in Toronto, van Goghs Rolle in der Entwicklung des symbolistischen Stils dar. Der Ausstellungskatalog mit fast 400 Seiten und über 300 Schwarzweiß- und 32 Farbabbildungen sowie einem umfangreichen Fußnotenteil war einer der ersten van Gogh-Ausstellungskataloge, der zu einem kunstgeschichtlichen Lehrbuch wurde.

Der Ausstellung über van Goghs Pariser Periode folgte drei Jahre später die erste Arles-Ausstellung des Metropolitan Museum. 1987, in der Ausstellung *Saint-Rémy und Auvers*, richtete Ronald Pickevance zusammen mit Susan Alyson Stein und Gary Tinterow sein Augenmerk auf die letzte Periode von van Goghs Werk. Sie zeigten die siebzig Gemälde, darunter das *Bildnis des Dr. Gachet*, und zwölf Zeichnungen, die der Maler in den letzten siebzig Tagen seines Lebens geschaffen hatte. Um hieb- und stichfest zu beweisen, daß van Goghs Krankheit »seine Arbeit nicht direkt beeinflußte«, erklärte Pickvance im Katalog die Komplexität und programmatische Art der Malmethode van Goghs. Diese Methode beinhaltet, nicht ein Gemälde nach dem anderen, sondern aufeinanderfolgende Serien zu malen – »fest umrissene Gruppen und Serien, die organisch untereinander verbunden sind«. Die vielen Versionen von Olivenhainen, Zypressen und Bergen, die in Saint-Rémy entstanden sind, folgten dieser Methode, die van Gogh in Arles entwickelt hatte. 1985 begann der deutsche Wissenschaftler Roland Dorn, die lange aufrechterhaltene Ansicht über van Goghs Annäherung an Malerei zu widerlegen, indem er den Plan des Malers rekonstruierte, einen Zyklus von Gemälden für das »Gelbe Haus« in Arles zu schaffen, der Landschaft und Leben der Provence abbilden sollte. (Selbst Theo verstand nicht, daß die Gemälde – ähnlich Buchkapiteln oder Segmenten einer Wandmalerei – Teil eines größeren Ganzen waren.) Nach Dorn begann van Gogh die »Dekoration« im August 1888 mit einer Serie von Sonnenblumenbildern, doch schon bald weitete er das Projekt aus. In wenigen Wochen hatte er siebzehn Leinwände identischer Größe vollendet. Kontrast war das Thema, das den Zyklus verband. Der Künstler dachte sich die Gemälde als »antithetische Gegenstücke« in Thema, Form und Farbe; *Park mit Trauerweide* – wie das friedvolle *Schlafzimmer des Künstlers* – wurde als Ergänzung zu dem bedrohlichen Interieur von *Nachtcafé* begonnen. Durch das Malen von »Werkgruppen, Serien oder Dekorationen« statt einzelner, isolierter Bilder »hoffte er«, so

Dorn, »eine der Vielschichtigkeit der Realität angemessene Interpretation« zu finden und »eine ursprüngliche, ›persönliche Ansicht der Welt‹, wie Maupassant es sagte«, zu präsentieren. Van Gogh sah sich selbst der »Doktrin des Realismus« folgend, die von Zola und den Goncourts vorgegeben wurde. Deren Bücher porträtierten die Welt im Detail und untersuchten die ethischen Belange, die van Gogh so sehr am Herzen lagen. Dorn sah in van Gogh sowohl einen vollkommenen Handwerker als auch einen intellektuellen Maler. »Malen und Zeichnen, künstlerische Tätigkeit im allgemeinen war ›intellektuelle Arbeit‹. Für van Gogh beruhte sie auf ›reiner Berechnung‹ und verlangte extreme Intensität der Aufmerksamkeit.« Wie in anderen »normalen« Berufen sorgte er sich um so banale Dinge wie Zeit und die Notwendigkeit, Fortschritte zu machen.

Die Ausstellung *Saint-Rémy und Auvers* zeigte elf Gemälde einer Serie, die van Gogh in Auvers malte. Diese elf Gemälde waren Breitformate, lange, horizontal angelegte Bilder, die aus zwei kleineren quadratischen Leinwänden zusammengesetzt waren. Eines dieser Gemälde war *Daubignys Garten*, ein anderes *Krähen über Weizenfeldern*, dessen »tragischen und unheilvollen« Charakter Pickvance in Frage stellte. (Wenn man das Gemälde anschaut, ohne das Gefühl einer Bedrohung hineinzulegen, dann kann man die in dem Bild ausgedrückte ›restaurative Kraft‹, von der van Gogh spricht, spüren.«) Pickvances Weigerung, in den *Krähen* eine düstere Symbolik zu sehen, beendete jedoch die Bedeutungsdebatte nicht.

Van Goghs Aufstieg in den Kanon der Moderne fiel mit der Herausforderung der Formalisten und deren schließlicher Entmachtung durch eine neue Generation von Kunsthistorikern zusammen, die sich entschlossen hatten, das Thema von verschiedenen Seiten her anzugehen, und häufig einen marxistischen, semiotischen, literaturtheoretischen oder feministischen Ansatz verfolgten. Sie stellten die Ansicht der Formalisten von der Moderne als einem Pariser Phänomen in Frage, und sie verlagerten die Diskussion vom Stil hin zu Thema und Inhalt. Sahen die Formalisten Malerei und Bildhauerei als autonome

Felder, die ihre eigene Entwicklung hatten, so betrachteten die neuen Historiker sie als reiche, enthüllende Dokumente eines dynamischen kulturellen, politischen und sozialen Systems. Diese neuen Zugangsweisen beruhten auf der Ansicht, daß Modernismus nicht als eine Revolution zu betrachten war, die bekämpft werden mußte, sondern als eine historische Bewegung, die tiefe Wurzeln in der westlichen Tradition hatte, sich aber aus zahlreichen Inspirationsquellen speiste. Inspirationsquellen für van Gogh waren »die holländische Malerei des siebzehnten Jahrhunderts und die Schule von Barbizon, sowie Meissonier und Monticelli, europäische realistische Illustrationen und Drucke stilisierter japanischer Holzschnitte«.

Viele Historiker versuchten nun, Kunstgeschichte aus einem ausschließlich ästhetischen Zusammenhang zu entfernen und verwarfen die Vorstellung, Kunstwerke seien anderen kulturellen Dokumenten überlegen. Besonders die radikaleren Wissenschaftler wollten endlich die Überreste des Ästhetizismus beseitigen, in dem sich Kunstsachverständige lange genug damit gebrüstet hatten, sie hätten ein »gutes Auge« und die Fähigkeit, Qualitätsunterschiede zu erkennen. Die Forschung sollte auf solide Grundlagen gestellt werden. Ihrer Ansicht nach waren jene Stücke, die als große Werke gepriesen wurden, von Kritikern, Sammlern und Kuratoren, deren Auffassungen sich mit denen der herrschenden Klasse der kapitalistischen Wirtschaft deckten, dazu gemacht worden.

Die Marxisten behaupteten, daß Kunst eine Reflexion der Klassenideologie sei. Van Goghs Porträt eines alten Mannes mit Zylinder repräsentierte nach Ansicht von Griselda Pollock »bei all seiner Instabilität eine Art Wahrheit, das Fragment einer sozialen Bezugnahme zum Kapitalismus des neunzehnten Jahrhunderts in der Stadt«. Die lange aufrecht erhaltene Ansicht, van Gogh sei ein mitfühlender Fürsprecher der sozial Unterdrückten gewesen, kam unter Beschuß. »Das ganze romantische Geschwätz über van Goghs humanitäre Sympathie für die Armen und Notleidenden, das die van Gogh-Forschung so lange verhext hat«, schrieb Pollock, »hat die fundamentale und spezifische Tatsache seiner gesellschaftlichen Position getrübt.«

Diese sei »bürgerlich« gewesen, deutete sie an und betonte, daß »van Gogh stets den kommerziellen Erfolg im Sinn gehabt hat«.

Die Kunsthistorikerin Linda Nochlin hinterfragte in einem Artikel über die Weber-Bilder die Vorstellung von van Gogh als »Genie«. Sie wies darauf hin, daß er sich besonders von den Illustrationen des ehemals populären französischen Zeichners Paul Renouard hatte inspirieren lassen. Van Goghs Interesse am Schicksal der Weber war keineswegs einzigartig, sondern wurde von vielen Künstlern und Schriftstellern im neunzehnten Jahrhundert geteilt.

Nochlin gehörte zu jenen Wissenschaftlern, die untersuchten, auf welche Weise van Goghs Malerei nicht nur eine idiosynkratische Ansicht ausdrückte, sondern viel mehr eine gewisse intellektuelle Voreingenommenheit im Europa des ausgehenden neunzehnten Jahrhunderts und tatsächliche soziale und ökonomische Verzerrungen der Zeit reflektierte. T.J. Clark interpretierte in seinem 1984 erschienenen Buch *Painting of the Modern Life* van Goghs Gemälde *Pariser Vorstadt* als typische Reaktion auf Baron Haussmanns dramatische Umstrukturierung der Stadt, die die Armen an die Peripherie gedrängt hatte. Das Gefühl des Untergangs, welches das Bild erweckt, »kann nicht lediglich als Bestürzung eines Holländers in der großen Stadt abgetan werden. Es ist genau der Ton, den die Pariser anschlagen, wenn sie sich mit dem, was der Stadt widerfahren ist, auseinandersetzen«.

Gachet

In den achtziger Jahren wandten die Kunsthistoriker ihre Aufmerksamkeit auch dem *Bildnis des Dr. Gachet* zu. Zum erstenmal entfalteten sie den komplexen Inhalt des Gemäldes. »Es war dieses Gemälde, das Vincent zu der Bemerkung veranlaßte, das ›moderne Porträt‹ fessele ihn am stärksten«, bemerkte Bogomila Welsh-Ovcharov 1981. Sein Konzept beruhe »auf einer weit größeren Zahl von Quellen und persönlichen Interpretationen, als allgemein angenommen wird.«

Zuvor hatte A. Brown Price entdeckt, daß eine der Quellen für das revolutionäre Gemälde ein ganz traditionelles Porträt gewesen ist, nämlich *Porträt von Eugène Benon* von Pierre Puvis de Chavannes. Sie schloß, van Gogh müsse es bei einer Ausstellung in der Galerie Durand-Ruel im November und Dezember 1887 gesehen haben.

Daß van Gogh das Porträt mit riesigen Ansprüchen ausgestattet hatte, wurde 1980 deutlich, als der holländische Wissenschaftler Evert van Uiter darstellte, daß die Pose der Melancholie weit mehr als eine Referenz an das Spezialgebiet des Arztes sei, sondern ein Mittel, »seinen eigenen künstlerischen Idealen Ausdruck zu verleihen.« Van Uitert bemerkte, daß die gelben Romane nicht, wie behauptet, einfach nur Lieblingsbücher waren, die der Maler dem Doktor geliehen hatte, statt dessen hatte van Gogh sie benutzt, um die »neue Kunst der Porträtmalerei« mit »dem modernen Roman« in Einklang zu bringen, genau wie die Goncourts es in ihrem Vorwort zu *Germinie* definiert hatten. Der Roman, so behaupteten die Brüder Goncourt, war »die große, ernsthafte, leidenschaftlich bewegte und lebende Form der literarischen Studien und der sozialen Untersuchung«, sowie »zeitgenössische Moralgeschichte.« Das zweite Buch, *Manette Salomon*, trug ebenso dazu bei, das melancholische Thema des Gemäldes vom Maler selbst wegzurücken und auf die Bedingungen französischer Künstler im neunzehnten Jahrhundert zu lenken. Van Uitert verglich van Goghs Ansicht des modernen Künstlers mit der Ansicht der Goncourts, die den melancholischen Zustand eines Künstlers in ihrem Roman beschreiben:

> [Er] kam zu dieser Trauer, die in diesem Jahrhundert unweigerlich die Karriere und das Leben großer Maler des modernen Lebens zu krönen scheint. Er wurde verzehrt von diesem Fieber der Irreführung, dieser inneren Vereinsamung, die Gros »die Wut des Herzens« nannte.

Die Bedeutung des *Gachet* wurde auch sichtbar, als Welsh-Ovcharov untersuchte, wieviele Quellen van Gogh in seiner Konstruktion des Gemäldes »verschmolz«. Sie setzte van Goghs Verwendung von Farbverweisen mit der Farbgebung in seinem

Porträt von Eugène Boch in Verbindung, wovon er behauptet hatte, im blauen Hintergrund »die Ewigkeit« zu haben. Sie setzte das symbolische Stilleben der Bücher und der Blume zu dem Stilleben im Porträt von Eugène Benon in Beziehung. Die Pose der Melancholie, erklärte sie, borgte van Gogh von Delacroix' *Tasso im Gefängnis* aus, einer Quelle, deren emotionale Bedeutung nur durch eine weitschweifige Assoziationskette herauszufinden war. Als van Gogh mit Gauguin Montpellier besuchte, hatte er das Porträt von Gustave Courbets Gönner, Alfred Bruyas, gesehen und sofort Theo gebeten, ihm eine Reproduktion von *Tasso im Gefängnis* zu senden. (Van Gogh bemerkte zu Theo auch, daß Bruyas »eine gewisse Ähnlichkeit mit *uns* hat«, und er verglich Bruyas und Theo als ergebene Förderer der Kunst.) Diese Erinnerungen an Delacroix' Porträt und an Montpellier wurden bei seiner Begegnung mit Gachet wieder geweckt, der zufällig seine Dissertation über Melancholie geschrieben hatte und der, wie er van Gogh erzählte, Bruyas gekannt hatte. Durch die Aufdeckung dieser Quellen warf Welsh-Ovcharov Licht auf eine Fülle von Assoziationen, die van Gogh bei dem Thema Melancholie bewegt hatten.

Eine spätere Interpretation des Porträts von Judy Sund war von der feministischen Theorie beeinflußt. Sie sah den *Gachet* als »Begleitstück« einer Serie von Porträts der Madame Ginoux, die van Gogh in Arles gemalt hatte, basierend auf Gauguins Zeichnung der Café-Besitzerin. In van Goghs Porträts sitzt sie wie Gachet an einem Tisch. Ihr Kopf ruht in der Pose der Melancholie auf der Hand. Auf dem Tisch liegen zwei Bücher, Harriet Beecher-Stowes *Onkel Toms Hütte* und Charles Dickens' *Weihnachtserzählungen*. Viele bemerkten die Ähnlichkeit zwischen den Arlésienne-Porträts und dem *Gachet*, hatten jedoch keinen Versuch unternommen, deren Verbindung zu erklären. Sie wiesen lediglich darauf hin, daß die Haltung für Mme. Ginoux angemessen sei, da sie eine Art emotionalen Zusammenbruch erlitten zu haben schien. Sund sah die Porträts als zusammengehörig an:

> Van Gogh empfand diese Porträts vermutlich als Darstellungen einer geschlechtsspezifischen Antwort auf Unglück. Das

männliche Porträt streng, aber ehrlich und progressiv, das weibliche Porträt rückblickend, doch tröstlich. Zusätzlich zu dem Umstand, daß die Porträts bewußte Darstellungen einer Frau und eines Mannes der modernen Zeit sind, können sie überdies auch als Projektionen der beiden Seiten des Malers selbst gelesen werden: der sensitiven und nostalgischen Seite, die in van Goghs Jugend vorherrschten ... und der desillusionierten doch in die Zukunft blickenden Seite, die sich während seiner Jahre in Frankreich entwickelte.

»Ich möchte Porträts machen, die hundert Jahre später den Menschen jener Zeit wie Erscheinungen vorkommen«, hatte van Gogh geschrieben. Die Geschichte des Gemäldes beweist, daß er dieses Ziel erreicht hat. Die Wissenschaftler förderten das Verständnis für die emotionale Macht, die das Gemälde hundert Jahre lang auf Interpreten und Käufer ausübte, indem sie das Konzept entschlüsselten, nach dem van Gogh sein Porträt konstruierte. Sie trugen damit zu der Erkenntnis bei, daß es sich bei dem Porträt nicht um das Produkt des Irrsinns oder der göttlichen Inspiration handelte, sondern um das Ergebnis von van Goghs ständigem Streben nach seinen künstlerischen Zielen. Im Lauf der achtziger Jahre hielt van Gogh nicht nur den anspruchsvollen Untersuchungen der Historiker stand, sondern erschien als Maler mit weit größerer intellektueller Substanz als zuvor angenommen. Selbst Pickvance, der van Gogh so methodisch von den Legenden befreite und die Beweise seines Alltagslebens zusammentrug, half dabei, den Maler auf eine Art neu zu definieren, die das skeptische Publikum des ausgehenden zwanzigsten Jahrhunderts von seiner wahren Bedeutung überzeugen sollte.

24

Sonnenblumen

1987

Was ich gerne wissen möchte, ist, wer hat gegen Sie geboten?
Mary Cassatt an Louisine Havemeyer, 25. Dezember 1912

Am 22. März 1987 wurde die Ausstellung *Van Gogh in Saint-Rémy und Auvers* im Metropolitan Museum of Art geschlossen. Das *Bildnis des Dr. Gachet* wurde in die Galerien der französischen Kunst des neunzehnten Jahrhunderts zurückgebracht. Acht Tage später kam die letzte, sich in Privatbesitz befindende Version der *Sonnenblumen (Les Tournesols)* bei Christie's in London zum Verkauf. Daß es dem Metropolitan nicht gelungen war, eines der fünf Sonnenblumengemälde aus europäischen und amerikanischen Museen auszuleihen, war im Ausstellungskatalog mit Bedauern angemerkt worden. Van Gogh hatte sein fünftes Sonnenblumengemälde – fünfzehn Stengel in einer Vase vor einem grünstichig gelben Hintergrund – im Januar 1889 als Kopie eines früheren Bildes gemalt. Es hatte die Maße 99 x 76,83 cm und stammte aus dem Besitz der Witwe des englischen Sammlers Chester Beatty, Helen G. Beatty. 1910 hatte der Berliner Bankier Paul Mendelssohn-Bartholdy das Gemälde von Eugène Druet in Paris erworben. Seit 1983 befand es sich als Leihgabe in der National Gallery in London. Der gute Zustand machte das Gemälde zweifellos zu einem seltenen und begehrten Objekt. Ein weiteres Gemälde von Sonnenblumen mit königsblauem Hintergrund, das sich in einer Sammlung in Osaka befunden hatte, war während des Bombardements im Zweiten Weltkrieg zerstört worden.

Seit dem Krieg befand sich der Markt für europäische und amerikanische Kunst in deutlichem Aufschwung. Dieser Aufschwung glich einer gigantischen Wellenbewegung mit gelegentlichen Tälern, denen noch höhere Kämme folgten. Fünfundvierzig Jahre der Preisinflation bei Kunstobjekten reflektierten den wirtschaftlichen Wohlstand der Nachkriegszeit, der zuerst in Amerika, dann in Europa und schließlich in Japan zu spüren war.

Der seit vier Jahrzehnten anhaltende Preisanstieg bei Impressionisten und modernen Gemälden, den die Kunsthändler zuerst bemerkt hatten, wurde jetzt auch von den Ökonomen bestätigt. William Goetzmann, Professor an der Yale School of Management, hatte Gemäldepreise bei Auktionen über die letzten dreihundert Jahre verfolgt. Er beschrieb die Periode zwischen 1940 und 1987 als die jüngste von drei Hausse-Perioden des Marktes. Der erste Boom ereignete sich im späten achtzehnten Jahrhundert von 1780 bis 1820. Der zweite begann zwanzig Jahre später, 1840, und endete abrupt 1870 mit dem Ausbruch des Deutsch-Französischen Krieges und der Belagerung von Paris. Im zwanzigsten Jahrhundert waren die Preise auf dem Kunstmarkt den Bewegungen der Börsenkurse gefolgt und die »Nachfrage nach Gemälden wuchs mit dem Reichtum der Investoren«. Goetzmann fand heraus, daß die Hausse für Gemälde im achtzehnten und neunzehnten Jahrhundert »mit dem steigenden Kaufpreisniveau zusammenfiel.« Die Sammler der Nachkriegszeit hatten durch ungeahnte finanzielle Ressourcen eine neue Ära der Kunstinflation heraufbeschworen. »Die Zeit seit 1940 zeigt den dramatischsten Anstieg der Preise auf dem Kunstsektor und ist die am verläßlichsten geschätzte.« So schloß er: »Diese Hausse bei den Gemäldepreisen ist beispiellos, da sie sich zum erstenmal weltweit ausbreitet und die internationalen Wertpapierbörsen eine Wertsteigerung erfährt.«

Nach Aussage der Wirtschaftswissenschaftler von Yale hat der Kunstmarkt drei Baissemärkte erlitten: der erste Einbruch von 1830 bis 1840, dann in der Zeit, in der van Gogh malte, von 1880 bis 1900, und zum drittenmal während der Weltwirtschaftskrise von 1930 bis 1940. Diese Einbrüche stimmten »mit einer weitreichenden ökonomischen Rezession in Großbritannien und den Vereinigten Staaten überein«, bemerkte Goetzmann.

Seit den New Yorker Auktionen der Impressionisten und Modernen im Frühjahr 1980 wurden immer schneller Preisrekorde erzielt. Das sollte für den Rest des Jahrzehnts so bleiben. Zu diesem Zeitpunkt lag die Inflationsrate bei ungefähr 12 Prozent, und Investition in Sachvermögen – von Immobilien über Alte Meister bis zu Antiquitäten und Sammelobjekten aller Art – wurde als einzige Investition angesehen, die ihren Wert behielt. Die Geisel-Affäre im Iran hielt Amerika seit sechs Monaten in Atem. Im April scheiterte Jimmy Carters geheime Rettungsaktion. Am 12. Mai wurde bei einer Auktion der Edgar und Berenice Chrysler Garbisch-Sammlung bei Sotheby Parke Bernet Picassos *Saltimbanque mit verschränkten Armen* für 3 Millionen Dollar verkauft, ein neuer Preisrekord für ein in New York versteigertes modernes Gemälde. Im Jargon der Auktionatoren deckt der Begriff »modern« avantgardistische Kunst des Zeitraums zwischen 1880 bis zum Zweiten Weltkrieg ab und schließt Exponate des Post-Impressionismus, Fauvismus, Kubismus, des deutschen Expressionismus, Dadaismus und Surrealismus mit ein. Käufer des Picasso war das Bridgestone Art Museum, ein japanisches Firmenmuseum in Tokio. Die Auktion selbst erbrachte 14,8 Millionen Dollar. Auf der Titelseite meldete die *New York Times* den »weltweit höchsten Erlös, der je bei einer Auktion für impressionistische und moderne Kunst erzielt worden war.« Ein Wendepunkt für den van Gogh-Markt kam am nächsten Abend. Während einer Auktion bei Christie's kamen zehn Gemälde aus dem Besitz von Henry Ford II. zum Verkauf. Zuerst wurde der Rekordpreis des Picasso von dem Cézanne-Porträt *Bauer in blauem Hemd* gebrochen, das für 3,9 Millionen Dollar den Besitzer wechselte. Augenblicke später trieben die Gebote den Preis für van Goghs *Park mit Paar und Blautanne*, das Ford 1958 bei der Goldschmidt-Auktion für 414000 Dollar erworben hatte, auf 5,2 Millionen Dollar. Dieser Preisanstieg für einen van Gogh bedeutete, daß ein modernes Gemälde das Preisniveau erreicht hatte, das Jahrzehnte lang nur alten Meistern vorbehalten gewesen war. Der absolute Rekordpreis für ein Gemälde stand bei 5,6 Millionen Dollar und wurde zehn Jahre zuvor vom Metropolitan Museum of Art für Velázquez' Porträt *Juan de Pareja* bezahlt. Doch van Goghs Gemälde kam diesem Level sehr nahe. Nur Wochen später löste bei einer Auktion in London Josef Malord William Turners *Juliet und ihre Pflegerin* mit einem Preis von 7 Millionen Dollar das Velázquez-Porträt als Rekordpreishalter ab. Sechs Monate später bezahlte Wendell Cherry, Besitzer einer Krankenhauskette aus Louisville, Kentucky, nur wenige Tage nach dem Wahlsieg von Ronald Reagan im November 1980, bei Sotheby's 5 Millionen Dollar für *Ich: Picasso*, ein Selbstporträt, das Picasso mit neunzehn Jahren gemalt hatte. Eine Reihe von New Yorker Händlern bemerkte hämisch, daß der Sammler zuviel bezahlt habe.

Im Frühjahr 1981 fielen die Aktienkurse, und der Kunstmarkt erlitt eine kurze Phase der Rezession. Christie's verringerte die Zahl seiner Angestellten. Sotheby's schloß den Hauptsitz im Gebäude von Parke-Bernet in der Madison Avenue und zog nach Osten in ein Lagerhaus auf der York Avenue, das ursprünglich für weniger bedeutende Auktionen hergerichtet worden war. In diesem Mai versteigerte Christie's für die Schweizer Investmentfirma Cristallina acht Gemälde, darunter zwei van Goghs, und nur ein Porträt von Degas fand einen Käufer. Doch 1983 kam wieder Bewegung in den Kunstmarkt. Hohe Zinsen hatten erfolgreich den weiteren Anstieg des Kaufpreisindexes gestoppt. Im Januar fiel die Inflationsrate auf 3,7 Prozent. Innerhalb eines Jahres verkündete der Sprecher des Auktionshauses, daß die Rekordmarke für das teuerste Kunstwerk wieder bei einer öffentlichen Auktion gesetzt worden war. Am 6. Dezember 1983 zahlte die Deutsche Bundesregierung mit von Hermann Abs gesammelten Bundes-, Landes- und Privatmitteln 11,7 Millionen Dollar für das *Evangeliar Heinrichs des Löwen* aus dem zwölften Jahrhundert. Dieser Preis stand drei Jahre lang als Rekord an der Spitze. In der Zwischenzeit wurden bei der fieberhaften Kauflust der Zeit zwei Gemälde für fast den gleichen Preis vergeben: im Juli 1984 Turners *Folkestone* bei Sotheby's in London für 10 Millionen Dollar und wenige Monate später Andrea Mantegnas Renaissancegemälde *Anbetung der heiligen drei Könige* bei

Christie's in London für etwas über 10 Millionen Dollar. Käufer war das Jean-Paul-Getty-Museum in Malibu. Durch die Stiftung des Ölmagnaten hatte das Museum ein Akquisitionsbudget von rund 100 Millionen Dollar, munkelte man, und es war somit das einzige Museum Amerikas, das Kunstwerke zu solchen Preisen erwerben konnte.

Innerhalb einer Woche nach dem Mantegna-Verkauf kam ein Landschaftsgemälde van Goghs zur Auktion: *Umfriedetes Feld mit Sonnenaufgang*. Es gehörte zum Nachlaß der Sammlerin Florence Gould aus New York. Es »stellt den Sonnenaufgang über einem Feld mit jungem Getreide dar. Linien, die sich verjüngen, Furchen, welche im Blick stark ansteigen, bis zu einer Mauer und einer Reihe von lilafarbenen Hügeln. Das Feld ist violett und gelbgrün. Die Sonne ist von einer großen gelben Aureole umgeben«, hatte van Gogh in einem Brief an Bernard geschrieben. »Hier habe ich ... Ruhe, tiefen Frieden auszudrücken gesucht.« Das Gemälde, das einst Paul Cassirer gehört hatte, wurde für 9,9 Millionen Dollar verkauft. *Umfriedetes Feld mit Sonnenaufgang* hatte den Preis verdoppelt, den ein van Gogh je bei einer Auktion erzielt hatte, und kam nahe an den Rekordpreis heran.

Im Frühjahr 1987 schätzte Charles Allsopp, Chef von Christie's in Großbritannien, daß der Verkaufspreis der *Sonnenblumen* zwischen 10 und 15 Millionen Pfund liegen könnte. Obwohl Schätzwerte im allgemeinen im Auktionskatalog veröffentlicht wurden, war der Schätzwert für die *Sonnenblumen* nur auf Anfrage zu erfahren. Als die Auktion näher rückte, unterrichtete Allsopp die Sammler darüber, daß der Preis wohl »eher am oberen Limit« der Schätzung liegen würde. Am Abend der Auktion »hatten wir ziemlich klare Hinweise darauf«, sagte Allsopp später, »daß selbst diese Schätzungen übertroffen werden würden«.

Als das Gemälde für 39,9 Millionen Dollar verkauft wurde – fast viermal soviel wie je für ein Kunstwerk ausgegeben worden war –, traf die Nachricht darüber den Kunstmarkt wie ein Schock. Der Käufer, die japanische Feuer- und Seeversicherung Yasuda, hatte das Gemälde in einem Gebotsgefecht gegen den australischen Brauerei- und Medienbaron Alan Bond errungen. Yasuda feierte gerade sein hundertjähriges Bestehen, und zufällig war das Gemälde im Gründungsjahr der Firma gemalt worden. Erst kürzlich hatte sich der Präsident der Versicherungsgesellschaft Goto mit einem Kunstsachverständigen von Christie's angefreundet. Sechs Monate zuvor war er bei dem Versuch gescheitert, Manets *Rue Mosnier mit Straßenpflasterern* zu kaufen. Der Yasuda-Vertreter, der als Bieter bei der *Sonnenblumen*-Auktion auftrat, hatte die Instruktion: »Kaufen um jeden Preis.« Das Bild besaß für die Japaner symbolische Bedeutung, denn das kleine Sonnenblumengemälde, das während des Krieges verbrannte, war noch nicht vergessen. Später rechnete der Präsident aus, daß das Gemälde jeden Inhaber einer Versicherungspolice umgerechnet nur 3 Cent gekostet hatte.

Der Preis, für den die *Sonnenblumen* den Besitzer wechselten, spiegelte nicht nur den historischen Zufall, daß das Entstehungsjahr des Gemäldes und Yasudas Gründungsjahr identisch waren, sowie die Laune des auf Werbewirksamkeit bedachten Präsidenten wider, sondern auch die wirtschaftliche Überlegenheit Japans, das Dank der wachsenden Produktivität, der hohen Sparzinsen und des starken Yen über enormen Reichtum verfügte. Der Yen war seit Anfang 1985 ständig gestiegen. Die Neubewertung der japanischen Währung wurde im September 1985 durch den Plaza Accord zur offiziellen internationalen Geldpolitik. Diese Vereinbarung, die einer Konferenz der G5-Staaten (USA, Britannien, Frankreich, Deutschland und Japan) folgte und deren erklärtes Ziel es war, das Handelsungleichgewicht zwischen den Vereinigten Staaten und Japan zu beseitigen, beschloß, den Yen gegenüber dem Dollar steigen zu lassen. Was neben der harten Währung Japans Kaufkraft ebenfalls Auftrieb gab, war eine Senkung der Sparzinsen. Dieser Schachzug zeigte weit weg von Tokio Wirkung. »Der Geldzustrom boomte in den Vereinigten Staaten und in Japan gleichermaßen«, schrieb James Grant in *Money of the Mind*, »und Zentralbanken hatten, in Worten wenn nicht in Taten, ihre Bereitschaft erklärt, den Kampf gegen die Inflation dem

Kampf für mehr Wohlstand unterzuordnen. Der Goldpreis stieg von 300 Dollar pro Unze im Januar 1985 auf mehr als 400 Dollar pro Unze im Dezember 1986. Immobilienspekulationen erlebten in Nordamerika, Europa und Japan einen Boom, und der Börsenkurs schoß in die Höhe.« In dem vergeblichen Versuch, das Wirtschaftswachstum Japans zu bremsen, drohte Präsident Reagan Japan Strafen für den Bruch des Handelsabkommens an. Eine Woche vor der *Sonnenblumen*-Auktion fiel die amerikanische Währung, die damals bei 144,7 Yen pro Dollar stand, auf ein Tief, das dem Tief nach dem Zweiten Weltkrieg entsprach. Da der Nennwert der *Sonnenblumen* in britischen Pfund angegeben wurde, das mit dem Dollar sank, war das Gemälde nach japanischen Maßstäben relativ billig.

Die Inflation auf dem Kunstmarkt in den späten achtziger Jahren war das Ergebnis einer Dekade der Wirtschaftsentwicklung, in der die Börsenkurse in New York, London, Paris, Stockholm und Tokio stiegen und das Geschäft mit riskanten Wertpapieren manchmal über Nacht zu massivem Reichtum einzelner und ganzer Firmengruppen beitrug. Der Dow Jones Index hatte sich zwischen 1984 und 1987 verdoppelt und war von 1000 auf 2000 gestiegen. Kunstobjekte sowie Aktien und Immobilien sogen das Geld auf. In New York borgten und kauften Einzelpersonen und Firmen. Wohlstand blühte auf Kredit. »Gemessen an den Standards der späten achtziger Jahre war die Mitte der achtziger eine Ära antiquierter Vorsicht«, berichtete James Grant. Der Handel mit riskanten Wertpapieren hatte sich im Verlauf von zehn Jahren bis 1986 von einem 15-Milliarden-Dollar-Markt zu einem 125-Millarden-Dollar-Markt ausgeweitet. Die Geschäftemacher der Wall Street schöpften Gebühren in Multimillionen-Höhe ab, wovon einiges in den Kunstmarkt wanderte. Banken in Amerika, Skandinavien, England, Frankreich und Japan liehen Kunsthändlern und auch Investoren, die Kunstwerke kaufen wollten, bereitwillig Gelder.

1987 veränderte der Verkauf der *Sonnenblumen* die Gestalt des Kunstmarkts grundlegend. Es weitete sich nicht nur die

Nachfrage aus, da Investoren Kunstwerke als Spekulationsgelegenheit erkannt hatten, sondern es gab auch mehr Angebote, weil Besitzer von Kunstwerken dazu verführt wurden, sich von kostbaren Meisterwerken zu trennen, die sie sonst nicht verkauft hätten. Geschickte Pressearbeit bei Sotheby's und Christie's verbreitete die Nachricht von dem Rekordpreis für den van Gogh und Rekorden auf anderen Gebieten, und die Händler paßten ihre Bestände an. Bei mehreren tausend Impressionisten, Post-Impressionisten und modernen Gemälden stieg der Wert plötzlich in die Hunderttausende. Bei Hunderten stieg der Wert sogar in die Millionen. Christie's und Sotheby's auktionierten impressionistische Landschaftsgemälde, Cézannes *Badende*, Degas' *Tänzerinnen*, Manets Pariser Szenen und frühe kubistische Stilleben, deren Wert als ästhetische Objekte oder als mit persönlicher Geschichte beladenes Erbe gegen ihren enormen materiellen Wert verblaßte.

Die zweite und dritte Generation reicher amerikanischer Familien erkannten, daß impressionistische Gemälde zu teuer geworden waren, um sie zu behalten. Die Kapitalbindung – der Verlust, der entsteht, wenn das in einem Gemälde gebundene Geld nicht investiert werden kann – wurde teurer. Michael Findlay, Chef der Abteilung für Impressionisten und Moderne bei Christie's in New York, bemerkte, daß Sammler, die normalerweise nicht häufiger als alle zwei Jahre das Auktionshaus um eine Taxierung ihrer Gemälde baten, nun nach jeder Auktion eine Taxierung wünschten. Wenn der Wert eines kleineren Monet, der zwischen 1940 und 1950 bei Wildensteins oder Knoedlers erworben und jahrzehntelang an der Wohnzimmerwand gehangen hatte, von 100000 Dollar auf eine Million Dollar stieg, war das fragile Gemälde nicht mehr länger nur ein Bruchteil des Vermögens seines Besitzers. Die Versicherungskosten stiegen, manchmal waren ausgeklügelte und teure Alarmanlagen nötig und das Gemälde konnte während des Sommerurlaubs nicht mehr wochenlang allein gelassen werden. Während zwischen 1950 und 1970 bei Auktionen ein Überhang an langweiligen Sisleys und Pissarros zu verzeichnen gewesen war, gab es nun eine große Auswahl an herausragenden Bildern.

Später nannten die Händler den Zeitraum kurz nach der Auktion der *Sonnenblumen* »die verrückten Jahre«.

Amerikanische Museen kommentierten den Verkauf der *Sonnenblumen* voller Verzweiflung. 1986 hatte der Direktor des Metropolitan Museum, Philippe de Montebello, in seinem Jahresbericht darüber geklagt, daß »die steigenden Kosten der Kunstwerke einerseits, zusammen mit begrenzten Mitteln für solche Ankäufe andererseits, die Zahl der wirklich bemerkenswerten Akquisitionen natürlich verringert haben.« Als private, keinen Profit erwirtschaftende Institutionen hatten die Museen ihre Sammlungen größtenteils durch die Spendenfreudigkeit ihrer Gönner aufbauen können. Diese wurden seit 1917 durch die Steuergesetzgebung generös unterstützt. Die meisten Rembrandts im Metropolitan, die *Schwertlilien* von van Gogh und zahllose andere Meisterwerke waren Schenkungen und hatten so ihren Stiftern nicht unwesentliche Abzüge bei der Einkommensteuerlast gebracht. Doch als 1986 das von der Reagan-Administration unterstützte Steuerreformgesetz eine Änderung der Steuerpraxis mit sich brachte, konnten die Stifter nicht länger den auf einer Schätzung beruhenden vollen Preis der Kunstwerke in Abzug bringen. Die Befürworter dieser Änderung in der Steuergesetzgebung argumentierten, daß die frühere Regelung reiche Sammler bevorzugt hätte. Die Gegner wiesen darauf hin, daß erst diese gesetzliche Handhabung amerikanische öffentliche Museen in die Lage versetzt hätte, einige der außergewöhnlichsten Kunstsammlungen der Welt zusammenzustellen. Der neue Internal Revenue Code sorgte dafür, daß Museen plötzlich keine Geschenke mehr bekamen. Nach Angaben der American Association of Museums sank der Wert der den rund 2000 Museen gestifteten Objekte innerhalb eines Jahres um schätzungsweise 31 Millionen Dollar oder um über dreißig Prozent. Die Museen kämpften weiter für eine Änderung dieses Gesetzes.

Im Kontext der Geschichte war *Sonnenblumen* teuer, übertraf noch die astronomischen Goldmengen, die Könige an Künstler bezahlt hatten, um Kirchen und Kapellen mit Fresken zu bedecken oder um ihre Triumphe in Steinmonumenten zu verewigen. Jahrzehntelang waren die 310000 Pfund, die Zar Nikolaus II. am Vorabend des ersten Weltkrieges für Leonardo da Vincis *Benois Madonna* ausgegeben hatte, relativ gesehen der höchste Preis für ein Kunstwerk, der je verzeichnet worden war. 1991 hätte das Äquivalent 21 Millionen Dollar betragen. Doch in der zweiten Hälfte der achtziger Jahre gehörten Kunstauktionserlöse in Multi-Millionenhöhe zum Alltagsgeschäft. Der Preisanstieg für Kunstwerke wie Thomas Gainsboroughs *Blue Boy* – für den der kalifornische Magnat Henry Huntington 1921 148000 Pfund bezahlte und der 1991 4,3 Millionen Dollar kostete – wurde von Hunderten von Kunstwerken übertroffen. Dazu gehörten nicht nur alte Meister wie Canaletto, Tizian, Guardi, Pontormo und Constable und moderne Gemälde von Picasso, Gauguin, Monet, Renoir, Cézanne, Manet, Degas, Toulouse-Lautrec und van Gogh, sondern auch Bilder des zwanzigsten Jahrhunderts von Amadeo Modigliani, Léger, Matisse, Kandinsky und Chagall. *False Start*, ein Gemälde von Jasper Johns (1930 geboren), dessen Themen Flaggen, Zielscheiben und Landkarten waren, wurde 1988 für 17 Millionen Dollar verkauft.

Bei den Auktionen in New York und London bemerkte Sachiko Hibiya vom Tokioter Büro von Christie's Dutzende japanischer Geschäftsleute, von denen einige zwanzig Gemälde auf einmal erstanden. Die Preise für moderne Gemälde erreichten ein Niveau, das sie in einem japanischen Portfolio mit Immobilien, Aktien und Wertpapieren gleichsetzte. Der Markt für westliche Kunst blühte, und Spekulanten konnten mit hochpreisig angesetzten Gemälden namhafter Maler handeln wie mit Land und anderen Gütern und schnell Geld verdienen. Der Kauf von Kunstwerken wurde in Japan Mode. Japanisches Käuferverhalten deutete darauf hin, daß eine Vorliebe für eine bestimmte Art von Bildern bestand: Renoirs Akte, Chagalls mit fliegenden Pärchen und Picassos der frühen Blauen und Rosa Periode. Picasso lag mit van Gogh um den höchsten Preis im Wettbewerb. *Akrobat mit jungem Harlekin*, eine Gouache auf Pappkarton aus der Rosa Periode, das von den Nazis in der Städtischen Galerie in Wuppertal-Elberfeld beschlagnahmt und bei der Fischer-Auktion in Luzern für 80000 Schweizer Franken verkauft worden war, wurde im November 1988 vom Tokioter Kaufhaus Mitsukoshi für 38,4 Millionen Dollar erworben.

Japan hatte kein eigenes Auktionsgeschäft und keine wirkliche Sammlertradition für westliche Kunst. Doch bei Auktionen fühlten sich japanische Spekulanten sicher. Die Durchschnittspreise waren in illustrierten Katalogen abgedruckt. Die Echtheit jedes Stückes, das nach 1870 produziert worden war, wurde für sechs Jahre ab Verkaufsdatum garantiert. Das System des öffentlichen Steigerns garantierte zu jedem angegebenen Preis mindestens noch eine andere Person, die ebenfalls bereit war, auf fast dem gleichen Niveau zu bieten. Händler in Europa und Amerika bemerkten spitz, daß die Auktionshäuser durch eine besondere Schreibweise der Schätzwerte naive Käufer glauben machten, es handele sich dabei um eine Art Preisschild oder um internationale Standardpreise. Doch die im Kunsthandel Beschäftigten verdienten. Ein Londoner Kunsthändler brauchte nur zwei Wochen, um sechs Impressionisten zu Preisen zwischen einer Million und 6 Millionen Dollar loszuschlagen. Er gab einfach einem Tokioter Händler Dias. Ikkan Sanada, ein japanischer Händler mit Galerie in New York, reservierte ein Bild vier Stunden lang, übertrug Abbildungen des Gemäldes per Fax nach Japan und verkaufte es noch vor Ablauf der Zeit. Ohne Ausbildung, Erfahrung oder viel Kontakt zu westlicher Malerei waren japanische Investoren nicht sehr qualitätsbewußt und ignorierten häufig periphere Angelegenheiten wie den Zustand eines Gemäldes und die Besitzverhältnisse. Diese Angelegenheiten waren jedoch oft für Preisunterschiede verantwortlich, weniger bei moderner Kunst als bei alten Meistern. So wurden viele Bilder nach Tokio verkauft, und zwischen Verkäufern und Käufern standen eine ganze Reihe von Mittelsmännern, die auch an dem Verkauf verdienten.

1988 erhoben japanische Banken nur zwei bis drei Prozent Kredit- oder Darlehnszinsen und die daraus resultierende Bargeldflut schuf einen Boom auf dem Aktien- und Immobiliensektor. Mit einem Yen-Wert, der gegenüber dem Dollar stieg, schienen vom US-Dollarpreis dominierte Aktiva wie amerikanische Immobilien und westliche Kunstwerke den japanischen Käufern immer billiger. Bis zum September 1988 hatte sich der Wert der japanischen Währung mit 134.4 Yen zu einem Dollar im Vergleich zum höchsten Stand der Nachkriegszeit im März 1987 verdoppelt. Im November und Dezember stand der Yen bei 123 zu einem US-Dollar.

Im April 1987, einen Monat nach dem Verkauf der *Sonnenblumen*, gab Sonja Kramarsky *Brücke von Trinquetaille* zur Auktion bei Christie's. Hugo von Tschudi hatte als Direktor der Nationalgalerie in Berlin das van Gogh-Gemälde vor dem Ersten Weltkrieg von Paul Cassirer erworben. 1932 kaufte Siefgried Kramarsky das Bild bei einer Pariser Auktion für 36100 Francs oder 10000 Dollar, und schenkte es seiner Tochter. In jüngster Zeit hatte es sich als Leihgabe im Metropolitan Museum of Art befunden.

Das Gemälde war mit einem Format von 73,5 x 92,5 cm relativ groß. Das Motiv ist eine Treppe, die von einer Straße aus zu einer Eisenbrücke hinauf führt. Mehrere Personen, besonders auffällig eine Frau, bevölkern den Mittelgrund. »Die Brücke von Trinquetaille schließlich mit all den Stufen ist ein Bild, das ich an einem grauen Morgen gemacht habe«, hatte van Gogh geschrieben, »Steine, Asphalt, Pflaster, alles ist grau; der Himmel blaßblau, die Figuren bunt, ein kränkliches Bäumchen mit gelbem Laub.« Was es schwierig machte, den Marktwert des Gemäldes zu bestimmen, war, daß es zwar ein schönes, doch auch schwer deutbares Bild war. Als ein Kunstsachverständiger bei Christie's dem australischen Industriellen Alan Bold das Gemälde zeigte, schien der nicht beeindruckt zu sein. Bei der Auktion am 29. Juni in London wurde es für 20,2 Millionen Dollar verkauft und war somit das zweitteuerste Gemälde, das je bei einer Auktion verkauft wurde. Händler vermuteten, daß es sich nun im Besitz der Gruppe von Investoren befand, die auch van Goghs *Eisenbahnbrücke* besaßen. Dieses ebenfalls aus der Arles-Periode stammende Gemälde hing als Leihgabe im Kunsthaus Zürich. Bond, der sich anscheinend doch noch für *Trinquetaille* erwärmt hatte, wurde bei der Auktion überboten. Beide Gemälde waren 1990 im Kunsthaus zu besichtigen und »verschwanden« dann.

Als die siebenundachtzigjährige Lola Kramarsky 1984 erkrankte, übernahm ihr Sohn Wynn die finanziellen Angelegenheiten der Familie und wurde de facto Kurator der Kramarsky-Sammlung, die sich als Leihgabe im Metropolitan Museum befand. Wynn behauptete später, daß jegliche emotionale Bindung an den *Gachet*, die bestanden haben mag, lange Zeit zuvor gelöst worden wäre. Durch seine Rolle als Kustos der Familiensammlung, seine Reisen mit dem Gemälde nach Tokio und seine Gespräche mit Ronald Pickvance und anderen Wissenschaftlern hatte er nur noch ein intellektuelles Interesse an dem Gemälde. Er selbst war Sammler zeitgenössischer Zeichnungen und vertraut mit der Diskussion um die Datierung der Briefe van Goghs und anderen Themen innerhalb der van Gogh-Forschung.

Er behauptete, als Jüngster der Familie keine frühe Erinnerung an das Gemälde zu haben. Wie sein Vater hatte er im Finanzgewerbe, als Börsenmakler für Bache & Co., gearbeitet, in einem Beruf, den er nach eigenen Aussagen haßte. In den sechziger Jahren beteiligte er sich aktiv an der Politik der Demokraten und unterstützte in New York Bürgermeister John Lindsay. Später wurde er in die New Yorker Kommission für Menschenrechte berufen, ein Posten, von dem er 1982 zurücktrat. Seitdem hatte er viel Zeit damit verbracht, Zeichnungen zu sammeln. Sein New Yorker Büro war voller intellektueller, oft geometrischer Schwarzweiß-Bilder von bekannten und unbekannten Künstlern. Bilder von noch nicht etablierten Künstlern zu erwerben barg ein Risiko, das er mit dem Risiko seines Vaters als Investor verglich. Er war Vorsitzender des Drawing Center, einer Non-Profit-Galerie in Soho, die viele wegweisende Ausstellungen veranstaltete. 1994 erzählte er den Herausgebern von *Drawing*: »Man besitzt die Sachen nicht. Man nimmt sie in Verwahrung und läßt sie, wann immer möglich, von anderen Leuten anschauen.«

Wynn Kramarsky hatte nicht wie seine Frau Sarah-Ann (»Sally«) Backer eine Privatschule besucht. Sie war die Tochter der Verlegerin der *New York Post*, Dorothy Schiff, und Enkelin des legendären Finanziers und Philanthropen Jacob Schiff. Sallys Großtante Frieda Schiff Warburg war die Matriarchin des New Yorker Zweigs der Hamburger Familie, deren neogotisches Haus an der Fifth Avenue/Ecke 92. Straße einen Teil des Jüdischen Museums beherbergte. Wynns Heirat hatte ihn also in die Kreise wohlhabender Nachfahren deutsch-jüdischer Familien gebracht, die auf finanzielle, soziale und kulturelle Angelegenheiten New Yorks Einfluß hatten.

Wynn Kramarsky, der eine Zeitlang für das Metropolitan Museum Geldmittel beschafft hatte, besaß die finanzielle Erfahrung, die sozialen Verbindungen und genügend Sachverstand auf dem Gebiet der Kunst und des Kunstmarkts, um den Weg des Gachet-Porträts zu lenken. Durch seinen Freund Stephen Lash, einen ehemaligen Investmentbanker bei S.G. Warburg & Co., bestanden auch direkte Verbindungen zu Christie's. Lash hatte ursprünglich zu dem Personenkreis gehört, der das Amerikageschäft von Christie's in den frühen siebziger Jahren vorantrieb, und war jetzt als Direktor von Christie's verantwortlich für Nachlaßstiftungen und Expertisen.

Kramarsky mochte die Heuchelei und die Anmaßung mancher Händler nicht, die seit Jahren versuchten, an die Gemälde der Familie zu kommen. »Keine zwei Wochen vergingen, ohne daß irgend jemand anrief, um das [Gachet-Porträt] zu kaufen oder etwas anderes«, sagte er. »Französische Galerien, britische Galerien, alle großen Händler zeigten ihr Interesse entweder an diesem Gemälde oder an anderen der Sammlung.«

In den frühen achtziger Jahren bat William Rubin, Kurator der Gemäldesammlungen im Museum of Modern Art, den Museumsdirektor Richard Oldenburg, einen Brief an Wynn Kramarsky zu schreiben und sein Interesse an dem *Gachet* zu übermitteln. Er hatte immer ein spätes van Gogh-Porträt erwerben wollen, um eine Lücke in der Sammlung zu schließen. Doch Wynn sagte, er habe nie solch einen Brief erhalten.

Während Lola Kramarskys Krankheit benötigte die Stiftung, die mit Siegfrieds Nachlaß zu ihren Gunsten eingerichtet worden war, zusätzliche Gelder, um die umfangreichen Pflegekosten decken zu können. Damals erwogen die Kinder, eines der Gemälde zu verkaufen, und sie entschieden sich für das Stück, das am meisten Geld bringen würde. Bernard Kramarsky war bei dem Gedanken, das Bild zu verkaufen, nicht wohl. Ihm fiel ein, wie sehr Lola sich aufgeregt hatte, als der Cézanne verkauft worden war, und glaubte, daß sie den van Gogh nicht hätte verkaufen wollen. Bernard war Ende sechzig und aus seiner eigenen Firma auf Long Island in den Ruhestand getreten. Er sagte, er halte sich nicht für einen Sammler, obwohl er und seine Frau Helga eine Anzahl moderner Gemälde besaßen. In ihrem unscheinbaren Haus in Great Neck auf Long Island hing eine Federzeichnung von Honoré Daumier. 1925 in St. Ingbert im Saarland geboren, war Helga Sussel unmittelbar nach der Reichskristallnacht nach Frankreich geschickt worden. Dort lebte sie mit 114 anderen Flüchtlingskindern in Château de la Guette in der Nähe von Paris. Beim Einmarsch der Deutschen wurden die Kinder in den Süden verlegt. Am 21. Juni 1941 ging sie mit einem Kindertransport in die Vereinigten Staaten und war eine der wenigen, denen die Emigration gelang. Helga war nicht mit impressionistischer Malerei aufgewachsen und sie gestand, den *Gachet* als abschreckendes Gemälde zu empfinden, das nicht besonders gut in ihr Haus passen würde.

Als der Entschluß zum Verkauf des Gemäldes gefallen war, erfuhren die Kramarsky-Kinder, daß die Mutter dem Verkauf zustimmen müsse, obwohl sie zu dem Zeitpunkt dazu schon nicht mehr in der Lage war. Sie benötigten die gerichtliche Genehmigung, was einige Zeit dauern würde und den Verkauf des *Gachet* zu einem Zeitpunkt aufschob, zu dem der Markt als »überhitzt« beschrieben wurde.

»Ich glaube, es hat nie Zweifel darüber gegeben, daß der Verkauf über Christie's abgewickelt werden sollte«, sagte Wynn. »Die Beziehungen zwischen Christie's und der Familie reichen viele Jahre zurück.« Die Familie ging so weit, am 1. September

1988 Christie's in einem förmlichen Brief davon in Kenntnis zu setzen. Das Gemälde befand sich noch im Museum.

Die Kramarskys sprachen mit Kunstsachverständigen bei Christie's über die Marktlage. Sie diskutierten, ob ein Privatverkauf in Frage käme. Die Sachverständigen wiesen darauf hin, daß sie in der Vergangenheit das Feld auf zwölf bis achtzehn Sammler hätten eingrenzen können, die auch an einem Gebot für den van Gogh interessiert gewesen wären und die sie alle gekannt hätten. Doch nun, behaupteten die Sachverständigen, könnten zweihundert oder mehr Sammler sich das Gemälde leisten. Obwohl nur ein Bruchteil dieser Tycoone Kaufinteresse gehabt haben mag, konnten einige davon neu auf dem Markt und bis zum Tag der Auktion völlig unbekannt sein. Der beste Weg, potentielle Käufer zu erreichen, sei die öffentliche Versteigerung. Sie überzeugten die Kramarskys davon, das Gemälde zur Auktion zu geben.

25

Vom Museum zur Auktion

Februar bis 14. Mai 1990

Ich träumte von Rosas und Gelb und dem neuen van Gogh, den das MOMA *bekommen hat und von* Schwertlilien, *das für 53,9 Millionen verkauft wurde und wünschte, ein van Gogh wäre mein. Ich schaute auf meine englischen, handgenähten Schuhe und dachte an van Goghs tragische* Schuhe.

Ein Kunsthändler in John Guare,
Six Degrees of Separation, 1990

Am 1. Februar 1990 traf Christopher Burge an der Lieferanteneinfahrt zum Metropolitan Museum of Art ein, um das *Bildnis des Dr. Gachet* abzuholen. Das Gemälde war in Luftpolsterfolie eingepackt und lag in einem Pappkarton. Auf dem Rücksitz eines nicht näher gekennzeichneten Transporters hielt der Präsident von Christie's während der Fahrt das Porträt auf dem Schoß. Die Nachricht, daß das Gemälde verkauft werden sollte, war eine Woche zuvor in der *New York Times* gemeldet worden.

> Vincent van Goghs *Bildnis des Dr. Gachet*, das sechs Wochen vor dem Selbstmord des Malers im Juli 1890 fertiggestellt worden ist, wird bald aus dem Metropolitan Museum of Art genommen werden, damit es am 15. Mai bei Christie's in New York versteigert werden kann.

Wie erwartet drückte der Museumsdirektor Philippe de Montebello seine Bestürzung über den Verlust des Gemäldes aus. »Im allgemeinen weisen wir unsere Leihgeber darauf hin, daß es für die Bilder nicht angemessen ist, sie von unserer Wand weg zu verkaufen«, sagte er zur *Washington Post*, »doch die heutige Zeit ist außergewöhnlich. Ich kann nicht darüber jammern, weil ich zugeben muß, daß es verständlich ist. Das ist die wirkliche Welt.«

Der Deckname der für den 15. Mai angesetzten Auktion von Impressionisten und Modernen war »Gachet 7068«. Der

Schätzwert, den Burge dem zerbrechlichen Gemälde beimaß, betrug 40 bis 50 Millionen Dollar.

Diese Schätzung würde in dem Katalog erscheinen, der sechs Wochen vor der Auktion herausgegeben werden sollte. Noch bevor Burge das berühmte Gemälde übernahm, wurde es von einem Maklersyndikat bei Lloyds für 70 Millionen Dollar versichert. Es war schwierig, solch ein Gemälde gegen etwas anderes als Totalverlust zu versichern, denn der finanzielle Schaden wegen eines Risses, eines Kratzers oder einer anderen Art von Beschädigung ist nur schwer zu bestimmen. Neben den Versicherungssummen und -kosten waren die Preise für Impressionisten und moderne Gemälde seit Beginn der achtziger Jahre um das Zehnfache gestiegen. Die Kramarskys setzten als Reserve »nicht weniger als 40 Millionen Dollar« fest, denn in Standardverträgen wird vereinbart, daß die Minimumsumme nicht höher als der vom Auktionshaus angegebene niedrigste Schätzwert sein darf.

Wie hoch die Schätzung auch war, die Einzigartigkeit und der Warenwert des Objekts setzte sich aus dem Weg, den Begegnungen und den Beziehungen des Gemäldes zusammen. Seit Alice Ruben 1897 das Gemälde erstmals in Vollards Galerie gesehen hatte, war der van Gogh über zahlreiche Entscheidungen und Umstände auf den Weg zu einem Auktionshaus gebracht worden. 1890 hatte der *Gachet* keinen Rahmen, und Maler, die den naturalistischen Zugang der Impressionisten ablehnten, hatten seinen Preis festgesetzt. Im Nazi-Deutschland wurde das Gemälde zum ausbeutbaren Artefakt, das von den Machthabern des Dritten Reich als »entartet« bezeichnet wurde. Schließlich betrachtete ein jüdischer Bankier das Gemälde als Wertgegenstand, den er selbst tragen und aus dem Land bringen konnte und der mit der Vergangenheit seiner Familie verbunden war. So bestand die Einzigartigkeit des Gemäldes in seiner Geschichte und Entwicklung. Und nun änderte sich der Weg des Porträts erneut.

Für Burge hatte das Gemälde in dem Pappkarton eine simplere Bedeutung: Es war möglicherweise das hervorragendste Porträt von van Gogh, das je auf den Auktionsmarkt kommen würde. Obwohl der *Gachet* nicht unbedingt zu den berühmten Bildern van Goghs gehörte, erfuhr es doch schon seit langer Zeit unter Künstlern, Kritikern, Händlern, Sammlern, Museumskuratoren und Wissenschaftlern Aufmerksamkeit. Da es in den Briefen van Goghs ausführlich erwähnt wird und aus der Sammlung Johanna van Gogh-Bongers stammte, war seine Echtheit auch nie in Frage gestellt worden. Zwei bedeutende europäische Händler, Vollard und Cassirer, hatten das Bild gehandelt. Es war bekannt, daß es dem illustren Sammler Harry Graf Kessler, dem obskuren, doch nicht unbedeutenden dänischen Künstler Mogens Ballin und einem großen deutschen Museum gehört hatte. Die zweite Version des Porträts, das im allgemeinen als weniger wichtiges Bild angesehen wird, hing ungeachtet dessen im Musée d'Orsay in Paris, und dies steigerte den Wert der ersten Version.

Nach fünfzig Jahren in einer Privatsammlung war der *Gachet* ein Neuling auf dem Markt. Daß das Abbild eines traurigen alten Mannes Thema des Gemäldes war, hatte keinen negativen Einfluß auf den Verkauf, denn die Käufer, die sich das Bild leisten konnten, waren meist selbst alte Männer. Der Zeitpunkt des Verkaufs, auf die Woche genau einhundert Jahre nachdem das Porträt gemalt worden war, schien wie ein schicksalhafter Zufall.

Wenn Burge von Kunstwerken sprach, neigte er meist dazu, sie durch den Ort, an dem sie sich befanden, zu identifizieren, statt durch das Thema oder den Stil. Er sprach vom »Gauguin in der Barnes-Sammlung« oder vom »Getty-Ensor«. Den Standort der Werke großer Künstler zu kennen, war für alle Sachverständigen in der Branche wichtig. Es war bekannt, daß sich neben dem seltenen und aufmerksam beobachteten Porträt van Goghs noch vier andere Porträts in Privatsammlungen befanden. Zwei – *Patience Escalier* und *Selbstporträt mit verbundenem Ohr* – befanden sich in der Sammlung des Reeders Stavros Niarchos. Ein weiteres *Selbstporträt vor violettem Hintergrund* gehörte der Whitney-Familie in New York. Das *Selbstporträt mit grünem Hintergrund* und mit einer Widmung für den Maler Charles Laval zählte zum Besitz der Erben des

Bankiers Robert Lehman. Der Boom auf dem Kunstmarkt hatte die Erben dazu verführt, über den Verkauf des van Gogh und bestimmter anderer Bilder nachzudenken. Die Marktbedingungen waren so, daß Burge hoffte, am 15. Mai den Verkauf in die Wege leiten zu können. Burge zweifelte daran, daß die anderen van Gogh-Porträts auf den Markt kämen. Wie die wirklich berühmten Tahiti-Gemälde Gauguins gehörten die meisten Gemälde van Goghs aus der Kategorie »transzendentale Meisterwerke« bereits Museen. Aus der Sicht des Marktes waren die Vorräte erschöpft.

Die zwischen den Kramarskys und dem Auktionshaus vereinbarten Bedingungen, die von Juristen entworfen waren, umfaßten sieben Seiten. Christie's berechnete dem Verkäufer zusätzlich zu den Verpackungs-, Transport-, Zoll-, Versicherungs- und Katalogkosten 10 Prozent Kommissionsgebühr. Bei Artikeln, die weniger als 7 500 Dollar Wert besaßen, betrug die Gebühr 15 Prozent. Doch im Vertrag, der die Verkaufsbedingungen im einzelnen spezifizierte, wurde das Gemälde als teure Ware bewertet, deren Besitzer signifikante Konditionen mit den Sachverständigen des Auktionshauses aushandeln konnten. Im Falle des Verkaufs sollte dem Käufer 10 Prozent des Preises als Gebühr berechnet werden. Für Kunstwerke dieser Art erließen die Auktionshäuser gewöhnlich dem Verkäufer die Gebühr. Die Kramarskys bezahlten eine Gebühr von drei Prozent. Im Gegenzug erhielten sie natürlich außergewöhnliche finanzielle Unterstützung. Unter Standardbedingungen übernahm das Auktionshaus kein Kreditrisiko. Doch den Kramarskys wurde versichert, daß Christie's im Augenblick des Zuschlags die Summe des letzten Gebots an sie auszahlen würde, selbst wenn der Käufer das Auktionshaus nicht bezahlen würde. Außerdem würde die Zahlung des Käufers auf ein besonderes Hinterlegungskonto gehen, um die Kramarskys vor dem unwahrscheinlichen Fall zu schützen, daß das Auktionshaus selbst Ansprüchen von Gläubigern zum Opfer fiele. Auch die Kramarskys sicherten sich vor einem plötzlichen Zusammenbruch des Marktes und anderen Eventualitäten ab. Sollte der Dow Jones-Index sowie der Nikkei-Index vom Zeitpunkt der Unterzeichnung der Vereinbarung bis zur Auktion um durchschnittlich 30 Prozent fallen, ein Zahlungsaufschub der Banken erwirkt werden oder eine nationale Krise oder ein internationaler Krieg ausbrechen, hatten sie das Recht, vom Verkauf zurückzutreten.

Wie alle Gemälde van Goghs war der *Gachet* inzwischen empfindlich. Schweres Impastos war auf billige Leinwand aufgetragen worden, und diese war mittlerweile hundert Jahre alt. Burge unterrichtete Wynn Kramarsky über den Zustand des Gemäldes:

> Es ist unterfüttert worden ... mit einer Leimdoublierung (die einer Wachsdoublierung vorzuziehen ist) und diese wurde sehr vorsichtig aufgetragen. So vorsichtig, daß die Doublierung nicht mehr an der Originalleinwand festsitzt sondern lediglich dahinter anliegt. Wer immer die Doublierung vorgenommen hat, war offensichtlich sehr ängstlich, die Oberfläche auf irgendeine Art und Weise zu beschädigen, so daß nur sehr wenig Leim zwischen die zwei Lagen Leinwand aufgetragen wurde, so daß sie sich in der Folge voneinander abgelöst haben. ... Die Oberfläche des Gemäldes ist in wunderbarem Zustand, ohne jegliche Verflachung, die oft mit Unterfütterung einhergeht. Es gibt, um genau zu sein, ein, zwei Stellen mit um die Komposition herum gesprenkelter alter Einfärbung (völlig normal für ein Gemälde dieses Alters), doch das ist extrem unbedeutend und nur bei einer Untersuchung mit Ultraviolettlicht sichtbar. Ebenso ein leichter Firnis.

Vom Augenblick des letzten Pinselstrichs an beginnt ein Bild sich zu verändern. Die Version der *Sonnenblumen* in der Bayerischen Staatsgemäldesammlung in München war das einzige »jungfräuliche Gemälde« van Goghs, das Gisela Helmkampf, Konservatorin des Metropolitan Museum, kannte. Es war noch nie von Restauratoren berührt worden. Van Gogh ließ den Restauratoren wenig Spielraum für ihre Arbeit. Seine dicke, extrem lösliche Farbe schloß in ihrer unregelmäßigen Oberfläche Sedimente ein. Gleichmäßig über eine Leinwand verbreiteter Schmutz ist jedoch nur schwierig gleichmäßig zu entfernen.

Auch das Alter beeinflußt zahlreiche Pigmente auf unterschiedlichste Weise. So hat van Gogh zum Beispiel für Wolken oft mehrere verschiedene Weißtöne verwendet. Einige Töne haben sich zu Grau, einige zu Gelb hin verfärbt. Bevor das Gachet-Porträt in der Ausstellung *Saint-Rémy und Auvers* gezeigt werden sollte, säuberte Helmkampf das Bild. Sie verwendete dabei die schonendste Methode, die Reinigung mit Spucke. Wynn Kramarsky bestand damals darauf, die Arbeit zu beobachten. Helmkampf arbeitete mit einem Wattestäbchen, das sie mit ihrem Speichel tränkte, und begann dann, eine dunkle Schicht von der Farbe abzuheben. Diese sähe aus wie Asche, erklärte sie Kramarsky. Er erkannte, daß sie sich über die Jahre, in denen sein Vater bei Gesprächen im Wohnzimmer mit der Zigarre in der Hand vor dem Bild gestanden hatte, abgelagert haben mußte.

Auktionshaus Christie's

Christopher Burge hatte mit zweiundvierzig Jahren immer noch nicht ganz den skeptischen, jungenhaften Gesichtsausdruck eines Eton-Studenten verloren. Seit er in den späten Sechzigern bei Christie's angefangen hatte, hatte sich das 1744 gegründete britische Auktionshaus an die weltweite Ökonomie angepaßt. Es wandelte sich von einer stark an London orientierten Alte-Herren-Firma zu einem internationalen, computerisierten, hoch wettbewerbsfähigen Unternehmen. Burge verkörperte diese Verwandlung der Firma. Er hatte eine unbeschwerte Art und schien sich unter Amerikanern wohl zu fühlen. Auf dem aggressiven Kunstmarkt hatte er wenige Gegner und beeindruckte durch seine ehrliche, amüsiert distanzierte Sicht des manchmal zweischneidigen Berufs eines Auktionators. Nachdem er von Cambridge abgewiesen worden war, weil er sich im letzten Studienjahr kurzzeitig abgesetzt hatte, studierte er in München Germanistik. Nach einem Vorstellungsgespräch bei Peter Chance, dem Präsident von Christie's und Schulfreund seines verstorbenen Vaters, begann Burge 1969 an der Rezeption bei

Christie's in London zu einem Wochenlohn von 10 Pfund zu arbeiten. Zu dieser Zeit war der Beruf des Auktionators, neben dem Eintritt in die Armee, die Kirche, das Familienunternehmen (Burge & Co) oder den diplomatischen Dienst, die einzige einem Gentleman angemessene Beschäftigung. 1973 fuhr Burge zur 1959 eröffneten Filiale in New York, um für eine Auktion Gemälde zu sammeln. Burge war einer in der Mannschaft, die das New Yorker Büro zu einem voll funktionsfähigen Auktionshaus ausbaute. Sie fanden ein passendes Gebäude, warben Sachverständige an und suchten im Land nach geeignetem Auktionsmaterial. Die erste Christie's-Auktion von Impressionisten in Amerika fand im Mai 1977 statt. In der zweiten Jahreshälfte veranstaltete Christie's, nun auf rund vierzig Mitarbeiter angewachsen, auch Auktionen alter Meistergemälde, graphischer Blätter, Möbel und zeitgenössischer Kunst, ein Gebiet, das zuvor ausschließlich den Galerien vorbehalten war. 1990 hatte das Auktionshaus über dreißig Abteilungen, darunter die Abteilungen für amerikanische Kunst, Fotografie, Silber, Waffen und Rüstungen, Art nouveau, Art déco und Kunsthandwerk, chinesische Malerei, chinesische Keramiken und japanische Kunst.

In den ausgehenden siebziger Jahren unternahm Christie's einen umstrittenen Schritt, um Kunden und Ware von der Konkurrenzfirma Sotheby's abzuziehen. Sie strichen die üblichen zehn Prozent Verkaufskommission und glichen die Differenz aus, indem sie dem Käufer zehn Prozent Gebühr auferlegten. Sotheby's übernahm dieses Modell sofort. Die flexible Kommissionsstruktur erlaubte es den Auktionshäusern, die besten Stücke aus Privatbesitz von den Kunsthandlungen abzuziehen, die dem Verkäufer normalerweise 30 Prozent Kommission auferlegten.

Als die Auktionshäuser auf den Markt für impressionistische und moderne Gemälde drängten, machten sie unausweichlich Fehler. 1975 gelang es den Sachverständigen von Christie's, Chester Beatty zu überzeugen, seinen van Gogh, *Porträt von Patience Escalier,* durch Christie's versteigern zu lassen. Bevor die Auktion stattfand, bot ein Händlersyndikat dem Sammler eine beträchtlich höhere Summe an als den Betrag, den die Experten als Schätzung angenommen hatten. Beatty machte das Geschäft mit dem Händlersyndikat. Die Auktionatoren hatten sowohl den Preis, den der Markt hergab, unterschätzt und außerdem nicht darauf bestanden, den Sammler einen Vertrag unterzeichnen zu lassen. Doch je mehr die Sachverständigen dazulernten, desto mehr reifte der Markt.

Bis 1985 war Burge Präsident von Christie's in Nord- und Südamerika geworden. Große Teile der lukrativeren Geschäfte hatten sich bereits nach New York verlagert. Zwischen 1986 und 1989 hatten sich die Verkaufserlöse auf 1,3 Milliarden Dollar verdreifacht. Auktionen impressionistischer Gemälde machten fast 40 Prozent des Auktionsgeschäfts aus. Im Gegensatz zu London mit 478 Millionen Pfund betrug der Verkaufsumsatz in New York 699 Millionen Pfund.

Preis

Nach Ansicht von Burge wies der *Gachet* alle Eigenschaften auf, die eine Annäherung an oder sogar eine Überschreitung des Preises von 53,9 Million Dollar möglich machten, der 1987 von einem anderen van Gogh des gleichen Kalibers erzielt worden war. Im November 1987 kam nur sechs Monate nach der 39,9 Millionen Dollar-Auktion der *Sonnenblumen* und nur wenige Wochen nach dem Zusammenbruch des Aktienmarktes an der Wall Street *Schwertlilien* zur Versteigerung. Doch Burge war sich auch bewußt, daß der Rekordpreis der *Schwertlilien* jüngst getrübt worden war. Vor drei Monaten, im Oktober 1989 hatte Sotheby's enthüllt, daß sie dem Käufer der *Schwertlilien*, Alan Bond, die Hälfte des Kaufpreises geliehen hatten. Bond konnte den Darlehensbedingungen nicht nachkommen, und Sotheby's hatte nun die Kontrolle über das Gemälde. Das in Saint-Rémy entstandene Gemälde wurde an einem geheimen Ort verwahrt. Das australische Brauerei- und Verlagsimperium von Alan Bond war nachweislich kurz vor dem Zusammenbruch. Die aufregende Nachricht, daß der Rekordpreis von

Sotheby's finanziert worden war, löste eine Flut von zynischen aber berechtigten Fragen nach dem manipulativen Charakter eines ungeregelten Auktionsmarktes aus. Wie echt war der Rekord? Hatte Sotheby's Kreditgewährung den Preis des Gemäldes in die Höhe getrieben? Zu welchem Zeitpunkt waren die Bedingungen besprochen und arrangiert worden? Ab Januar 1990 bot Sotheby's Käufern nur noch Darlehen an, wenn sie bei Auktionen im eigenen Haus Kunstwerke erwerben wollten. Die Offenlegung der Probleme, die Sotheby's mit den *Schwertlilien* hatte, legte die Vermutung nahe, daß der Markt, wie der Markt für Junk Bonds, Immobilien und japanische Golfclubmitgliedschaften heftig mit Krediten unterfüttert war. Viele vermuteten, daß das Gemälde erneut zum Verkauf käme. Doch seltsamerweise blieb *Schwertlilien* eine Art Meilenstein im Auktionsgewerbe.

Beim Schätzen des Preises für das *Bildnis des Dr. Gachet* berücksichtigte Christopher Burge auch den Verkauf eines anderen van Gogh-Gemäldes. Im vorangegangenen August hatte das Museum of Modern Art bei einer privaten Auktion für Bargeld und im Tausch gegen mehrere andere Gemälde eine Version von *Porträt Joseph Roulin* im Wert von insgesamt 40 Millionen Dollar erworben. Um das Geschäft zu finanzieren, ließ das Museum sieben Gemälde, darunter einen de Chirico, einen Mondrian und einen Picasso versteigern.

Ein hauchdünner Markt

Trotz der Summen, die für *Schwertlilien* und *Joseph Roulin* ausgegeben worden waren, sorgte sich Burge über die bevorstehende Auktion. Die weniger als ein Quadratmeter Leinwand, die er bei der Fahrt durch Manhattan zu schützen versuchte, waren ein seltsames und unzulängliches finanzielles Instrument. Als Ware hatte ein Kunstwerk keinen wirklichen Wert. Sein Preis kann nicht gegen finanzielle Standardwerte aufgerechnet werden, wie Firmeneinkommen oder Mieteinnahmen. Sein »Preis«, wie der Wissenschaftler Philip Fischer es sagte,

»ist eine reine Spekulation über die Zukunft eines Werkes als ›eine Vergangenheit‹.« Der Wert des Gachet-Porträts war abhängig von der Tatsache, daß es ganz einzigartig war und selbst mit einem Gemälde wie *Schwertlilien* in keiner Weise vergleichbar. Kunstsammler waren nicht wie die Halter von Aktienanteilen, die wie Tausende andere genau identische Aktiva besaßen und fünf Tage die Woche ihre Anteile in New York, London, Paris oder Tokio handeln konnten. Selbst auf dem theoretisch größten und effizientesten Marktsektor der Impressionisten oder Modernen mußten die Kramarskys monatelang auf die halbjährlich stattfindende Auktionssaison warten, die Christie's und Sotheby's im Mai und November in New York, im Juni und Dezember in London abhielten.

In jüngster Zeit hatten die regelmäßigen Preisrekorde auf dem Kunstmarkt die Tatsache verschleiert, daß der Markt nur hauchdünn war. Er war in jeder Beziehung sehr eigen und funktionierte nach seinen eigenen wirtschaftlichen Gesetzen. Selbst zu den besten Zeiten war er nicht liquide. In dieser geheimniskrämerischen Welt von finanzschwachen Händlern in New York, London und zahlreichen Städten Europas konnten nur wenige, wenn überhaupt, in bar und ohne Umschweife die Mittel für den Kauf des *Gachet* aufbringen. Dachte man sich die Verkaufsräume der Auktionshäuser als Theater, die theoretisch ein Publikum von Stockholm bis nach Tokio anzogen, dann fände, so erkannte Burge, eine realistisch zusammengestellte Liste potentieller Käufer für das *Bildnis des Dr. Gachet* leicht auf einer Karteikarte Platz.

Herbst 1989

Bei den Auktionen impressionistischer Gemälde im Herbst 1989 hinterließ Sotheby's Problem mit den *Schwertlilien* erstaunlich wenig Eindruck. Die Auktionen in New York im November und in London im Dezember brachten erneut eine Sturzflut noch höherer Preise. In jenen zwei Monaten wurden siebenundzwanzig Bilder für über 5 Millionen Dollar gehandelt.

Getty gab 26,4 Millionen Dollar für *Rue Mosnier mit Flaggen* von Manet aus, der Philanthrop Walter Annenberg kaufte *Au Lapin Agile* aus der Blauen Periode Picassos für 40,7 Millionen Dollar. Zuvor hatte die Londoner Presse berichtet, daß der Argentinier, der 1985 *Umfriedetes Feld mit Sonnenaufgang* für 9,9 Millionen Dollar kaufte, beim Verkauf des Gemäldes fast 50 Millionen Dollar erzielte. Niemand wußte, ob das bloß Wunschdenken war. Zu diesem Zeitpunkt schien für gewisse impressionistische Gemälde, für Rembrandt, van Gogh oder Picasso in den reichen Städten der Welt nichts unmöglich.

Mehrere Veröffentlichungen deuteten darauf hin, daß einige geschickte Einzelpersonen aus der beneidenswerten Fähigkeit Geld geschlagen hatten, Unterschiede bei den größten Werken westlicher Kunst erkennen zu können. Ihre Fertigkeit lief jedoch weniger auf Kennerschaft hinaus als auf ein Gespür für den richtigen Zeitpunkt, mit einem Bild auf den Markt zu gehen. Es gab zahlreiche Beispiele für profitable Geschäfte, doch keines war so überwältigend wie der unerwartete 42 Millionen Dollar-Profit, den Wendell Cherry erzielte. 1980 hatte er sich wegen der Ausgabe von fünf Millionen Dollar für *Ich: Picasso* höhnische Bemerkungen von Händlern anhören müssen. Im Frühjahr 1989 verkaufte er das jugendliche Selbstporträt für 47 Millionen Dollar. Außenseiter blickten voller Neid auf den Kunstmarkt. Im Herbst 1989 verbrachte David Tunick, ein Händler mit Drucken und graphischen Blättern, lange Nächte in Klausur mit Investmentbankern, um einen Plan zur Einrichtung eines 100-Millionen-Dollar-Fonds für Kunstinvestitionen zu entwickeln. Eine Summe, die Tunick bereits als nicht ausreichend betrachtete.

Doch die immer höheren Preise beunruhigten Burge nicht, denn er wußte, daß der aufgewühlte Markt von Spekulanten angeheizt wurde, die gewöhnlich die falschen Stücke kauften und dann keine Lust hatten sie zu behalten. Spekulanten mochten den Kunstmarkt auch wegen seiner Spannbreite, denn um oben mitzuspielen, benötigte man selbst bei impressionistischen Gemälden relativ wenig Kapital. Außerdem wurde zunehmend deutlich, daß der Spekulationsmarkt größtenteils durch die übermäßig aufgeblähte japanische Ökonomie gespeist wurde. Ein besonders unkritischer japanischer Investor war Yasumichi Morishita, dessen Reichtum aus Geschäften mit Immobilien, Aktien und Kredit-Firmen herrührte. Bei den Herbstauktionen gab Morishitas Galerie, Aska International, nachweislich über 100 Millionen Dollar aus, unter anderem 11 Millionen für van Goghs *Steinbruch bei Saint-Rémy* und 6,5 Millionen Dollar für ein unbedeutendes Bild einer Frau mit Kind, *Der Mann ist auf See*, das einst Paul-Ferdinand Gachet gehört hatte. Im September übernahm Morishita für 52 Millionen Dollar 6,4 Prozent des Aktienkapitals von Christie's. Andere japanische Sammler richteten ihre Aufmerksamkeit auf einzelne Gemälde. Am 30. November bezahlte der Immobilieninvestor Tomonori Tsurumaki bei einer Auktion in Paris 51,65 Millionen Dollar für Picassos *Hochzeit der Pierrette*, das er mittels Satellitenübertragung in Tokio in Augenschein nehmen konnte. Er hängte das Gemälde in ein Gebäude an der Nippon-Autopolis-Rennstrecke, einen Besitz, den er erst kürzlich erworben hatte.

Die astronomischen Auktionspreise verschleierten zeitweise grundlegende Tatsachen über Gemälde als Langzeitinvestition. Über die Jahrhunderte hinweg hat sich Kunst als Wertobjekt nicht so gut gehalten wie Staatspapiere. In einem Artikel mit dem Titel: »Unnatürlicher Wert: oder Kunstinvestment als erschütterungsfreies Würfelspiel« schrieb 1986 der Wirtschaftswissenschaftler William Baumol von der New York University, daß die Kunstpreise sich willkürlich verhalten. »Preise können mehr oder weniger ziellos schwimmen, und deren unvorhersagbare Schwankungen sind dazu geeignet, durch Aktivitäten jener verschlimmert zu werden, die solche Kunstobjekte als ›Investment‹ betrachten und dabei eine tatsächliche Rückvergütungsrate von durchschnittlich Null bekommen.« Zwei europäische Ökonomen, Bruno S. Frey von der Universität Zürich und Werner W. Pommerehne von der Freien Universität in Berlin, belegten dies mit einer Studie, in der sie die Verkaufszahlen der achthundert »bekanntesten Maler der Welt« von der Mitte des siebzehnten Jahrhunderts bis 1987 untersuchten.

Sie behaupteten, daß die »tatsächliche Rückvergütungsrate bei Gemälden [die bei 1,5 Prozent lag] nur die Hälfte der tatsächlichen Rückvergütung beträgt, die mit Staatsanleihen eingenommen werden könnte.« Die Unbeständigkeit war enervierend. Investoren bekamen jährliche Rückvergütungsraten von minus 19 Prozent bis plus 26 Prozent. »Die Inflation hat die Rückvergütung aus Finanzinvestments beschnitten und somit Kunstinvestment im Vergleich dazu attraktiver gemacht«, schrieben die Wirtschaftswissenschaftler, doch »diese Rückvergütung liegt immer noch beträchtlich unterhalb der Rückvergütung eines entsprechenden Investments auf den Finanzmärkten.«

Impressionistische Gemälde hatten inzwischen andere Kunstwerke ausmanövriert, weil sie ursprünglich billig waren. Rembrandts *Aristoteles mit der Büste von Homer* war von Anfang an teuer, kostete es doch im Jahre 1652 den Sizilianer Don Antonio Riffo 500 Florins. Bestimmte Gemälde von van Gogh, wie andere von Cézanne, Gauguin, Manet, Matisse, Monet und Renoir, hatten ihren Wert gut gehalten und brachten »rund 10 Prozent Rückvergütungsrate pro Jahr«. Doch solche Raten waren immer noch nichts im Vergleich zu dem Schnell-Profit von *Ich: Picasso*. William Goetzman behauptete, daß »die Rückvergütung von Kunstinvestitionen lange Zeiten die Inflation überstiegen hatten, und die Raten in der zweiten Hälfte des zwanzigsten Jahrhunderts standen in starker Konkurrenz zu denen des Aktienmarktes.« Dennoch warnte er, daß die Rückvergütungen des Kunstmarktes »nicht höher ausfallen, als durch die außergewöhnlichen Risiken, die sie darstellen, gerechtfertigt ist.« Die vorsichtige Schlußfolgerung des Wissenschaftlers basierte nur auf Statistiken über öffentliche Versteigerungen und berücksichtigte daher die Transaktionen privater Händler nicht. Daß die Statistiken auch jene Kunstwerke nicht berücksichtigten, die zur Auktion kamen, aber nicht verkauft werden konnten, bedeutet, daß sie nach oben bereinigt waren. Sammler kauften Kunstwerke nicht einfach wegen des finanziellen Potentials, meinte Goetzman, sondern auch aus nicht greifbaren Gründen des »Lustkonsums«, zur Prestigebefriedigung oder zur ästhetischen Erbauung.

Der Marktlage entsprechend hatte Burge keine Schwierigkeiten, sich hervorragende Kunstwerke für die Auktion am 15. Mai zu sichern. Bei dem van Gogh-Selbstporträt, sowie bei Gemälden von Renoir, Toulouse-Lautrec, Modigliani und Kees van Dongen, die den Erben von Robert Lehman gehörten, setzte er sich erfolgreich gegen Sotheby's durch. Er und seine Kollegen überzeugten die Lehman-Erben, daß die gleichzeitig stattfindende Versteigerung des van Gogh die Chancen ihrer Bilder, die schätzungsweise zwischen 20 und 30 Millionen Dollar bringen würden, nur steigern könnte. Das Selbstporträt, als Los 32 aufgeführt, mochte im Vergleich zu anderen van Goghs relativ billig erscheinen und möglicherweise jenen Bietern gefallen, die bei Los 21, dem *Gachet*, nicht zum Zuge kämen. Zum zweitenmal in ihrer Geschichte änderte Christie's seine Politik und gewährte den Verkäufern eine Garantiesumme für die Gemälde, egal wie die einzelnen Lose bei der Auktion abschnitten. Berichten zufolge soll sie 54 Millionen Dollar betragen haben.

Sotheby's hatte ebenfalls eine Menge außergewöhnlicher Stücke zusammengetragen. Im Januar, eine Woche bevor Christie's den Verkauf des *Gachet*-Porträts bekanntgab, berichtete Sotheby's von einem außerordentlichen Stück für die Mai-Auktion: *Au Moulin de la Galette* von Auguste Renoir. 1876 gemalt, zeigt das herrliche Gemälde eine Szene in einem Café im Freien. Die Terrasse ist von Akazien umstanden, im Vordergrund sitzen elegante Cafébesucher an den Tischen und im Hintergrund sieht man tanzende Paare. Der Herausgeber der *New York Herald Tribune*, John Hay Whitney, hatte das Gemälde im Dezember 1929 von Knoedler & Co für 165000 Dollar erworben. Von diesem Gemälde gab es wie bei dem van Gogh-Porträt eine zweite Version im Musée d'Orsay. Die Sachverständigen bei Sotheby's schätzten, daß das Bild 40 bis 50 Millionen Dollar einbringen würde. Drei andere Gemälde der Sotheby's-Auktion, darunter ein Kandinsky, kamen aus der ständigen Sammlung des Guggenheim-Museums, dessen

Direktor Thomas Krens beschlossen hatte, Mittel für die umstrittene Anschaffung der Sammlung des Italieners Graf Guiseppe Panza di Biumo zu beschaffen. Diese Sammlung bestand aus Minimal Art, Environmental Art und Concept Art der sechziger und siebziger Jahre.

Christie's hatte vierzehn Wochen Zeit, um den *Gachet*-Verkauf vorzubereiten. Der erste Schritt bestand im Katalogisieren des Gemäldes. Die im de la Faille-Werkverzeichnis von 1970 veröffentlichte Besitzerliste wurde überprüft, die Leinwand aus dem Rahmen gelöst, die Rückseite der Leinwand nach Händlersignets abgesucht und Fotos des Gemäldes für den Katalog und die Presse erstellt. Die Druckvorlage des Katalogs selbst sollte in drei Wochen bei der Druckerei sein. Unter dieser Terminvorgabe und mit noch weiteren achtzig Gemälden, die katalogisiert werden mußten, hatten die Sachverständigen und ihre Assistenten in der Abteilung für Impressionisten und Moderne wenig Zeit, die Angaben im de la Faille-Werkverzeichnis zu überprüfen und mit den Angaben in den Auktionsbüchern der Händler, in Briefen oder anderen Primärquellen zu vergleichen.

Obwohl Los 21 im Auktionskatalog aufgeführt werden sollte, hatten die Sachverständigen bei Christie's vereinbart, zusätzlich ein Buch, das sich ausschließlich mit dem *Gachet* befassen sollte, herauszugeben. Michael Findlay besprach sich mit Walter Feilchenfeldt, dem Händler und Autor von *Vincent van Gogh* und *Paul Cassirer, Berlin,* und dem Wissenschaftler Roland Dorn, die beide versuchten, die Fehler im de la Faille-Werkverzeichnis von 1970 zu korrigieren. Ambroise Vollard mußte als Händler aufgenommen werden, der das Gemälde verkauft hatte. Das Porträt, schrieb Dorn, »war Teil einer Sendung, die Vollard im November 1896 von Jo van Gogh-Bonger für die zweite van Gogh-Ausstellung der Galerie erhielt«. Er erklärte daß es sich bei »J. Keller«, der als einer der Besitzer des Gemäldes aufgeführt war, wahrscheinlich um einen Spediteur handelte.

Der dünne, aber elegante *Gachet*-Katalog wurde im April veröffentlicht. Auf dem Umschlag prangte das Bild von *Gachet.* Eine gesamte Druckauflage war als Taschenbuch geliefert worden, wurde aber zurückgenommen, bevor die Kramarskys, denen ein gebundenes Buch versprochen worden war, von dem Fehler etwas erfahren konnten. Der Text zum Gemälde umfaßte 19 Seiten. Drei davon bestanden aus Ausstellungs- und Veröffentlichungslisten, in denen das Porträt auftauchte. Die Provenienzliste führte sieben Namen auf: Johanna van Gogh-Bonger, Ambroise Vollard, Mogens Ballin, Paul Cassirer, Harry Graf Kessler, Galerie Eugène Druet und die Städtische Galerie, Frankfurt am Main. Ausgelassen worden war der Name der immer noch unentdeckten ersten Käuferin des Porträts, Alice Ruben, die als »Mme. Faber« in Vollards Rechnungsbuch erscheint. Die Sachverständigen ließen auch die Geschichte der Beschlagnahmung im Dritten Reich aus. Dorn hatte sich nicht die Mühe gemacht, diesen Teil der Geschichte zu erwähnen, weil er dachte, sie sei allgemein bekannt. Daß Angerer als Görings Agent beim Verkauf des Porträts mitgewirkt hatte, war 1949 in dem Buch *Kunstdiktatur im Dritten Reich* von dem ehemaligen Kurator der Berliner Nationalgalerie, Paul Ortwin Rave, enthüllt worden. Der Katalogtext war irreführend unvollständig, denn er merkte an, daß das *Bildnis des Dr. Gachet* vor dem zweiten Weltkrieg von dem Museum »de-akzessioniert« und von Siegfried Kramarsky erworben worden war. Mit »de-akzessionieren« bezeichnen Museen den Verkauf von Bildern, um ihre Sammlungen auszudünnen. Bernard Kramarsky sagte, er und seine Geschwister, damals um die zehn Jahre alt, kannten die Umstände nicht, unter denen ihre Eltern das Gemälde erworben hatten und die Eltern hätten den Kauf auch niemals mit den Kindern besprochen. Soweit er wisse, existierten über den Kauf keine Aufzeichnungen mehr. Verständlicherweise bedrängten Findlay und Burge Kramarsky nicht mit Fragen nach der Herkunft des Gemäldes. Vermutlich versuchten die Sachverständigen des Auktionshauses auch, peinliche Veröffentlichungen über die Ausbeutung des Bildes durch die Nazis zu vermeiden, und umgingen das Thema.

Im März gab das Jean-Paul-Getty-Museum den Erwerb der *Schwertlilien* bekannt. Die für Alan Bond über Sotheby's abgewickelte Transaktion bestand in einem Austausch von Bargeld und Gemälden, die später in dem Auktionshaus versteigert werden sollten. Alle Beteiligten vereinbarten schriftlich Stillschweigen über Bedingungen und Zahlen, doch es wurde angenommen, daß Bond dabei Geld verloren hat, und man schätzte, daß *Schwertlilien* das Getty-Museum zwischen 30 und 35 Millionen Dollar gekostet hat. Als George Goldener, Gemäldekurator im Getty-Museum, erfuhr, daß der *Gachet* zur Auktion ging, überlegte er, welchen van Gogh er wohl bevorzugen würde. »Diese Dinge«, sagte er später, »liegen jenseits der Frage eines bestimmten Geschmacks oder einer bestimmten Persönlichkeit. Wenn Sie sagen würden: ›Ich schenke Ihnen eines der beiden Bilder‹, würde ich vermutlich die *Schwertlilien* nehmen. Ich mag es halt als Gemälde einfach lieber. Es ist auch in etwas besserem Zustand.« Die Erwerbung der *Schwertlilien* durch das Getty-Museum bedeutete, daß das Museum sich praktisch von der Liste der möglichen Käufer für den *Gachet* gestrichen hatte.

Als die Auktion näher rückte, hielt Burges Besorgnis weiterhin an. Er schätzte, es gäbe höchstens fünf Personen in Asien, fünf in den Vereinigten Staaten, neun in Europa und fünf weitere ohne feste Adresse, die sowohl die Mittel wie das Verlangen haben könnten, den *Gachet* zu erwerben.

> Wenn einige der möglichen Käufer in einer Laune des Augenblicks beschließen, essen zu gehen statt zur Auktion zu kommen, dann hat sich das Gesicht des Kunstmarkts völlig verändert. Wenn die Presse schreibt: »Pandämonium im Auktionssaal, Hände in der Luft, die Leute fallen übereinander her, um zu kaufen«, bedeutet das, daß zwei Personen die gleiche Sache wollen. ... doch im wesentlichen nur zwei Leute. ... Es ist ein super-hauchdünner Markt, obwohl wir auf die Hunderte von Leuten zielen, die ihr Interesse bekundet haben – während einer Ausstellung, als das Bild gereist ist oder als sie den Katalog gesehen haben. Wenn es schließlich zur Auktions-Vorbesichtigung kommt und wir fragen, wer ist an Los 21 interessiert? ... heißt es jedesmal ›Soundso ist raus, er hat mir gestern erzählt, er hat etwas anderes gefunden, das er lieber haben möchte‹ ... ›Nun, sie könnte

Interesse haben, aber ehrlich gesagt, ich glaube, sie ist wegen der Sache in Los Angeles nervös geworden‹ ... ›Nun, da ist noch Soundso, aber ich weiß nicht, er hat seine Eintrittskarte noch nicht abgeholt, und ich mache mir ein bißchen Sorgen. Ich habe überall versucht, ihn zu erreichen, denn in Paris hat er gesagt, er würde kaufen.‹ [Zur Blütezeit des Marktes] wenn zwei Bieter etwas wollten, war es ihnen egal, was sie bezahlten. Wenn zwei Japaner einen Renoir wollten, haben sie darum gekämpft, mit Zähnen und Klauen, um das Dreifache der Schätzung, dem Publikum blieb der Mund offen stehen. ... Fast wie bei einer Privatauktion. Ich sitze da und ermuntere jemanden, und er kommt fünfzehnmal darauf zurück und kann sich nicht entschließen, dann sagt er ›ja, ich nehme es‹. Alles in einer Zeit von 30 Sekunden oder einer Minute. Und jemand anders macht es fünf Sitze weiter genauso ... Wenn man 50 Leute hätte, wäre es ein anderer Markt.

Vom Zeitpunkt der Ankunft des *Bildnis des Dr. Gachet* wurde das Gemälde in einem Tresor verwahrt. Burge, Lash, Findlay und andere Experten zeigten es bestimmten Kunden. Christie's hielt für die besten Lose der Mai-Auktion Vorbesichtigungs-Ausstellungen in Zürich und Japan ab. Doch die Kramarskys erlaubten nicht, den *Gachet* reisen zu lassen. Sie machten nur eine Ausnahme und gestatteten Burge, das Gemälde in einem Aluminiumkoffer verwahrt in die Schweiz zu bringen, um es dort einem Sammler zu zeigen, der aus Krankheitsgründen nicht zur Auktion kommen konnte. Die Identität des Kunden wurde nicht enthüllt, doch alle nahmen an, es müsse sich um Niarchos handeln. Bei der Tokioter Vorbesichtigung lief in der Galerie ununterbrochen ein Video, als Ersatz für das Gemälde.

26

Das Bildnis der Melancholie bei der Auktion

15. Mai 1990

Und die hohen Preise, von denen man hört, die für Arbeiten von Malern bezahlt werden, die tot sind und zu ihren Lebzeiten nicht so bezahlt wurden – das ist so eine Art Tulpenhandel, von dem die lebenden Maler mehr Nachteile als Vorteile haben. Und wie der Tulpenhandel wird es auch wieder verschwinden. Aber – man kann sagen – obwohl der Tulpenhandel längst verschwunden und vergessen ist, sind die Blumenzüchter geblieben und werden bleiben. Vincent van Gogh an seine Mutter

Das Auktionshaus Christie's befand sich an der Nordwestecke der 59. Straße und der Park Avenue. Hier verwandelt sich die Bebauung mit Wolkenkratzern aus Stahl und Glas in eine vornehme Wohngegend mit Apartmenthäusern aus der Vorkriegszeit, die sich nach Norden bis zur 69. Straße ausdehnt. Die Türme des Lever House und das Seagrams Building liegen sechs Blocks südlich, die Grand Central Station etwa zwei Kilometer weiter in Richtung Innenstadt. Nur ein kurzer Spaziergang führt von dort zum Museum of Modern Art und zu den Galerien entlang der 57. Straße. In unmittelbarer Nachbarschaft des Auktionshauses befinden sich Hotels, Kaufhäuser, Firmen, europäische Geschäfte und andere Anziehungspunkte für lokales und internationales Publikum. Bei Christie's überlagerten sich die Bereiche Kommerz und Gesellschaft von New York City.

Am 11. Mai um zehn Uhr vormittags wurde das *Bildnis des Dr. Gachet* aus dem Tresor geholt und mit ungefähr dreißig der besten Gemälde, die am Donnerstag, den 15. Mai, zur Auktion kommen sollten, am Ende einer langen, schmalen Galerie an eine Wand gehängt. Der *Gachet* blieb fünf Tage lang dem Publikum, größtenteils Kunsthändler, zugänglich. Hastig zusammengestellte Ausstellungen, deren Exponate sich auf dem Weg zu einer Verkaufsauktion befinden, wirken zufällig und instabil. Das spiegelt die Atmosphäre des Fließenden innerhalb eines Auktionshauses, in dem die Waren wöchentlich wechseln.

Der Hauptverkaufsraum von Christie's war ein funktioneller Saal von der Größe eines Kinos. Die Wände waren mit einfachem synthetischen Teppichmaterial bespannt, das auch nach dem häufigen Einschlagen von Nägeln noch makellos aussah. Hinter dem Verkaufsraum wurden, wenn es nötig war, in leeren Ecken und Korridoren Büros und Fotostudios installiert.

Am Morgen des 15. Mai besprach sich Wynn Kramarsky mit seinen Geschwistern und anschließend mit Stephen Lash und Christopher Burge. Danach setzte er die Reserve von 40 Millionen auf 35 Millionen Dollar herab. Bei der Auktion des Schweizer Auktionshauses Habsburg Feldman am vorangegangenen Abend konnte die Mehrzahl der Stücke nicht verkauft werden, weil die Verkäufer überhöhte Mindestpreise gefordert hatten. Nachdem dies entschieden war, flog Kramarsky nach Washington D.C., um der Eröffnung der Jasper-Jones-Ausstellung in der National Gallery of Art beizuwohnen.

Um zwei Uhr nachmittags wurden die Galerien des Auktionshauses geschlossen. Die Bilder, die abends versteigert werden sollten, wurden wieder in großen Pappkartons verpackt und in der Reihenfolge ihres Aufrufs während der Auktion gestapelt. Weil es sich bei den Gemälden um »schweres Geschütz« handelte, wurden sie wieder in den Tresor gebracht. Los 21 blieb für den Fall, daß ein Interessent in letzter Minute noch einen Blick darauf werfen wollte, an der Wand der geschlossenen Galerie hängen. Ein Fernsehteam interviewte kurz Michael Findlay vor dem Gemälde. »Möglicherweise ist es ein guter Zeitpunkt für den Kauf von großartigen Kunstwerken«, sagte er. »Die ganz erstaunlich gestiegenen Preise haben viele Besitzer dazu verführt, Werke auf den Markt zu bringen, die sie anderenfalls behalten hätten.«

Am frühen Abend wurde der *Gachet* wieder im Tresor verwahrt. Gegen halb sieben begann sich eine Menschenmenge vor den Drehtüren von Christie's einzufinden. Taxen und Limousinen blockierten die ins Stadtinnere führende Seite der

Straße, als sich die Besucher zu New Yorks erster Frühlingsauktion des Jahres einfanden. Auf dem Mittelstreifen der Park Avenue blühten die Tulpen.

Zufällig wurde am gleichen Tag die Ausstellung *Von Pisanello bis Cézanne: Meisterzeichnungen aus dem Museum Boymans-van Beuningen, Rotterdam*, in der Pierpont Morgan Library eröffnet. Die meisten dieser Zeichnungen stammten aus der Sammlung Franz Koenigs. Nach Angaben im Katalog war der Titel der Ausstellung »gewählt, um die Bandbreite seiner [Koenigs'] Erwerbungen und seines Geschmacks« darzustellen. Zu diesem Zeitpunkt wußten seine Kinder immer noch nicht, daß Koenigs das van Gogh-Porträt am 20. Mai 1938 in Paris gekauft hatte. In der Darstellung der Geschichte der Boymans-Sammlung erklärte der Katalog, daß Koenigs seine Sammlung aufgeben mußte, um seine Schulden bei Lisser & Rosencrantz zu begleichen. (1989 hatte in den Niederlanden eine offizielle Suche nach 491 ›verschollenen‹ Zeichnungen aus der Koenigs-Sammlung begonnen. Es handelte sich dabei um die Zeichnungen, die 1941 von Hans Posse für das Führermuseum in Linz eingekauft und in Dresden aufbewahrt worden waren. Nach dem Krieg hatten russische Soldaten sie von ihrem Aufbewahrungsort entfernt, und sie waren bisher noch nicht wieder aufgetaucht.)

Bis um sieben Uhr hatten mehr als 700 Menschen ihren Weg in den Hauptverkaufsraum bei Christie's gefunden. Die 600 Besitzer von Eintrittskarten saßen in dreißig Reihen auf Klappstühlen sowie in Seitenräumen, in denen Fernsehgeräte standen, die den Ablauf der Auktion übertrugen. Der Rest stand, zum Teil in Vierer-Reihen, an den Seiten und in den Gängen. Vor dem Podium auf der linken Seite standen Reporter der Monatszeitschriften *Art News* und *Art in America* sowie von der *Washington Post*, der *New York Times* und des *Wall Street Journal* mit Blick auf die Menge. Mehrere Fernsehteams hatten ihre Kameras aufgebaut. Im Stimmengewirr waren europäische Sprachen, aber auch Japanisch zu hören. Vor dem Publikum standen Mitarbeiter des Auktionshauses in Abendgarderobe, die mithelfen sollten, Gebote in der Menge zu sichten, und um die Telefone zu besetzen, über die sie mit Kunden auf anderen Kontinenten, aber auch mit den Interessenten im Verkaufsraum verbunden waren, die Handys benutzten, um anonym zu bleiben. Christie's Tokio-Expertin Sachiko Hibiya, die extra zur Auktion aus Japan angereist war, stand bereit, um einen Sammler in Tokio anzurufen. Während die Menschen ihre Plätze einnahmen, brachte Lash Bernard und Helga Kramarsky und einige Familienmitglieder in ein Zimmer im Obergeschoß des Hauses, wo sie die Vorgänge auf einem Bildschirm verfolgen konnten.

Gegen zehn nach sieben stand Christopher Burge auf dem Podium und blickte auf einen Stapel ungebundener Seiten des Ausstellungskatalogs, die ihm als Regieanweisung für die Auktion dienten. Als er wie üblich die Anwesenden begrüßte und bat, die Plätze einzunehmen, wurde es still im Publikum. Die Reihenfolge der Werke, die meist chronologisch aufeinanderfolgten, war sorgfältig vorbereitet worden. Es begann mit einem Daumier und sechs anderen impressionistischen Gemälden, von denen man vermutete, daß sie knapp über eine Million Dollar bringen würden. Als wichtigstes Los war der *Gachet* im ersten Drittel der Auktion plaziert. Burge verkaufte die ersten fünf Bilder. Obwohl etwas erschüttert, daß bei Los 6, einem Pissarro, Los 7, einem Sisley und Los 9, einem Cézanne, die Mindestsumme nicht erreicht wurde, fuhr Burge routiniert fort und war erleichtert, daß Los 8, das erste der Robert-Lehman-Gemälde – ein Akt von Renoir – für 6 Millionen Dollar versteigert werden konnte. Diese Summe lag knapp über dem Mindestgebot. Beim dreizehnten Gemälde, *Bank* von Manet, belief sich die Mindestschätzung auf 20 Millionen, doch die Gebote blieben bei 16 Millionen hängen und stiegen nicht weiter. Zwei kleine Renoirs wurden gezeigt und verschwanden wieder, ohne einen Käufer zu finden. Doch das war schnell vergessen, als das zweite Lehman-Gemälde, Toulouse-Lautrecs *Porträt von Jeanne Fontaine im roten Kleid* 12,9 Millionen Dollar brachte, einen Preis, der fast genau in der Mitte der Schätzung lag. Während Burge mit der Versteigerung der nächsten zwei Gemälde fortfuhr, hoben im Hintergrund seine

Assistenten den *Gachet* aus seiner Verpackung und befestigten ihn an der Rückwand des Drehgestells.

Um Viertel vor acht wurde das *Bildnis des Dr. Gachet* umgedreht und für das Publikum sichtbar. Am unteren Rand des verzierten Goldrahmens befand sich ein Schild mit dem aufgedruckten Wort »Christie's«. Dies war eine Vorsichtsmaßnahme, die gewährleisten sollte, daß die Presse nicht irrtümlich das berühmtere Auktionshaus Sotheby's mit dem Verkauf in Verbindung brachte. Der Name Christie's wäre wenigstens auf den Auktionsfotos des Gemäldes zu sehen.

Christopher Burge eröffnete mit 20 Millionen die Gebote für den *Gachet*. Dieser Preis erschien sofort auf der großen Anzeigetafel, die rechts vom Auktionator sichtbar für das Publikum hing und elektronisch die Umrechnung der gebotenen Dollarsummen in Pfund, französische Francs, Schweizer Franken, Yen und Lire anzeigte. Der Züricher Händler Thomas Ammann war einer der beiden, die von Anfang an für den *Gachet* boten. Der andere war ein privater Sammler. Beide saßen im Publikum. Burge ließ den Preis in 1-Millionen-Dollar-Schritten steigen. Charles Allsopp, Vorsitzender von Christie's in London, und Maria Reinshagen vom Züricher Büro befanden sich unter den Sachverständigen, die am Telefon mit Kunden sprachen. Thomas Ammann und der Sammler im Publikum boten weiter. Burge ging zügig vor. Er rief die Zahlen routiniert und mit einem Ton leichter Überraschung aus, als wären sie aus dem Blauen gekommen. Bei dem Gebot von 35 Millionen Dollar wußte Burge, daß er das Gemälde verkauft hatte. Am Telefon für einen Kunden in Japan wartete Sachiko Hibiya darauf, noch unter 40 Millionen Dollar für ihren Kunden einzusteigen, doch die Gebote gingen über das Limit ihres Kunden hinaus. In diesem Moment hob ein jugendlich wirkender Mann im hinteren Bereich des Raumes einen Goldfüller. Sachiko Hibiya war einer der wenigen im Raum, die Hideto Kobayashi erkannten. Er war ein Tokioter Händler, der in seiner Galerie auf der Ginza hauptsächlich zeitgenössische japanische Kunst verkaufte. Sie fing seinen Blick auf. Obwohl er sich für die Auktion eingetragen und eine Kreditsicherung beim Auktionshaus hinterlegt hatte, hatte er ihr nicht signalisiert, daß er an dem van Gogh interessiert war. Daß er keinen außergewöhnlichen Sicherheitscheck durch das Tokioter Büro durchlaufen hatte, berührte sie nicht sonderlich. In Japan waren solche Dinge eine Sache des Vertrauens. Wenn ein Händler bei einer Auktion ein größeres Gemälde kaufte und dann nicht bezahlte, zerstörte dies nicht nur sein Geschäft, sondern auch seinen Ruf. Burge nahm Kobayashis Gebot zur Kenntnis: »41 von einem neuen Bieter.« Darauf antwortete Maria Reinshagen am Telefon mit einem Gebot von 42 Millionen. »Nun, dieses Telefon«, sagte Burge.

> 42 Millionen gegen Sie hier, jetzt 43 Millionen da hinten, 43 Millionen im Gang, 44 Millionen am Telefon, 45 Millionen im Raum, 46 Millionen, 47 Millionen, 48 Millionen, 49 Millionen, 50 Millionen.

Ein Gebot von 50 Millionen mit einer Kommission von 10 Prozent bedeutete, daß zu diesem Zeitpunkt der *Gachet* den Rekordpreis der *Schwertlilien* von 53 Millionen Dollar bereits überflügelt hatte. Die Presse schrie auf, und ein japanischer Händler begann zu klatschen. »Noch nicht beendet«, rief Burge. »51 Millionen Dollar, 52 Millionen Dollar.«

Kobayashi war relativ ruhig. »Ich spürte eine Art heiße Luft durch den Raum wehen«, sagte er später. An einem Punkt zögerte er, doch er hatte das Gefühl, daß es mehr Courage bedurfte, sich jetzt zurückzuziehen, als weiterzubieten. Reinshagen hatte ihren Sammler immer noch am Apparat. »Telefon gegen Sie, Sir«, sagte Burge und wies auf Kobayashi:

»53 Millionen, 54 Millionen am Telefon, 55 Millionen im Raum und gegen Sie, 56 Millionen, 57 Millionen.«

Und so ging es weiter:

»70 Millionen gegen Sie, Sir, 71 Millionen im Raum gegen das Telefon, 72 Millionen, 73 Millionen, 74 Millionen, 75 Millionen, für 75 Millionen im Raum, Ende am Telefon, nicht Ihres, Achtung, für Sie, Sir.«

Burge deutete auf Kobayashi, schlug mit dem Hammer auf den Tisch: »Verkauft.« Die Zahlen auf der Anzeigetafel standen still:

Los 21		$75 000 000
	Letztes Gebot	
UK POUNDS		44 692 960
FRENCH FR		416 400 128
SWISS FR		104 700 000
DEUTSCH M		123 375 040
YEN ,000		11 310 000
LIRA ,000		90 825 040

Bei 10 Prozent betrug die Kommission für den Käufer 7,5 Millionen Dollar und hob den Gesamtpreis, den Kobayashi zu zahlen hatte, auf 82,5 Millionen Dollar an. Beim abschließenden Hammerschlag begann die Menge zu klatschen und zu jubeln. Zehn Minuten lang versuchte Burge, die Anwesenden im Raum zu beruhigen und mit der Auktion fortzufahren. Zwischenzeitlich beobachteten nur wenige, wie der *Gachet* den Blicken entschwand.

Obwohl es hell und das Gemälde vorne klar zu sehen gewesen war, erhaschten selbst jene auf den besten Plätzen nur einen kleinen Blick auf das blaue Gemälde und hatten nur teilweise Sicht auf das, was sich abgespielt hatte. Wie bei allen Auktionen war der Ablauf teils geplant, teils Improvisation. Es gab heimliche Gebote, die im voraus gemacht worden waren, und diskrete Zeichen, die unvermittelt von Bietern abgegeben wurden, die über Vermittler an der Auktion teilnahmen. Das Publikum beobachtete an diesem Abend die Vorgänge wie durch einen Filter, durch den nur bestimmte Akteure und Gesten entschlüsselt werden konnten. Der Rest der Bühne lag für alle, außer für ein paar Insider, zu sehr im dunkeln, um genau zu erkennen, was vor sich ging.

Der Preis für den *Gachet* hatte den Preis der *Schwertlilien* um fast 30 Millionen Dollar überflügelt. Im Lauf etwa eines Jahrhunderts hatte sich der Preis des *Gachet* verdreiundzwanzigtausendfacht, seit Alice Ruben 1897 300 Francs oder 58 Dollar dafür bezahlte. Hätte Ruben das Gemälde behalten und für 82,5 Millionen Dollar verkauft, dann hätte ihre Rückvergütungsrate 16,5 Prozent betragen.

Bei einer Auktion, in der über vierundvierzig der einundachtzig Stücke für mehr als eine Million Dollar verkauft wurden, war das Porträt nicht der einzige Rekordhalter. Van Goghs *Selbstporträt, Charles Laval gewidmet*, verkaufte sich für 26,4 Millionen Dollar. Die fünf Lehman-Gemälde brachten zusammen 54 Millionen Dollar. Doch der Markt gab verwirrende Signale. Mehrere teure Gemälde wurde nur knapp über dem geschätzten Minimum verkauft. Dem Chicago Art Institute mißlang es, ein Modigliani-Porträt zu verkaufen, von dem man gehofft hatte, daß es mindestens 4 Millionen Dollar bringen würde. Die 82,5 Millionen Dollar, die Hideto Kobayashi für den *Gachet* bezahlte, machten fast ein Drittel der 269 Millionen Dollar Auktionseinnahmen aus.

Kobayashi, der behauptete, kein Englisch zu sprechen, versuchte, unter Umgehung der Reporter, der Auktion zu entkommen. Er fuhr sofort in sein Hotel und rief Ryoei Saito an. Der fünfundsiebzigjährige Saito war Ehrenvorsitzender von Daishowa Paper Manufacturing, Japans zweitgrößtem Papierhersteller. Kobayashi berichtete, daß es ihm gelungen sei, den *Gachet* zu kaufen. Obwohl Saito nicht erwartet hatte, so viel zahlen zu müssen, äußerte er kein Bedauern über den Kauf.

Als die Händler an diesem Abend Christie's verließen, schüttelten sie die Köpfe. Vielleicht hatten sie die ominösen Zeichen falsch gedeutet. Im Applaus am Ende der Auktion schwang die Hoffnung mit, daß die Kauffreudigkeit noch nicht zum Erliegen käme.

Und das Gemälde selbst? Unmittelbar nach der Auktion sprach Christopher Burge, erleichtert und begeistert zugleich, im Tresorraum vor dem Gachet-Porträt mit Fernsehreportern. Das Bild war der Verpackung entnommen und aufgehängt worden. Später am Abend verbreitete sich die Nachricht über den Rekordpreis des *Gachet* schnell. Ein Bild des Gemäldes flimmerte weltweit als Fünf-Sekunden-Clip über die Fernsehschirme. Einige der nächtlichen Nachrichtensendungen brachten einen nur Sekunden dauernden Clip, der Burge beim Ausrufen des letzten Gebots zeigte. In den *NBC Nightly News* wurde ein Cartoon verbreitet, der das Bild auf einer Staffelei mit einem übergroßen Preisschild zeigte, auf dem in rot zu lesen stand: »$82.5 Millionen«. 1990 wurde die weltweite Zahl der Fernsehzuschauer auf 2,5 Milliarden geschätzt. Als 1987 die *Schwertlilien* für 53,9 Millionen Dollar verkauft wurden, bemerkte Calvin Tomkins im *New Yorker*, »alles, was von van Goghs *Schwertlilien* übrigblieb, war die unablässige Wiederholung des Rekordpreises«. Der *Gachet* bewegte sich so schnell durch das öffentliche Bewußtsein, daß die meisten außerhalb des Kunstbetriebs sich nicht daran erinnern konnten, wie er aussah. So flüchtig war seine Bekanntheit, daß viele verwechselten, welches Bild denn nun eigentlich den Rekordpreis erzielt hatte. Fragte man, vermuteten die meisten, das teuerste Bild der Welt seien entweder die *Sonnenblumen* oder die *Schwertlilien*.

Unter dem ganzen Wirbel war an diesem Abend ein fast greifbares Gefühl von »Es-ist-zu-spät« spürbar – zu spät am Ende des Jahrhunderts, zu spät, weil nur noch wenige van Goghs zu haben waren, zu spät bei den aufgebauschten Preisen auf dem Kunstmarkt, die sich nur noch große Firmen oder Menschen mit ähnlichem Kapital leisten konnten.

Sotheby's, 17. Mai

Am Morgen nach der *Gachet*-Auktion erschien ein Foto des Gemäldes auf der Titelseite der *New York Times* unter der Überschrift: »82,5 Millionen Dollar van Gogh stellt Auktionsrekord auf.«

Zwei Tage später war Sotheby's bereit für Hideto Kobayashi. Er betrat das Gebäude durch die Hintertür und saß in einem Logenzimmer, das die Auktion überblickte und von dem aus er agieren konnte, ohne von Reportern beobachtet zu werden. Diesmal bot der Händler wieder in Ryoei Saitos Auftrag für Renoirs *Au Moulin de la Galette*. Diesmal bekam der Papiertycoon sein Gemälde für 78 Millionen Dollar.

Wie die Auktion bei Christie's brachte die Sotheby's-Auktion einen der höchsten Umsätze, die je erreicht wurden. In etwas mehr als einer Stunde wurden Kunstwerke im Wert von fast 300 Millionen Dollar verkauft. Drei Gemälde aus dem Guggenheim-Museum brachten 45 Millionen Dollar. Kandinskys *Fuge* wurde für 20,9 Millionen an den Schweizer Händler Ernst Beyeler verkauft. Modiglianis *Junge in blauer Weste* ging für 11,6 Millionen an Klaus Perls, dessen Galerie sich auf der Madison Avenue befand. Für 15 Millionen sicherte sich die Fujii-Galerie Chagalls *Anniversaire* für einen japanischen Investor. Das Art Institute of Chicago hatte ein Pastell von Degas, einen Monet, einen Bonnard und einen Picasso für 14 Millionen Dollar zu Geld gemacht. Alles zusammengenommen erbrachten die Verkäufe impressionistischer und moderner Kunst in dieser Woche über eine halbe Millarde Dollar. Japanische Käufer gaben 340 Millionen Dollar aus. Davon zahlte Ryoei Saito fast die Hälfte. Doch die Presse interpretierte das Mißlingen des Verkaufs von zwölf der siebzig zur Auktion stehenden Gemälde bei Sotheby's als Beweis dafür, daß die teuersten Stücke auf dem Markt sich in Schwierigkeiten befänden. »Abgesehen von zwei Preisausreißern für zwei bedeutende Gemälde«, schrieb der Kritiker Robert Hughes in der *Times*, »zeigte der Auktionsmarkt seltsame Zeichen von Instabilität.«

Die Freitagsausgabe der *New York Times* berichtete von dem Beinahe-Rekordpreis des Renoir, versäumte jedoch, eine Verbindung zu Kobayashi herzustellen. Mehrere Seiten weiter erwähnte die Zeitung Ryoei Saito, »der japanische Sammler, der vor drei Tagen 82,5 Millionen Dollar für das *Bildnis des Dr. Gachet* bezahlt hat.« Erst am Samstagmorgen zeigte die *Times* auf der Titelseite ein altes Foto von Saito, der als »der Käufer der teuersten Gemälde, die je verkauft wurden« bezeichnet wurde. Die Ausgabe von 160 Millionen Dollar oder umgerechnet 24,4 Millarden Yen für zwei französische Gemälde erhöhte das Spektrum von Tokios wirtschaftlicher Macht. Saitos »Einkäufe könnten die bestehenden Bedenken darüber vertiefen, auf welche Weise japanische Geschäftsleute Sammlungen westlicher Kunst anhäufen und zeigen«.

Vor den Auktionen hatte die allgemeine Öffentlichkeit weder den van Gogh noch den Renoir beachtet. Die Geldsumme, die für beide von einem japanischen Geschäftsmann ausgegeben worden war, dessen Name in Amerika keinerlei Bedeutung hatte, wirkte wie ein Kanonenschuß. Nachdem sie mit ansehen mußten, wie ihnen die Stahl-, Automobil- und Halbleiterindustrie sowie das Rockefeller Center aus den Händen geglitten waren, konnten die Amerikaner nicht anders, als den Verlust des seltenen van Gogh, der bis vor kurzem in einem der bedeutendsten Museen ihres Landes gehangen hatte, als mächtiges Symbol für den Transfer von Reichtum nach Asien zu identifizieren. Das Gachet-Porträt wurde zu den Beutestücken in einem Wirtschaftskrieg gezählt, den die Japaner zu gewinnen schienen. Einige amerikanische und europäische Händler spotteten, daß der Japaner für zweitklassige Impressionisten zu viel bezahlt hätte. Doch die Flut an französischer Kunst, die nach Japan floß, wurde als Beweis dafür angesehen, daß Amerika aus den Rängen der Großmächte herauszufallen begann.

Bei dem Protestgeschrei über Japans Rolle im Prozeß der Umwandlung von Kunst in Ware übersahen viele, daß seit dem späten neunzehnten Jahrhundert amerikanische Industrielle den Gewohnheiten von Adel, Klerus und in jüngerer Zeit europäischer Unternehmer folgten und ausgiebig Geld für den Import von Kunstwerken ausgegeben hatten. Überdies waren in der langen Geschichte des kulturellen Austausches zwischen Japan und dem Westen viele Kunstwerke nach Europa und Amerika gewandert. Die Japaner hatten ihr eigenes großes, völlig eigenständiges künstlerisches Erbe, das durch die chinesische Kunst inspiriert ist: Schriftrollen, Tuschemalereien, faltbare Wandschirme, auf denen Figuren und Landschaften häufig auf goldenem Untergrund abgebildet werden, uralte Statuen von buddhistischen Gottheiten für Tempel und Schreine sowie Keramiken für die Teezeremonie. Westliche Beobachter hatten seit langem bemerkt, welch hohes Maß an Aufmerksamkeit ästhetischen Dingen in Japan gewidmet wird. Ein französischer Wissenschaftler beschrieb Japan in den 1880er Jahren als »die Nation der dekorativen Kunst schlechthin«. Nicht lange nachdem 1853 unter Commodore Matthew Perry Schiffe der amerikanischen Marine in den Hafen von Tokio eingedrungen waren und das Land gezwungen worden war, Verträge zu unterzeichnen, die westlichem Handel den Zugang zu Japans Häfen öffneten, tauchten japanische Drucke und Kunsthandwerkliches in Paris auf. Zwischen 1870 und 1880 begann der Kunsthändler Siegfried Bing mit dem Import japanischer Bronzen, Keramiken und Drucke nach Frankreich. 1887 verkaufte er asiatische Kunst in Amerika.

Auch van Gogh fing 1885 in Antwerpen an, japanische Drucke zu sammeln. »Mein Arbeitsraum ist ganz erträglich, besonders weil ich ein paar japanische Holzschnitte an die Wand gezweckt habe, die mir Spaß machen.« Während der zwei Jahre seines Parisaufenthalts kaufte er viele Drucke bei Bing, und im Frühjahr 1887 zeigte er sie bei einer Ausstellung im Künstlercafé Le Tambourin. »Was man auch sagt«, schrieb er, »selbst die vulgärsten, in flachesten Tönen kolorierten japanischen Blätter sind, aus den gleichen Gründen, genauso bewundernswert wie die von Rubens oder Veronese.« In Paris würdigte er seine stilistische Verbundenheit mit Japan in seinem Porträt von Père Tanguy, in dem er die Wand im Hintergrund mit mehreren japanischen Drucken bemalte. Er kopierte auch bestimmte Drucke. Als er 1888 ein Selbstporträt anfertigte, das er Gauguin widmete, stellte er sich selbst als japanischen Priester dar.

> Meine ganze Arbeit baut sich sozusagen auf den Japanern auf … Die japanische Kunst ist in ihrem Vaterland im Verfall, aber sie schlägt von neuem Wurzeln bei den französischen Impressionisten.
>
> Diese für die Künstler praktische Seite interessiert mich natürlich mehr als der Handel mit Japandrucken. Immerhin ist dieser Handel interessant, besonders im Hinblick auf die Richtung, welche die französische Kunst jetzt einschlägt.

In seinem Gachet-Porträt zollte van Gogh mit den zwei Romanen der Brüder de Goncourt den zwei Autoren Tribut, deren Schriften und deren Sammlung japanischer Kunstwerke zur Popularität japanischer Kunst im Paris des ausgehenden Jahrhunderts beitrugen. Als im März 1897 Edmond de Goncourts Sammlung chinesischer und japanischer Kunst in Paris zur Versteigerung kam, verzeichnete der von Bing vorbereitete Katalog über 1 500 Stücke.

Das Museum of Fine Arts in Boston, das Cleveland Museum of Art, das Nelson Atkins Museum in Kansas City, das Metropolitan Museum in New York und die Freer-Gallery in Washington hatten seit dem Ende des neunzehnten Jahrhunderts einige der bedeutendsten Sammlungen japanischer Kunst außerhalb Japans aufgebaut. 1890 gründete das Museum of Fine Arts in Boston die erste in einem amerikanischen Museum eingerichtete Japanabteilung. Die Sammlung war größtenteils von Ernest Fenollosa erworben worden, einem Kenner, der Professor an der Universität Tokio und von 1886 bis 1890 Mitglied der Kaiserlichen Kommission für die schönen Künste in Japan gewesen war. 1884 hatte Fenollosa einem Freund in Boston geschrieben:

> Ich kaufte mehrere Bilder aus den Jahren 700 bis 900 v. Chr. Schon sagen hier die Leute, meine Sammlung muß für die Japaner hier in Japan bleiben. Ich habe heimlich eine Anzahl der allergrößten Schätze erworben. Die Japaner wissen bisher noch nichts davon. Ich wünschte, ich wüßte sie alle sicher im Boston Art Museum verwahrt. Und doch, wenn der Kaiser oder das Mombusho [Bildungsministerium] meine Sammlung zu kaufen wünschen, wäre es nicht meine Pflicht an der Menschheit im weitesten Sinne, ihnen den Erwerb zu gestatten?

Fenollosa verkaufte seine Sammlung von eintausend Gemälden an Charles G. Weld, der sie 1911 dem Bostoner Museum vermachte.

Der Zusammenbruch des Kunstmarktes

Die Auktion von Impressionisten und moderner Kunst, die nur wenige Wochen nach dem Verkauf des *Gachet* im Juni in London stattfand, war kein Erfolg. Ein teurer Chagall, typisch für jene Gemälde, die sonst von japanischen Investoren in Großeinkäufen erworben worden waren, erreichte das Mindestgebot nicht. Zu dem Zeitpunkt befand sich die japanische Wirtschaft auf dem Weg in die Rezession. Im August 1990 war Saddam Hussein in Kuweit einmarschiert. Der damals schon zurückhaltende Kunstmarkt kam zum völligen Stillstand. Die Kriegsgefahr im Mittleren Osten und die Möglichkeit, daß Amerika durch ein kleines Land in den Konflikt hineingezogen werden könnte, schien die größte psychologische Wirkung auf Europa zu haben, das sich bedroht fühlte. Im Dezember scheiterte bei einer Londoner Auktion der Verkauf eines Stillebens von van Gogh, das er im Asyl in Saint-Rémy gemalt hatte und das auf 16 Millionen Dollar geschätzt worden war.

1992 klagten auch erfahrene Kunsthändler, daß der Kunstmarkt seit der Weltwirtschaftskrise nicht in so schlechter Verfassung gewesen sei. Zwischen 1930 und 1940 waren die Sammler jedoch gezwungen gewesen zu verkaufen. Jetzt hielten sie an ihren Sammlungen fest. Selbst nach dem Einbruch um fast die Hälfte waren die Preise noch hoch. Im Frühjahr 1992 kam Renoirs *Die Loge*, das eine junge Frau in einer Opernloge zeigt, zur Auktion bei Christie's. Das Gemälde, das von einem deutschen Sammler für 13 Millionen Dollar erworben worden war, als der Kunstmarkt boomte, hatte nur die Größe eines Din A4-Blattes. Die Gebote dafür erreichten 6 Millionen Dollar, dann zog Burge das Bild zurück. Die japanischen Händler, sonst so zahlreich bei den Auktionen vertreten, waren nirgends zu sehen. Die zahlreichen Assistenten waren verschwunden. Der Pool der Händler war geschrumpft.

Nach langer, schwerer Krankheit starb Lola Kramarsky im Februar 1991. Schon bald danach wurden Sachverständige von Christie's in ihr Apartment eingeladen, um Möbel und andere Stücke zu katalogisieren. Objekte, auf deren Besitz die Familie keinen Wert legte, wurden über die folgenden Jahre bei Porzellan- und Möbelauktionen an Händler versteigert.

Im Februar 1991 eröffnete im Los Angeles County Museum auch die Ausstellung *Entartete Kunst: Das Schicksal der Avantgarde in Nazi-Deutschland*. Obwohl deutsche Wissenschaftler schon 1962 die erste Ausstellung mit dem Titel *Entartete*

Kunst: Bildersturm vor 25 Jahren veranstaltet hatten, die sich mit diesem dunklen Kapitel der deutschen Kulturgeschichte befaßte, und obwohl 1987 die zweite Ausstellung zu diesem Thema präsentiert worden war, hatte das Thema »Entartete Kunst« nur wenig Aufmerksamkeit in Nordamerika erregt. Die Ausstellung in Los Angeles zeigte fast ein Drittel jener 650 Werke, die 1937 in der Ausstellung *Entartete Kunst* in München gezeigt worden waren. Der 400 Seiten starke Katalog mit zehn Aufsätzen von deutschen und amerikanischen Wissenschaftlern dokumentierte nicht nur die Stücke der Münchner Ausstellung, sondern auch Gemälde und Plastiken, die 1939 bei der Fischer-Auktion in Luzern zur Versteigerung gekommen waren. In einer Fußnote des Aufsatzes »Spurensuche – Moderne Kunst aus deutschem Museumsbesitz« von Andreas Hüneke im Katalog versteckt, befand sich der erste Bericht über den Weg des *Gachet* von seiner Entfernung aus dem Städel bis zum Kauf durch die Kramarskys. Laut Hüneke waren *Bildnis des Dr. Gachet, Daubignys Garten und Steinbruch Bibémus* von Cézanne vom Propagandaministerium beschlagnahmt und »Hermann Göring übergeben« worden.

Teil VII

Japan

27

12,4 Milliarden Yen

Obwohl man erst gestern über eine halbe Million Francs für Millets »Angelus« bezahlt hat, darfst du nicht glauben, daß jetzt mehr Menschen nachfühlen, was in Millets Seele lebte, oder daß Bürger oder Arbeiter nun zum Beispiel eine Lithographie des »Angelus« in ihre Stuben hängen würden.

Vincent van Gogh an Wilhelmina van Gogh
Saint-Rémy, Anfang Juli 1889

Drei Wochen nach der Auktion vom 15. Mai packte man bei Christie's das *Bildnis des Dr. Gachet* in eine ausgeschäumte Holzkiste und lieferte es an Sotheby's, die ihrerseits Renoirs *Au Moulin de la Galette* für den Transport vorbereiteten. Die beiden Gemälde wurde per Luftfracht nach Tokio geflogen und in einem Transporter zur Kobayashi Galerie auf der Ginza gebracht, wo Wachen sie durch eine Hintertür hineintrugen. Dort wartete Ryoei Saito. Hideto Kobayashi und seine Assistenten holten die Gemälde aus den Kisten und hängten sie in einen Nebenraum der Galerie.

Nach einigen Stunden, die er mit seinen Neuerwerbungen verbracht hatte, verließ Saito die Galerie. Kobayashi ließ die Gemälde sofort wieder verpacken und in ein hochgradig gesichertes, klimatisiertes Lagerhaus für Kunst, Kimonos, Möbel, Schmuck und andere Wertgegenstände bringen. Der genaue Standort des Lagerhauses blieb ein Geheimnis. Später sorgte Kobayashi auch dafür, daß der *Gachet* in einem weißen Baumwollsack in eine mit Stoff ausgekleidete Kiste gelegt wurde. Diese Kiste wurde in ein Regal gestellt und dort blieb sie. Der *Gachet* war unsichtbar.

Es lief der westlichen Ansicht über den Sinn der Kunst zuwider, das Porträt in einem Tresor zu verstecken. Doch es war japanische Sitte, Porzellan und andere wertvolle Kunstgegenstände einzuwickeln und in Schachteln zu verwahren. »Die echten Japaner haben nichts an den Wänden ... die Zeichnungen und Kuriositäten werden in Schubladen aufbewahrt«, bemerkte van Gogh 1888, nachdem er gerade *Madame Chrysanthème* gelesen hatte. Dieser Roman, den Pierre Loti 1887 geschrieben hatte, diente Puccini als Vorlage für seine Oper Madame Butterfly. Die Innenwände eines herkömmlichen japanischen Hauses waren nicht für das Aufhängen westlicher Gemälde geeignet. So bewahrten Sammler Bildrollen und wertvolles Porzellan in aus Stein gebauten Seitenflügeln auf, die sich neben dem aus Holz konstruierten und sehr brandanfälligen Haus befanden. Sogar das Anschauen der Kunstgegenstände nimmt in Japan die Form einer Zeremonie an. Nur zu besonderen Anlässen werden die Kunstwerke herausgeholt und den Gästen präsentiert. Doch im Falle des *Gachet* war die Aufbewahrung in einem Lagerhaus nicht nur durch zeremonielle Überlegungen begründet, sondern offensichtlich auch vom Wunsch eines Industriellen getragen, seinen Besitz vor Gläubigern zu schützen.

Kurz nach der Auktion bei Christie's besuchten Reporter Saito in seinem Haus in Tokio, und der Geschäftsmann nahm zu seinem Kauf Stellung. »Der Wert dieser Gemälde wird erst in fünfzig oder hundert Jahren verstanden werden«, sagte er. »Wenn ich heute nicht kaufe, wird diese Kunst nie nach Japan kommen.« Saito erklärte, daß er die zwei Gemälde dem Shizuoka Prefectural Museum übergeben wolle, einige hundert Kilometer südlich von Tokio.

Als Ehrenvorsitzender der Daishowa Paper Manufacturing behielt Saito die Zügel der 1930 von seinem Vater gegründeten Firma fest in der Hand. Als ältester von fünf Brüdern hatte er die Firma 1960 geerbt. Obwohl Daishowa nun eine Gesellschaft mit einem Betriebs- und Anlagevermögen von rund 2,5 Milliarden Dollar in Australien, Kanada und den Vereinigten Staaten war, führte Saito die Geschäfte wie bei einem Familienunternehmen. 1990 gehörten der Familie noch 30 Prozent der Firmenanteile. Das Unternehmen hatte seinen Hauptsitz in Fuji. »Wie der Geruch der Papiermühlen die Stadt beherrscht, so ist Ryoei Saitos Macht alles durchdringend«, schrieb ein

Reporter des Wall Street Journal 1991. »Die Rauchwolken aus den Schloten seiner Fabriken trüben die Sicht auf den Fujiyama. Der Schnellzug aus Tokio hält an der Station, deren Bau Saito mitfinanziert hat. Fotos von Mr. Saitos jüngerem Bruder, dem Gouverneur, hängen zu Wahlzeiten in den Schaufenstern der Geschäfte. Einer der vier Söhne Mr. Saitos vertritt die Region im Parlament. Mr. Saitos Unternehmen finanzierte den jüngsten Wahlkampf des Bürgermeisters.«

Als Präsident von Daishowa war Saito von zwei Brüdern und seinem ältesten Sohn, Kiminori, gefolgt worden. Seine drei anderen Söhne hielten hohe Posten innnerhalb der Firmenhierarchie. In den späten siebziger Jahren, als Daishowa durch eine katastrophal terminierte Expansion hohe Verluste eingefahren hatte, zwang der Hauptkreditgeber der Firma, Sumitomo Bank Ltd., Saito zum Rücktritt von seinem Präsidentenamt. Doch Mitte der achtziger Jahre hatte Saito die bis dahin von seinem Bruder ausgeübte Kontrolle über das Unternehmen wieder an sich gerissen.

Saitos Exzentrik stand in scharfem Kontrast zu der einheitlichen Farblosigkeit, die von den meisten japanischen Geschäftsleuten an den Tag gelegt wurde. Er besaß einen großen schwarzen Cadillac, der oft vor seinem Haus parkte. Die Auktions-Vorbesichtigung von Christie's in Tokio besuchte er mit einem ganzen Pulk von Assistenten. Von der Versteigerung des *Gachet* hatte er durch eine Zeitschrift erfahren, die Christie's an Händler und Sammler weltweit verschickt hatte. Saitos unberechenbares Kaufverhalten bei Kunstgegenständen folgte den Höhen und Tiefen seines wirtschaftlichen Glücksrittertums. In den ausgehenden sechziger Jahren kaufte er für Daishowa impressionistische und moderne Gemälde. Einige erwarb er über die Fuji-Galerie in Tokio, in der Hideto Kobayashi arbeitete. Doch nachdem Sumitomo Ltd. ihn 1983 abgesetzt hatte, ließ die Bank Saitos Sammlung bei Sotheby's versteigern. Als Saito später wieder in eine Machtposition gekommen war, begann er erneut, eine Sammlung anzulegen. Diesmal konzentrierte er sich auf japanische Kunst, einschließlich klischeehafter Abbildungen des Fujiyama. 1978 verließ Hideto Kobayashi die Fuji-Galerie, um seine eigene Galerie zu eröffnen, in der er mit zeitgenössischer japanischer Malerei handelte.

Um den van Gogh und den Renoir kaufen zu können, borgte Saito bei einer Bank Geld und setzte dafür sein Immobilien-Vermögen ein. Durch den Verkauf von Aktienanteilen und Land konnte er den Kurzzeit-Kredit zurückzahlen. Kunsthändler mutmaßten, daß Saitos Ausgabe von 24,4 Milliarden Yen theoretisch die Erbschaftssteuer senken würde, die auf seinem Vermögen lastete, weil in Japan die Steuerabgaben auf Kunstwerte, im Gegensatz zu Landbesitz, mit zu einem Bruchteil ihres Marktwertes berechnet wurden. Doch Kobayashi entgegnete, daß Steuern nichts mit Saitos Kauf zu tun gehabt hätten. Er hatte den *Gachet* gekauft, weil das Bild des Doktors ihm gefiel. »Er sah sich selbst.« Der weltweite Aufschrei über den Kauf des *Gachet* traf den Sammler wie ein Schock und machte ihm erst die Bedeutung seines Kaufes bewußt.

Weniger als ein Jahr später berief er eine Pressekonferenz ein, um seine 23 Millionen Dollar Einkommenssteuer zu erklären. Die Verbindlichkeiten kämen hauptsächlich aus den Landverkäufen, die er getätigt hatte, um die zwei europäischen Meisterwerke kaufen zu können. »Ich sage den Leuten, daß sie sie [die Gemälde] in meinen Sarg legen und mit mir verbrennen sollen, wenn ich sterbe«, sagte er. Die Reaktionen des Westens waren voraussehbar. Später behauptete Saito, daß er nur Spaß gemacht hätte. »Er hat es nicht wörtlich gemeint«, erklärte Kobayashi. »Er mochte die Bilder nur sehr gerne. ... Die meisten Japaner würden verstehen [was er meinte], weil es unser Brauch ist.« Wenige Wochen danach sagte das Wall Street Journal voraus, daß Daishowa in diesem Jahr einen Verlust von 13 Milliarden Yen machen würde.

Saitos Kauf gab dem japanischen Kunstmarkt kurzzeitig Auftrieb, doch die Wirkung hielt nur ungefähr sechs Monate an. Bei Christie's bemerkte Sachiko Hibiya, daß bis in den Herbst 1990 hinein in Tokio neue Galerien eröffneten. Doch als Monate später die über die Maßen aufgeblähte Wirtschaft Japans zusammenfiel, stürzte der Kunstmarkt ab. Der Nikkei-Index hatte am letzten Geschäftstag von 1989 bei 38915 sein Hoch. Bis zum April 1992 fiel er auf 14309. Unterdessen war die Inflationsrate beim Immobilienmarkt ebenfalls abgebröckelt. Die Zinsen stiegen und brachten den Geldfluß zum Stillstand. Die Nachfrage nach Kunstgegenständen ließ nach. Die Gemäldepreise begannen zusammenzubrechen. Bankrotte mehrerer bekannter Gemäldegalerien in Tokio und Enthüllungen über die weitreichende Korruption innerhalb des Gewerbes versetzten dem Markt den Todesstoß.

Am wohl erschütterndsten Skandal war die Handelsfirma Itoman Corporation in Osaka beteiligt. Sie hatte 500 Millionen Dollar, die hauptsächlich vom größten Kreditgeber, Sumitomo Bank, stammten, verwendet, um Tausende von Gemälden mit gefälschten Expertisen zu kaufen. Diese waren dann bei verwickelten Immobilienspekulationen eingesetzt worden. Am Ende mußten die Geschäftsführung von Itoman und der Präsident von Sumitomo, Ichiro Isoda, zurücktreten. Da die Nachfrage nach westlicher Kunst schwand, sanken die japanischen Importzahlen für Kunstwerke von 614,7 Milliarden Yen im Jahre 1990 auf 22,9 Milliarden Yen im Jahre 1992. Nachdem zahlreiche Kunsthändler bankrott gegangen waren, fingen Banken und Kreditfirmen an, die Gemälde als Sicherheiten einzuziehen, und zwar auch jene Gemälde, die Unternehmer und Geschäftsleute mit geliehenen Geldmitteln gekauft hatten. Doch sie mußten feststellen, daß sie bei der derzeitigen Marktsituation nur 10 bis 20 Prozent dessen bekommen würden, was die Gemälde gekostet hatten. Tausende von französischen Bildern wurden in Tokio und anderswo in Tresor- und Lagerräumen gestapelt. Westliche Kunsthändler, die geholt worden waren, um das Material zu sichten, rieten von einem Verkauf ab, um eine Überschwemmung des Marktes zu vermeiden. Nur widerstrebend akzeptierten die Banken die Schmach, einen Verlust verbuchen zu müssen, und behielten die Gemälde. Tomonori Tsurumaki, der Rennstreckenbesitzer, der für Picassos *Hochzeit der Pierrette* via Satellit 8 Milliarden Yen oder umgerechnet 51,3 Millionen Dollar ausgegeben hatte, war nun ebenfalls bankrott. Er mußte das Bild 1991 seinen Gläubigern übergeben. 1997 schätzten Sachverständige den Wert der von japanischen Banken und Verleihfirmen gestapelten Gemälde auf 3 Milliarden Dollar.

Revision

Im Sommer 1990 schrieb der deutsche Kunstwissenschaftler Markus Kersting an Ryoei Saito und bat ihn, das *Bildnis des Dr. Gachet* für die Ausstellung *Revision* im Frankfurter Städel auszuleihen. Diese Ausstellung würde einige der modernen Gemälde, die von den Nazis beschlagnahmt worden waren, wieder zusammenstellen und zeigen.

Kersting erhielt keine Antwort von Saito. Er wandte sich an Frankfurter Bankiers mit Verbindungen zu japanischen Industriellen, doch sie wollten nicht involviert werden. Saito schuldete einer Reihe deutscher Banken Geld. Das Ausleihen eines Wertgegenstandes dieser Größenordnung konnte als Versuch gewertet werden, unter der Hand einen Vergleich herbeizuführen. Hermann Josef Abs, Vorsitzender der Städel-Verwaltung, lehnte es ebenfalls ab, seinen beträchtlichen Einfluß im internationalen Bankgeschäft zu nutzen, um Saito zur Ausleihe eines Objektes zu bewegen, dessen 82-Millionen-Dollar-Preis allgemein bekannt war. Das Risiko sei nicht zu versichern, meinte Abs. Besonders bei dem Gedanken daran, daß erst kürzlich ein Attentäter in Bonn Benzin über Beethoven-Manuskripte geschüttet hatte und dabei wertvolle Manuskripte des Komponisten zerstört worden waren, fürchtete er um das Gemälde. Schließlich nahm sich ein Minister der Sache an und schrieb dem japanischen Industriellen. Von Saito kam wiederum keine Antwort. Daraufhin gab Kersting auf. Die Ausstellung *Revision* wurde im Herbst 1990 eröffnet, nur wenige Monate nach der Auktion bei Christie's. Im Katalog der Ausstellung veröffentlichte Kersting eine ausführliche Analyse über das Bild und nannte dessen Thema, die Melancholie, »eine bittere Metapher« für Frankfurts Sammlung moderner Kunst und ihre Geschichte.

Am 11. November 1993 wurde Saito unter dem Vorwurf verhaftet, daß er zwei Jahre zuvor dem Gouverneur der Provinz Miyagi, Shuntaro Honma, Bestechungsgelder in Höhe von 100 Millionen Yen (96000 Dollar) gezahlt hatte, um die Beschränkungsauflagen für ein Stück Waldland in der Stadt Natori zu ändern. Dort wollte eine Tochterfirma von Daishowa einen Golfplatz bauen. Der Golfclub, der hohe Mitgliedsbeiträge erhob, hieß »Vincent«, nach dem holländischen Maler. Die Untersuchungen von Saitos Praktiken kamen durch eine größere Stichprobe bei Bauunternehmern in Gang. Achtzehn große Baufirmen hatten es sich zur Gewohnheit gemacht, Bürgermeister, Gouverneure, Abgeordnete und andere Personen auf höchster Regierungsebene zu bestechen. Saito, der im Tokioter Gefängnis inhaftiert war, verlor den Ehrenvorsitz bei Daishowa. Mitte Dezember verlegte man Saito aus Gesundheitsgründen ins Krankenhaus. Am 24. Februar 1994 wurde er im Rollstuhl ins Bezirksgericht gebracht, wo er sich in allen Anklagepunkten schuldig bekannte. Saitos Verurteilung bedeutete das Ende seiner Kontrolle über die Papierfabrik. Sein Fall schockierte Japan und unterstrich die Entschlossenheit des neuen Justizministers, die Korruption auszurotten, die sich unter den Liberaldemokraten bei einem Teil der japanischen Politik und Geschäftswelt ausgebreitet hatte. Die Verurteilung signalisierte die Bestrebung der neuen Regierung, Firmen auf strengere ethische Standards zu verpflichten. Dies war Teil eines größeren Umbruchs in der Gesellschaft, die den hohen Preis zu hinterfragen begann, den das kleine Land für den enormen wirtschaftlichen Erfolg zu zahlen hatte. So wie dreißig Jahre zuvor das Wort Produktivität in das Vokabular der Japaner Eingang gefunden hatte, so bekam plötzlich der Begriff Lebensqualität einen Wert. Viele entschieden, daß die blinde Jagd nach materiellem Reichtum sie in ein elektronisch gut ausgestattetes Arbeitslager gebracht hatte, mit Familien, die auf engstem Raum lebten, mit langen Anfahrtswegen zur Arbeit und wenig Freizeit.

1993 machte Daishowa Paper weiterhin Verluste. Die Schulden kletterten auf 400 Milliarden Yen und die Preise ihrer Aktienanteile fielen mit jenen der Tokioter Börse. Um das Vertrauen in das kränkelnde Papierunternehmen wieder zu stärken, begann der neue Vorsitzende, Shogo Nakano, einen Restrukturierungsprozeß, auch um die Verquickung von Saitos Privatvermögen mit dem Firmenvermögen zu entwirren. Die Familie Saito stimmte einer Reduzierung ihrer Anteile auf fünfzehn Prozent zu. Kobayashi behauptete, zahllose Angebote für den *Gachet* bekommen zu haben, doch er bestritt, daß Saito, der unter Hausarrest stand, an einen Verkauf dachte. Es war für den Westen unklar, ob er, die Firma oder die Gläubiger die beiden Bilder besaßen. Doch Ende 1993 vermuteten viele, daß mit dem Ende von Saitos Karriere das Gemälde wieder auf den Markt komme.

In dieser schwierigen Lage versuchte Christopher Burge die Situation des *Gachet* auszuloten. Angesichts der kulturellen Barriere zwischen Ost und West kämpfte er um die geeignete Strategie für das Vorgehen. Er konnte Kobayashi nicht anrufen, da er nicht japanisch sprach und der Händler behauptete, kein Englisch zu sprechen. Außerdem wäre ein direkter Anruf nach japanischer Ansicht ein ernsthafter Verstoß gegen die guten Sitten gewesen. Saito direkt anzusprechen, in der Hoffnung, man könnte etwas über einen möglichen Verkauf des Gemäldes erfahren, würde als schlechtes Benehmen betrachtet. Nach japanischer Auffassung verloren Händler dabei sofort das Gesicht, denn der einst wichtige Industrielle war nun in Ungnade gefallen. Nach dem Bild zu fragen hieße, dieser Situation gegenüber unsensibel zu sein und die Chance zu gefährden, das Gemälde zu bekommen. Burge und andere sorgten sich jedoch, daß der Industrielle, während sie sich Gedanken über japanische Sitten machten, Verhandlungen über einen anderweitigen Verkauf des van Gogh beginnen könnte. Wenn das Gemälde dem Markt wirklich zur Verfügung stand, würde Burge empfehlen, es nicht in einer Auktion, sondern privat zu verkaufen. Ende Oktober 1995 verurteilte das Distriktgericht in Tokio Saito zu dreieinhalb Jahren Gefängnis, die zu fünf Jahren Bewährung ausgesetzt wurden.

Zum erstenmal seit fünf Jahren sicherten sich Christie's und Sotheby's im November 1995 mehr als nur eine Handvoll anständige Impressionisten und moderne Gemälde für ihre Auktionen. Am Ende der beiden Auktionen waren Gemälde für 100 Millionen Dollar verkauft worden. Am Donnerstag, den 7. November, verkaufte Christie's einen Picasso aus dem Jahre 1932 für 20 Millionen Dollar. Das waren sechs Millionen weniger als die 26 Millionen, die Yasumichi Morishita auf der Höhe des Booms dafür bezahlt hatte. Am 8. November erreichten bei Sotheby's die Gebote für *Unterholz*, ein Landschaftsgemälde, das van Gogh in Auvers gemalt hatte, 27 Millionen Dollar. Europäische und amerikanische Händler saßen im Auktionssaal auf den Klappstühlen, umringt von Journalisten, die in Viererreihen an den Seiten und im hinteren Teil des Raumes standen. Die leeren Stühle, die für die Situation auf dem Auktionsmarkt während der Depression nach 1990 kennzeichnend gewesen waren, waren wieder besetzt. Es befanden sich sogar einige asiatische Händler unter den Anwesenden. Die wachsame, an einen Belagerungszustand erinnernde Stimmung, die New York nach der Ermordung des israelischen Ministerpräsidenten Yitzak Rabin ergriffen hatte, schien keine Auswirkung auf die Auktion zu haben. Weit ausschlaggebender war das Rekordhoch an der New Yorker Börse.

Vorsorglich hatte der Kongreß im Herbst 1990 die Steuerbestimmungen geändert und Sammlern wieder einen Anreiz gegeben, ihre Kunstwerke den Museen zu stiften. Ab August 1993 erlaubte die Gesetzgebung wieder den Abzug des vollen Schätzwertes der Kunstwerke von der Steuerlast. In diesem Jahr gab Walter Annenberg dem Metropolitan Museum einen Anteil von 50 Prozent an zwei Stilleben von van Gogh. Er hatte angekündigt, dem Museum fünfzig moderne Gemälde zu vermachen. Die finanzielle Unterstützung durch Annenberg erlaubte dem Museum auch, van Goghs *Kornfeld mit Zypressen* für 57 Millionen und *Schuhe*, das sich in der Sammlung Kramarsky befunden hatte, zu erwerben.

Sechs Jahre lang behielt Ryoei Saito den *Gachet* in einem Lagerhaus unter Verschluß. Einmal im Jahr ging Kobayashi oder ein Assistent seiner Galerie dorthin, um den Zustand des Gemäldes zu überprüfen. Im März 1996 starb Saito. Noch

Monate danach spekulierten Händler und Sachverständige der Auktionshäuser darüber, ob Saitos Erben, die Firma oder die Gläubiger nun den van Gogh besaßen.

Am 13. Mai 1997, dem Tag der ersten Frühjahrsauktion bei Christie's, stand bei Börsenschluß der Dow Jones Index bei 7274. In dieser Woche hatten Sammler in New York ungefähr 313 Millionen Dollar für impressionistische und moderne Gemälde ausgegeben. Dieses Niveau war seit dem Frühjahr 1990 nicht mehr erreicht worden, als über 500 Millionen Dollar bei Auktionen umgesetzt worden waren. Kurz nach der Auktion berichtete die New York Times, daß Saitos Renoir *Au Moulin de la Galette* durch Sotheby's privat verkauft worden sei. Ein Sprecher des Auktionshauses konnte dies weder bestätigen noch bestreiten. Falls das *Bildnis des Dr. Gachet* in den Vereinigten Staaten wieder auftauchte, würde ein Verkauf wie bei dem Renoir im Geheimen verhandelt werden.

Sieben Jahre lang hatte das Gemälde nun in Baumwollstoff eingewickelt in einer Kiste geschützt und begraben gelegen. Westliche Beobachter vermuteten immer noch, daß der *Gachet* nur zeitweise verschwunden war und daß es nur eine Frage der Zeit sei, bis das Porträt wieder auf dem internationalen Markt auftauchen würde.

Im Juni 1890 schrieb van Gogh:

> Das Porträt von Herrn Gachet habe ich mit einem schwermütigen Ausdruck gemalt, der dem Betrachter wie eine Grimasse erscheinen könnte. Aber gerade das sollte man malen, denn dann kann man sich darüber klar werden, wieviel Ausdruck im Vergleich mit den früheren ruhigen Porträts in unseren heutigen Köpfen liegt, Ausdruck und Leidenschaft, etwas wie Erwartung und Wachsen zugleich. Traurig und doch milde, aber klar und intelligent, so muß man viele Porträts malen. Das würde manchmal noch einen gewissen Eindruck auf die Menschen machen.
>
> Es gibt moderne Köpfe, die man noch lange betrachten wird, denen man vielleicht in hundert Jahren nachtrauern wird.

Epilog

Das *Bildnis des Dr. Gachet* tauchte im Verlauf der 1990er Jahre nicht wieder auf. Ende 2002 war der Verbleib des legendären Bildes immer noch ungeklärt und weiterhin Gegenstand von Gerüchten und Mutmaßungen. Befand es sich noch in einem verschlossenen Kellergewölbe in Japan? War es heimlich verkauft worden? Hing es in einem Haus in der Schweiz?

Das wissenschaftliche Interesse und die Wißbegierde der Öffentlichkeit hatten nicht nachgelassen, aber es wurde immer komplizierter und kostspieliger, Ausstellungen der Werke des holländischen Künstlers durchzuführen. Die empfindlichen Leinwände und ihr Schätzwert bedeuten hohe Versicherungs- und Transportkosten, oft sind mehrfache Umverpackungen und spezielle Transportfahrzeuge notwendig. Trotzdem haben europäische und amerikanische Museumskuratoren zwischen 1998 und 2002 Leihgaben für drei große van Gogh-Ausstellungen organisiert: »Van Goghs van Goghs«, »Van Gogh: Face to Face« und »Van Gogh and Gauguin: the Studio of the South«, eine Ausstellung, die im September 2001 in Chicago eröffnet wurde und 700 000 Menschen anzog. 1999 wurde die kontroverse Sammlung von van Goghs und Gauguins, die Paul-Ferdinand Gachet einst in seinem Haus in Auvers-sur-Oise zusammengestellt hatte, Gegenstand einer Ausstellung im Grand Palais in Paris und später im New Yorker Metropolitan Museum of Art. Die Kuratoren versuchten, auch das *Bildnis des Dr. Gachet* zu zeigen, aber es war nicht aufzufinden.

Das van Gogh-Porträt, das 1990 82,5 Million Dollar gekostet hatte, war zwölf Jahre lang das teuerste Bild, das jemals auf einer öffentlichen Auktion versteigert worden war. Die Preise für moderne Bilder hatten die phantastischen Summen, die in den 1980er Jahren auf dem Kunstmarkt erzielt wurden, noch nicht erreicht, aber sie kletterten weiter. Im Frühjahr

1998 wurde auf einer New Yorker Auktion ein kleines Selbstporträt van Goghs – mit leuchtend grünem Hintergrund, gemalt in der Heilanstalt von Saint-Rémy – für 71 Millionen Dollar verkauft. Nach dem Verkauf verschwand es aus den Augen der Öffentlichkeit.

Bei den größten Auktionen des Jahres 2002 wurde die höchste Summe nicht für ein modernes Bild gezahlt, sondern für einen alten Meister – Peter Paul Rubens' *Das Massaker der Unschuldigen*, entstanden um 1611 und bei Sotheby's in London im Juli verkauft für 76,7 Millionen Dollar. Das mehr als zwei Quadratmeter große Barockgemälde wimmelt von Figuren – schwertbewehrte Soldaten, die den Befehl des Königs Herodes ausführen, erstgeborene Söhne zu töten, und Frauen (eine in leuchtend rotem Gewand), die versuchen, ihre Kinder zu beschützen. Seit den 1920er Jahren hatte das Gemälde in einem österreichischen Kloster gehangen, wo ein Experte des Auktionshauses es zu Beginn des Jahres entdeckt hatte. Bald darauf stellten Sachverständige fest, daß es sich um einen Rubens handelte. Das Gebot, das den Zuschlag bekam, stammte von einem Londoner Händler, im Auftrag eines Privatsammlers, der anonym bleiben wollte. Von den wenigen Privatpersonen, die reich genug sind, um derart teure Gemälde zu kaufen, haben sich einige völlig abgeschirmt und ihre Kunstsammlungen geheimgehalten.

Für die kunstinteressierte Öffentlichkeit bedeutete der Verkauf des *Gachet* für eine astronomische Summe, daß das Bild zu einer Existenz im Verborgenen verdammt war, in der es blieb und eher als finanzieller Wertträger denn als Kunstwerk wahrgenommen wurde. Anders als der Rubens, der sein fast vierhundert Jahre altes Dasein in Privatsammlungen zugebracht hatte, war das *Bildnis des Dr. Gachet* schon 1911, als das Frankfurter Städelsche Kunstinstitut es erwarb, von privatem in öffentlichen Besitz übergegangen. Dann nahm das Porträt wieder den umgekehrten Weg zurück in Privatbesitz, was sehr ungewöhnlich war. Es war im 3. Reich vom Propagandaministerium konfisziert und aus einer öffentlichen Sammlung herausgenommen worden, um 1938 zu Geld gemacht zu werden.

Das Gemälde existierte nur als Erinnerung, festgehalten in Fotografien. Jede von ihnen vermittelt einen eigenen Eindruck, abhängig von der unterschiedlichen Wiedergabetreue der Farbschattierungen, besonders des Ultramarinblaus, und der Intensität der Rot-, Grün- und Gelbtöne. Aber solche Reproduktionen sind nur Gedächtnisstützen, sie erinnern uns an das, was man in Gegenwart des Bildes fühlte – eine Präsenz, die auch van Gogh berührte. Da das Porträt nicht mehr zu sehen ist, scheint eine Bemerkung des Künstlers Gauguin gegenüber, auch wenn er sie vor mehr als einem Jahrhundert gemacht hat, immer noch mitzuschwingen:

»Inzwischen habe ich ein Porträt von Dr. Gachet mit dem schmerzerfüllten Ausdruck unserer Zeit.«

New York, im Januar 2003

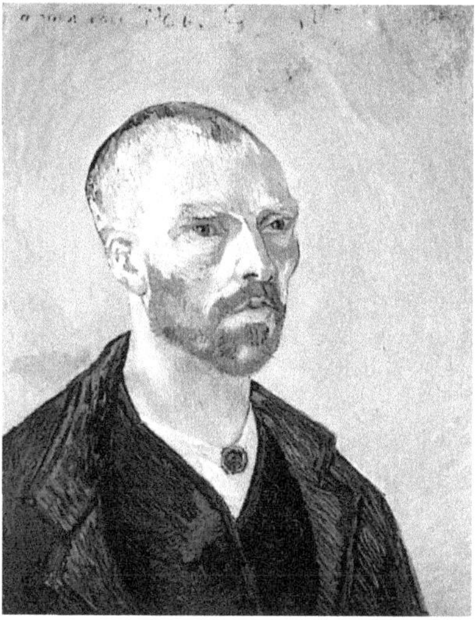

1 *Vincent van Gogh:* Selbstporträt, *Arles 1888. Van Gogh widmete dieses Bild Paul Gauguin, die Widmung heißt: »à mon ami Paul G.«*

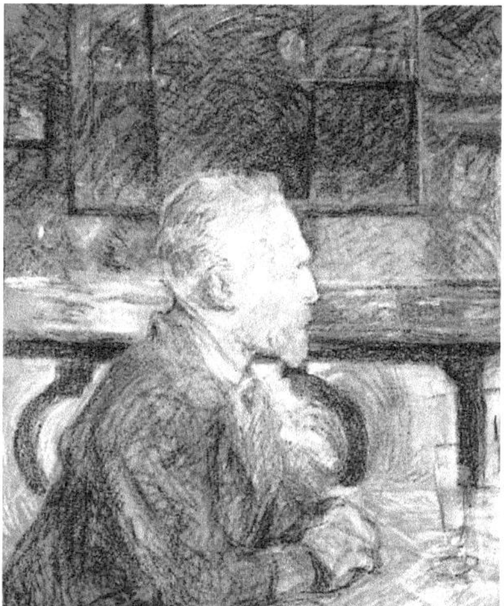

2 *Henri de Toulouse-Lautrec:* Porträt von Vincent van Gogh. *Lautrec zeichnete dieses Pastell vermutlich in einem Pariser Café im Frühjahr 1887.*

3 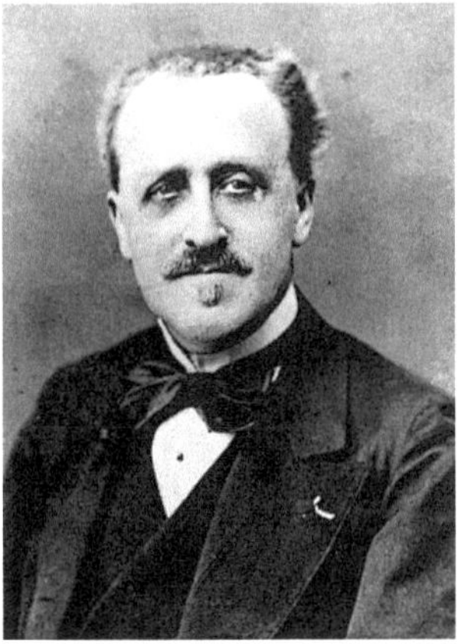

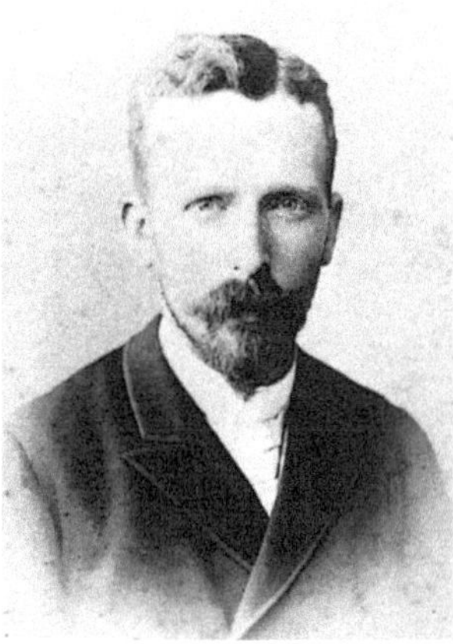 4

3 *Dr. Paul-Ferdinand Gachet ca. um 1890. Im Mai 1890 verließ van Gogh die Anstalt und zog nach Auvers-sur-Oise in der Nähe von Paris, um sich von Gachet behandeln zu lassen. Im Juni malte er das Porträt des Arztes.*

4 *Theo van Gogh, um 1886/87. Der Bruder Vincent van Goghs war Kunsthändler. Nach dem Selbstmord Vincents im Jahre 1890 erbte Theo den* Gachet *zusammen mit Hunderten von Gemälden. Sechs Monate später starb auch Theo.*

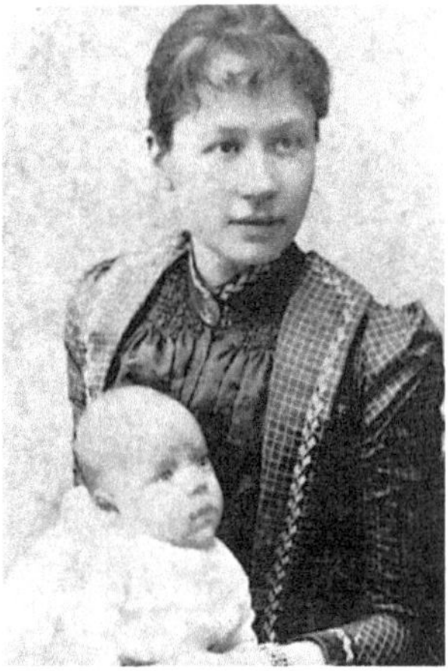 5

5 *Johanna Gesina van Gogh-Bonger mit Vincent Willem im Jahre 1890. Kein Jahr später wurde die Schwägerin van Goghs Witwe und Besitzerin des* Gachet.

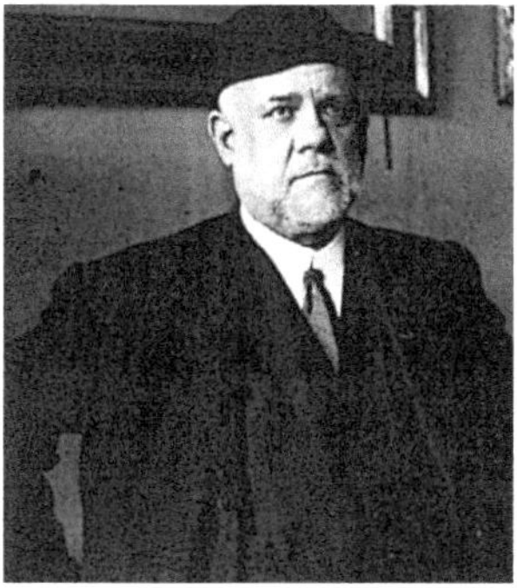

6

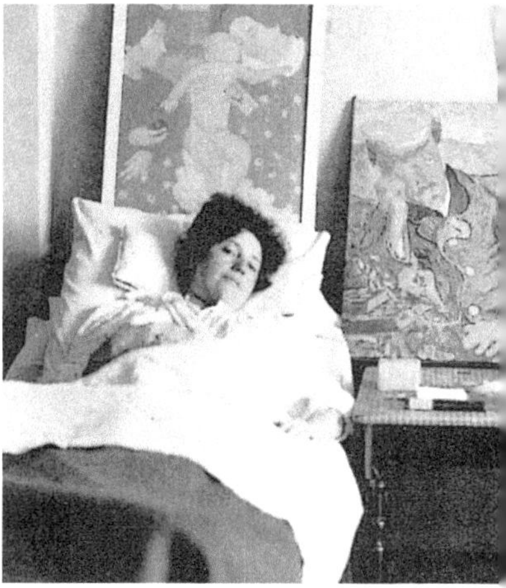

7

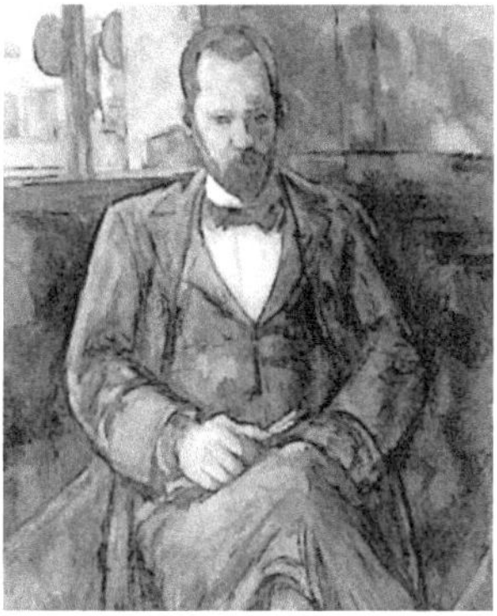

8

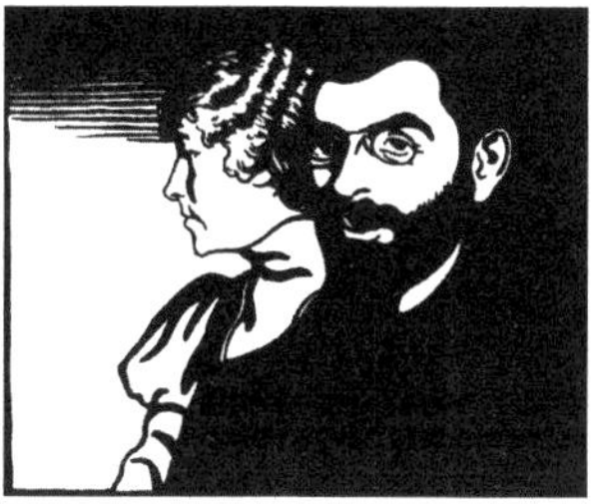

9

6 *Ambroise Vollard* (Porträt Ambroise Vollard), *1932 oder 1933 fotografiert von Brassaï (Gyula Halász). 1896 lieh sich Vollard das Gachet-Porträt für eine van-Gogh-Ausstellung, die er in seiner Galerie veranstaltete. Im Jahr darauf konnte er den* Gachet *verkaufen.*

7 *Alice Ruben 1897 mit* Bildnis des Dr. Gachet *und Maurice Denis'* Madonna mit dem Apfel. *Ruben, erste Besitzerin des* Gachet, *war eine wohlhabende dänische Kunststudentin. Sie kaufte Vollard das Porträt ab und brachte es nach Kopenhagen.*

8 *Paul Cézanne:* Porträt von Ambroise Vollard, *1899. Im November 1895 gab Vollard Cézanne seine erste Einzelausstellung.*

9 *Félix Vallotton:* Mogens Ballin und Marguerite d'Auchamp, *Paris 1899. 1904 organisierte Ballin den Verkauf des* Gachet *an Cassirer in Berlin. Bis dahin war er möglicherweise selbst der Besitzer.*

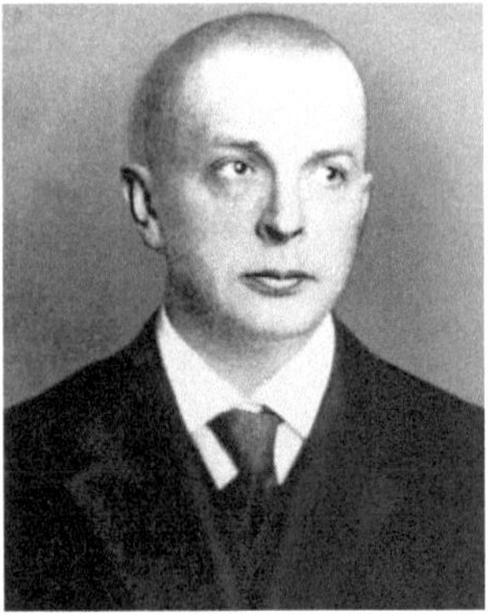

10

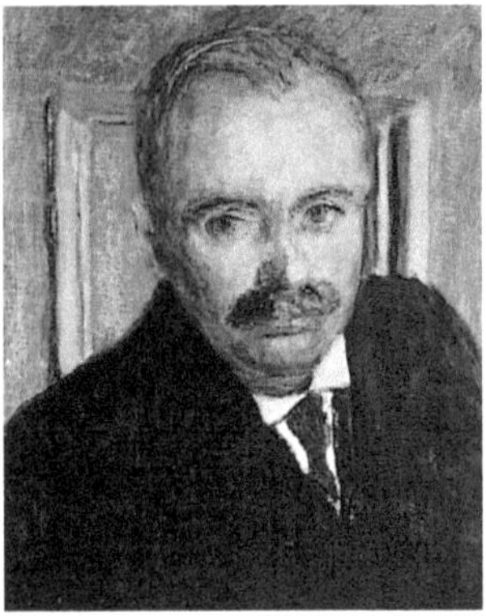

11

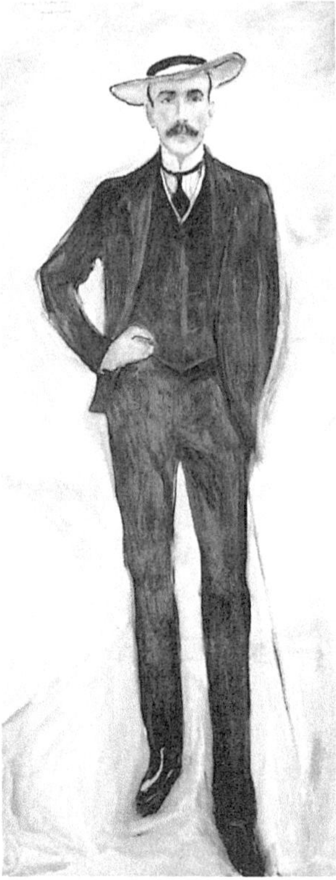

12

10 *Paul Cassirer, um 1910. Der Berliner Kunsthändler zeigte 1901 erstmals van-Gogh-Gemälde. 1904 kaufte er den* Gachet *von Mogens Ballin in Kopenhagen für 1238 Mark.*

11 *Pierre Bonnard:* Bildnis von Eugène Druet, *um 1912. Druet, ursprünglich Kunstfotograf, stellte 1908 das Gachet-Porträt in seiner Pariser Galerie aus. Zwei Jahre später kaufte er es für zirka 14000 Francs.*

12 *Edvard Munch:* Harry Graf Kessler, *1906. Der Mäzen von Kunst und Kunsthandwerk erwarb 1904* Das Bildnis des Dr. Gachet *für seine Privatsammlung und zahlte 1689 Mark.*

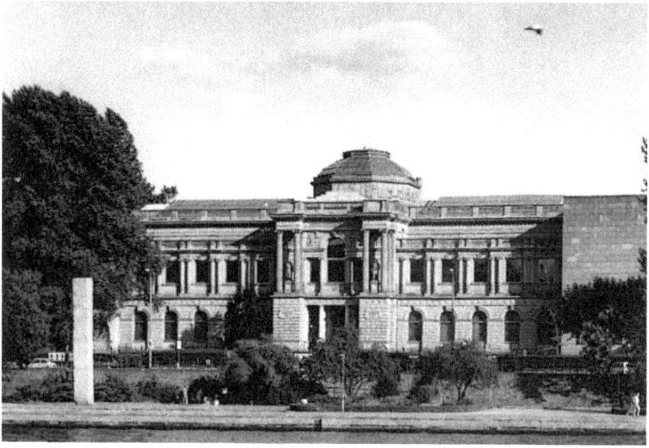

13

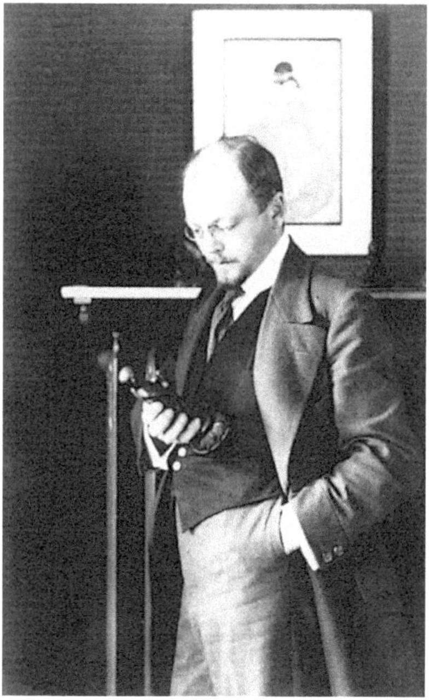

14

13 *Das Städelsche Kunstinstitut in Frankfurt am Main. Das Museum »Alter Meister« wurde 1878 nach einem Entwurf von Oskar Sommer gebaut. Die Umgestaltung zu einem Museum für moderne Kunst begann 1911 mit dem Ankauf des* Bildnis des Dr. Gachet.

14 *Georg Swarzenski, Direktor des Städelschen Kunstinstituts und der Städtischen Galerie im Jahre 1912. Er gehörte zu den fortschrittlichen Museumsdirektoren, die vor dem Ersten Weltkrieg moderne Kunst ankauften und erwarb 1911 das* Bildnis des Dr. Gachet *für 20000 Francs.*

15

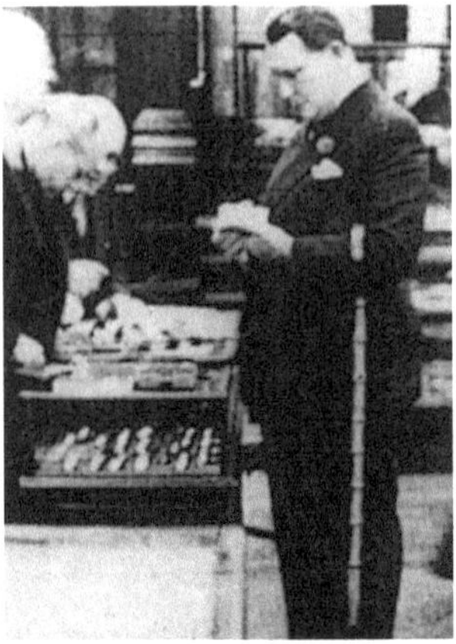

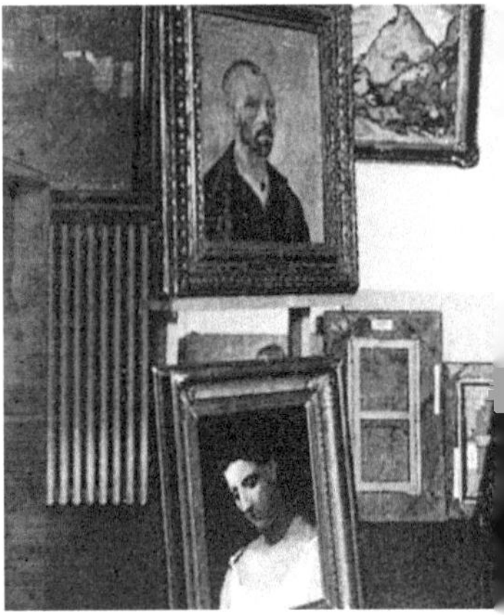

16

17

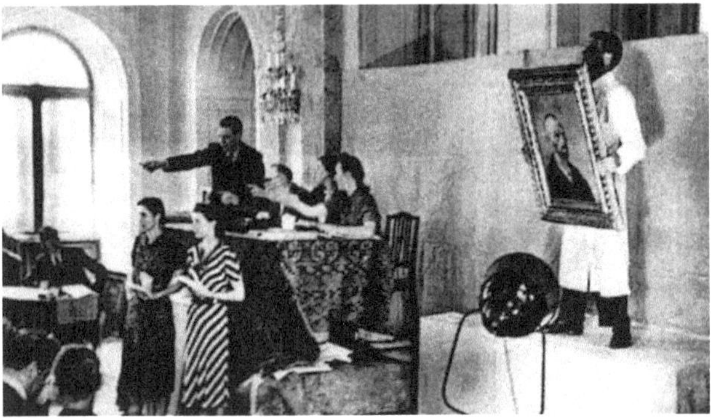

15 *Hermann Göring besucht einen Monat nach dem Einmarsch der Nazis in den Niederlanden im Juni 1940 Kunsthändler in Amsterdam. Zwei Jahre zuvor hatte er den* Gachet *und zwei andere Gemälde aus deutschen Museensbeständen beschlagnahmt, um sie gegen Devisen einzutauschen.*

16 *»Entartete Kunst«, die vom Propagandaministerium beschlagnahmt und im Schloß Niederschönhausen in Berlin gelagert wurde. Auf der Staffelei ein* Selbstporträt *van Goghs, darunter Pablo Picassos* Frauenkopf.

17 *Van Goghs* Selbstporträt, *das in der Neuen Staatsgalerie in München beschlagnahmt wurde, wird im Juni 1939 während der Versteigerung »Entarteter Kunst« in der Galerie Fischer in Luzern verkauft. Mit 175000 Schweizer Franken erzielte das Gemälde den höchsten Preis.*

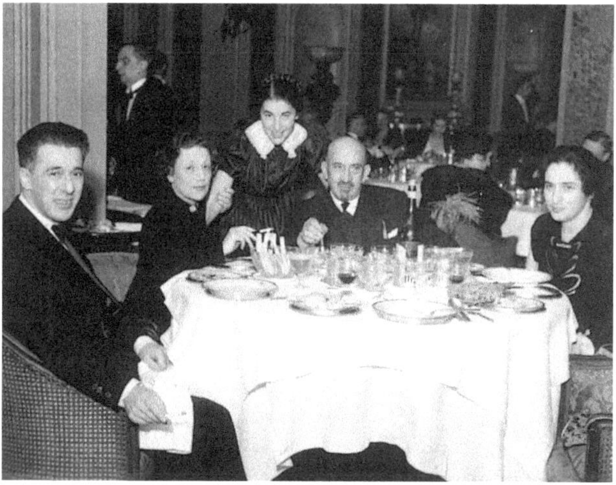

18

19

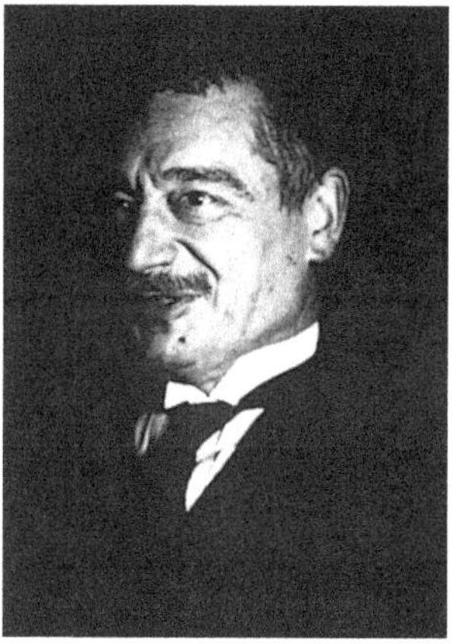

18 *Die Kramarskys, Besitzer des* Gachet, *mit ihren Freunden Chaim Weizmann, dem zukünftigen Präsidenten von Israel, und dessen Frau Vera bei der Atlantiküberquerung im Januar 1940 an Bord der Rex. Die Kramarskys waren im vorangegangenen November aus Amsterdam geflohen, weil sie die Invasion der Niederlande durch die Nazis voraussahen. Von links: Siegfried Kramarsky, Vera Weizmann, Sonja Kramarsky, Chaim Weizmann, Lola Kramarsky.*

19 *Franz Koenigs, fotografiert von Marianne Breslauer, Amsterdam 1937. Der deutsche Bankier lebte in Amsterdam und legte eine der größten privaten Zeichnungensammlungen Europas an. 1938 kaufte er in Paris heimlich den* Gachet.

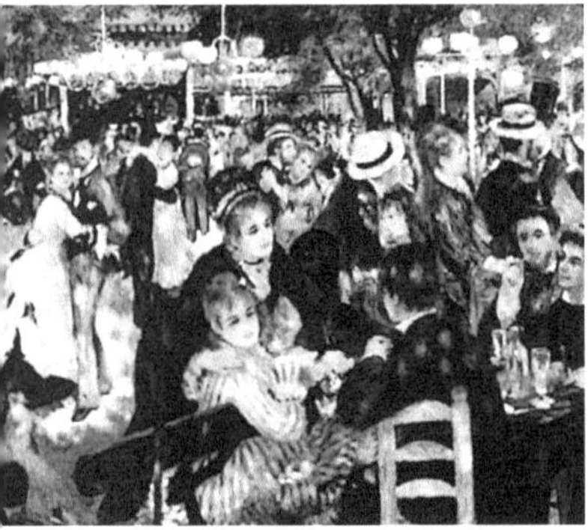

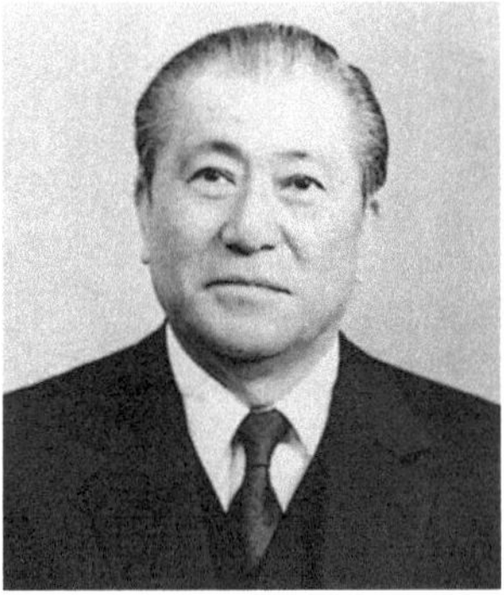

21

20

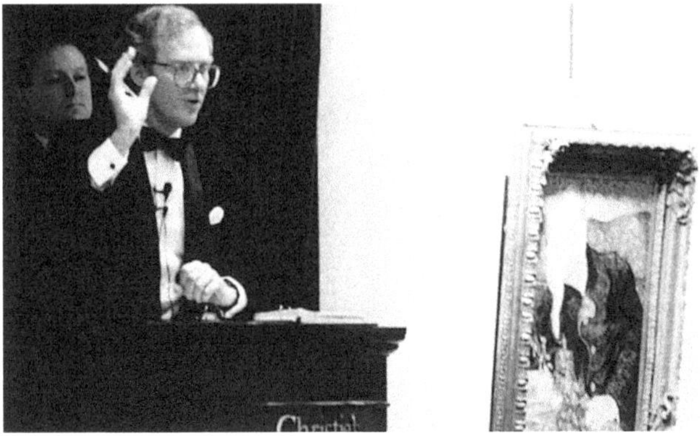

22

20 *Pierre-Auguste Renoir,* Au Moulin de la Galette, *1876. Im Januar 1990 gab Sotheby's bekannt, daß der Renoir im Mai in New York versteigert würde, und schätzte, daß das Gemälde einen Preis zwischen 40 und 50 Millionen Dollar erzielen könnte.*

21 *Ryoei Saito war der Käufer des* Bildnis des Dr. Gachet *bei Christie's. In derselben Woche kaufte der japanische Industrielle bei Sotheby's Renoirs* Au Moulin de la Galette *für 78 Millionen Dollar. Die nächsten sechs Jahre hielt er beide Meisterwerke des neunzehnten Jahrhunderts in einem Lagerhaus in Tokio unter Verschluß. Saito starb im März 1996.*

22 *Christopher Burge, Präsident von Christie's am 15. Mai 1990 in New York bei der Versteigerung des* Bildnis des Dr. Gachet. *Mit 82,5 Millionen Dollar wurde das Gemälde zum teuersten je öffentlich versteigerten Kunstwerk.*

Anhang

Danksagung

Einer Vielzahl von Menschen, die meine zahllosen Fragen beantworteten, Dokumente fanden und mich berieten, schulde ich Dank.

Marianne Feilchenfeldt nahm einen unangekündigten Telefonanruf entgegen, erzählte mir, woran sie sich noch erinnerte und vom Amsterdam der dreißiger Jahre. Sie hielt den Dialog über mehrere Jahre hinweg aufrecht, manches Mal in ihrer Küche in Zürich. Im Städel in Frankfurt ermutigte mich Margret Stuffmann, steuerte Ideen bei, sandte Kataloge und machte mich mit dem – inzwischen verstorbenen – Hermann J. Abs bekannt. Martin Sonnabend wies mich im Städel auf entscheidendes Archivmaterial hin und beantwortete meine Fragen zu Georg Swarzenski und anderen. Im Institute for Advanced Studies in Princeton ließ mich Peter Paret an seinem hervorragenden Wissen über deutsche Geschichte, besonders über Paul Cassirer und die Berliner Sezession, teilhaben. Bei Interviews in USA und Europa gab mir Walter Feilchenfeldt uneingeschränkt Informationen und gewährte mir Zugang zu den Archiven der Cassirer-Galerie. Von Mannheim und Zürich aus führte Roland Dorn eine transatlantische Untersuchung über van Gogh durch und las das Manuskript.

Für ihre Bereitschaft, mir bei der Verbesserung einiger Teile des Manuskripts großzügig Ratschläge zu geben, bin ich sehr dankbar: Paul Blustein, Laird Easton, Colin Eisler, James Grant, und besonders Emily Kernan Rafferty, Bogomila Welsh-Ovcharov sowie Jonathan Petropoulos, der mich auch auf Dokumente in Berliner Archiven hinwies. Besonderer Dank gebührt den Mitgliedern der Familie Kramarsky. Bernard Kramarsky, Sonja, Susan und Wynn Kramarsky haben mich freundlicherweise an Erinnerungen über ihre Eltern und Großeltern teilhaben lassen.

Eine Reihe anderer Menschen, darunter Beatrice von Bismarck, Timothy W. Guinnane und Markus Kersting, trugen in beträchtlichem Maße zur Untersuchung bei. Bei Christie's fand Christopher Burge wiederholt Zeit in seinem vollgepackten Terminkalender, um die Vergangenheit und Gegenwart des Kunstmarkts mit mir zu diskutieren. Susan Alyson Stein gab mir einen Ordner mit Zeitungsausschnitten über van Gogh. Lynn Nicholas schickte mir wesentliche Dokumente. Andrew McClellan gab wertvolle Informationen über den Kunsthandel in Frankreich. Wolfgang Swarzenski machte mich auf die Memoiren von Oswald Goetz aufmerksam. Aus Tokio beriet mich Kay Itoi zur Berichterstattung in Japan. In Auvers führte mich Lucien Vandenbroucke durch das Haus von Dr. Gachet. Bei der Vincent-van-Gogh-Stiftung in Amsterdam zeigte mir Han Veenenboss die Briefe von Ambroise Vollard. Bei den Untersuchungen über den Kunstmarkt war ich auf die Beobachtungen kenntnisreicher Vertreter angewiesen: Daniel Barr, Ernst Beyeler, Richard Feigen, Thomas Gibson, Hugh Hildesley, Jeffrey Hoffeld, Sandra Kasper, David Nash, Ikkan Sanada, Eric Stiebel, Gerald Stiebel, Eugene V. Thaw, David Tunick und besonders Michael Findlay. Zu Dank verpflichtet bin ich Louis van Tilborgh in den Niederlanden sowie Franje van der Waals (die mich zu ihrer Mutter fuhr), Christine van der Waals-Koenigs, Christine Koenigs und W. O. Koenigs, A. W. F. M. Meij, Manfred Sellink und Ester Wouthuysen; in Kopenhagen Birgitte Johannesson (für ihre umfangreiche Recherche), Thor A. Bak und besonders Jan Bredholt (der mich mit dem verstorbenen Bernt Hjejle bekannt machte und mich so zum ersten Besitzer des Gemäldes führte); in Frankfurt Herbert Beck, Direktor des Städelschen Kunstinstituts und der Städtischen Galerie, Heike Drummer, Andreas Hansert, Michael Lenarz, Konrad Schneider, Johannes Wachten und Hans-Joachim Ziemke. In Frankfurt gewährten mir Richard Kahn und Lois und Mark Wingerson freundlicherweise Unterkunft.

Für ihre Hilfe bedanke ich mich bei Susan Adams, Arthur Altschul, Doris Ammann, Stephanie Barron, William Baumol, Carolyn Boyle-Turner, Miriam Budner, Betty Buvelot, Sharon

Cott, Han van Crimpen, Steven Diamond, Anne Distel, Benita Eisler, James Fallows, Hanne Finsen, Yoshiko Fukushima, Tony Geyelin, George Goldner, Peter Greenberg, Anne Gruson, Gisela Helmkampf, Sachiko Hibiya, Daniel Hinckley, Ay-Whang Hsia, Dominique Janssens, Hideto Kobayashi, Samuel Josefowitz, Stephen Lash, Fritz Metzinger, Holger Möhlmann, Kasper Monrad, Toshihiro Nakayama, Richard Oldenburg, Martha Op de Coul, Margot Pehle, Ian Penna, Anne Poulet, Isabel und Laurance Roberts, Elaine Rosenberg, Mark Roskill, William Rubin, Bente Scavenius, Frank Schramm, Abigail Smith, John Tancock, Gary Tinterow, Litschan Volhard, Will Washburn, Heyden White, Barry Wigmore, Michael Wivel, Susan Woodland und Yolanda Vogelzang.

Mein Dank gilt auch den Mitarbeitern in folgenden Bibliotheken und Archiven: den Archiven des Boijmans Van Beuningen-Museums, Rotterdam; dem Deutschen Literaturarchiv in Marbach am Neckar; dem Geheimen Staatsarchiv Preußischer Kulturbesitz, Berlin; der Fine Arts Library, Harvard University; der Frick Art Reference Library; den Archiven des Harvard University Art Museum; der Hirschsprung-Sammlung, Kopenhagen; dem Institut für Stadtgeschichte, Frankfurt; den Archiven des Metropolitan Museum of Art und der Thomas J. Watson Reference Library; dem Museum of Modern Art, Abteilung für Registratur und Bibliothek; den National Archives, Washington, D.C.; der New York Society Library; der Royal Library, Copenhagen; dem Van-Gogh-Museum und der Vincent-van-Gogh-Stiftung, Amsterdam.

Vor allem danke ich Melanie Jackson für ihre Aufrichtigkeit, ihr Urteilsvermögen, ihre Effizienz und langanhaltende Unterstützung als beste Literaturagentin; und Carolyn Carlson bei Viking für ihr ausgezeichnetes Lektorat. Francesca Belanger, ebenfalls bei Viking, schuf das wundervolle Buchdesign, Gail Belenson den fabelhaften Umschlag. Alex Gigante beriet bei rechtlichen und historischen Fragen. Miranda Ottewell schrieb das Typoskript, und Kate Griggs begleitete es durch den gesamten Produktionsprozeß. Von Anfang an war Barbara Grossmans Enthusiasmus Triebfeder bei der Entstehung des

Buches; in jedem Stadium der Produktion war sie die ideale Lektorin.

Unter den Freunden, deren Rat und Schwung mich bei diesem Projekt ermutigten, waren Lyn und Ned Chase, Richard und Carolyn Culliton, Kate Ecker, Linda Feldman, Suzanne Freeman, Joan und Fred Gardiner, Laura Mayer, Susan Restler, Gail Winston, Charlotte Winton und besonders Jonathan und Susan Galassi. Auf vielerlei Art trugen Mitglieder meiner Familie, besonders Penelope Saltzman, zum Gelingen der Arbeit bei. Katherine Hinckley korrigierte und erweiterte die Übersetzungen aus dem Französischen und Elisabeth Motley bearbeitete die Anmerkungen. Meinen Söhnen Matthew und William Motley schulde ich für ihre anhaltend gute Laune während des Schreibprozesses Wiedergutmachung in nicht zu kalkulierendem Umfang und natürlich Warren Motley, der das alles möglich gemacht hat.

20. Oktober 1997

Abkürzungen

SKA	Archiv des Städelschen Kunstinstituts, Frankfurt am Main
GSTA PK	Geheimes Staatsarchiv Preußischer Kulturbesitz, Berlin
VGS	Van Gogh-Stiftung, Amsterdam
VGB	van Gogh Briefe: Vincent van Gogh, *Briefe an seinen Bruder*, hg. v. Johanna Gesina van Gogh-Bonger, Bd. 1-3, Frankfurt am Main 1988
VvGB	Vincent van Gogh, *Briefe an Bernard, Gauguin, Russell, Signac und andere*, hg. v. Dr. Hans Graber, Basel 1941
SB	*Sämtliche Briefe*, Bände 1-6, hg. v. Fritz Erpel in einer Neuübersetzung von Eva Schumann, Berlin, 1965
VgisB	*Van Gogh in seinen Briefen*, hg. v. Paul Nizon, Frankfurt am Main 1977
HGK	Harry Graf Kessler
JvGB	Johanna van Gogh-Bonger
PC	Paul Cassirer
TvG	Theo van Gogh
VvG	Vincent van Gogh
VWvG	Vincent Willem van Gogh

Anmerkungen

SEITE

9 Walter Benjamin, *Das Kunstwerk im Zeitalter seiner technischen Reproduzierbarkeit*, Frankfurt am Main 1996, erstmals veröffentlicht in: Zeitschrift für Sozialforschung, Jg. 5, 1936.

Prolog: Heiliges und Profanes

14 »ökonomischen Lebens«: Michael Baxandall, *Die Wirklichkeit der Bilder*: Malerei und Erfahrung im Italien der Renaissance; Frankfurt am Main 1999, S. 2.
»Ich arbeite an seinem Porträt«: *Sämtliche Briefe (SB)*, hg. v. Fritz Erpel, Berlin 1965, Bd. 4, T 638.

15 »Sein Gesicht hat den schmerzlichen Ausdruck«: van Gogh zu Gauguin, *SB*, G 643.

18 »Erscheinung«: *SB*, W 22.

1 *Van Gogh: Händler, Prediger und Maler*

23 »Van Gogh«: siehe Roland Dorn: »Van Gogh« in: Dorn, Leeman u.a., *Vincent Van Gogh and Early Modern Art 1890-1914* (Essen: Folkwang Museum, 1990); JvGB, *SB*, XV-LIII.
»noch die alte holländische Schule getan.« Nizon, Paul (Hg.), *Van Gogh in seinen Briefen*, Frankfurt am Main 1977, No. 418.
»eine ausgesprochen malerische Gegend«: *SB*, Bd. 4, No. 635.

24 »großen Maler«: G.-Albert Aurier: »Die Einzelgänger: Vincent van Gogh« aus *La Mercure de France* (Januar 1890), in: *SB*, Bd. 6, 89-94.
»Nachkomme der Alten Meister Hollands«: ebd., 89-94.
»Schwierigkeiten wie weggefegt«: *SB*, Bd. 4; T 500.
»wie früher in Holland«: *SB*, Bd. 4, T 512.

25 »keine Zinsen ein«: *SB*, Bd. 4: T 538a.
»monatliches Stipendium von 220 Francs«: Walter Feilchenfeldt, »Vincent van Gogh, His Collectors and Dealers« in: Dorn, Leeman u.a., *Early Modern Art,* 39; Paul Tucker, »The First Impressionist Exhibition« in: Charles S. Moffett u.a., *The New Painting* (San Francisco: Fine Arts Museum of San Francisco, 1986), 116 n.76.
»... meinerseits als einen Kauf betrachten darf«: *SB*, Bd. 2, T 364.

26 »Etwas Praktisches, was ich machen kann«: *SB*, Bd. 4, T 514.
»Goupil & Cie«: *SB*, Bd. 1, T 2.

27 »hatte Goupil einen Massenmarkt geschaffen«: Albert Boime, »Entrepreneurial Patronage in Nineteenth-Century France« in: Edward C. Carter II, Robert Forster und Joseph N. Moody (Hg.), *Enterprise and*

27 *Entrepreneurs in Nineteenth- and Twentieth-Century France* (Baltimore: Johns Hopkins Press, 1976), 167.
»Die Französische Akademie setzte Historienmalerei«: Patricia Mainardi, *The End of the Salon* (Cambridge: Cambridge University Press, 1993), 12-14.
»Andromache«: Gemälde von Georges Rochgrosse, siehe ebd., 104.

28 »Verhaftung der Charlotte Corday«: Gemälde von Alfred Dehodencq, siehe Robert Rosenblum, *Paintings in the Musée d'Orsay* (New York: Stewart, Tabori & Chang, 1989), 57.
»Zunahme von Genreszenen«: Henri Loyrette, »The Salon of 1859« in: Gary Tinterow und Henri Loyrette, *Origins of Impressionism* (New York: Metropolitan Museum of Art, 1995), 14.
»Melancholie, Eleganz und schwermütige Erhabenheit«: Jules Castagnary, zit. in: Loyrette, »1859«, in: Gary Tinterow und Henri Loyrette, *Origins of Impressionism,* 15.
»Fluß- und Meeresufer«: Robert Herbert, *Impressionism* (New Haven: Yale University Press, 1988), 304.
»Diese Erhabenheit, diese Poesie«: *SB*, Bd. 1, T 13.

29 »realer, existierender Dinge bestehen«: Gustave Courbet, »Letter to his Students«, 25. Dezember 1861, in: Linda Nochlin, *Realism and Tradition in Art, 1848-1900* (Englewood Cliffs, NJ.: Prentice Hall, 1966), 35.
»an der Place de l'Opéra 2«: Dorn, Interview.

30 »Motive aus der arbeitenden Bevölkerung«: Linda Nochlin, *The Politics of Vision: Essays on Nineteenth-Century Art and Society* (New York: Harper & Row, 1989), 105.

31 »jeder es gleich schön oder gut fände«: *SB*, Bd. 4, T 404.

2 *Paris, 1886-1887*

32 »Claude Monets Landschaft«: VvG zu H. M. Livens, *SB*, Bd. 5, 459a.

33 »einen Lichtrausch spüren«: Edmond Duranty, »The New Painting« in: Linda Nochlin (Hg.), *Impressionism and Postimpressionism, 1874-1904* (Englewood Cliffs, NJ.: Prentice Hall, 1966), 4-5.
»sei dem Staat zuträglich«: Daniel Sherman, *Worthy Monuments* (Cambridge: Harvard University Press, 1989), 17.
»die neue Malerei«: Duranty, *New Painting,* 3.
»Kaufhäusern und einer Einwohnerzahl von 1,8 Millionen Bürgern.«: David Thomson, *Europe since Napoleon*, 2. Aufl. (New York: Alfred A. Knopf, 1966), 245.

34 »in ihren Heimatländern unbekannt war.«: Kirk Varnedoe, »Nationalism, Internationalism, and the Progress of Scandinavian Art« in: Varnedoe, *Northern Light: Realism and Symbolism in Scandinavian Painting, 1880-1910* (New York: Brooklyn Museum, 1982), 15.
»ihre achte und letzte Ausstellung.«: Martha Ward, »The Eighth Exhibition: The Rhetoric of Independence and Innovation« in: Moffett, *New Painting*, 421-73.

34 »ägyptischen Formen«: Robert Herbert u.a., *Georges Seurat, 1859-1891* (New York: Metropolitan Museum of Art, 1991), 174.

35 »Neo-Impressionisten«: ebd., 3.
»Lichtstrahlen«: Félix Fénéon, »The Impressionists in 1886« in: Nochlin, *Impressionism*, 109.
»eine gewaltige Gedankentätigkeit entwickelt«: Julien Leclercq, »Vincent's Paintings at the Bernheim Jeune Gallery (1901)« in: Bogomila Welsh-Ovcharov, *Van Gogh in Perspective* (Englewood Cliffs, NJ.: Prentice Hall, 1974), 70; *SB*, Bd. 6, 307.

36 »der die Lehre formuliert.«: *SB*, 539.
»die öde Vorortlandschaft«: J. Clark, *The Painting of Modern Lift: Paris in the Art of Manet and His Followers* (Princeton, NJ.: Princeton University Press, 1986), 23-30.
»vierundzwanzig Selbstporträts und neunzig Stilleben«: Pickvance, *Arles*, 34-35.
»so unpraktisch er auch sein mag.«: TvG an seine Schwester, Paris 1886-1887, *SB*, Bd. 1, Einleitung, XXXVIII; TvG, zit. in: John Rewald, *Von van Gogh bis Gauguin: Die Geschichte des Nachimpressionismus*, Köln 1987, 29.
»gestatteten Theo ... zu fördern.«: Dorn, Interview. Siehe: John Rewald, »Theo van Gogh as Art Dealer« in: Rewald, *Studies in Postimpressionism*, Irene Gordon und Frances Weitzenhoffer (Hg.) (New York: Harry N. Abrams, 1986), 7-11.

37 »Gemälde von Pissarro«: ebd., 10.
»vierzehn Bilder von Monet.«: ebd., 15, 20.
»an einem Cabanel-Porträt«: ebd., 20.
»Hôtel Drouot, in dem alle ... Versteigerungen stattfanden«: ebd., 14.

38 »durchschnittliche tägliche Besucherzahl«: Tucker, *Impressionist Exhibition*, 106.
»kamen 16000«: Ronald Pickvance, »Contemporary Popularity and Posthumous Neglect« in: Moffett u.a., *New Painting*, 260.
»mehrere Künstlergruppen und Malervereinigungen im Paris«: Martha Ward, »Impressionist Installations and Private Exhibitions«, *Art Bulletin* 73, No. 4 (1991): 605.
»durchschnittlich 2000 Gemälde«: Mainardi, *End of the Salon*, 47.
»angenommener wie abgelehnter Werke«: Henri Loyrette, »1859«, in: Gary Tinterow und Henri Loyrette, *Origins of Impressionism*, 4.
»die Aufmerksamkeit von Kritikern und Händlern«: ebd., 17-47.
»Paul Durand-Ruel«: Durand-Ruels Biographie siehe: Anne Distel, *Impressionism: The First Collectors*, trans. Barbara Perroud-Benson, (New York: Harry N. Abrams, 1990), 21-31; Robert Jensen, *Marketing Modernism in Fin-de-Siècle Europe* (Princeton, NJ.: Princeton University Press, 1994); und Harrison C. White und Cynthia White, *Canvases and Careers: Institutional Change in the French Painting World* (New York: John Wiley & Sons, 1965), 99, 124-129.
»dem Claude Monet Bilder abgenommen«: *SB*, Bd. 4, 535

38 »hatte der Händler 70000 Francs«: Tucker, *Impressionist Exhibition*, 106.

39 »will sie Sammlern bekannt machen«: Durand-Ruel, Brief in *L'Evenement*, 5. November 1885, in: Distel, *First Collectors*, 23.
»Industriemagnaten und Bankiers«: Jensen, *Marketing Modernism*, 33.
»Théodore Rousseau«: ebd., 53. »In seinem ersten gewagten Coup kaufte Durand-Ruel fast die gesamte Produktion mehrerer Barbizon-Maler auf.« ebd., 99.
»verdoppelte die 20000 Francs«: Brief von Sensier an Millet, 30. April und 12. Juli 1872, in: Jensen, *Marketing Modernism*, 289 n. 13.
»die Bandbreite ihrer Arbeit«: White, *Canvases and Careers*, 98.

40 »aufs Geratewohl bestückten Salon«: Mainardi, *End of the Salon*, 136-138; siehe auch: Ward, *Impressionist Installations*, 599-622.
»wahrhaft privater und intimer Raum«: E. Bergerat, »Chronique parisien«, Gil Blas, 17. Mai 1891, zit. in: Ward, *Impressionist Installations*, 618.
»um seine Profite zu verdoppeln«: Katherine Cassatt zu Alexander Cassatt, 25. Mai 1881, in: Nancy Mowll Mathews (Hg.), *Cassatt and Her Circle: Selected Letters* (New York: Abbeville Press, Cross River Press, 1984), 162-163. Archive of American Art, Carl Zigrosser Collection, C6, Philadelphia Museum of Art Archives.

41 »als unsere französischen Sammler«: Frances Weitzenhoffer, *The Havemeyers: Impressionism Comes to America* (New York: Harry N. Abrams, 1986), 41-42.
»als brillanter Schachzug«: Boime, *Entrepreneurial Patronage*, 169.
»die Unabhängigkeit der Künstler unterstrich«: Ward, *Eighth Exhibition*, 423.

3 Arles, 1888-1889

43 »um eine gemeinsame Idee auszuführen«: VvGB, No. 6, 27.
»wie die Japaner empfinden und zeichnen«: *SB*, Bd. 4, No. 605.
»ist die Note, die ich malen möchte«: Paul Gauguin an Emil Schuffenecker, Ende Februar oder Anfang März 1888, zit. in: Claire Frèches-Thory: »Brittany, 1886-1890« in: Richard Brettell u.a., *The Art of Paul Gauguin* (Washington, D.C.: National Gallery of Art, 1988), 55.

44 »Farbstudien«: *SB*, Bd. 5, No. 501a.
»noch aus der Natur herausschälen.«: VvGB, No. 19, Oktober 1888, 86.
»Kampf und Antithese«: *SB*, Bd. 4, No. 533 (8. September 1888).

45 »Unordnung und Gleichgültigkeit ist«: Edmond Duranty, »La nouvelle peinture« (Paris: E. Dentu, 1876), zit. in: Loyrette: »Portraits and Figures« in: Gary Tinterow und Henri Loyrette, *Origins of Impressionism*, 229.
»sokratischen Typ«: VvGB an Bernard, No. 14, August 1888, 70.
»fürchterlichen Republikaner, wie der Père Tanguy«: *SB*, Bd. 4, No. 520.

45 »eigenmächtiger Kolorist«: ebd.
»Raubtier...«: VvGB an Bernard, No. 15, 72.

46 »gibt nur wenig Hoffnung«: Theo van Gogh an Johanna van Gogh, zit. in: *VGB*, Bd. 1, Vorwort, 60.
»... Verrückter ... Gefahr für die Öffentlichkeit ... besonderen Asyl«: aus einem Polizeibericht im März 1889, zit. in: Pickvance, *Arles*, 240.

4 *Saint-Rémy, 8. Mai 1889 - 16. Mai 1890*

47 »Zittern und Schwingen unserer Farben«: *SB*, Bd. 4, No. 531.
»sich das rechte Ohr abzuschneiden«: Eintrag von Théophile-Zacharie-Auguste Peyron vom 9. Mai 1889 in das Krankenregister des Asyls, zit. in: Pickvance, *Saint Rémy*, 26.
»epileptischer Art«: *SB*, Bd. 5, No. W 15.
»vor so einem Anfall hatte«: *SB*, Bd. 4, No. 592 (25. Mai 1889).

48 »Wasser zu kalt findet«: VgisB, No. 605 (ca. 7. September 1889).
»Philippe Pinel«: Über Pinels »moralische Behandlung« siehe: Jan Goldstein, *Console and Classify: The French Psychiatric Profession in the Nineteenth Century*, (Cambridge: Cambridge University Press, 1987), 64-89.
»Vertrauen zu gewinnen«: Philippe Pinel, zit. in: ebd., 85.
»über einhundertfünfzig Berichte veröffentlicht«: Elmyra van Dooren, »Illness and Creativity« in: Tsukasa Kodera und Yvette Rosenberg (Hg.), *The Mythology of Vincent van Gogh*, (Philadelphia: John Benjamins, 1993), 341-344. (siehe auch: Jan Hulsker, »The Borinage Episode« in: Kodera and Rosenberg, *Mythology*, 323).

49 »mehreren Krankheiten«: Pickvance, *Saint-Rémy*, 15.
»Leide an Schwermut«: »und manchmal habe ich furchtbare Gewissensbisse und Schwermutsanfälle«, schrieb van Gogh (*SB*, Bd. 5, W 11, 29. April 1889); »Jetzt ist dieses Grauen vor dem Leben schon weniger ausgeprägt und die Schwermut nicht mehr so qualvoll«: *SB*, Bd. 4, No. 592, 25 Mai 1889).
»etwas verdorbenen Nahrungsmitteln«: *SB*, Bd. 4, Anhang zu No. 605 (10. September 1889).

50 »mit Gold besticktes Stück Stoff, prachtvoll«: *SB*, Bd. 5, No. T 12 (16.7.1889).
»Manifest von Jean Moréas«: Jean Moréas, »Le Symbolisme«, Literaturbeilage, Le *Figaro*, 18. September 1886, in Henri Dorra, *Symbolist Art Theories* (Berkeley: University of California Press, 1994),150-152.
»im selben schrecklichen Unbekannten«: G.-Albert Aurier: »The Symbolist Painters« trans. H. R. Rookmaaker, zit. in Herschel Chipp, *Theories of Modern Art* (Berkeley and Los Angeles: University of California Press, 1968), 93.

51 »die Wissenschaft davonzujagen«: G.-Albert Aurier, »Essay on a New Method of Criticism, 1890-1893«, in Chipp, *Theories*, 87.

51 »geheimnisvolle Zentren des Denken«: Paul Gauguin, »Diverses Choses, 1896-1897«, in: Chipp, *Theories*, 65.
»Einhüllen der Ideen ...«: Moréas, »Symbolisme«, 151.
»fast immer Symbolist«: Aurier: »Die Einzelgänger«, *SB*, Bd. 6, 92.
»profunde, komplexe Kunst«: Aurier, ebd., 92.
»spiegelnd, schimmernd, feenhaft«: ebd., 90.
»der von Ideen und Träumen lebt«: ebd., 93.

52 »Begriff ›Symbolismus‹«: John Rewald: *Von van Gogh bis Gauguin: Die Geschichte des Nachimpressionismus*, Köln 1987, 133-166.
»des Herrn Meissonier ...«: Aurier, »Die Einzelgänger« in: *SB*, Bd. 6, 94.
»von Ernest Meissonier«: Rewald, *Theo van Gogh*, 21.
»wahrhafte Künstler sind«: Aurier, »Die Einzelgänger« in: *SB*, Bd. 6, 94.
»daß er sich lächerlich macht«: VvGB an Auriers, Februar 1890, 137.

53 »schnell gesund werden«: *SB*, Bd. 4, No. 630.
»Impressionisten in Verbindung gestanden habe«: *SB*, Bd. 6, No. T 18.
»dich heilen würde«: *SB*, Bd. 6, No. T 31 (29. März 1890).
»zwei letzten Monate«: *SB*, Bd. 4, No. 629.
»mit Gewalt in eine Anstalt geschleppt wird«: *SB*, Bd. 4, No. 609.
»Glanzpunkte der Ausstellung«: *SB*, Bd. 6, No. T 29 (19. März 1890).
»der einzige, der denkt«: Gauguin an VvG, in: *SB*, Bd. 6, 62 (April 1890).

54 »Roter Weinberg«: Feilchenfeldt, *Van Gogh*, 40.
»kuriert«: Pickvance, *Saint Rémy*, 73.

5 Auvers: Paul-Ferdinand Gachet, 1890

55 »an das, was ich hatte, denken.«: *SB*, Bd. 4, No. 635 (21. Mai 1890).
»dem Kreis um Gustave Courbet«: John Rewald, *Von van Gogh bis Gauguin: Die Geschichte des Nachimpressionismus*, Köln 1987, 264.

56 »Jean-Martin Charcot«: Charcots Bekanntheitsgrad half dabei, die Idee des Unterbewußtseins in die Schulmedizin einzuführen. (Debora L. Silverman, *Art Nouveau Fin-de-Siècle France* [Berkeley and Los Angeles: University of California Press, 1989], 83-106.) Siehe auch: Goldstein: *Console and Classify*, 327-345.
»studierte bei Jean-Pierre Falret«: Paul Gachet, *Deux Amis des Impressionnistes: Le Docteur Gachet et Paul Murer* (Paris: Editions des Musees Nationaux, 1956), 32. Für Falret siehe auch: Goldstein, *Console and Classify*, 385-386.
»Untersuchungen über die Melancholie«: Paul-Ferdinand Gachet, *Mélancolie*, 70.
»die großen Künstler«: Paul-Ferdinand Gachet, *Etude sur la mélancolie* (Montpellier: Imprimeur de l'Academie, Editeur de Montpellier Medical, 1858), 45.

56 »opiumrauchende Chinesen«: ebd., 35.
»Epoche von zahlreichen Selbstmorden gekennzeichnet.«: ebd., IX-X.
57 »Aussichten auf Heilung waren gering«: Goldstein beobachtet: »So häufig brachten Zeitgenossen vor, daß Charcot viel mehr damit beschäftigt war, die Krankheiten seiner Patienten zu benennen, als sie zu behandeln, daß seine Studenten in den nach seinem Tode im Jahre 1839 erscheinenden Gedenk-Aufsätzen regelmäßig darauf eingingen.« in: Goldstein, *Console and Classify*, 380.
»Elixier des Dr. Gachet«: Paul Alexis, »Auvers-sur-Oise«, Le Cri du peuple, 15 August 1887, zit. in: Pickvance, *Saint-Rémy*, 195.
»mit Safran gefärbt«: John Rewald, *Von van Gogh bis Gauguin: Die Geschichte des Nachimpressionismus*, Köln 1987, 265
»wütender Republikaner ...«: ebd., 263.
»Werkstatt eines mittelalterlichen Alchimisten«: JvGB, *Memoir*, LI.
58 »Linderung herbeizuführen«: *SB*, Bd. 4, 637.
»körperlich und auch mental.«: *SB*, Bd. 4, 638.
»es gehe sehr gut«: *SB*, Bd. 4, 638.
»als wäre nichts mit mir los.«: *SB*, Bd. 5, Anmerkung zu W 21.
»Kommen mir die Tage wie Wochen vor.«: *SB*, Bd. 4, 636.
»fallen da nicht alle beide in den Graben?«: *SB*, Bd. 4, 648.
»zeichnete auf Metall«: Theo van Gogh an Vincent (23. Juni 1890) *SB*, Bd. 6, No. T 38. Laut Roland Dorn ist der genaue Zeitpunkt, zu dem van Gogh diese Radierung anfertigte, nicht feststellbar. Siehe Dorn, Leeman u.a., *Early Modern Art*, 176.

6 *Das Bildnis des Dr. Gachet*

59 »müßte man viele Porträts malen«: *SB*, Bd. 5, No. W 23 (11. oder 12. Juni 1890).
»Gedanke, Gachets Porträt zu malen«: siehe Welsh-Ovcharov, *Cloisonism*, 163-166; Evert van Uitert, »Vincent van Gogh and Paul Gauguin in Competition«, *Simiolus* 2, No. 2 (1980), 87-102.
»blitzschnell zu malen«: *SB*, Bd. 2, No. 223.
»in einer einzigen halben Stunde ...«: *SB*, Bd. 4, No. 507.
»die Malerei der Zukunft«: *SB*, Bd. 5, No. B 19a.
60 »etwas aus dem Ewigen«: *SB*, Bd. 4, No 531.
»durch das einfache Mittel des Porträts ...«: *SB*, Bd. 5, No. B 13.
»ihre Familien und Freunde«: siehe »Portraits and Figures« in: Tinterow and Loyrette, *Origins*, 183-231.
61 »Albrecht Dürer«: siehe: Erwin Panofsky, *The Life and Art of Albrecht Dürer* (Princeton, NJ.: Princeton University Press, 1943), 156-171. Van Gogh wurde durch einen Druck von Charles Méryon an Dürer erinnert: »Folgendes: Méryon, auch wenn er Ziegel, Granit, Eisenstangen oder Brückengeländer zeichnet, legt in seine Radierung etwas von der durch inneres Erleben erschütterten Menschenseele hinein. Ich habe Zeichnungen gotischer Architektur von Victor Hugo

61 gesehen. Ohne daß er die kraftvolle, meisterhafte Art Méryons hatte, war da etwas vom selben Gefühl. Was ist dieses Gefühl? Es hat einige Verwandtschaft mit dem, was Albrecht Dürer in seiner ›Melancholie‹ zum Ausdruck gebracht hat ...« (*SB*, No. 136).
Junge mit Totenschädel und *Die Raucher*: Theodore Reif, »Painting and Theory in the Final Decade« in: William Rubin (Hg.), *Cézanne: The Late Work* (New York: Museum of Modern Art, 1977), 18.
Tasso im Gefängnis: Welsh-Ovcharov, *Cloisonism*, 163. Er bezieht sich verschiedentlich auf das Tasso-Porträt (*SB*, Bd. 4, No. 546).
»der Seele des Modells«: *SB*, Bd. 4, No. 531.
»Ein Greis, der einen gelben Roman liest«: *SB*, Bd. 4, No. 617; siehe auch: Aimée Brown Price, »Two Portraits by Vincent van Gogh and Two Portraits by Pierre Puvis de Chavannes« in: *Burlington Magazine*, November 1975, 718.
62 »trotz seiner unvermeidlichen Traurigkeit«: *SB*, Bd. 4, No. 617.
»Jules und Edmond de Goncourt«: Siehe Silverman, *Art Nouveau*, 17-39.
»ebenso krank und nervös ... wie du und ich«: *SB*, Bd. 4, No. 638.
»Fotografien von Irren als Diagnosemittel«: Goldstein, *Console and Classify*, 154. Etienne-Jean Georget beauftragte Theodore Géricault, zehn Bilder von Monomanen zu malen, die der Künstler zwischen 1821 und 1824 fertigstellte. Goldstein fügt hinzu: »... das Interesse der frühen Psychiater an der Physiognomie des Irrsinns ... – Georgets gleichzeitig erteilter Auftrag an den Maler Géricault, Monomanen abzubilden – wurde unter der Ägide Charcots, und mit Hilfe der neuen Kameratechnik, zu einem gigantischen und oft grotesken Archiv der Ikonographie der Nervenleiden« (ebd., 380). Gachet selbst fertigte Skizzen des Künstlers Charles Méryon an, der in Charenton interniert war.
63 »daß ich nicht Arzt bin«: *SB*, Bd. 4, No. 560.
»warum dann nicht auch wir!«: *SB*, Bd. 3, No. 442.
64 »Schwermut und Pessimismus«: *SB*, Bd. 5, No. W 1.
»immer fast ans Krankhafte streifend«: Aurier, »Die Einzelgänger« in: *SB*, Bd. 6, 92. Sechs Jahre später schrieb Emile Zola: »Die Gesellschaft wird endlos gequält von einer nervösen Reizbarkeit. Wir haben Fortschritt, Industrie und Wissenschaft satt.«, zit. in: Silverman, *Art Nouveau*, 7.
»und harmonischen Gegensätze«: *SB*, Bd. 5, No. W 20.
»male ich das Unendliche«: *SB*, Bd. 4, No. 520.
»Gegenständlichkeit und Abstraktion«: »Die Abbildung ist realistisch und symbolistisch zugleich, ohne jeden Konflikt zwischen den beiden Herangehensweisen.« (Welsh-Ovcharov, *Cloisonism*, 163).
65 »erfühlte Stimmung des Dargestellten erfassen«: Meyer Schapiro, *Vincent van Gogh*, Köln 1988, 116.
»mit Farbe bedeckte Fläche ist«: Maurice Denis, »Definition of Neo-traditionalism« (1890) in: Chipp, *Theories*, 94.
66 »ein helles Lila«: *SB*, Bd. 5, No. W 22.

66 »Christus auf dem Ölberg«: *SB*, Bd. 5, No. P 643.
»Angsttraum eines Christus am Ölberg«: *SB*, Bd. 5, No. B 21 (20. November 1889).
»den historischen Garten Gethsemane«: ebd.
»kann ich Ihnen folgen.«: *SB*, Bd. 5, No. 643.
»die Unsicherheit unserer Existenz zu spüren.«: *SB*, Bd. 4, No. 649, (um den 10. Juli 1890).
67 »Maler, die ich sehr geliebt und bewundert habe.«: *SB*, Bd. 4, No. 651.
»Er hat sich selbst verwundet«: Gachet zu Theo van Gogh, 27. Juli 1890, in : JvGB, *Memoir*, LIII.

7 *Paris: Theo van Gogh, 1891*

71 »sie regen die Leute sehr auf«: *SB*, Bd. 6, T 4 (16. März 1889).
»nach dem Original gemalt worden war«: Roland Dorn, Interview, 1996.
»als Entgelt für seine Auslagen … ein Selbstporträt«: Julius Meier-Graefe, *Entwicklungsgeschichte der Modernen Kunst* (Stuttgart 1904), 119-120, behauptet, daß Gachet mindestens neunundzwanzig van Gogh-Gemälde hatte, siehe auch: Feilchenfeldt, *Van Gogh*, 43.
»war so ganz mein Bruder«: TvG zu Anna van Gogh, in: *SB*, Vorwort, LIII.
72 »500 Gemälde«: Roland Dorn, Interview, 1996.
»Ein großer Künstler ist tot«: Eugène Guillaume Boch zu TvG (4. August 1890), b1016 V/1962, zit in: Ronald Pickvance, *A Great Artist is Dead: Letters of Condolence on Vincent van Gogh's Death*, hg. v. Sjraar van Heugten und Fieke Pabst, übers. v. Yvette Rosenberg, Ronald Pickvance und Donald Gardner (Zwolle, the Netherlands: Waanders, 1992), 137.
»von der jüngeren Generation schmerzlich empfunden werden«: Camille Pissarro zu TvG (30. Juli 1890), b818 V/1962, zit. in: ebd., 109.
»welch ein Freund er mir gewesen ist«: Henri de Toulouse-Lautrec zu TvG (31. Juli 1890), VGS b1276 V/1962, zit. in: ebd., 114.
»die Zeiten ändern sich vielleicht sehr schnell«: *SB*, Bd. 6, T 9 (Paris 21. Mai 1989).
»in seiner Galerie abhalten würde«: TvG zu Gachet, 12. August 1890, zit. in: Pickvance, *Great Artist*, 142.
»ihre Liebhaber finden«: *SB*, Bd. 4, No. 638.
73 »bei dieser Aufgabe helfen?«: TvG zu Emile Bernard, 18. September 1890, zit. in: John Rewald, *Von van Gogh bis Gauguin: Die Geschichte des Nachimpressionismus*, Köln 1987, 279.
»handgeschriebene Liste diente als Katalog«: Andries Bonger, *Catalogue des Œuvres de Vincent van Gogh* (handschriftlich), VGS (1891), b 3055 V/1982.

73 »der Gruppe XX in Brüssel«: Paul Signac bot Octave Maus seine Hilfe bei der Ausstellung an und teilte ihm mit, daß sich »bei Tanguy annähernd einhundert Gemälde befinden«. zit. in: John Rewald, *Von van Gogh bis Gauguin: Die Geschichte des Nachimpressionismus*, Köln 1987, 280.
»strahlen die Bilder des kürzlich verstorbenen van Gogh hell«: Octave Mirbeau, »Style as Affirmation of a Personality«, in: Welsh-Ovcharov, *Van Gogh in Perspective*, 65.
»von Händlern und Jurys verspottet«: G.-Albert Aurier, »Choses d'art« in: *Mercure de France*, Februar 1892, zit. in: Rewald, *Von van Gogh bis Gauguin*, 332.
74 »Nierenerkrankung ›rétention d'urine‹«: Camille Pissarro zu Lucien Pissarro (18.10.1890) und Anmerkung 2: ... Harnstein, in: Camille Pissarro, *Briefe an seinen Sohn Lucien*, Zürich 1953, 156.
»starb Theo«: siehe auch: Hulsker, *Borinage Episode*, 323 n. 10.

8 *Amsterdam: Johanna van Gogh-Bonger, 1891-1896*

75 Johanna van Gogh-Bonger: siehe Han van Crimpen, »Johanna van Gogh: A Legacy, a Mission« in: Kodera und Rosenberg, *Mythology*, 335-375.
»ich ihn darin wiederfinden würde«: JvGB zu einem Freund, VWvG, *Memoir*, XV.
»aber sie dachte nicht daran«: ebd., LX.
76 »einsam und verlassen«: Tagebucheintrag von JvGB, 15. November 1891, in: ebd., LXI.
77 »bei einem kleinen Kramhändler«: G.-Albert Aurier zu seiner Schwester, März 1891, zit. in: John Rewald, *Von van Gogh bis Gauguin: Die Geschichte des Nachimpressionismus*, Köln 1987, 281.
»zwanzig bei Oldenzeel in Rotterdam«: Tagebucheintrag von JvGB, 24. Februar 1892, in: VWVG, *Memoir*, LXI-LXII.
»Welch ein Triumph«: Tagebucheintrag von JvGB, 3. März 1892, in: VWvG, *Memoir*, LXII.
78 »an Zahl zunehmen«: JvGB, *SB*, Vorwort, XIII.
»Briefe irgendwie zusammenpaßten«: ebd.
»in Holland und auch in Deutschland«: VvG, *Briefe an seinen Bruder*, übers. v. L. Klein-Diepold und C. Einstein (Berlin: Paul Cassirer, 1914).
»schlechte Gesundheit ... zerbrochen hat«: JvGB, *Memoir*, LIII.
79 »Schuld und Mitgefühl«: Pickvance, *Great Artist*, 15.
»Einfachheit und Ernsthaftigkeit«: JvGB, *Memoir*, LI.
»zweite Version des Gachet-Porträts«: siehe auch: J. B. de la Faille, *The Works of Vincent van Gogh: His Paintings and Drawings* (Amsterdam: Meulenhoff International, 1970), F754. In »Addenda« schrieb Jan Hulsker: »Van Goghs Briefe enthalten keinen einzigen Hinweis darauf, daß er jemals eine zweite Version des Porträts gemalt hat,

79 noch, daß er Gachet eine gab.« (Jan Hulsker, *The New Complete van Gogh* [Philadelphia: J. M. Meulenhoff/John Benjamins, 1996], 460). Über ein anderes Gemälde der Sammlung Gachet, eine Studie von Kühen (nach einer Radierung von Gachet, eine Kopie nach Jacob Jordaens), schrieb Susan Alyson Stein: »Es ist immer möglich, daß das Gemälde nach van Goghs Tod von Gachet vervollständigt oder überarbeitet wurde, doch diese Behauptung kann ohne sorgfältige technische Untersuchung des Gemäldes nicht ernsthaft aufgestellt werden.« (*Masterpieces from the Musée des Beaux-Arts, Lille* [New York: Metropolitan Museum of Art, 1993], 177).

»des tragischen Mythos«: Van-Gogh-Legende siehe: Carol Zemel, *The Formation of a Legend* (Ann Arbor, Mich.: UMI Research Press, 1980); und Nathalie Heinich, *The Glory of van Gogh,* trans. Paul Leduc Browne (Princeton, NJ.: Princeton University Press, 1996).

80 »herrliche Flamme des Genies erloschen ist«; »unbeachtet und unberühmt im unrechten Leben gelebt hat«: Octave Mirbeau, »Vincent van Gogh« in: *L'Echo de Paris,* 31. März 1891, zit. in: *SB*, Bd. 6, 102-103.

»der an dieses Genie glaubt«: A. C. Loffelt, »Vincent van Gogh« in: *Het Vaderland,* 18. Mai 1892, zit. in: Zemel, *Legend,* 21.

»traurigen Dramas seines Lebens«: Richard Roland-Holst in: *De Amsterdammer,* 21. Februar 1892, zit. in: Zemel, *Legend*, 25.

»Vincent zu einem Gott macht«: Roland-Holst zu Jan Toorop, in: ebd., 25. »Jan Hulsker bemerkt, daß Johannas lobender und informativer Aufsatz mit Vorsicht gelesen werden sollte.« (Hulsker, *Borinage Episode*, 309).

9 *Kopenhagen: Die Dänische Sezession, 1893*

82 »den Bildern von van Gogh«: Johan Rohde, »Journal fra en Rejse i 1892«, Juni 1892, zit. in: Stein, *Van Gogh,* 291.

»in Dänemark aufgehen zu sehen«: Emil Hannover, »Den frei Udstillings Folle« in: *Politiken*, 26. März 1893. Dänische Übersetzung von Birgitte Johannesson.

»Freie Ausstellung«: siehe Merete Bodelsen, *Gauguin og van Gogh i Kobenhavn in 1893* (Gauguin und van Gogh in Kopenhagen 1893) (Copenhagen: Ordrupgaard, 1984), 31-42; Håkan Larsson, Flames from the South, Diplomarbeit, Jan-Gunnar Sjölin's Seminar, 1993.

»europäischen Wegbereiter«: Rohde, *Journal*, 291.

»10 bis 20 Stücke«: Rohde zu JvGB, unveröffentlichter Brief, zit. in: Bodelsen, *Gauguin and van Gogh,* 24.

83 »Dänemark verkümmert die Kunst«: Armand Dayot zit. in: Emily Braun, »Scandinavian Painting and the French Critics« in: Varnedoe, *Northern Light, 67.*

84 »1892 in München ...«: Peter Paret, *Berliner Secession: Moderne Kunst und ihre Feinde im kaiserlichen Deutschland*, Berlin 1981, 47.

84 »wirtschaftliche Bedingungen ihres Berufsstandes«: ebd., 48f.

85 »Erbe der Romantiker des Nordens«: Robert Rosenblum, *Die moderne Malerei und die Tradition der Romantik*, München 1982, 95-106.

86 »in ihren Werken wieder vereint zu sehen«: JvGB zu Johan Rohde, 12. April 1893, zit. in: Bodelsen, *Gauguin and van Gogh*, 19.
»ausländische Kunst«: George Seligmann zu Rohde, unveröffentlichter, undatierter Brief aus der Sammlung Johan Rohdes, Royal Library, Kopenhagen.
»seine besten. Einzigartig, ausgezeichnet«: Seligmann zu Rohde, unveröffentlichter, undatierter Brief aus der Sammlung Johan Rohdes, Royal Library, Kopenhagen.

87 »außergewöhnlich guter Maler«: Seligmann, zit. in: Kirsten Olesen, »From Amsterdam to Copenhagen« in: Bodelsen, *Gauguin and van Gogh*, 30.
»Tod des Ehemannes im Haus zurückgelassen hat«: ebd., 29.
»lärmendem Enthusiasmus«: *Dannebrog*, 26. März 1893, zit. in: ebd., 30.
»füllte seine Seele, bis sie nahezu am Bersten ist«: Johannes Jørgensen, *Politiken*, 16. April 1893, zit. in: Olesen, *From Amsterdam*, 30.

88 »Wahnsinn und zum Selbstmord trieb«: Kritiker mit dem Pseudonym »Pincenez« im *Social-Demokraten*, 25. Mai 1893, zit. in: ebd., 30.
»Erschöpfung und Resignation«: »Den ›fri‹ Kunst«, Aalborg Stiftstidende, 29. April 1893, zit. in: Larsson, *Flames*, 95.
»zwischen 700 und 800 Francs das Stück«: ebd., 26.
»Olympia von Tahiti«: Thadée Natanson, »Expositions: Œuvres recentes de Paul Gauguin«, in: *La Revue blanche* 5, No. 26 (1893), zit. in: Brettell u.a., *Gauguin*, 282.
»Summe von 200 Francs«: siehe Larsson, *Flames*, 107; Bodelsen, *Gauguin and van Gogh*, 107-109. *Blick auf Arles von Montmajour* (F1452) wurde von Hans Christian Christensen erworben.
»stand nicht zum Verkauf«: Bodelsen, *Gauguin and van Gogh*, 31-42. Da sich neben dem Titel des Gemäldes »Portret af Dr. Gachet« kein Punkt befand ist anzunehmen, daß es unverkäuflich war.

10 Paris: Ambroise Vollard, 1897

89 »Bildnis des Dr. Gachet«: Ambroise Vollard (AV) zu JvGB, unveröffentlichter Brief, VGS 3. Februar 1897, 5b1373/1962. Katherine Motley Hinckley danke ich für die Übersetzung der Briefe Vollards. Vollard, siehe John Rewald, »Paul Gauguin-Letters to Ambroise Vollard and André Fontainas« in: Rewald, *Studies*, 168-214.
»schnitt Johannas wirtschaftliche Verbindungen zum Pariser Kunstmarkt ab«: John Rewald, »The Posthumous Fate of Vincent van Gogh, 1890-1970« in: Rewald, *Studies*, 247.
»Vergessen, Schweigen«: Paul Signac in seinem Tagebuch, 15. Septem-

89 ber 1894-95, zit. in: John Rewald, *Von van Gogh bis Gauguin: Die Geschichte des Nachimpressionismus*, Köln 1987, 290.
»für 800 und 1000 Francs«: JvGB zu Durand-Ruel, 21. April 1894, zit. in: Rewald, *Posthumous Fate*, 246.

90 »550 Francs für drei Gemälde«: Durand-Ruel an JvGB, 21. Mai 1894, in ebd., 246.
»nicht ein einziges Gemälde verkauft«: Durand-Ruel an JvGB, November 1894, ebd., 247.
»in die Räume von Oldenzeel ging«: Es gibt zwei kleine Kataloge: Vincent van Gogh, Groningen: 21.-26. Februar 1896, No. 64; und Kunstzalen Oldenzeel, Tentoonstelling der Werken Vincent van Gogh (Rotterdam: 1896), No. 8. »Portret van Dr. Gachet«. Oldenzeel zeigte über 50 Gemälde und 26 Aquarelle und Zeichnungen.

91 »Stammhaus Goupil und der Oper«: 1861 gab es in Paris schätzungsweise 104 Kunsthändler, auf der rechten Seite der Seine, nahe des Louvre und der Oper (White and White, *Canvases and Careers,* 97.)
»die gerne herumstöbern«: Camille Pissarro, *Briefe an seinen Sohn Lucien*, Zürich 1953, 267.
»auf die anderen pfeift er«: ebd., 339.
Förderer der vernachlässigten Genies«: Jensen, *Marketing Modernism,* 54.

92 »mehr als 300000 Francs wert«: Ambroise Vollard, *Erinnerungen eines Kunsthändlers*, Zürich 1989, 76-77.
»keine professionellen Drucker sind«: ebd.
»Rat der Maler zu hören«: Rewald, *Paul Gauguin-Letters*, 196.
»so durch und durch Malerei und so geschmeidig«: Pissarro zu Lucien Pissarro, 21. November 1895, in: Camille Pissarro, *Briefe an seinen Sohn Lucien*, Zürich 1953, 231.

94 »nur im republikanischen Holland«: »Zur Zeit Rembrandts war es für die Mehrheit der holländischen Künstler eher die Regel statt die Ausnahme, für den allgemeinen Markt zu produzieren.« in: Svetlana Alpers, *Rembrandt's Enterprise* (Chicago: University of Chicago Press, 1988), 94.
»unter seinen kommerziellen Konkurrenten«: ebd., 101, 110.
»keine große Rolle im Leben der Maler«: McClellan, Interview, 1997.

95 »respektable Gemälde«: White and White, *Canvases and Careers*, 83.
»Wohnungen des Bürgertums«: ebd., 91,94, 126.
»ihrer eigenen bürgerlichen Herkunft«: ebd., 88.
»Händler, die dafür eine Nachfrage schufen«: Boime, *Entrepreneurial Patronage*, 170. »Ein Unternehmer, der ein Projekt zuwege bringt, ist wie ein Maler, der eine Skizze macht; umstrittene Künstler finden ihre Ergänzung in dem Händler, der auf sie setzt.«

96 »Vollard in heiterer Stimmung«: Gertrude Stein, *Die Autobiographie von Alice B. Toklas*, Leipzig 1986, 34.
»degustierten Curry-Huhn«: Vollard, *Erinnerungen*, 81.
»der ›Zuckerkönig‹«: ebd., 139.

97 »alles zu verkaufen«: Mary Cassatt zu Louisine Havemeyer, 6. September 1912, zit. in: Weitzenhoffer, *Havemeyers*, 212.
»den finanziellen Zusammenbruch abwendete«: Gary Tinterow, »The Havemeyer Pictures« in: Alice Cooney Frelinghuysen u.a.: *Splendid Legacy: The Havemeyer Collection* (New York: Metropolitan Museum of Art, 1993), 47.
»der schwarze Lorenzo di Medici«: Reva Castleman, »Introduction« in: Una E. Johnson, *Ambroise Vollard Editeur* (New York: Museum of Modern Art, 1977), 15.
»verstopften Straßen des Quartier Latin«: ebd., 17.
»Die *Weißen Truthähne*«: Bernard Denvir, *The Chronicle of Impressionism* (Boston: Little, Brown, 1993), 195.

98 »im Schaufenster der Galerie«: Joseph J. Rishel, »A Century of Cézanne Criticism«, in: Cachin u.a., *Cézanne*, 51.
»Hai schlimmster Art«: Paul Gauguin zu Daniel de Monfried, 22. 2. 1899, Paul Gauguin: *Briefe und Selbstzeugnisse*, Berlin 1970, 133.
»wenn er nur Erfolg hat«: ebd.

99 »Ginoux in Arles«: Feilchenfeldt, *Van Gogh*, 41. Laut Feilchenfeldt ließ »van Gogh möglicherweise mehr Gemälde bei den Ginoux', als angenommen wird.«
»100 Francs für jedes Bild«: ebd.
»Interieur eines Restaurants«: Vollard zu JvGB, unveröffentlichter Brief vom 29. März 1897, VGS, b1376 V/1962.
»zwischen 180 Francs und 1000 Francs«: »Liste der Auswahl von Vollard, Rue Laffitte 6, Paris« (November 1896), unveröffentlicht, VGS b1437 V/1962.

100 »ersetzt durch Bildnis des Dr. Gachet«: Vollard zu JvGB, unveröffentlichter Brief, 3. Februar 1897, VGS, b1373 V/1962.
»Kommission von 25 % zu verringern«: ebd.

101 »Reproduktionen machen«: Vollard zu JvGB, 16. Februar 1897, VGS, b1374 V/1962.
»vierundfünfzig Bilder in seinem Besitz«: Vollard zu JvGB, unveröffentlichter Brief, 7. März 1897, VGS, b1375 V/1962.

102 »ich will sie nicht auseinanderreißen«: Vollard zu JvGB, unveröffentlichter Brief, 29. März 1897, VGS, b1375 V/1962.
»kalkulierte«: für sechs Bilder, 10 Zeichnungen, einen Pissarro und einen Renoir schuldete er nach seiner Rechnung 2340 Francs.
»Selbstporträt und Zeichnungen für 1120 f (Florins)«: JvGBs Rechnungsbuch; 1120 Florins besaßen den Gegenwert von 449 Dollar; Vollard, *Erinnerungen*, 24, 62.

11 Kopenhagen: Alice Ruben, 1897-1904

104 »Dr. Gachet 200«: Ambroise Vollard, Rechnungsbuch
»Ausstellung von Pierre Bonnard«: Pierre Bonnard, *The Late Paintings* (Washington, D.C.: The Phillips Collection, 1984), 243.

104 »kaufte ... den Gachet«: Alice Rubens Name erschien nicht auf der Liste der Besitzer von *Bildnis des Dr. Gachet*, F753, in J. B. de la Failles *Œuvrekatalog*, (Werkverzeichnis), der 1928, 1939 und 1970 veröffentlicht wurde.

102 »zur künstlerischen Erneuerung hatte«: Emil Hannover, »Den Frie Udstillings Folk«, *Politiken*, 26. März 1893, zit. in: Larsson, *Flames*, 91.

105 »Poul Kuhn Faber«: Faber heiratete Alice Ruben am 3. Oktober 1893.

»*Madonna mit dem Apfel*«: Ich danke Anne Gruson, die im Katalog Raisonné de l'Œuvre de Maurice Denis dieses Bild identifiziert hat. Es zeigt Denis' Frau Marthe, die die Tochter Noële hält, und Marthes Schwester Eva mit einem Apfel in der Hand.

»Dr. Faber, Kopenhagen«: Maurice Denis, »Carnet de dons et ventes«, Archiv Katalog Raisonné Maurice Denis, Saint-Germain-en-Laye. Der Eintrag lautet: »Mai 1897, 450 Francs.«

»in Kopenhagener Privatsammlungen«: Bernt Hjejle, *Gensyn med min barndoms verden* (Copenhagen: Gad, 1991), 70-72. Hjejle behauptete, daß sein Vater, der Künstler Hans Nikolaj Hansen, den van Gogh seiner Mutter, *L'Arlésienne* (die er als Version LF488 mit Büchern bezeichnete) an Mogens Ballin verkaufte, für einen Ofenschirm aus Kupfer, den Ballin gemacht hatte. Der schwedische Künstler Bernt Grönvold stellte diese *L'Arlésienne* der Ausstellung der Berliner Sezession im Jahre 1912 zur Verfügung. (Walter Feilchenfeldt, *Vincent van Gogh and Paul Cassirer*, Berlin [Zwolle, the Netherlands: Waanders, 1988], 99.)

»Alice Ruben war das älteste«: Ich danke Thor A. Bak für biographische Informationen über die Familie Ruben.

106 »ihre Individualität«: Boime, *Entrepreneurial Patronage*, 144.

»Heinrich Hirschsprung und Wilhelm Hansen«: Tone Skedsmo, »Patronage and Patrimony« in: Varnedoe, *Northern Light*, 43-44. Siehe auch: Kirk Varnedoe, *Northern Light: Nordic Art at the Turn of the Century* (New Haven: Yale University Press, 1988), 19.

107 »daß wir zur Gemeinde gehörten«: Emil Hannover, *Erindringer fra Barndom og Ungdom* (Kopenhagen: Forening for Boghaand vaerk, 1966), 53. Hannover wurde 1902 Direktor des Museums für Kunsthandwerk und 1912 Direktor der Sammlung Hirschsprung.

108 »ohne den van Gogh auskommen muß«: Hannover zu Rohde, Paris, 24. Mai 1892, Sammlung Hirschsprung, Kopenhagen.

»4000 Kronen im Jahr rechnen«: Alice Hannover zu Harald Slott-Møller, 9. September 1893, Royal Library, Kopenhagen.

»von einer Tuberkulose erholte«: Über Rubens Krankheit siehe: Fr. E. Klee, *Beretning om Silkeborg Vandkuranstalt for 1892* (Kopenhagen: F. Dreyer, 1893), Patientennummer 129. »Nach Auskunft des Berichts hatte Patient Nummer 129 Lungentuberkulose.« Siehe auch unveröffentlichte Briefe von Ruben an Agnes Rambusch und Harald Slott-Møller, und von Hannover an Rohde in der Sammlung Hirschsprung und der Royal Library, Kopenhagen.

108 »außergewöhnliches Foto«: Dieses Foto wurde von dem verstorbenen Bernt Hjejle in einem Familienalbum entdeckt; es wurde am 20. Mai 1990 in der *Berlingske Tidende* veröffentlicht.

109 »allertiefstes Verhältnis, das man zu Dingen haben kann«: Walter Benjamin, *Ich packe meine Bibliothek aus*, in: Walter Benjamin, Gesammelte Schriften. Bd. IV, 1 (Suhrkamp Verlag Frankfurt am Main 1980), S. 396.

»auf die Geburt ihres ersten Kindes wartete«: Ende der 1890er Jahre wurde Alice Ruben Mäzenin und Agentin des dänischen Symbolisten Jens Ferdinand Willumsen. Siehe: Leila Krogh (Hg.), *Løvens Breve: J.F. Willumsen's breve til Alice Bloch, 1899-1923*, (Frederikssund: J. F. Willumsens Museum, 1987).

12 Kopenhagen: Mogens Ballin, 1897-1904

110 »werden sie ihr Zeichen hinterlassen«: Gauguin an Mette, 5. November 1892, zit. in: Larsson, *Flames*, 43.

»Ida Levy«: Über Mogens Ballin siehe Wladyslawa Jaworska, *Paul Gauguin and the School of Pont-Aven*, trans. Patrick Evans (Greenwich, Conn.: New York Graphic Society, 1972), 157-178. Ich danke Jan Bredholt für biographische Informationen über die Familie Ballin.

111 »Unterholz«: Bodelsen, *Gauguin and van Gogh*, 120.

»in das Herz des Künstlers hineingezogen«: Ludvig Find, zit. in: ebd., 120.

»hieratische Tapisserien«: Emile Bernard an Emile Schuffenecker, 31. Mai 1890, zit. in: Rewald, *Nachimpressionismus*, 294.

»einer erlebten Erregung«: Denis, *Neotraditionism*, 101.

112 »nur eine schwache Abbildung sind«: Ballin, »Jan Verkade«, *Taarnet*, Februar 1894, 239, zit. in: Larsson, *Flames*, 39.

»in Opfern manifestiert«: Ballin zu Verkade, in: Jan Verkade, *Yesterdays of an Artist Monk*, übers. von John L. Stoddard (New York, 1930), 163.

»Werkstatt für Kunsthandwerk«: Jacob Thage, »Mogens Ballin (1871-1914)« in: *Danske Smykker* (Kopenhagen: Komma & Clausen, 1990), 77.

113 »Kunst für das Volk«: Ballin zum Abt des Klosters Beuren, Deutschland, zit. in: ebd.

»gibt nur Ornamente«: Verkade, *Yesterdays*, 94, zit. in: Patricia Eckert Boyer (ed.), *The Nabis* (New Brunswick, N.J.: Rutgers University Press, 1988), 113.

114 »Agenten für die Arbeiten van Goghs«: siehe Feilchenfeldt, *Van Gogh*, 41.

»Rodin und Camille Pissarro«: ebd., 42.

115 »unbestreitbar glorreichen Namen«: Julien Leclercq, »Exposition d'Œuvres de Vincent van Gogh«, 15.-31. März 1901, in: Stein, *Van Gogh*, 310.

119 »und Amerika noch ein Geheimnis war«: Gedächtnisrede von Max Liebermann und HGK für Paul Cassirer am 7.1.1926 in Berlin, in: Harry Graf Kessler, »In memoriam Paul Cassirer« in: HGK, *Gesammelte Schriften*, hg. v. Gerhard Schuster, Bd. 2: Künstler und Nation, Aufsätze und Reden 1899-1933, Frankfurt/Main 1988, 273; Cassirer siehe auch: Georg Bruehl, *Die Cassirers: Streiter für den Impressionismus* (Leipzig: Edition Leipzig, 1991), 103; Paret, *Secession*, 69-75.

120 »bedeutete Revolution«: »buchstäblich unbekannt waren«: Paul Cassirer, Vorwort von Katalog XV, Oktober-November 1912-13, Erste Ausstellung, in: Feilchenfeldt, *Van Gogh and Cassirer*, 39.

»Selbstporträt mit verbundenem Ohr«: ebd., 14.

»eines bestürzten Berlins«: Lovis Corinth, *Das Leben Walter Leistikows*, Berlin 1910, zit. in: ebd., 11.

»rohe Gewalt der Norweger«: Hans Rosenhagen, »Von Ausstellungen«, *Die Kunst* 30, No. 1 (1902): zit. in: ebd., 14.

»Weizenfeld«: ebd., 15.

121 »Herrenportrait«: Eintrag in P. Cassirers Einkaufsbuch und Verkaufsbuch, Juli 1904, Paul Cassirer-Archiv. Walter Feilchenfeldt, Zürich.

122 »Paris auszustechen«: Jensen, *Marketing Modernism*, 67-68, 70-75.

»1.8 Million Bürger«: Koppel S. Pinson, *Modern Germany*, 2d ed. (New York: Macmillan, 1966), 221.

123 »selbstgefälligen und alternden Kultur des Westens«: Henry van de Velde, *Geschichte meines Lebens*, München 1962, zit. in: Sembach, *Van de Velde*, 17.

»eine von acht«: Jensen, *Marketing Modernism*, 70.

»Erneuerung der bildenden Künste«: Paret, »Die Tschudi-Affäre«, in: *Von Manet bis van Gogh: Hugo von Tschudis Kampf um die Moderne*, München 1997, 396-401.

»Diese Sammler«: Zu den Sammlern gehörten Franz und Robert von Mendelssohn, Paul von Mendelssohn-Bartholdy, Julius Stern, Oskar Schmitz (Dresden), der Schriftsteller Carl Sternheim und Margarete Mauther, die später van Goghs Briefe übersetzen sollte. Feilchenfeldt, *Cassirer*, 19, 36, 104-105.

124 »nationale Einkommen doppelt so hoch wie das französische«: Paul Kennedy, *Aufstieg und Fall der großen Mächte: ökonomischer Wandel und militärische Konflikte von 1500 bis 2000*, Frankfurt am Main 1996, 370, Tab. 21.

»*Ebene bei Auvers*«: Feilchenfeldt, *Cassirer*, 14. (F781). Kurze Zeit besaß er auch 1889 *Les Peiroulets: The Ravine* (F661). Siehe Beatrice von Bismarck, »Harry Graf Kessler und die französische Kunst um die Jahrhundertwende«, *Zeitschrift des Deutschen Vereins der Kunstwissenschaft* 142, No. 3 (1988): 53.

»Tschudi ... ein weiteres Landschaftsbild«: (F516). Feilchenfeldt, *Cassirer*, 101.

124 »erste Cézanne, der für eine öffentliche Sammlung gekauft wurde«: Feilchenfeldt, *Cézannes' Collectors*, 573.
»in Museen und Ausstellungen selbst zu bilden«: Paret, »Tschudi-Affäre« in: *Von Manet bis van Gogh*, 396-401.

125 »Tschudi, der sie alle ansteckt«: Mary Cassatt zu Louisine Havemeyer, 13. November 1910, Nancy Mowll Mathews, *Cassatt and Her Circle* (New York: Abbeville Press, Cross River Press, 1984), 301.
»Version aus der Reihe: *Der Garten des Dichters*«: Feilchenfeldt, *Cassirer*, 16. Meier-Graefe besaß *Der Garten des Dichters* (F485) und *Porträt von Camille Roulin* (F537).
»Er zerstört es«: Meier-Graefe, zit. in: Christian Lenz, »Julius Meier-Graefe and his Relation to van Gogh«, in Dorn, Leeman u.a. *Early Modern Art*, 50.
»als künstlerisch betrachten«: Meier-Graefe, *Modern Art: Being a Contribution to a New System of Aesthetics* (New York: G. P. Putnam's Sons, 1908), 202.

126 »van de Velde«: Peter Selz, *German Expressionist Painting* (1957; reprint, Berkeley and Los Angeles: University of California Press, 1974), 63.
»verfolgt mich unaufhörlich«: André Derain, »Lettres à Vlaminck« (Paris, 1955), 29, zit. in: Marcel Giry, »Van Gogh and the Fauves« in: Dorn, Leeman u.a., *Early Modern Art*, 268.
»zogen die Künstler der Brücke«: Sie besuchten eine van Gogh-Ausstellung, die 1906 von Cassirer organisiert worden war und in der Galerie Arnold in Dresden stattfand und die 1908 in der Galerie Emil Richter zu sehen war. (Magdalena M. Moeller, »Van Gogh and Germany«, in: Dorn, Leeman u.a., *Early Modern Art*, 312).

127 »das Brüchige des kaiserlichen Systems«: HGK, »In memoriam Paul Cassirer« in: *Gesammelte Schriften*, Bd. 2, 275.
»Anton von Werner«: siehe Paret, *Secession*, 24f.
»unendlich trocken und steif«: HGK, »Herr von Werner« in: *Gesammelte Schriften*, Bd. 2, 79.

128 »Geschmack und Wertmaßstäbe«: Paret, *Secession*, 43.
»feierliche Anerkennung«: ebd., 43.
»gut gemalte Madonna«: Max Liebermann, *Die Phantasie in der Malerei* (Frankfurt am Main, 1978), 49, zit. in: Paret, *Secession*, 130.

129 »Rembrandt als Erzieher«: Julius Langbehn siehe Fritz Stern, *The Politics of Cultural Despair* (Berkeley and Los Angeles: University of California Press, 1961), 97-182 und Paret, *Secession*, 257f.
»fanatische Nostalgie«: ebd.

130 »spielerischen, experimentellen Charakter«: Paret, *Secession*, 111.
»außerhalb des Kunsthandels«: ebd. 106-114. Informationen zur Berliner Sezession siehe: Paret, *Secession*, 93ff.

131 »allein seligmachende Richtung in der Kunst«: Max Liebermann, Katalog der Deutschen Kunstausstellung der Berliner Sezession, Berlin 1895, 15, zit. in: Paret, *Secession*, 124.

131 »1903 ... Wiener Sezession«: Emil Heilbut, »Die Impressionisten-Ausstellung der Wiener Secession«, *Kunst und Künstler* 1 (1903), 169-207.

132 »um die 5000 Mark«: Paret, *Secession*, 206.

133 »›Kassierer-Hände‹«: Dr. Volker, »Die Berliner Kunstausstellungen«, *Hochland* 1 (1903): 252, 253, zit. in: Paret, *Secession*, 162.
»Cassirer ignorierte diese Angriffe«: Zum Antisemitismus nach dem Börsenkrach siehe: Craig, *Germany*, 84, zit. in: Paret, *Secession* 279-280.
»in Cézanne den Träger einer Weltanschauung erblickte«: Paul Cassirer, in: *Deutsche und französische Kunst*, hg.v. Alfred Walter Heymel, München 1911, 162-163,165, zit. in: Paret, *Secession*, 280.
»zu höheren Preisen«: Paul Cassirer zu JvGB, 27. April 1905, unveröffentlichter Brief, VGS, in: Feilchenfeldt, *Cassirer*, 18.

134 »Tschudi erwarb drei«: ebd., 19. Bei den drei Gemälden handelte es sich um *Stilleben: Vase mit zwölf Sonnenblumen* (F456), *Straßenarbeiter* (F658), und *Ebene bei Auvers mit Bauernhof* (F782).
»*Brücke von Trinquetaille* «: ebd., 22. Tschudi kaufte auch *Weinberg in Auvers*; Oskar Schmitz kaufte *Brücke bei Langlois* und *Mittag* (nach Millet), Carl Reininghaus, Wien, kaufte *Ufer der Oise* und *Stilleben: Vase mit Oleander und Büchern.*
»zum einzigen Agenten für Deutschland zu bestimmen«: Paul Cassirer zu JvGB, 5. und 20. Februar 1907, unveröffentlichter Brief, VGS, in: ebd., 26,
»lieh sie ihm fünfundsiebzig Gemälde«: ebd., 147.
»*Rosen* und *Vase mit Iris*«: ebd., 28-29, 112.
»van Goghs Briefen«: Paul Cassirer zu JvGB, 13. Mai 1909, ebd., 31.
»deutsche und österreichische Sammler«: ebd., 41.
»außerhalb der Niederlande«: Über die Sammlungen van Goghs vor dem ersten Weltkrieg siehe: ebd., 41-42.

135 »Carl Sternheim«: Er besaß F380, F489, und F428, in: ebd., 91, 94, 99.
»Albert C. Barnes«: Richard J. Wattenmaker, »Dr. Albert C. Barnes and the Barnes Foundation«, in: Wattenmaker u.a. (Hg.), *Great French Paintings from the Barnes Foundation* (New York: Alfred A. Knopf, 1993), 6. Barnes kaufte auch *Die Raucher* (F534), in: Feilchenfeldt, »Van Gogh«, 45.

14 *Weimar: Harry Graf Kessler, 1904-1908*

136 »immer der erste, der eine Entdeckung machte«: in: Annette Kolb, *Mass und Wert*, 1938, 4, 630, zit. in: Laird McLeod Easton, *Red Count*, 1.
»in der Cranachstraße in Weimar.«: HGK und sein Haus in Weimar siehe Margot Pehle, Gerhard Schuster: *Harry Graf Kessler, Tagebuch eines Weltmannes* (Marbach am Neckar: Deutsche Schillergesellschaft, 1988), 214-224; Sembach, *Van de Velde*, 91-101.

136 » im [schneidergemachten] Damenkleid« HGK, »van de Veldes Tafelsilber« in: HGK, *Gesammelte Schriften*, Bd. 2: Künstler und Nationen, Aufsätze und Reden 1899-1933, hg. v. Gerhard Schuster, Frankfurt am Main 1988, 91.

137 »Entfaltung bahnen und sichern«: HGK, »Der deutsche Künstlerbund« Juni 1904, 13, zit. in: Paret, *Secession*, S. 196-197.
»Erneuerung der deutschen Kultur.«: HGK, 15 November 1905, zit. in: Easton, *Red Count*, S. 324.

138 »ästhetischer Vollendung«: Van de Velde, *Geschichte meines Lebens*, hg. v. Hans Curjel, München 1986, 182.
»Zustände meines Inneren hinwarf ...«: Hugo von Hofmannsthal, »Briefe eines Zurückgekehrten«, 4. Brief, in: *Kunst und Künstler*, 1908, zit. in: Matthias Arnold, *Vincent van Gogh:* Werk und Wirkung, München 1995, 790.
»Helene von Nostitz erinnert sich in ihren Memoiren«: in: Helene von Nostitz, *Aus dem alten Europa: Menschen und Städte*, Leipzig: Insel Verlag, 1925, 73.

139 »allgemeinen Mißbilligung ausgesetzt hätte«: van de Velde, *Geschichte meines Lebens*, 182.
»von Ruth St. Denis«: Maurice Denis, Journal, vol. 2, 1905-1920 (Paris 1957), 109, zit. in: Easton, *Red Count*, 356.
»internationale Ausrichtung«: HGK, September 1905, zit. in: Bismarck, *Kessler*, 47.
»unnatürlicher Isolation«: HGK, September 1905, zit. in: ebd.

140 »diplomatischen Dienst«: Easton, *Red Count*, 227. HGK und sein Vater sprachen 1894 und 1895 mit Prinz Hohenlohe, dem deutschen Kanzler, doch es ergab sich nichts.

141 »von Vollard für nur 1200 Francs!!!« Tagebucheintrag HGKs vom 30. Dezember 1897, Deutsches Literaturarchiv, Marbach, 76. Paul Signac schrieb, daß Kessler »hoffte, in ein paar Jahren die *Poseuses* im Berliner Museum einführen zu können« (Signac, 2. Januar 1898, zit. in: in Françoise Cachin, »Les Poseuses« in: Herbert, *Seurat,* 279).
»scharfe, leuchtende Augen, die ohne Härte waren«: van de Velde, *Geschichte,* 159.
»neu entstandenen Bildungsbürgertum«: Für einen Einblick in Kesslers ungewöhnliche soziale Stellung bin ich Beatrice von Bismarck zu Dank verpflichtet.

142 »Außenseiterstandpunkt«: Easton, *Red Count*, 50.
»Leute sind dagegen«: Lichnowsky zu HGK, 20. April 1902, zit. in: Easton, *Red Count*, 230.
»für Kunst und Kunstgewerbe«: Easton, *Red Count*, 229.
»Bremer Brenner«: HGK, 25. Dezember 1901, in: Eberhard von Bodenhausen, *Ein Briefwechsel 1894-1918*, hg. v. Hans-Ulrich Simon, Marbacher Schriften, 16, Marbach am Neckar 1978, 66.

143 »in Deutschland fehlt«: HGK an Hugo von Hofmannsthal, 6. August 1903, in: Hugo von Hofmannsthal, *Ein Briefwechsel: 1898-1929*, hg. v. Hilde Burger, Frankfurt am Main 1968, 51.

143 »Seine monatlichen Ausstellungen«: siehe: Pehle und Schuster, *Kessler*, 139-141.
»Ausstellung in St. Louis«: Der Künstlerbund erreichte es, das Thema Ausstellung in St. Louis im Februar 1904 auf die Tagesordnung des Deutschen Reichstags zu bringen, nur Monate bevor HGK den *Gachet* erwarb. (Paret, *Secession*, 148-154).
»Angelpunkt, den Weimar bietet«: HGK zu van de Velde, in: van de Velde, *Geschichte meines Lebens*, 284.

144 »eine solche Ausstellung zu dulden.«: Hermann Behmer, »Deutschland«, 17. Februar 1906, zit. in: ebd., 287.
»ohne ihn anzuhören«: zit. in: ebd., 289.
»Das soll meine einzige Rache sein.«: HGK zu Bodenhausen, 18. Juli 1906, in: Bodenhausen, *Ein Briefwechsel*, 83.
zu Hugo von Tschudi siehe: Paret, »Tschudi-Affäre«, 589-618; und »Die Tschudi-Affäre« in: *Manet bis van Gogh* (Berlin: Nationalgalerie 1997), 396-401.

145 »das jetzt nachholen«: Harry Graf Kessler an Hugo von Hofmannsthal, 26. September 1906, in: Hugo von Hofmannsthal, *Ein Briefwechsel*, Frankfurt am Main 1968, 127.
»Bernheim-Jeune«: Feilchenfeldt, *Van Gogh*, 44.
»deutsche Sammler immer noch gerne in Paris«: Felix Fénéon zu Karl Ernst Osthaus, 5. Oktober 1907, zit. in: Feilchenfeldt, *Cassirer*, 26.
»prächtigen Laden«: in *»L'Occident«*, Dezember 1903, zit. in: Kirk Varnedoe, »Rodin and Photography« in: Albert E. Eisen (Hg.), *Rodin Rediscovered* (Washington D.C.: National Gallery of Art, 1981), 217.

146 »Rodin-Pavillon«: ebd., 217; zu Druet siehe: 215-24.
»die Nach-Impressionisten«: Druet richtete folgende Ausstellungen aus: Maurice Denis, 1904; Henri-Edmond Cross, Kees van Dongen und Berthe Morisot, 1905; Eugène Boch, 1906; Anna Boch, 1908; Cross and Paul Signac, 1911.
»Druets Fotografien«: John Richardson, *A Life of Picasso* (New York: Random House, 1996), 51.
»erwarb zwanzig Gemälde«: Michael C. Fitzgerald, *Making Modernism: Picasso and the Creation of the Market for Twentieth-Century Art* (New York: Farrar, Straus & Giroux, 1995), 30.
»Bernheim-Jeune gab Matisse einen Vertrag«: in: ebd., 70.

147 »versprach ... Stipendien.«: Pierre Assouline, *An Artful Life: A Biography of D. H Kahnweiler*, 1884-1979 (New York: Grove Weidenfeld, 1990), 96.
»*La Peau de l'Ours*«: Fitzgerald, *Making Modernism*, 22.
»relativ kleine Bild«: »Catalogue de Tableaux Modernes«, Hôtel Drouot, 16. Mai 1908, no. 14, *»Maternité«*. HGK verkaufte eine Reihe von Bildern bei dieser Ausstellung, die Expertisen kamen von Druet.
»›Ostpolitik Kahnweilers‹«: Richardson, *Picasso*, 301.

148 »Druet stellte fünfunddreißig Gemälde aus«: Galerie E. Druet, *Quelques œuvres de Vincent van Gogh*, 6.-18. Januar 1908. Zu den Leihgebern gehörten M. Aubry, M. E. Boch, M. M. Fabre, M. G. Fayet, M. W. de Heymel, Dr. J. Keller, Graf Kessler, M. Michelot, und Armand Schuffenecker.
»Bernheims nur geringfügig besser«: Bernheim-Jeune verkaufte zwei kleine Gemälde an Gustave Fayet (Feilchenfeldt, *Van Gogh*, 44).
»dreiundzwanzig gingen an Cassirer.«: Magdalena M. Moeller, »Van Gogh and Germany« in: Dorn, Leeman u.a., *Early Modern*, 312; Feilchenfeldt, *Cassirer*, 146.
»erwarb Druet ... selbst ...«: Druet zu HGK, unveröffentlichter Brief vom 11. Februar 1910, Literaturarchiv, Marbach am Neckar. Er bat HGK darum, die Bernheims zu bezahlen.

149 »wahnsinnigen Schlangen.«: HGK Tagebucheintrag vom 16. April 1890, zit. in: James Fenton, »Degas in the Evening«, *New York Review of Books*, 3. Oktober 1996, 50.
»bei dem sie so dasteht«: HGK, 17. August 1922, in: Hugo von Hofmannsthal, *Ein Briefwechsel*, 351.

150 »Renoirs *Madame Chapentier*«: Calvin Tomkins, *Merchants and Masterpieces: The Story of the Metropolitan Museum of Art*, rev. ed. (New York: Henry Holt, 1989), 107.
»ein Witz auf ihre Kosten.«: Virginia Woolf, *Roger Fry: A Biography* (New York: Harcourt, Brace, Jovanovich, 1940), 154.
»schrecklich seekrank aus.«: »Paint Run Mad: Post-Impressionists at Grafton Galleries«, *Daily Express*, 9. November 1910, zit. in: J. B. Bullen, *Post-Impressionists in England* (London: Routledge, 1988), 105-106.

151 »Preis eines Rembrandt.«: Roger Fry, »The Salons and van Dougen [Dougen]«, *Nation*, 24. Juni 1911, zit. in: Bullen, *Post-Impressionists*, 232.

15 Frankfurt: Das Museum der Alten Meister und die neue Porträtmalerei, 1911-1919

152 »umgeben das blasse Gelb seines Kopfes.«: Inventarbuch 1912, Städelsches Kunstinstitut, Frankfurt am Main.
»das *Porträt des Dr. Gachet*«: E. Druet an Georg Swarzenski, unveröffentlichter Brief, 20. Februar 1911, SKA. Druet schrieb Swarzenski am 14. Juni, daß er bis dahin die 6000 Francs als erste Rate für den *Gachet* noch nicht erhalten habe (Druet an Swarzenski, 14. Juni 1911, SKA). Am 26. Juni schrieb der Pariser Händler erneut: Er habe die seit April geschuldete Zahlung noch nicht erhalten und bitte auch um die Zahlung, die am 1. Juli fällig sei. Szwarzenski erwiderte, daß er am 29. Mai die 6000 Francs angewiesen habe (Druet an Swarzenski, 26. Juni 1911, SKA).

153 »*Erschießung Kaiser Maximilians*«: Paret, *Secession*, 191.

153 »ein kleines Landschaftsgemälde.«: William Glackens zu seiner Frau am 6. Februar 1912, zit. in: Anne Distel, »Dr. Barnes in Paris« in: Wattenmaker et al., *Great French Paintings,* 34.
»*Tänzerinnen bei der Übung an der Stange*«: Weitzenhoffer, *Havemeyers,* 208.
154 »vor dem Ersten Weltkrieg«: Das Wallraf-Richartz Museum in Köln erwarb *Porträt Armand Roulins* (F453) und *Die Brücke in Langlois* (Dorn, Leeman et al., *Early Modern Art,* 93). Das Folkwang-Museum kaufte *Sandablader am Strand* (F449) (ebd., 114).
»Einwohnerzahl von 370000.«: Karl Baedeker, *Der Rhein, inklusive Schwarzwald und Vogesen: Handbuch für Reisende* (Leipzig: Karl Baedeker, 1911), 282.
»Geld zu verdienen und es auszugeben«: Amos Elon, *Founder: A Portrait of the First Rothschild and His Time* (New York: Viking, 1996), 35.
155 »Bankendynastie«: ebd., 19.
»die Rechte zu gewähren«: ebd., 159.
»jüdische Bevölkerung«: Baedeker, *Der Rhein*, 282.
156 »der Louvre«: Jeffrey Abt, »Museum« in: Jane Turner (Hg.), *The Dictionary of Art* (London: Grove, 1996), 22; 357.
160 »noch lebenden Meister der französischen Malerei«: Swarzenski an Franz Adickes, 22. Februar 1910, Frankfurter Stadtarchiv, S 1525 II, 62.
»im Gegensatz zur Realität«: Georg Swarzenski, Einleitung zu: *Arts of the Middle Ages* (Boston: Museum of Fine Arts, c. 1940), VIII.
»entwickelte sich eine rege Korrespondenz«: Beatrice von Bismarck, ›Georg Swarzenski und die Rezeption des Französischen Impressionismus‹, in: »Frankfurt: Eine Stadt ›Im Kampf um die Kunst‹?« in: *Revision* (Frankfurt am Main: Städtische Galerie im Städelschen Kunstinstitut, 1991, 31-33; siehe auch: Bernhard Maaz, »Fahrten ins Unbekannte und Wunderbare: Georg Swarzenski in Frankfurt am Main« in: Johann Georg Prinz von Hohenzollern und Peter-Klaus Schuster (Hg.), *Manet bis van Gogh* (München: Prestel, 1996), 308-312.
161 »›Anarchist‹ van Gogh«: Meier-Graefe, *Modern Art,* 101.
»spirituelles Selbstporträt«: Panofsky, *Dürer,* 171. Panofsky behauptete: »Der Einfluß von Dürers *Melencolia I.*, der ersten Darstellung, in der das Konzept der Melancholie von der Ebene der wissenschaftlichen und pseudowissenschaftlichen Spekulation auf die Ebene der Kunst gehoben wurde, breitete sich über ganz Europa aus und hielt über mehr als drei Jahrhunderte hinweg an.« (170).
»Identität und Existenz«: Rosenblum, *Die moderne Malerei*, 62-64.
»Prinzip der inneren Notwendigkeit«: Wassily Kandinsky, *Concerning the Spiritual in Art* (New York: Wittenborn, Schultz, 1947), 32.
162 »von van Gogh ausgeht.«: Wilhelm Worringer, zit. in: Selz, *Expressionist Painting,* 1974.
163 »als persönlichen Schüler annimmt.«: Erwin Panofsky, »Drei Jahrzehnte Kunstgeschichte in den Vereinigten Staaten« in: Panofsky, *Sinn und Deutung in der bildenden Kunst* (Köln: DuMont, 1975), 390.

163 »verbannte viele der nationalistischen Historiengemälde«: Françoise Forster-Halin, »The Politics of Display or the Display of Politics«, *Art Bulletin* 77, No. 2 (1995), 177.

164 »heiratete Swarzenski Marie Mössinger«: Swarzenskis Kinder waren: Uta (geb. 14. August 1900); Hanns (geb. 30. August 1903); Wolfgang (geb. 19. August 1917) und Wilhelm Gottfried (geb. 9. April 1920).

165 »großen amerikanischen Börsenfürsten«: Carl Vinnen, *Ein Protest deutscher Künstler* (1911), zit. in: Paret, *Secession,* 1 83-84.

166 »›Invasion‹ der französischen Kunst«: siehe Paret, *Secession,* 197-199.
»derartige Werke zu erwerben.«: Georg Swarzenski in der *Frankfurter Zeitung,* 11. Mai 1911, und in: *Im Kampf um die Kunst* (München, 1911), 20, zit. in: Bismarck, »Swarzenski«, 31.
Victor Mössinger: Er stiftete Sisleys *Seine-Ufer* and Monets *Häuser am Wasser*.
»auf die gleiche Weise«: Georg Swarzenski an Karl Ernst Osthaus, 4. November 1911, zit. in: *Portrait du Dr. Gachet by Vincent van Gogh* (New York: Christie's, 1990), 28.
»seit zehn Jahren französische Kunst kauften«: Bismarck, »Swarzenski«, 34-35; zu von Hirschs *Die Schäferin (nach Millet)* (F699) und Hugo Nathans *Die Grabenden* (F70 1), siehe Feilchenfeldt, *Cassirer,* 114.

167 »Frankfurter Kunstverein«: Bismarck, »Swarzenski«, 35-36; Feilchenfeldt, *Cassirer*, 186-187; siehe: Frankfurter Kunstverein, *V. van Gogh Ausstellung, 14.-28. Juni 1908* (Frankfurt am Main, 1908).
»Antwort auf Vinnens Protest«: Bismarck, *Interview.*
»klassische Malerei im Frankreich des neunzehnten Jahrhunderts«: Siehe Bismarck, »Georg Swarzenski« in: *Revision*, 34.
»Wesen germanischen Geistes«: Carl Gebhard, »Die Neuerwerbungen französischer Malerei im Städelschen Kunstinstitut zu Frankfurt am Main« in: *Der Cicerone* 4 (1912), 761-769, zit. in: ebd., 39.

168 »Seen zwischen den Bergen«: Gebhard 1912, zit. in: ebd. 39.
»veröffentlichten eine Abbildung«: August Macke, »Die Maske« in: Wassily Kandinsky und Franz Marc (Hg.), *Der Blaue Reiter*, Dokumentarische Neuausgabe von Klaus Lankheit (Hg.), München 1984, 58. »Stammt das Porträt des Dr. Gachet von van Gogh nicht aus einem ähnlichen geistigen Leben wie die im Holzschnitt geformte, erstaunte Fratze des japanischen Gauklers?«

169 »Apostel«: J. Meier-Graefe, 1914, zit. in: Zemel, *Legend,* 128.
»Konzerthalle«: Georg Swarzenski, *Museumsfragen* (Frankfurt: Frankfurter Bibliophile Gesellschaft, 1928), 15.
»künstlerische Erlebnis übermittelt«: ebd., 14.
»*Geistesleben*«: Siehe Fritz Stern, *Das Scheitern illiberaler Politik: Studien zur politischen Kultur Deutschlands im 19. und 20. Jahrhundert*, Frankfurt 1974, Einleitung, 5-13.
»spiritueller Erfindungsgeist«: Swarzenski, *Museumsfragen,* 16.
»stete Intensivierung«: ebd., 24. Siehe Markus Kersting, »Stete Intensivierung. Sammlungsideen im Städelschen Kunstinstitut« in: R*evision,* 11-30.

170 »brach sofort zusammen«: Feilchenfeldt, *Cassirer*, 41.

171 »Kritik an Regierung und Oberkommando gleichkam«: Paret, *Secession*, 340-341.

»dienten ... in der deutschen Armee«: Richard Bessel, *Germany After the First World War* (Oxford: Clarendon Press), 5.

172 »nach Reinerem, Höherem wieder erweckt«: Paul Cassirer und Leo Kesternberg, »Zur Einführung!« in: *Der Bildermann*, No. 1 (5. April 1916), zit. in: Paret, *Secession*, 345.

»Stimmungen und Möglichkeiten des Krieges«: Max Beckmann, aus: *Briefe im Kriege*, 1914, zit. in Charles Werner Harxthausen, »Der erste Weltkrieg: Katalysator eines Neubeginns?« in: Carla Schulz-Hoffmann und Judith C. Weiss (Hg.), *Max Beckmann: Retrospektive*, 72.

»stieg die Zahl der Opfer ... auf 1,2 Millionen«: Kennedy, *Aufstieg und Fall*, 269.

173 »damit der Geist sich besinne«: Julius Meier-Graefe, zit. in: Schulz-Hoffmann und Weiss, *Beckmann*, 202.

16 *Frankfurt: Museumsmeisterwerk, 1920-1933*

174 »vollends besiegelt zu sein«: Benno Reifenberg, »Max Beckmann«, *Ganymed* 3 (1921), zit. in: *Beckmann*, 452.

»für immer unentdeckt bleiben werden«: Fritz Stern, *Das Scheitern illiberaler Politik: Studien zur politischen Kultur Deutschlands im 19. und 20. Jahrhundert*, Frankfurt 1974, 135.

»Die Revolution hat in Berlin gesiegt«: HGK, Tagebuch, 9. November 1918.

175 »132 Milliarden Goldmark«: Gay, *Weimar Culture*, 152.

»an einen Bettler, der einem noch nicht mal dankt«: Malcolm Cowley, *Exile's Return* (New York, 1951), 81, zit. in: Craig, *Germany*, 451.

»einen einzigen großen Schwindel«: Cassirer, berichtet in: HGK, Tagebuch, zit. in: Gay, *Weimar Culture*, 10.

176 »Sinnbild eines neuen kommenden Glaubens«: Walter Gropius' »Erstes Bauhaus-Manifest« in: Gropius, *Bauhaus 1919-1928*, Stuttgart 1955

177 »das neueste van Gogh-Porträt«: Benno Reifenberg, »Die Erweiterung des Städelschen Museums«, *Deutsche Kunst und Dekoration* 49 (Oktober-November 1921), 27.

178 »wohlhabenden Bürgertums ... akzeptiert«: Selz, *Expressionist Painting*, 317.

»Vom Abbild zum Sinnbild«: (Frankfurt am Main), No. 76 (Juni-Juli 1931).

»neuem Realismus mit sozialistischem Geschmack«: G. F. Hartlaub, »Offener Brief« in: Arts (Januar 1931), zit. in: Alfred Barr, »Introduction« in: *Modern German Painting and Sculpture* (New York: Museum of Modern Art, 1972), n. 13.

179 »moderne Kunst seit dem Impressionismus zeigen«: Barr, *Modern German Painting*, 15.

180 »großen Meister der Moderne«: Ludwig Justi, »Zum Ankauf des van Gogh« in: *Kunst und Wirtschaft* 13 (1932): 115-16, zit. in: Manheim, *Germanic van Gogh*, 281.
»übergroßer Helden«: Zemel, *Legend*, 109.
»der größte unserer Zeit«: Meier-Graefe, *Vincent van Gogh*, übers. v. John Holroyd-Reece (New York: Dover, 1987), 2.
»fühlt etwas von seiner Spannung«: Meier-Graefe, *Vincent*, zit. in: Lenz, *Meier-Graefe*, 54.
»die letzten Beschützer«: ebd.

181 »die Einzelheiten erscheinen zufällig:« Karl Jaspers, »Van Gogh and Schizophrenia« in: Welsh-Ovcharov, *Perspective*, 100-101.
»serpentinenartig gewundene Linie«: Françoise Minkowska, »Van Gogh: Les Relations entre sa vie, sa maladie et son œuvre«, L'Evolution psychiatrique 3 (1933), 53-76, in: Welsh-Ovcharov, *Perspective*, 103-104.
»Illustrator«: Roger Fry, »Vincent van Gogh« in: *Transformations*, 245.
»zum wirklichen Thema seiner Malerei«: ebd., 244.
»vergeblich nach weiteren Offenbarungen«: ebd., 248.

182 »Persönlichkeiten aus Kunstkreisen«: Roland Dorn und Walter Feilchenfeldt, »Genuine or Fake? On the History and Problems of Van Gogh Connoisseurship« in: Tsukasa und Rosenberg, *Mythology*, 269. Während des Wacker-Prozesses wurde bekannt, daß »für eine geringe Gebühr von 4 bis 25 Gulden pro Gemälde nicht nur Hans Rosenberg und Julius Meier-Graefe, sondern sogar de la Faille Otto Wacker Expertisen ausgestellt hatten, und dadurch Gemälde, die kaum die Leinwand Wert waren, auf der sie gemalt waren, in Kunstschätze verwandelten, die zu Preisen zwischen 19 000 und 66 000 Mark Käufern angeboten wurden.« (ebd.).
»Feinde Weimars haßten alle Expressionisten«: Gay, *Weimar Culture*, 108.

183 »Bolschewismus in der Kunst«: Dr. Schreiber-Wiegand, zit. in: Stephanie Barron, *»Entartete Kunst«: Das Schicksal der Avantgarde in Nazi-Deutschland*, München 1992, 16.
»Kirchner und Heckel«: ebd.
»auf Lastwagen und zu Pferd patrouillierten«: HGK, *Tagebücher 1918-1937*, 13. Oktober 1930.

17 Frankfurt: »Entartete Kunst«, 1933-1938

187 »Werken *der modernen Malerei*«: Dr. Max Brück zu Friedrich Krebs, 8. Dezember 1937, SKA, Gachet-Akte, 10.
»Mystifikation und des Irrsinns«: Georg Swarzenski, *Beckmann: His Recent Work* (New York: Buchholz Gallery Curt Valentin, 1946).

188 »nach ›Haltet den Dieb!‹ klingen«: HGK, 28. Februar 1933, in: *Tagebücher 1918-1937*, 753.

188 »als Mittel dafür eingesetzt«: Hitler, 23. März 1933, zit. in: Peter Adam, *Kunst im Dritten Reich*, Hamburg 1992, 10.

189 »Unterhaltungen mit Dr. Gachet durchaus nicht ermutigend«: Oswald Goetz, »Weg eines Bildes« in: Fritz Messinger, *Ein vergessener Maler im Rijksmuseum Kröller-Müller*, Frankfurt am Main 1991, 125.

»Gleichschaltung«: Craig, *Germany*, 578.

»Bild eines Volkes zu schmieden«: Joseph Goebbels, Brief an Wilhelm Furtwängler, 11. April 1933, in: Michael E. Zimmerman, »Ontological Aestheticism: Heidegger, Jünger, and National Socialism« in: Tom Rockmore and Joseph Margolis (Hg.), *The Heidegger Case: On Philosophy and Politics* (Philadelphia: Temple University Press, 1992), 72, zit. in: Anson Rabinbach and Gail Stavitsky, *Assault on the Arts: Culture and Politics in Nazi Germany* (New York: New York Public Library, 1993), 2.

190 »Autoren und Künstler«: Max Nordau, *Degeneration* (1892; Lincoln: University of Nebraska, 1968).

»der deutschen Zukunft gewertet werden können«: Adolf Hitler, 18. Juli 1937, in: George L. Mosse, *Nazi Culture: Intellectual, Cultural and Social Life in the Third Reich* (New York: Grosset and Dunlop, 1966; Schöken Books, 1981), 16.

»für wenige Auserwählte«: Hans Adolf Bühler, »Zum Geleit« in: *Das Bild* (1934), zit. in: Peter Adam, *Kunst im Dritten Reich*, 59.

191 »Verfalls, der hinter uns liegt«: Hitler, Rede anläßlich des NSDAP-Parteitags in Nürnberg, 2. September 1933, zit. in: Andreas Hüneke, »Spurensuche – Moderne Kunst aus deutschem Museumsbesitz« in: Barron, *»Entartete Kunst«*, 122.

»Georg Swarzenski ... ist Jude«: Krebs zum Regierungspräsidenten, Wiesbaden, 27. April 1933, Frankfurter Stadtarchiv, Akte 1100/203, Akte 6341, Akte 6351.

»Swarzenski in den Ruhestand versetzt worden ist«: Krebs zum Regierungspräsidenten, Wiesbaden, 28. Juli 1933, Frankfurter Stadtarchiv, Swarzenski-Akte; Göring (Preuß. Minister des Inneren) zu Swarzenski, Generaldirektor der Städtischen Museen, 24. Oktober 1933, Frankfurter Stadtarchiv, Swarzenski-Akte, 25.

192 »aus Frankfurter Mutterboden«: *Frankfurt, 1933-45: von der NS-Machtergreifung bis zur Zerstörung der Stadt* (Frankfurt am Main: Presse- und Informationsamt der Stadt, 1986), 7.

»Direktoren und Kuratoren«: *Kunststadt München 1937: »Entartete Kunst«*, 13. Zu Justi und Schardt siehe: Lynn Nicholas, *Der Raub der Europa: Das Schicksal der europäischen Kunstschätze im Dritten Reich*, 11-12.

»Preußischen Akademie«: Nicholas, *Raub der Europa*, 12-13.

193 »vielen assimilierten Juden widerstrebte«: Zur Ausreise der Juden siehe: Fritz Stern, *Der Traum vom Frieden und die Versuchung der Macht: Deutsche Geschichte im 20. Jahrhundert*, Berlin 1988, 173ff.

»Krebs war ein alter Kämpfer«: Ich danke Andreas Hansert und Heike Drummer für Informationen über Krebs.

194 »kulturboljewistische Machwerke«: Kersting, »Stete Intensivierung« in: *Revision*, 26, Anm. 82.

195 »deutsche Kunst der nächsten Dekade«: Goebbels, zit. in: Jonathan Petropoulos, *Art as Politics in the Third Reich* (Chapel Hill: University of North Carolina Press, 1996), 24.

»Der Mythos ist der Mythos des Blutes«: Louis L. Snyder, *Encyclopedia of the Third Reich* (New York: Paragon House, 1976), 300.

»die sie ausrotten möchten«: HGK, 15. Juli 1933, *Tagebücher 1918-1937*, 772.

196 »auch eine Konkurrenz«: Petropoulos, *Art as Politics*, 9. Siehe auch: Craig, *Germany*, 646. 1934, beim Parteitag in Nürnberg, pfiff Hitler sowohl Goebbels als auch den ›rückwärtsgewandten völkischen Veteranen‹ Rosenberg zurück. (Adam, *Kunst im Dritten Reich*, 57). Ein Jahr später machte er schließlich ganz deutlich, daß Modernismus nicht erlaubt sei. (Petropoulos, *Art as Politics*, 47).

»genehme Kunst zu ›verfeinern‹«: Nicholas, *Raub der Europa*, 18.

»sind einfach geschlossen«: Barr, »Art in the Third Reich-Preview, 1933« in: Barr, *Defining Modern Art*, hg. v. Irving Sandler und Amy Newman (New York: Harry N. Abrams, 1986), 102, 170. »Bemerkungen zum Film: Nationalism in German Films« wurde veröffentlicht in: Lincoln Kirsteins *Hound and Horn*, Januar/März 1934. Barrs Reportagen wurden veröffentlicht in *Magazine of Art* im Oktober 1945. (Nicholas, *Raub der Europa*, 6.)

»van Goghs großartigstes Porträt«: The Museum of Modern Art, Department of Registration, Vincent van Gogh, Exhibition No. 44, Ausstellungsakte (Brief von Alfred Barr an Georg Swarzenski, 21. August 1935).

197 »ob wir die Erlaubnis bekommen«: The Museum of Modern Art, Department of Registration, Vincent van Gogh, Exhibition No. 44, Ausstellungsakte (Brief von Swarzenski an Barr, August 1935).

»die Ausleihe war nicht möglich«: The Museum of Modern Art, Department of Registration, Vincent van Gogh, Exhibition No. 44, Ausstellungsakte (Swarzenski an Barr, 3. September 1935).

»eine Amerikanerin in Berlin«: The Museum of Modern Art, Department of Registration, Vincent van Gogh, Exhibition No. 44, Ausstellungsakte (Telegramm von Barr an Swarzenski, 4. Oktober 1935. »Mrs. Read berichtet Kultusministerium Propagandaministerium keine Einwände gegen Ausleihe van Gogh; Stop bitte Nachricht wenn Ausleihe noch möglich ist«).

»sofortige Zusendung ... der Photographie«: Telegramm von Keudell, Reichspropagandaministerium, an Wolters, Direktor der Städtischen Galerie, 22. November 1935, SKA, Gachet-Akte, 1.

»alle nordischen Völker«: Wilhelm Schramm, »Van Gogh als niederländisches Problem«, *Kunst der Nation* 2, No. 5 (1934,) 2-3, zit. in: Manheim, *Germanic van Gogh*, 284.

198 »vorzugsweise Impressionisten«: Rust zu Wolters, Frankfurt, 17. Dezember 1935, SKA, Gachet-Akte, 2. Siehe Nicholas, *Raub der Europa*, 33.

198 »allerwertvollsten modernen Gemälde«: Wolters zu Keller, Kulturamt, 18. Dezember 1935, SKA, Gachet-Akte, 3.

199 »Keller«: Keller zu Krebs, 19. Dezember 1935, SKA, Gachet-Akte, 4.

»Friedrich Krebs«: Krebs zu Rust, 19. Dezember 1935, SKA, Gachet-Akte, 5.

»Karl Haberstock«: Nicholas, *Raub der Europa*, 24, 32-33.

»lehnte ... Geschäft dieser Art ab«: ebd., 33.

200 »der opportunistische Goebbels«: Petropoulos, *Art as Politics*, 52-54.

»die Presse«: Adolf Hitler, Rede, 9. April 1929, in: ebd., 54.

»Jetzt schreite ich aber ein«: Joseph Goebbels, Tagebuch, 4. Juni 1937, zit. in: Karl-Heinz Meißner, »Münchener Akademien, Galerien, Museen« in: Peter-Klaus Schuster (Hg.), *Nationalsozialismus und ›Entartete Kunst‹: Die Kunststadt München 1937*, München 1987, 43.

»Kommunalbesitz«: Goebbels-Erlaß vom 30. Juni 1937, zit. in: Barron, *Entartete Kunst*, 19. Im November 1936 entfernten Beauftragte des Propagandaministeriums sechs Gemälde, darunter Beckmanns *Kreuzabnahme*, aus der Städtischen Galerie Frankfurts für eine Anti-Komintern-Ausstellung, eine von mehreren ›Schandkunstausstellungen‹. Vgl. Petropoulos, *Art as Politics*, 52.

»eine Kommission, die Ziegler ... helfen sollte«: Barron, *Entartete Kunst*, 19.

»mithilfe des gedruckten Katalogs«: Goetz, »Weg eines Bildes«, 124.

201 »in den ersten zwei Juliwochen«: ebd.

»Macke und Marc«: ebd., 57.

»Irrsinn wird Methode« und »Verrückt um jeden Preis«: Mario Andreas von Lüttichau, »Entartete Kunst«, München 1937, in: Barron, *Entartete Kunst*, 61.

202 »arbeitenden deutschen Volkes«: ebd., 63.

»als Kunst anbieten möchten«: ebd., 71.

»Elf Gemälde des Städels«: *Revision*, 157-172.

»1919 5000 Mark«: von Lüttichau, »Entartete Kunst« in: Barron, *Entartete Kunst*, 58.

»Ausstellung »Entartete Kunst« in München gezeigt«: Rede Joseph Goebbels, 26. November 1937, zit. in: Mosse, *Nazi Culture*, 152-153.

»Große Deutsche Kunstausstellung«: Siehe George L. Mosse, »Schönheit ohne Sinnlichkeit« in: Barron, *Entartete Kunst*, 25-31.

203 »internationalen Kritzeleien«: Hitler, München, 18. Juli 1937, zit. in: Barron, *Entartete Kunst*, 18.

»mit den Fäusten trommelte«: Paul Ortwin Rave, *Kunstdiktatur im Dritten Reich* (Hamburg: Gebrüder Mann, 1949), 55-56, zit. in: Nicholas, *Raub der Europa*, 20.

»floh Beckmann nach Amsterdam«: Doris Schmidt, »Biographie« in: *Beckmann Retrospektive*, 461.

»400 000 Besucher«: Die Ausstellung war im Juni/Juli 1939 in Frankfurt zu sehen.

204 »Letzte Gelegenheit, moderne Kunst zu studieren«: »Degenerate Art Popular in Reich«, *New York Times*, 6. August 1937.

204 »es wurde kaum gesprochen«: Hannah Höch, Tagebuch, 11. September 1937, *The Photomontage of Hannah Höch* (Minneapolis: Walker Art Center, 1997), 61. Höch besuchte die Ausstellung am 11. und 16. September. Ich danke Paret, der mich auf Höchs Beobachtung aufmerksam machte.

»Reichs-, Länder- und Kommunalbesitz«: Goebbels, zit. in: Hüneke, »Spurensuche« in: Barron, *Entartete Kunst*, 123.

»572 Zeichnungen und Druckgraphiken«: Kersting, »Stete Intensivierung« in: *Revision*, 27, Anm. 87.

»Argusaugen der Räuber«: Goetz, »Weg eines Bildes« in: Fritz Metzinger, *Ein vergessener Maler*, 124. Die Nazis nahmen noch andere van Goghs: *Selbstportrait* (F476) aus München; *Armand Roulin* (F493) aus Köln; *Der Maler auf der Straße nach Tarascon* (F448) aus Magdeburg (später zerstört); *Daubignys Garten* (F776), *Liebende* (F485), und *Ernte* (F628) aus der Berliner Nationalgalerie (Feilchenfeldt, *Cassirer*, 42).

205 »zu einem Lagerhaus ... transportiert«: Petropoulos, *Art as Politics*, 56.

»fünf weitere Frankfurter Gemälde«: Memo (Wolters) an das Kulturamt, 2. Dezember 1937, SKA, Gachet-Akte, 6. Die anderen Gemälde waren: Munchs *Mann mit Ente*, Cross' *Frauenakt* and Monticellis *Anstreicher*.

»auf Anordnung des Führers«: Der Präsident der Reichskammer der bildenden Künste [Rolf Hetsch], zu Direktor Wolters, Städtische Galerie, 2. Dezember 1937, SKA. Ziegler wollte auch Gemälde von Gauguin (50000 Mark), Munch (8000 Mark), Monticelli (6000 Mark) und Cross (3000 Mark).

»teilte er dem Propagandaministerium mit«: Wolters [zu Ziegler], 3. Dezember 1937, SKA, Gachet-Akte, 8.

206 »Atmosphäre war wie bei einer Beerdigung«: Goetz, »Weg eines Bildes« in: Fritz Metzinger, *Ein vergessener Maler*, 125-126. Der *Gachet* wurde am 14. Dezember nach Berlin geschickt (Keller zu Krebs, 14. Dezember 1937, SKA, Gachet-Akte, 9).

»Beständen der Galerie nicht mehr anzutreffen ist«: Max Brück, *Frankfurter Zeitung*, an Krebs, 8. Dezember 1937, SKA, Gachet-Akte.

207 »auch für eigene Wirren finden«: [Benno Reifenberg], »Dr. Gachet«, *Frankfurter Zeitung*, 9. Dezember 1937.

»Swarzenski ... mit Freunden zu Tisch«: W. Swarzenski, Interview, 1992.

»ihn zum Rücktritt zu zwingen«: Kersting, »Stete Intensivierung« in: *Revision*, 26-27, Anm. 82.

208 »wütender als jemals zuvor«: Goetz, »Weg eines Bildes« in Fritz Metzinger, *Ein vergessener Maler*, 126.

»völlig mit dem Leitartikel übereinstimme«: Wolters an Kulturamt, 12. Dezember 1937, SKA, Gachet-Akte, 12.

»erließen die Nazis ein Dekret«: Graig, *Germany*, 635; Ron Chernow, *Die Warburgs*, 463.

»Rückgabe des Gemäldes«: Aktennotiz, Keller bezieht sich auf Mössingers Brief vom 14. Dezember, 1937, SKA, Gachet-Akte, 13.

209 »längeres Memorandum«: Kulturamt an Krebs, 15. Februar 1938, SKA, Gachet-Akte, 15.
»gute Meister austauschen«: Goebbels, zit. in Hüneke, »Spurensuche« in: Barron, *Entartete Kunst*, 124.
»›unbeschädigt‹ eingetroffen«: Aktennotiz, Kulturamt an Krebs, 15. Februar 1938, SKA, Gachet-Akte, 15.

18 Berlin: Hermann Göring und die Devisen, 1938

210 »habe ich vor, zu plündern«: Göring, zit. in: Petropoulos, *Art as Politics*, 195.
Josef (Sepp) Angerer: siehe NA RG 239/85, OSS/ALIU Consolidated Interrogation Report 2, Theodore Rousseau, »The Goering Collection«, 15. September 1945, 14. »Bornheim ... berichtet, daß Angerer ihn 1937 anrief und mit der Androhung einer Gestapo-Untersuchung dazu veranlaßte, ihm zuerst den Cumberland-Gobelin (Beauvais ca. 1700) und später den Gobelin *Am Hofe Maximilians* (Brüssel 16.Jh.) zu verkaufen. Ersterer ging an Hitler und letzterer an Göring.«
211 »Widerstand gegen den Verkauf«: Krebs, Aktennotiz zu »Dr. Gachet von van Gogh«, 23. Mai 1938, SKA, Gachet-Akte, 21.
»Hermann Göring«: zur Sammlung Görings siehe: Nicholas, *Raub der Europa*, 451f.
»Bilder der fraglichen Art«: Report, Krebs to Kremmer, 10. Mai 1938, SKA, Gachet-Akte, 16.
212 »Fußböden angebracht«: Albert Speer, *Erinnerungen*, Berlin 1969, 10, zit. in: Nicholas, *Raub der Europa*, 52.
»ERR«: Nicholas, *Raub der Europa*, 174f., 179-184, 186f., 212ff., 224ff., 228ff.
»prahlte damit, Bücher ...«: OSS Zwischenbericht über Göring, 4.
213 »schlechte Schmierereien moderner deutscher Maler«: Sumner Welles, *The Time for Decision* (New York, 1944), 118-119, zit. in: Nicholas, *Raub der Europa*, 53-54.
»*Die Brücke von Langlois*«: Petropoulos, *Art as Politics*, 197.
»sich auf 100 Millionen Reichsmark belief«: ebd., 188.
»rund 5000 Exponate«: ebd., 181.
»Sonderauftrag Linz«: Nicholas, *Raub der Europa*, 41-49; Petropoulos, *Art as Politics*, 90-91, 181-186; und National Archives, Record Group 77, Office of Strategic Services/Art Looting Investigation Unit, Consolidated Interrogation Report 4, Lane Faison, »Linz: Hitler's Museum and Library«, 14. Dezember 1945.
214 »Vermeers *Der Maler in seinem Atelier*«: Nicholas, *Raub der Europa*, 69-70.
»sich auch nicht darum scherte«: Janet Flanner, *Men and Monuments* (New York: Da Capo Press, 1990), 226.
»seinem Stellvertreter Kremmer«: Bericht des Hauptverwaltungsamts, 11. Mai 1938, SKA, Gachet-Akte, 17.

214 »setzte Kremmer eine Erklärung auf«: Kremmer an Göring, 11. Mai 1938, SKA, Gachet-Akte.
»die Verwaltung des Kulturamts konsultierte«: Bericht des Hauptverwaltungsamts an Kulturamt, 12. Mai 1938, SKA, Gachet-Akte, 18.
215 »dauernd in der Galerie öffentlich ausgestellt«: Antwort an das Hauptvetwaltungsamt, 12. Mai 1938, SKA, Gachet-Akte, 19.
»lieferten die Anwälte Krebs ein umfassenderes Bild«: Hauptverwaltungsamt [Kremmer] an Krebs, 20. Mai 1938, SKA, Gachet-Akte, 20.
»bat seine Vorgesetzten«: Krebs, 23. Mai 1938, SKA, Gachet-Akte, 21.
216 »hörte ... erneut von Johanna Mössinger«: Mössinger zu Krebs, 27. Mai 1938, SKA, Gachet-Akte, 22.
»log Krebs«: Krebs an Mössinger, 30. Mai 1938, SKA, Gachet-Akte, 23.
»wandte sich Krebs an ... Philipp Prinz von Hessen«: Krebs an Philipp Prinz von Hessen, 30. Mai 1938, SKA, Gachet-Akte, 23.
»Kommission zur Verwertung«: Hüneke, »Spurensuche« in: Barron, *»Entartete Kunst«*, 125.
»noch Geld mit dem Mist«: Josef Goebbels, 29. Juli 1938, *Tagebücher des Joseph Goebbels. Sämtliche Fragmente*, Elke Fröhlich (Hg.), München 1987, Teil 1, Bd. 3, 494, zit. in: Barron, »Die Auktion der Galerie Fischer« in: Barron, *»Entartete Kunst«*, 135.
217 »vier Kunsthändler«: Nicholas, *Raub der Europa*, 37.
»Sonderkonto Entartete Kunst«: siehe: Petropoulos, *Art as Politics*, 80.
»Folkwang Museum in Essen«: In den zwanziger Jahren erwarb die Stadt Essen die Sammlung des Folkwang Museums, das von Karl Ernst Osthaus in Hagen gegründet worden war.
»12 000 englische Pfund und 800 000 Effekten-Sperrmark«: GStA PK, I.HA Rep. 90, Nr. 2464, Preußisches Staatsministerium, Aktennotiz, 18. Mai 1938. Siehe auch: Petropoulos, *Art as Politics*, 79. Jonathan Petropoulos wies mich auf dieses und andere Dokumente über die Sammlung Görings hin.
218 »Sperrmark«: Blockierte Währung, die nur in Deutschland ausgegeben werden konnte. Tim Guinnane schätzt, daß der Wert von acht Sperrmark einem US-Dollar entsprach, eine Rate, die auf Berichten amerikanischer Valutahändlern aus den späten dreißiger Jahren beruht.
»Koenigs zahlte um die 500 000 Reichsmark«: NA RG 260 438, Büro der Militärregierung für Bayern, Monumente, Kunst- und Archiv-Sektion, zu Rae, Taper, Doubinsky, über Angerer, 20. Mai 1947. Ich danke Lynn Nicholas, die mir eine Kopie des Dokuments überließ.
219 »Angerers Geschäfte«: Offensichtlich dokumentierte ein Bediensteter namens Bergmann im Devisenbüro der für den Vier-Jahres-Plan zuständigen Abteilung, am Tag bevor Koenigs die Gemälde abholte, den Verkauf der drei Gemälde in einer längeren Aktennotiz, um Funks rückwirkende Zustimmung zu der ohne die notwendige Erlaubnis getätigten Devisenausgabe Angerers einzuholen. Die Notiz berichtet von der komplizierten Transaktion, von Hitlers Zustimmung zur Idee,

219 beschlagnahmte Werke im Ausland zu verkaufen, von Görings Anfrage bei Goebbels, Goebbels' Einverständnis, die drei Gemälde freizugeben, den Verkauf an Koenigs für 12 000 englische Pfund und 800 000 Sperrmark. Diese würden zum größten Teil von Angerer verwendet werden, um für Kunstwerke zu zahlen, die bereits von Göring und dem Führer inspiziert und erworben worden sind. (Bergmann-Akte, 19. Mai, 1938, GStA PK, I.HA Rep. 90, Nr. 2464, Bl. 1-2).

»zu dokumentieren und abzustimmen«: GStA PK, I.HA Rep. 90, Nr. 2464, Bl. 1-73.

»drei Tapisserien aus dem achtzehnten Jahrhundert«: F. Stern-Drey, Brüssel, Rechnung an Quantmeyer & Eicke, Berlin, 21. Mai 1938, GStA PK, I.HA Rep. 90, Nr.2464, Bl. 44.

»er kaufte auch drei kleinere Gobelins«: ebd. Ein Gobelin war nach einem Watteau-Gemälde gestaltet, ein anderer zeigte *Jagdszenen* und der dritte *Pyramus und Thisbe*.

»landeten in die Reichskanzlei«: GStA PK, I.HA Rep. 90, 2464, Legler (Staatssekretär des Preußischen Staatsministeriums) an Bürokasse, 29. März 1940.

»ein Lucas Cranach-Gemälde«: Bacri Freres [an Angerer], 1. Juni 1938, GStA PK, I.HA Rep. 90, 2464, Bl. 45.

»die restlichen 1500 Pfund an Göring«: Bergmann-Aktennotiz, 21. Juni 1938, 11; Göring an Neumann (Reichsbank), 23. Juni 1938, GstA PK, I.HA Rep. 90, 2464, Bl. 4; Haberstock an das Preußische Staatsministerium, unveröffentlichte Stellungnahme, 5. April 1940, GStA PK, I.HA Rep. 90, 2464, Bl. 70. Am 23. Juni schreibt Angerer an Bergmann, daß er auf Anweisung Görings sechs Gobelins im Wert von 400 000 Lire in Venedig von Dr. Alexandro Morandotti gekauft habe. In einem weiteren Brief an Bergmann berichtet Angerer, daß er zwei Gobelins in Holland gekauft habe, die als Sicherheit für ein Darlehen der Dresdner Bank gedient hatten.

220 »aus dem Sperrmarkbetrag erstattet«: Bergmann zu Funk, 29. Juni 1938, GStA PK, I.HA Rep. 90, 2462, Bl. 12.

»seine eigenen Machenschaften tarnen sollten«: Petropoulos, *Art as Politics*, 80.

»Angerer ging soweit«: Angerer zu Bergmann, 23. Juni 1938, 20. Siehe auch: Göring zu Funk, Berlin, 2. August 1938, GStA PK, I.HA Rep. 90, 2464, Bl. 27.

»Preußische, Staatsministerium 287 000 Reichsmark in Rechnung«: Quantmeyer & Eicke an die Reichskanzlei, 15. Juni 1938, GStA PK, I.HA Rep. 90, 2464, Bl. 18.

221 »Göring eignete sich noch zehn weitere Gemälde an«: Hüneke, »Spurensuche« in: Barron, *Entartete Kunst*, 132, Anm. 20. Angerer verkaufte Munchs *Umarmung* und Signacs *Hafen* für 9 000 Schwedenkronen, Munchs *Melancholie* und *Begegnung am Meer* für 675 englische Pfund (Angerer an das Staatsministerium, Berlin, 16. November 1939, GStA PK, I.HA Rep. 90, 2464. Bl. 57).

221 »die Sperrmarksumme schuldig«: Oberfinanzpräsident an Legler, 29. Juli, 1938, GStA PK, I.HA Rep.90, 2464, Bl. 26. Er informierte Göring daß er der Zahlungsanweisung über 800 000 Sperrmark, einziehbar vom Konto von Rhodius & Koenigs Handelsmaatschappij beim Bankhaus Delbrück & Schickler, einzahlbar auf das Konto des Preußischen Staatsministeriums, ebenfalls bei Delbrück oder bei der Post, zugestimmt hatte.

»Büro des Vierjahresplans«: Bergmann-Aktennotiz an Angerer, 29. Juni 1938, GStA PK, I.HA Rep. 90, 2464.

»Hoffmann eröffnete ihm«: Krebs, 20. Juli 1938, SKA, Gachet-Akte, 25.

222 »erneut höflich anfragte«: Die Briefe Mössinger-Krebs, 20. August-12. November 1938, siehe: SKA, Gachet-Akte, 26-29.

»schrieb sie am 12. November noch einmal«: Mössinger an Krebs, 12. November 1938, SKA, Gachet-Akte, 28.

»Krebs bestätigte«: Krebs an Mössinger, 28. November 1938, SKA, Gachet-Akte, 28. Am 16. Juni 1939 erklärte Mössinger Krebs, daß sie von einer bevorstehenden Auktion der »Entarteten Kunst« gehört habe und ob sie eine Entschädigung erhalten könne (Mössinger an Krebs, 16. Juni 1939, 31).

»daß er Deutschland ... verlassen hätte«: Harvard University Art Museums Archives, Paul J. Sachs-Akten, Brief von Georg Swarzenski an Paul J. Sachs, 19. September 1938.

»das Städel 150 000 Reichsmark ... erhalten «: Legler an das Städel, 24. Januar 1940, SKA, Gachet-Akte, 24.

223 »daß ihr eine solche nicht zustehen würde«: Kersting, »Stete Intensivierung« in: *Revision*, 27, Anm. 88.

»über 1004 Gemälde und Plastiken«: Nicholas, *Raub der Europa*, 39.

»der Verkauf der »Entarteten Kunst« nur um eine Million Reichsmark eingebracht hatte«: Petropoulos, *Art as Politics*, 80.

19 Amsterdam: Weg ins Exil – Franz Koenigs und Siegfried Kramarsky, 1938-1940

224 »rief Koenigs Walter Feilchenfeldt ... an«: Marianne Feilchenfeldt, August 1992.

225 »bezahlten dafür mit ihrem Besitz«: siehe dazu auch: Nicholas, *Raub der Europa*, 39-60.

226 »offensichtlich mehr als eine Million Gulden«: W. Koenigs, Interview.

227 »Helmuth Lütjens«: Galerie Cassirer, Amsterdam, Inventarbuch, September 1938. Paul Cassirer-Archiv. Walter Feilchenfeldt, Zürich.

»spielte Koenigs den Vermittler«: zur Biographie von Koenigs: Ich beziehe mich auf Ger Luijten und A.W. F. M. Meij, *From Pisanello to Cézanne: Master Drawings from the Museum Boymans-van Beuningen, Rotterdam* (Rotterdam: Museum Boymans-van Beuningen, 1990), 9-12; und Albert J. Elen, *Missing Old Master Drawings from*

227 *the Franz Koenigs Collection* (The Hague: Netherlands Office for Fine Arts, 1989), 9-13.
»von Privatlehrern unterrichtet«: Christine Koenigs, Interview.
228 »bevorzugte ein Tempo«: Marianne Feilchenfeldt, Interview.
»freundschaftlichen als auf finanziellen Erwägungen«: Hermann J. Abs, Interview, August 1992.
229 »hatte er 2671 Zeichnungen erworben«: Elen, *Missing Old Master Drawings*, 10-13.
230 »Verschluß seines Besitztums«: Benjamin, *Ich packe meine Bibliothek aus*, 389.
»seine Finanzen in seine Sammlung hatte fließen lassen«: W. O. Koenigs, Interview.
231 »eine zweite Sammlung aufzubauen«: Elen, *Missing Old Master Drawings*, 13. Die Zeichnungen aus Koenigs' zweiter Sammlung sind einfach von denen der ersten Sammlung zu unterscheiden, weil sie nicht die Signatur des Sammlers tragen.
»Kramarsky hatte in Koenigs' Schuld gestanden«: Hermann J. Abs, Interview.
233 »viel zu spät«: Nicholas, *Raub der Europa*, 43ff.
234 »Vernichtung der jüdischen Rasse«: Adolf Hitler, 30. Januar 1939, zit. in: Daniel Jonah Goldhagen, *Hitlers willige Vollstrecker*, München 1996, 178.
»neue Wege fanden, Geldmittel zu sammeln«: Dr. D. Cohen, *Zwervend en dolend* (Haarlem, 1955), 27, 75. Die Übersetzung aus dem Holländischen besorgten Yolanda Vogelzang und Ester Wouthuysen.
»rheinländische Industrielle«: K. Oppenheimer, Interview.
235 »eine Anzeige in der Zeitschrift Art News«: Nicholas, *Raub der Europa*, 8.
»aus deutschen Museen«: Barron, »Die Auktion in der Galerie Fischer« in: Barron u.a., *»Entartete Kunst«: Das Schicksal der Avantgarde*, 135-170.
»250 000 Schweizer Franken«: ebd., 143.
236 »Gute an der Emigration solcher Kunstwerke«: Barr, zit. in: *New York Times*, 13. August 1939.
»würde es begrüßen«: Valentin zu Kuhn, Dezember 1940, in Jonathan Petropoulos, »Saving Culture from the Nazis«, *Harvard Magazine*, März-April 1990, 41.
237 »die National Gallery«: Nicholas, *Raub der Europa*, 54. Zur Evakuierung europäischer Museen siehe: ebd., 71ff.
»große Galerie des Louvre«: Dieses Bild befindet sich auf dem Umschlag des Buches *Der Raub der Europa* von Lynn M. Nicholas.
»Nike von Samothrake«: ebd., 79. Foto von Noel de Boyer.
»Lütjens arrangierte«: Galerie Cassirer, Amsterdam, Inventarbuch, 14. August 1939, Paul Cassirer-Archiv, Walter Feilchenfeldt, Zürich.
»*Brücke von Trinquetaille*«: unveröffentlichte Inventarliste, geschrieben von Raphael Rosenbaum, Rosenberg & Stiebel-Archive; Eric Stiebel, Interview, 1992.

238 »Heute Nacht wird es regnen«: S. Kramarsky, Interview.
»Ich schreibe dieses«: Beckmann in: Stephan Lackner, »Beckmanns Exil in Amsterdam und Paris, 1937-1947« in Schulz-Hoffmann und Weiss, *Beckmann*, 154.
»Boymans-van Beuningen«: 1997 wurde der Name des Museums in Museum Boijmans Van Beuningen umgeändert.

239 »Rotterdam für immer verlassen würde«: Hannema zu van der Vorm, 13. März 1940, in: Christine F. Koenigs, »Under Duress«, übers. von Jonathan Bragdon, in: Elizabeth Simpson (Hg.), *The Spoils of War: World War II and Its Aftermath – The Loss, Reappearance, and Recovery of Cultural Property* (New York: Harry N. Abrams, 1997), 238. Zum Brief an van Beuningen, siehe ebd.
»uneingeschränkter Besitz«: Franz Koenigs zu den Direktoren vom Boymans Museum, 2. April 1940 BvBM.

240 »irgendwann in der Woche abzuholen«: Lisser & Rosenkranz zu den Direktoren des Boymans Museum, 2. April 1940, BvBM.
»eine Million Gulden«: Hannema zu van Beuningen, 8. April 1940, BvBM.
»mehr als gut«: Hannema zu den Direktoren von Lisser & Rosenkranz, 9. April 1940, BvBM. Am 8. April teilten Lisser & Rosenkranz mit, daß die Gemälde Koenigs', die sich als Leihgabe im Museum befänden, nun der Bank gehörten.
»akzeptierten ... das Angebot van Beunings«: die Direktoren von Lisser & Rosenkranz zu den Direktoren vom Boymans Museum, 9. April 1940, BvBM.

241 »Zeichnungen von Carpaccio«: Koenigs zu Hannema, 17. April 1940, BvBM.
»durchforstete, die Kunstsammlungen«: Nicholas, *Raub der Europa*, 97-114.
»40 von Rembrandt«: Hans Posse zu Martin Bormann, 14. Oktober 1940, Consolidated Interrogation Report Linz, Attachment 60, in: Elen, *Missing Old Master Drawings*, 15.
»Dirk Hannema«: ebd., 15. Hannema war unter Arthur Zeyss-Inquart der Reichskommissar SS-Obergruppenführer.
»527 der Koenigs-Zeichnungen«: ebd., 15-16.

242 »Gemälde, die Koenigs gehört hatten«: NA, RG 239, 85, OSS/ALIU, Report 2, 71.
»der van Gogh«: Krebs, Reisebericht, 29. August-11. September 1940, SKA, Gachet-Akte, 36.

20 *New York: Emigranten, 1941*

245 »et omnia vanitas«: Goetz, »Weg eines Bildes« in: Fritz Metzinger, *Ein vergessener Maler*, 128.
»Reihe emigrierter Kuratoren im Exil«: Colin Eisler, »Kunstgeschichte American Style: A Study in Migration« in: Donald Fleming und

245 Bernard Bailyn (Hg.), *The intellectual Migration: Europe and America, 1930-1960* (Cambridge, Mass.: Harvard University Press, 1969), 565.

246 »Liste von Saemy Rosenberg:« ca. 1940, Rosenberg & Stiebel-Archive, New York.

»Einreisequoten für jüdische Immigranten«: Chernow, *Die Warburgs*, 389.

»nur 157 000 deutsche Juden«: ebd., 446.

247 »glücklichen Umstand«: Erwin Panofsky, »Drei Jahrzehnte Kunstgeschichte in den Vereinigten Staaten« in: Erwin Panofsky, *Sinn und Deutung in der bildenden Kunst*, Köln 1975, 389.

»Zentrum der moderen Kunst«: Eisler, *Kunstgeschichte*, 598-599.

»jeder von ihnen ... eine van Gogh-Ausstellung«: *Van Gogh Meisterwerke*, Paul Rosenberg & Co., Januar 1942, no. 9; *The Art and Life of Vincent van Gogh*, Einleitung von Alfred M. Frankfurter (New York: Wildenstein, 1943), no. 62. Während des Krieges wurde der *Gachet* auch ausgestellt in: *Paintings by van Gogh*, im Baltimore Museum of Art, September-Oktober 1942, und *Five Centuries of Dutch Art*, Art Association of Montreal, 9. März-9. April 1944.

248 »Zahllose Ausstellungen«: Panofsky, »Drei Jahrzehnte«, 384.

249 »mehr oder weniger vollständige Sammlung«: Joseph Choate, zit. in: Tomkins, *Merchants*, 21.

250 »ein Nebenprodukt des Krieges«: Harry B. Wehle, »French Painting from David to Toulouse-Lautrec«, *Metropolitan Museum of Art Bulletin*, Februar 1941, 27.

»Galerie Duveen beisteuerte«: Das Gemälde wurde am 21. Januar 1941 geliefert. Bertram S. Boggis, Direktor von Duveen Bros., arrangierte den Transport des Gemäldes von der Galerie auf der Fifth Avenue 720 zum Museum. Es war von einem Privatsammler aus der Pine Avenue 1130 in Montreal ausgeliehen worden. (Susan Alyson Stein, Abteilung für Europäische Gemälde beim Metropolitan Museum of Art, Brief vom 31. März 1992.)

»vermutlich die zweite Version«: ebd., 21-22. »Einer seiner Briefe an seinen Bruder enthielt eine Skizze des Porträts des Doktors. ... Das erwähnte Gemälde ist das eine der Städtischen Galerie, Frankfurt, und dieses ist vermutlich die zweite Version.«

»de la Faille Œuvrekatalog von 1928«: Das de la Faille-Werkverzeichnis von 1928 beschreibt die zwei Versionen, F753 und F754, und enthält ein Foto jeder Version. B. de la Faille, *L'Œuvre de Vincent van Gogh: Catalogue raissoné* (Paris and Brusseis, 1928), 213.

251 »von Hitler festgelegten Richtlinien«: »Göring Launches Nazi Art Purge«, *New York Times*, 4 August 1937.

»die Auktion der Galerie Fischer«: *New York Times*, 2. Juli 1939.

»Van Gogh Meisterwerke«: *Van Gogh Masterpieces* (New York: Paul Rosenberg, 1942). Unter »Collections« führt der Katalog »Harry Graf Kessler, Berlin; J. Keller, Paris, E. Druet, Paris« auf.

252 »Diese Jahre ... des Weltkriegs«: Lola Kramarsky, ›Hadassah‹-Ansprache, 4. Juni 1958.

252 »Plan zur Ausführung der »Endlösung« «: Craig, *Germany*, 748-749.

253 »Paul Sachs«: zu Paul J. Sachs (1876-1965) siehe: Eisler, *Kunstgeschichte*, 590-591.
»wenngleich etwas heiklen Gründen«: Panofsky, »Drei Jahrzehnte« in: *Sinn und Deutung*, 388.

254 »250 Kunsthistoriker«: Karen Michaels, »Transfer and Transformation« in: Stephanie Barron u.a., *Exiles and Emigrés: The Flight of European Artists from Hitler* (New York: Harry N. Abrams, 1997), 305. Eisler nennt 50 Professoren und 28 Museumdirektoren (*Kunstgeschichte*, 564).
»gleichen Stand mit Europa bringen«: John Coolidge, Walter Friedländer, 1873-1966, *Art Journal* 26 (Frühjahr 1967), 260, zit. in: Eisler, *Kunstgeschichte*, 559.
»blauen Woll-Überrocks«: Rewald, *Nachimpressionismus*, 265.
»Erwin Panofsky«: Eisler, *Kunstgeschichte*, 582-583.

255 »sich in den Statuen manifestiert«: Panofsky in: »Einleitung: Kunstgeschichte als geisteswissenschaftliche Disziplin« in: Panofsky, *Sinn und Deutung*, 19.
»Sammlung mittelalterlicher Kunst«: Hanns Swarzenski and Nancy Netzer, *Medieval Objects in the Museum of Fine Arts: Enamels and Glass* (Boston: Museum of Fine Arts, 1986), xv-xvi.
»Er ist wirklich am Leben!«: Swarzenski, *Beckmann.*

257 »Mount Auburn Cemetery begraben«: Perry Rathbone, Interview, 1992.

21 *»Wie bedeutend war er denn als Maler?« 1950-1970*

258 »bedeutend war er denn als Maler«: Clement Greenberg, »Review of Exhibitions of Van Gogh and the Remarque Collection« Nation, 6. November 1943, in: Clement Greenberg, *The Collected Essays and Criticism*, hg. v. John O'Brian (Chicago: University of Chicago Press, 1993), 1:161.
»unter denen die Menschen heute lebten«: Daniel Catton Rich, »Van Gogh«, in: *Van Gogh: Paintings and Drawings* (New York: Metropolitan Museum of Art, 1949), 10.
»Atombombentests«: Kennedy, *Aufstieg und Fall*, 551ff.

259 »Houghton Mifflin«: Houghton Mifflin veröffentlichte *The Letters of Vincent van Gogh to his Brother, 1872-1886*, und *Further Letters of Vincent van Gogh to his Brother, 1886-1889* (Boston: Houghton Mifflin: 1927, 1929).
»dreiundzwanzig Gemälde und neunzehn Zeichnungen«: Das Art Institute of Chicago besaß fünf van Goghs, darunter *Schlafzimmer des Malers* und *La Berceuse*; Carroll S. Tyson besaß eine Version der *Sonnenblumen*; Stephen Clarke, *Nachtcafé*; Samuel Lewisohn, *L'Arlésienne*; J. Robert Oppenheimer, *Porträt Adeline Ravoux*; John Spaulding, *Häuser in Auvers*.

259 »die Sixtinische Kapelle ausstellen«: Harold Edgell, zit. in: Walter Muir Whitehill, *The Museum of Fine Arts* (Cambridge: Harvard University Press, Belknap Press, 1970), 2: 644.

260 »anregendste Ausstellung moderner Kunst«: Russell Lynes, *Good Old Modern* (New York: Atheneum, 1973), 135.

»Werbegeschenk«: Frankfurter, *Art and Life*, 12.

»billige Melodramatik der Dialoge«: ebd.

»die ersten van-Gogh-Exponate«: Charles Sterling und Margaretta M. Salinger, *French Paintings: A Catalogue of the Collection of the Metropolitan Museum of Art* (New York: Metropolitan Museum of Art, 1967), 181-192. Das Museum erwarb *Sonnenblumen* und *Zypressen* 1949, *L'Arlésienne* 1951.

261 »wohlwollendes Verständnis entgegenzubringen«: Vorwort, in: *Vincent van Gogh* (Houston: Contemporary Art Association of Houston, 1951). Der *Gachet* hatte die No. 20.

»für 1,5 Millionen Dollar versichert«: Ann Holmes, »Van Gogh Sought a Shining Light«, *Houston Chronicle*, 4. Februar 1951.

»Versicherungssumme für die Gemälde von Barr«: Lynes, *Good Old Modern*, 133.

»ein trauriger Kerl am tiefsten Punkt«: Morris Frank, »Morris Akin to van Gogh«, *Houston Chronicle*, 6. Februar 1951.

»Ausstellung in der Municipal Art Gallery«: *Vincent van Gogh:* A Loan Exhibition of Paintings and Drawings, in cooperation with Wildenstein & Co., 3. Juli-4. August 1957.

»die Buchrechte«: Stephen Harvey, *Directed by Vincente Minnelli*, New York: Museum of Modern Art, 1989, 221-247.

262 »neuen Talente«: Greenberg, *Collected Essays*, 2:215.

»ein Pollock nachweislich für mehr als 100 000 Dollar«: Clement Greenberg, »The Jackson Pollock Market Soars«, (1961), in: *Collected Essays*, 4:107.

»eine Resonanz ähnlich der van Goghs«: ebd., 114.

»einer populären Biographie«: Rich, *Van Gogh*, 7

»hoch moralisches, religiöses Drama«: Schapiro, *Van Gogh*, 12.

»leidenden oder verstörten Natur«: ebd., 22-23.

263 »dünn gesät«: Greenberg, *Review*, 1:160.

264 »des Moralisierens und Geschichtenerzählens«: Nochlin, *Politics of Vision*, XIII.

»Ausstellung im Metropolitan«: Charles Moffett, *Van Gogh as Critic and Self Critic* (New York: Metropolitan Museum of Art, 1974). Im Juli-September 1964 war der Gachet in der Ausstellung »Van Gogh and Expressionism« im Solomon R. Guggenheim Museum ausgestellt.

265 »42 Prozent des Welteinkommens«: James T. Patterson, *Grand Expectations: The United States, 1945-1974* (New York: Oxford, 1996), 61.

»jeweils zehn von Cézanne«: Deirdre Robson, »Wildenstein« in: Turner, *Dictionary*, 33:183.

265 »von Kramarskys den Gachet«: Wildenstein, *Six Masters of Post-Impressionism* (April-Mai 1948), no. 70; *Vincent van Gogh:* Loan Exhibition (März-April 1955), No. 72; *Olympia's Progeny* (Oktober-November 1965), No. 62.

267 »*Park mit Paar und Blautanne*«: Das de la Faille-Werkverzeichnis gibt den Titel des Gemäldes unter der Nr. F479 mit *Mann und Frau in einem Park (Der Garten des Dichters)* an, siehe auch: Dorn, *Décoration*, 379.

»Rembrandts *Aristoteles*«: Tomkins, *Merchants*, 338-339.

»auf 60000 Dollar geschätzt«: Saemy Rosenberg zu S. L. Wolkenberg, 23. Februar 1944, Rosenberg & Stiebel-Archive.

»schätzte ... Stiebel den Gachet«: Eric Stiebel zum Kramarsky-Trust, 15. Mai 1970, Rosenberg & Stiebel-Archive.

22 *Das Frankfurt der Nachkriegszeit*

269 »Der Pragmatiker Abs behauptete«: Abs, Gespräch im August 1992.

270 »setzte Holzinger ... Abs darüber in Kenntnis«: Ernst Holzinger an Abs, 23. Dezember 1958, SKA.

»schrieb Kramarsky«: Abs zu Kramarsky, 21. Januar 1958, SKA.

»forderte Holzinger von der Stadt«: Holzinger an das städt. Amt für Lernen, Kunst und Ausbildung, Aktennotiz; 28. Februar 1959, SKA.

»Rolle ... für deutsch-jüdische Flüchtlinge«: *New York Times*, 26. Dezember 1961.

271 »wie ich wohl weiß und immer ausspreche«: Holzinger an W. Kramarsky, 4. April 1962, SKA.

»in absehbarer Zukunft nicht zum Verkauf«: Lola Kramarsky an Holzinger, 17. April 1962, SKA.

272 »erzählte Holzinger Abs«: Holzinger zu Abs, 5. Mai 1962, SKA.

»nach seiner Beschlagnahmung«: Kersting, »Stete Intensivierung«, 27 n. 88.

273 »für die Berliner Nationalgalerie«: Einige Wissenschaftler stellten Justis Erwerbung in Frage, anscheinend als ihre Revanche für seine Rolle bei der Aufdeckung gefälschter van Goghs während des Wacker-Skandals. (Dorn, Interview)

»akzeptierten sie beide Versionen«: Dorn, Interview.

275 »Aquarell Dürers«: »Reporter's Notebook«, *New York Times*, 29. Juni 1978. Das Dürer-Aquarell ging an die Kunsthalle in Bremen.

»ohne die Dollars im Hinterkopf«: Eugene Thaw, »Hirsch: Ridiculous Prices and Art Market ›Groupies‹«, *Times* (London), 12. Juli 1978, 14.

276 »das Überleben sehr bewußt macht«: Lola Kramarsky zu Bernice Kaplan, 21. Mai 1977, verlesen beim Hadassah National Board Meeting, 2. Juni 1977.

23 *Das Metropolitan Museum und der neue van Gogh, 1984-1990*

279 »das Museum würde großartig werden«: Henry James, *The American Scene* (1907; neu aufgelegt bei Bloomington: Indiana University Press, 1968), 192.
»in eine Kiste verpackt«: Brief von Susan Alyson Stein, 31. März 1992.
280 »seine Arbeit nicht direkt beeinflußte«: Pickvance, *Saint-Rémy*, 5.
283 »neue Flügel«: Tomkins, *Merchants*, 379.
284 »Maß erfolgreich, das in Europa unbekannt ist«: ebd., 12.
»absolut störendste Geräusch«: John Russell, »Are Crowds and Art a Happy Mix?« *New York Times*, 4. November 1984.
285 »van Gogh-Posters«: Jahresfinanzbericht 1. Juli 1986 - 30. Juni 1987 (New York: Metropolitan Museum of Art, 1987), 4.
»Ware in Geschenkartikelläden«: Arthur C. Danto, *Kunst nach dem Ende der Kunst*, München 1996, 16.
»Malerei des neunzehnten Jahrhunderts«: Grace Glueck, »The Met Reclaims More than 500 19th Century Treasures«, *New York Times*, 23. März 1980.
»wichtigen Durchbrüchen«: Richard R. Brettell, »Modern French Painting and the Art Museum«, *Art Bulletin* 77, No. 2 (1995), 166-169.
»auf dem Gebiet des Museumsdesigns«: Ada Louise Huxtable, »The New Galleries Are ›Near Perfect‹«, *New York Times*, 23. März 1980.
287 »genau gesagt 444 Tage«: Pickvance, *Arles*, 11.
»bedeutende Wirkung auf seine Ansicht«: ebd., 84.
»Persönlichkeit besser ausprägt«: VGB, No. 484 (4. Juni 1888), 203.
»›signifikant‹, ›radikal‹«: Pickvance, *Arles*, Anhang 1, 260-263.
»zehnmal mehr als im Durchschnitt«: ebd., 204.
288 »eine sehr schwache Replik«: Faille (1970), F754.
289 »Echtheit mehrerer Bilder«: Welsh-Ovcharov, in: *Paris Period*, ›Abgelehnte Werke‹ und ›Zuschreibung unbekannt‹ wird aufgelistet (236-237).
»seiner größten Isolation«: Dorn und Feilchenfeldt, *Genuine or Fake?*, 296.
»Jan Hulsker... eine neue Reihenfolge vorschlug«: Jan Hulsker, *Van Gogh door van Gogh: De brieven ass commentaar op zijn werks* (Amsterdam: Meulenhoff, 1973). Siehe auch David Sweetman, *Van Gogh* (New York: Crown Publishers, 1990), 355.
»eine meiner stärksten Arbeiten«: VGB, No. 631, 25. Juli 1890, *SB* 651.
290 »Fußboden im Keller ... lagerten«: Bogomila Welsh-Ovcharov, Interview.
»Rijksmuseum«: Gerald van Bronkhorst, »Vincent Willem van Gogh and the Rijksmuseum's Prehistory«, *Van Gogh Museum Journal*, 1995, 25-84.

292 »letzten siebzig Tagen seines Lebens«: Pickvance, *Saint-Rémy*, 18.
»seine Arbeit nicht direkt beeinflußte«: ebd., 15.
»Serien (Zyklen), die organisch verbunden sind«: ebd., 16.
»Roland Dorn«: Dorn präsentierte seine revolutionären Gedanken erstmals in »Vincent van Gogh's Concept of ›Décoration‹«, ein Vortrag beim Vincent van Gogh International Symposium, Tokyo, 17.-19. Oktober 1985, und in seiner Dissertation 1986. 1990 veröffentlichte er *Décoration: Vincent van Goghs Werkreihe für das Gelbe Haus in Arles* (Hildesheim: Georg Olms, 1990).
»Segmente einer Wandmalerei«: Dorn, Leeman u.a., *Early Modern Art*, 37.
»eine Serie von Sonnenblumenbildern«: Dorn, *Décoration*, 375.
»antithetische Gegenstücke«: ebd., 377-379.
»Park mit Trauerweide«: Das ist das erste Gemälde in der Serie: *Garten des Dichters* im Art Institute of Chicago (siehe ebd., 378).
293 »wie Maupassant es sagte«: Dorn, Leeman u.a., *Early Modern Art*, 37.
»Doktrin des Realismus«: ebd.
»Intensität der Aufmerksamkeit«: ebd.
»Breitformate«: Matthias Arnold, *Vincent van Gogh: Werk und Wirkung*, 533
»tragischen, und unheilsvollen Charakter«: Dorn, Leeman u.a., *Early Modern Art*, 276.
»Gefühl einer Bedrohung«: ebd., 276.
»beendete die Bedeutungsdebatte nicht«: Judy Sund behauptete, die umstrittenen *Krähen* seien eine »Reflexion seiner anhaltenden Besessenheit mit Todesthemen, ihre Botschaft der Sterblichkeit ... [und] scheint gefärbt von einer Erregung, die aus dem Glauben des Malers an ein Leben nach dem Tod, hervorgerufen durch die Heilige Schrift, herrührt.« (»The Sower and the Sheaf«, *Art Bulletin* 70, No. 4 [1988], 675).
»literaturtheoretischen oder feministischen Ansatz«: Nochlin, *Politics*, XIV.
294 »Drucke ... japanischer Holzschnitte«: Pickvance, *Saint-Rémy*, 18.
»Kapitalismus ... in der Stadt«: Griselda Pollock, »Stark Encounters«, *Art History*, No. 3(1983), 353.
»spezifische Tatsachen seiner Stellung in der Klasse«: ebd., 350.
295 »kommerzieller Erfolg«: ebd., 331.
»was der Stadt widerfahren ist, auseinandersetzen«: Clark, *Painting of Modern Life*, 30.
»das ›moderne Porträt‹«: Welsh-Ovcharov, *Cloisonism*, 164.
»persönlicher Interpretationen, als allgemein angenommen«: ebd., 163.
296 »A. Brown Price«: siehe A. Brown Price, *Two Portraits*, 714-718.
»seine eigenen künstlerischen Ideale«: van Uitert, *Van Gogh and Gauguin*, 94.
»der moderne Roman«: ebd.

296 »zeitgenössische Moralgeschichte«: Edmond und Jules de Goncourt, *Germinie Lacerteux,* (1879; reprint, New York: Penguin, 1984), in ebd., 96.
»die Wut des Herzens«: Edmond und Jules de Goncourt, *Manette Salomon* (Paris: Charpentier, 1881), 84, zit. in: ebd.
»viele Quellen ›verschmolz‹«: Welsh-Ovcharov, *Cloisonism*, 164.
297 »die Ewigkeit«: *SB*, Bd.4, 520.
»gewisse Ähnlichkeit mit uns«: *SB*, Bd. 4, 570.
»Begleitstück«: Judy Sund, *True to Temperament: Van Gogh and French Naturalist Literature* (Cambridge: Cambridge University Press, 1992), 238.
298 »während seiner Jahre in Frankreich entwickelte«: ebd., 242-43.
»wie Erscheinungen vorkommen«: *SB*, W22.

24 *Sonnenblumen, 1987*

299 »wer hat gegen Sie geboten?«: Mary Cassatt an Louisine Havemeyer, 25. Dezember 1912. Havemeyer hatte am 10. Dezember bei einer Auktion in Paris 95 700 Dollar für Degas' *Tänzerinnen an der Stange* bezahlt. zit. in: Weitzenhoffer, *Havemeyers*, 209.
»mit Bedauern angemerkt worden«: Philippe de Montebello, »Director's Foreword«, in Pickvance, *Arles*, 6.
»als Kopie eines früheren Bildes«: Dorn, Leeman u.a., *Early Modern Art*, 115-120. Siehe auch: *Sunflowers* (London: Christie's, 1987).
300 »drei Hausse-Perioden«: William N. Goetzmann, »Accounting for Taste«, *American Economic Review* 83, No. 5 (1993) 1373.
»Nachfrage nach Gemälden wuchs«: ebd., 1370.
»weitreichenden ökonomische Rezession«: ebd., 1373.
301 »weltweit höchste Erlös«: Rita Reif, »A Picasso Goes for $3 Million Record Sale«, *New York Times*, 13. Mai 1980.
»Park mit Paar und Blautanne«: Siehe Anmerkung 241/1.
302 »Juan de Pareja«: Tomlins, *Merchants*, 363.
»Evangeliar Heinrichs des Löwen«: R. W. Apple, »Germans Buy Rare Medieval Book«, *New York Times*, 7. Dezember 1983.
303 »tiefen Frieden auszudrücken gesucht«: VvGB, B 22, 96.
»Schätzungen übertroffen werden würden«: Charles Allsopp, Brief, 18. September 1996.
305 »eine Ära antiquierter Vorsicht«: James Grant, *Money of the Mind* (New York: Farrar, Straus & Giroux, 1992), 384.
307 »Steuerreformgesetz«: In dem Versuch zu verhindern, daß Steuerabzüge so gestaltet wurden, daß Steuerzahlungen vermieden werden konnten, ließ das IRS die Steuerhöhe nicht nur auf herkömmliche Art berechnen, sondern auch unter der »Alternative Minimium Tax«; es wurde dann der Steuersatz bezahlt, der höher lag. Das Steuergesetz von 1986 bereinigte Bestimmungen der Alternative Minimum Tax, um dafür zu sorgen, daß Spender von Kunstwerken nur

307 noch das Äquivalent der tatsächlichen Kaufpreishöhe des Werkes in Abzug bringen konnten, und nicht das Äquivalent des geschätzten Wertes.

»Akquisitionen«: Philippe de Montebello, *Recent Acquisitions: A Reflection*, 1985-1986 (New York: Metropolitan Museum of Art, 1986), 3.

310 »Die Brücke von Trinquetaille mit all den Stufen«: *SB*, Bd. 4, No. 552.

311 »andere Leute es ansehen«: »Werner Kramarsky Talks with Paul Cummings«, *Drawing* (Mai-June 1994), vol. XVI, No. 1, 7.

312 »andere Gemälde der Sammlung«: W. Kramarsky, Interview.

»William Rubin«: William Rubin und Richard Oldenburg, Interviews, Sommer 1994. Laut Oldenburg wurde bei einer raschen Suche im Museum of Modern Art dieser Brief nicht gefunden.

313 »den van Gogh nicht hätte verkaufen wollen«: B. Kramarsky, Interview.

»abschreckendes Gemälde«: W. Kramarsky, Interview.

25 Vom Museum zur Auktion, Februar bis 14. Mai 1990

315 »tragische *Schuhe*«: John Guare, *Six Degrees of Separation* (New York: Random House, 1990), 46.

»bei Christie's in New York«: Rita Reif, »A van Gogh Now at Met Is to Be Auctioned«, *New York Times*, 24. Januar 1990.

»Das ist die wirkliche Welt«: Philippe de Montebello, zit. in: Judd Tully, »Taking the Pulse of the Art Market«, *Washington Post*, 15. Mai 1990.

319 »Ebenso eine leichte Firnis«: C. Burge zu W. Kramarsky, unveröffentlichter Brief vom 8. Februar 1990.

322 »699 Millionen Pfund«: Christie's, Jahresbericht, 1989.

»aufregende Nachricht«: Rita Reif, »A $27-Million ban by Sotheby's Helped Alan Bond to Buy ›*Irises*‹«, *New York Times*, 18. Oktober 1989.

324 »über die Zukunft des Werkes als ›eine Vergangenheit‹«: Philip Fisher, *Making and Effacing Art: Modern American Art in Culture of Museums* (New York: Oxford University Press, 1991), 28.

325 »hatte die Londoner Presse berichtet«: Anthony Thorncroft, »New Money Outbids the Old«, *Financial Times*, 4. März 1989.

326 »durchschnittlich Null«: William Baumol, »Unnatural Value: or, Art Investment as Floating Crap Game«, *American Economic Review*, 10. Mai 1986.

327 »Staatsanleihen«: Bruno S. Frey und Werner W. Pommerehne, »Art Investment«, *Southern Economic Journal* 56 (Oktober 1989), 400.

»auf den Finanzmärkten«: ebd., 403-404.

»500 Florins«: Alpers, *Rembrandt*, 100.

»rund 10 Prozent pro Jahr«: Frey und Pommerehne, »Art Investment«, 396.

327 »außergewöhnliche Risiken, die sie darstellen«: Goetzmann, »Accounting for Taste«, 1370.
»›Lustkonsum‹«: Frey und Pommerehne, »Art Investment«, 406.
328 »*Au Moulin de la Galette*«: Rita Reif, »Renowned Renoir to Be Auctioned in May«, *New York Times*, 17. Januar 1990.
329 »Roland Dorn«: siehe *Portrait du Dr. Gachet by Vincent van Gogh* (New York: Christie's, 1990), 28.
»J. Keller«: *Portrait du Dr. Gachet*, 28.
330 »Kunstdiktatur im Dritten Reich«: Paul Ortwin Rave, *Kunstdiktatur im Dritten Reich*, Hamburg 1949, 65. »Er [Göring] bat ihn [Angerer], vor allem Kunstwerke, die einen Wert im Ausland haben und die Fremdwährung bringen könnten, zu nehmen.«
»und von Siegfried Kramarsky erworben worden war«: *Portrait du Dr. Gachet*, 28.
331 »etwas besserem Zustand«: George Goldner, Interview, 1992.
332 »einen anderen Markt«: C. Burge, Interview, 1992.

26 *Das Bildnis der Melancholie bei der Auktion, 15. Mai 1990*

333 »Blumenzüchter geblieben«: VvG zu Anna van Gogh, *SB*, Bd. 5, No. 612.
335 »[Koenigs'] Erwerbungen«: Luijten und Mei, *Pisanello*, 10.
»491 ›verlorene‹ Zeichnungen«: 1992 gab der russische Minister für Kultur bekannt, daß die Koenigs-Zeichnungen gefunden worden waren. Diese 307 Zeichnung waren 1955 in der Ausstellung »*Fünf Jahrhunderte europäischer Zeichnungen: Die ehemalige Sammlung von Franz Koenigs im Puschkin-Museum der schönen Künste in Moskau*« gezeigt worden. (Josefine Leistra, »A Short History of Art Loss and Art Recovery in the Netherlands«, in: Simpson, *Spoils*, 57.)
339 »Rückvergütungsrate«: Ich danke dem Herausgeber von *Grant's Interest Rate Observer*, Jay Diamond, der die Rückvergütungsrate des Porträts berechnete. Wird angenommen, daß Koenigs 1938 $53 000 für den *Gachet* bezahlte, hätte die Rückvergütungsrate 15 % betragen, wenn er ihn behalten und für 82,5 Millionen Dollar verkauft hätte.
341 »Wiederholung des Rekordpreises«: Calvin Tomkins, »Irises«, *New Yorker*, 4. April 1988, 67.
»stellt Auktionsrekord auf«: Rita Reif, »82,5 Million van Gogh«, *New York Times*, 16. Mai 1990.
342 »Preisausreißer für zwei bedeutende Gemälde«: Robert Hughes, »Bumps in the Auction Boom«, *Time*, 28. Mai 1990.
»Freitagsausgabe der *New York Times*«: Rita Reif, »Café Scene by Renoir Is Sold for $78,1 Million«, *New York Times*, 18. Mai 1990.
»erwähnte ... Ryoei Saito«: Rita Reif, »Businessman Identified as Buyer of van Gogh«, *New York Times*, 18. Mai 1990.

342 »die zwei teuersten Gemälde«: Steven R. Weisman, »One Man, Two Masterpieces, and Many Questions in Japan«, *New York Times*, 19. Mai 1990.
»Sammlungen westlicher Kunst«: ebd.
343 »Nation der dekorativen Kunst schlechthin«: Victor Champier, »Catalogue illustré de l'Union centrale« zit. in: Silverman, *Art Nouveau*, 127.
344 »verkaufte asiatische Kunst in Amerika«: Silverman, *Art Nouveau*, 126.
»japanische Holzschnitte an die Wand gezweckt«: *SB*, Bd. 3, 432.
»japanische Blätter«: (März/April 1888) *SB*, Bd. 5, W3.
»Richtung, welche die französische Kunst jetzt einschlägt«: *SB*, Bd. 4, 510.
»Edmond de Goncourt«: Siehe Silverman, *Art Nouveau*, 17-39.
345 »Pflicht an der Menschheit«: Fenollosa zu Edward Sylvester Morse, 27. September 1884, zit. in: Thomas Lawton and Linda Merrill, *Freer: A Legacy of Art* (Washington, D.C.: Freer Gallery of Art, 1993), 132.
346 »Entartete Kunst«: Siehe: Barron (Hg.), *»Degenerate Art«*; Peter-Klaus Schuster, *Nationalsozialismus und »Entartete Kunst«. Die »Kunststadt« München, 1937*, München 1987.
347 »Hermann Göring übergeben«: Hüneke, »Spurensuche« in: Barron, *»Degenerate Art«*, 132 n. 21.

27 *12,4 Milliarden Yen*

351 » Millets ›Angelus‹ «: *SB*, Bd. 5, W13.
»durch eine Hintertür hineintrugen«: Hideto Kobayashi, Interview, 25. Januar 1996; Dolmetscher: Yoshiko Fukushima.
352 »Die echten Japaner haben nichts an den Wänden«: *SB*, Bd 4, 509.
»nie nach Japan kommen«: Fred Hiatt, »Japan's Highest Bidder«, *Washington Post*, 19. Mai 1990.
353 »jüngsten Wahlkampf des Bürgermeisters«: Yumiko Ono und Marcus W. Brauchli, »Japanese Tycoon Who Dazzled Art World Hits Rough Patch«, *Wall Street Journal*, 28. Mai 1991.
»Söhne hielten hohe Posten innerhalb der Firmenhierarchie«: ebd.
354 »Er sah sich selbst«: Kobayashi, Interview, T. Nakayama, 20. Mai 1994.
»und mit mir verbrennen«: Ono und Brauchli, »Japanese Tycoon«.
»weil es unser Brauch ist«: Kobayashi, 20. Mai 1994.
356 »auf 3 Milliarden Dollar«: Carol Lutfy »The Lady Vanishes«, *New York Times Magazine*, 30. März 1997, 38; Yuzo Saeki, »Silver Lining Gilds Art Market Collapse«, *Nikkei Weekly*, 3. Oktober 1992.
»Risiko sei nicht zu versichern«: Hermann J. Abs, Interview, August 1992.
357 »wurde Saito ... verhaftet«: Kay Itoi, »Saito Arrested«, *Art Newsletter* 19, No. 7 (1993), 3. Der Wert der Bauprojekte war auf 85 Milliarden Yen geschätzt worden.

357 » sich ... schuldig bekannte «: *Mainichi Daily*, 25. Februar 1994, B16.

358 »Reduzierung ihrer Anteile«: Kay Itoi, *Art Newsletter* 19, No. 14 (1994), 2.

359 »verkaufte Christie's einen Picasso aus dem Jahre 1932«: Carol Vogel, »Picasso Is King as Art Auction Tops $100 Million«, *New York Times*, 8. November 1995.

»Zustand des Gemäldes zu überprüfen«: Kobayashi, Interview, Januar 1996.

360 »in hundert Jahre nachtrauern wird«: *SB*, Bd. 5, W23 (11. oder 12. Juni 1890).

Literaturhinweise

Bücher

Adam, Peter, *Kunst im Dritten Reich*, Hamburg 1992.

Alpers, Svetlana, *Rembrandt als Unternehmer: Sein Atelier und der Markt*, Köln 1989.

The Art and Life of Vincent van Gogh, Catalog by Georges de Batz, Introduction by Alfred M. Frankfurter. New York: Wildenstein, 1943.

Arts of the Middle Ages, Boston: Museum of Fine Arts, 1940.

Assouline, Pierre, *An Artful Life: A Biography of D. H Kahnweiler*, 1884-1979. New York: Grove Weidenfeld, 1990.

Baedeker, Karl, *Frankfurt*, Hamburg 1953.

– *Der Rhein, mit Schwarzwald und den Vogesen: Ein Handbuch für den Reisenden*, Leipzig 1911.

Barr, Alfred H, *Defining Modern Art*, hg. v. Irving Sandler und Amy Newman, New York: Harry N. Abrams, 1986.

Barron, Stephanie, u.a., *Entartete Kunst: Das Schicksal der Avantgarde in Nazi-Deutschland*. Eine Ausstellung des LA County Museum, übernommen vom Deutschen Historischen Museum, Berlin 1992, München 1992.

– *Exiles and Emigrés: The Flight of European Artists from Hitler*, New York 1997.

Baxandall, Michael, *Die Wirklichkeit der Bilder: Malerei und Erfahrung im Italien des fünfzehnten Jahrhunderts*, Berlin 1999.

Bazin, Germain, *Die berühmtesten Gemäldegalerien der Welt*, Berlin 1999.

Benjamin, Walter, *Gesammelte Schriften*, Unter Mitwirkung von Theodor W. Adorno und Gershom Scholem hg. v. Rolf Tiedemann und Hermann Schweppenhäuser, Frankfurt am Main 1980.

Bessel, Richard, *Germany after the First World War*, New York: Oxford University Press, 1993.

Birmingham, Stephen, *In unseren Kreisen: Die großen jüdischen Familien New Yorks*, Berlin 1969.

Bodelsen, Merete, *Gauguin og van Gogh i Kobenhavn in 1893*, Copenhagen: Ordrupgaard, 1984.

Boime, Albert, »Entrepreneurial Patronage in Nineteenth-Century France« in: Edward C. Carter II, Robert Forster und Joseph N. Moody (Hg.), *Enterprise and Entrepreneurs in Nineteenth- and Twentieth-Century France*, Baltimore: Johns Hopkins University Press, 1976.

Boyer, Patricia Eckert (Hg.), *The Nabis*, New Brunswick, NJ.: Rutgers University Press, 1988.

Brettell, Richard, u.a., *The Art of Paul Gauguin*, Washington, D.C.: National Gallery of Art, 1988.

Bruehl, Georg, *Die Cassirers: Streiter für den Impressionismus*, Leipzig 1991.

Bullen, J. B., *Post-Impressionists in England*, London: Routledge, 1988.

Cachin, Françoise und Bogomila Welsh-Ovcharov, *Van Gogh à Paris*, Paris: Editions de la Réunion des Musées Nationaux, 1988.
Cachin, Françoise u.a., *Cézanne*, Philadelphia: Philadelphia Museum of Art, 1996.
Chernow, Ron, *Die Warburgs: Odyssee einer Familie*, München 1996.
Chipp, Herschel, *Theories of Modern Art*, Berkeley and Los Angeles: University of California Press, 1968.
Clark, T. J., *The Painting of Modern Life: Paris in the Art of Manet and His Followers*, Princeton, N.J.: Princeton University Press, 1986.
Claus, Jürgen, *Entartete Kunst: Bildersturm vor 25 Jahren*, München, Haus der Kunst, 1962.
Craig, Gordon A., *Germany 1866-1945*, New York: Oxford University Press, 1978.
Danto, Arthur, *Kunst nach dem Ende der Kunst*, München 1996.
Denvir, Bernard, *Impressionismus*, München 1974.
Distel, Anne, *Impressionism: The First Collectors*, Translated by Barbara Perroud-Benson, New York: Harry N. Abrams, 1989.
Doiteau, V. und Leroy, E., *La Folie de Vincent van Gogh*, Paris: Editions Aesculape, 1928.
Dorn, Roland, *Décoration: Vincent van Goghs Werkreihe für das gelbe Haus in Arles*, Hildesheim: Georg Olms, 1990.
- *Vincent van Gogh's Concept of 'Décoration'*, Paper presented at Vincent van Gogh International Symposium, Tokyo, 17.-19. Oktober 1985.
Dorn, Roland / Leeman, Fred, u.a., *Vincent van Gogh und die Moderne 1890-1914*, Essen: Museum Folkwang, 1990.
Dorra, Henri, *Symbolist Art Theories*, Berkeley and Los Angeles: University of California Press, 1994.
Dowbiggin, Ian, *Inheriting Madness: Professionalization and Psychiatric Knowledge in Nineteenth-Century France*, Berkeley and Los Angeles: University of California Press, 1991.
Duncan, Carol, *Civilizing Rituals: Inside Public Art Museums*, London: Routledge, 1995.
Eagleton, Terry, *Einführung in die Literaturtheorie*, Stuttgart 1997.
Easton, Laird McLeod, *The Red Count: The Life and Times of Harry Kessler, 1868-1914*, Dissertation, Stanford University, 1991.
Eckstein, Modris, *Rites of Spring: The Great War and the Birth of the Modern Age*, New York: Houghton Mifflin, 1989.
Edvard Munch: *Symbols and Images*, Introduction by Robert Rosenblum; Essays by Arne Eggum u.a. Washington: National Gallery of Art, 1978.
Eisler, Colin, »Kunstgeschichte American Style: A Study in Migration«, in: *The Intellectual Migration: Europe and America, 1930-1960*, hg.v. Donald Fleming und Bernard Bailyn, Cambridge, Mass.: Harvard University Press, 1969.
Elen, Albert J., *Missing Old Master Drawings from the Franz Koenigs Collection*, The Hague: Netherlands Office for Fine Arts, 1989.
Elon, Amos, *Der erste Rothschild*, Hamburg 1998.

Elsen, Albert (Hg.), *Rodin Rediscovered*, Washington, D.C.: National Gallery of Art, 1981.
Faille, J. B. de la, *L'Œuvre de Vincent van Gogh*: Catalogue raissonné, 4 vols. Paris and Brussels, 1928.
– *Vincent van Gogh*, Preface by Charles Terrasse, Paris: Editions Hyperion, 1939.
– *The Works of Vincent van Gogh: His Paintings and Drawings*, Amsterdam: Meulenhoff International, 1970.
Faith, Nicholas, *Sold: The Rise and Fall of the House of Sotheby*, New York: Macmillan, c. 1985.
Fallows, James, *Looking at the Sun: The Rise of the New East Asian Economic and Political System*, New York: Pantheon, 1994.
Feilchenfeldt, Walter, *Vincent van Gogh and Paul Cassirer, Berlin: The Reception of Van Gogh in Germany from 1901 to 1914*, Rijksmuseum Vincent van Gogh, Cahier Vincent 2. Zwolle, The Netherlands: Waanders, 1988.
Fest, Joachim, *Das Gesicht des Dritten Reiches: Profile einer totalitären Herrschaft*, München 1996.
Fischer, Chris, *Fra Bartolommeo: Master Draughtsman of the High Renaissance*, Rotterdam: Museum Boymans-van Beuningen, 1990
Fisher, Philip, *Making and Effacing Art: Modern American Art in a Culture of Museums*, New York: Oxford University Press, 1992.
Fitzgerald, Michael, *Making Modernism: Picasso and the Creation of the Market for Twentieth-Century Art*, New York: Farrar, Straus & Giroux, 1995.
Flanner, Janet, *Men and Monuments*, 1957, Reprint with new introduction by Rosamond Berniet, New York: Da Capo Press, 1990; siehe auch: *Paris, Germany 1931-50*, München 1992 und *Pariser Tagebuch 1945-65*, Düsseldorf 1967.
Fleming, Donald und Bernard Bailyn, *The Intellectual Migration*, Cambridge, Mass.: Harvard University Press, Belknap Press, 1969.
Frankfurt 1933-1945: Von der NS-Machtergreifung bis zur Zerstörung der Stadt, Frankfurt am Main: Presse und Informationsamt der Stadt, 1986.
Frèches-Thory, Claire und Perucchi-Petri, Ursula, *Die Nabis: Propheten der Moderne*, Zürich 1993.
Frelinghuysen, Alice Cooney, u.a., *Splendid Legacy: The Havemeyer Collection*, New York: Metropolitan Museum of Art, 1993.
French Painting from David to Toulouse-Lautrec: Loan from French and American Museums and Collections, New York: Metropolitan Museum of Art, 1941.
Friedrich, Otto, *Morgen beginnt der Weltuntergang: Berlin in den zwanziger Jahren*, Berlin 1998.
Fry, Roger, *Transformations*, Garden City, N.Y.: Doubleday, 1956,
Führer durch die jüdische Gemeindeverwaltung und Wohlfahrtspflege in Deutschland, 1932-1933, hg.v. A. Nachama und H. Simon, Berlin: Edition Hentrich, 1995.

Gachet, Paul, *Deux Amis des Impressionnistes: Le Docteur Gachet et Paul Murer*, Paris: Editions des Musées Nationaux, 1956.
– (Hg.), *Lettres des Impressionnistes au Dr. Gachet et à Murer*, Paris: Grasset, 1957.
Gachet, Paul-Ferdinand, *Etude sur la mélancolie*, Montpellier: Imprimeur de l'Académie, Editeur de Montpellier Medical, 1858.
Gay, Peter, *Weimar Culture: The Outsider as Insider*, New York: Harper & Row, 1969.
Goetz, Oswald, »Weg eines Bildes« in: Fritz Metzinger, *Ein Vergessener Maler im Rijksmuseum Kröller-Müller*, Frankfurt am Main: R. G. Fischer, 1991.
– (Hg.), *Beiträge für Georg Swarzenski* zum 11. Januar 1951, Berlin 1951.
Gogh, Vincent van, *The Complete Letters of Vincent van Gogh*, Introduction by V. W. van Gogh, preface and memoir by J. van Gogh-Bonger, 2d ed., 3 vols., Boston: Little, Brown, 1978.
– *The Letters of Vincent van Gogh*, edited by Ronald de Leeuw; translated by Arnold Pomerans, London: Penguin Press, 1996.
– *Sämtliche Briefe*, Bd. 1-4; hg.v. Fritz Erpel, Berlin 1965.
– *Sämtliche Briefe*, Bd. 5 und 6, Bornheim-Mette 1968.
Goldhagen, Daniel Jonah, *Hitlers willige Vollstrecker*, München 1996.
Goldstein, Jan, *Console and Classify: The French Psychiatric Profession in the Nineteenth Century*, Cambridge: Cambridge University Press, 1987.
Goldwater, Robert, *Symbolism*, New York: Harper & Row, 1979.
Goncourt, Edmond und Jules de, *Germinie Lacerteux*, Frankfurt am Main 1987.
– *Manette Salomon*, Paris: Charpentier, 1881.
Grant, James, *Money of the Mind*, New York: Farrar, Straus & Giroux, 1992.
Green, Nicholas, *The Spectacle of Nature: Landscape and Bourgeois Culture in Nineteenth-Century France*, Manchester, U.K.: Manchester University Press, 1990.
Greenberg, Clement, *Die Essenz der Moderne: Ausgewählte Essays und Kritiken*, Dresden 1997.
Guare, John, *Six Degrees of Separation*, New York: Random House, 1990.
Hamilton, George Heard, *Painting and Sculpture in Europe, 1880-1940*, Penguin Books, 1967, 6th ed., New Haven: Yale University Press, 1993.
Hammacher, Abraham Marie, *Genius and Disaster: The Ten Creative Years of Vincent van Gogh*, New York: Harry N. Abrams, 1968.
– *Van Gogh: A Documentary Biography*, London: Thames and Hudson, 1982.
– *Van Gogh en Belgique*, Musée des Beaux-arts de Mons, 1980.
Hannover, Emil, *Erindringer Fra Barndom og Ungdom* (Memoirs from childhood and youth), Copenhagen: Forening for Boghaandvaerk, 1966.
Hansert, Andreas, *Bürgerkultur und Kulturpolitik in Frankfurt am Main*, Frankfurt am Main: Waldemar Kramer, 1992.
– *Geschichte des Städelschen Museums-Vereins Frankfurt am Main*, Frankfurt am Main: Städelscher Museumsverein, 1994.

Harvey, Stephen, *Directed by Vincente Minnelli*, New York: Museum of Modern Art, 1989.
Heinich, Natalie, *The Glory of van Gogh*, Translated by Paul Leduc Browne, Princeton, NJ.: Princeton University Press, 1996.
Herbert, John, *Inside Christie's*, London: Hodder and Stoughton, 1990.
Herbert, Robert, *Impressionism: Art, Leisure and Parisian Society*, New Haven: Yale University Press, 1988.
Herbert, Robert, u.a., *Georges Seurat, 1859-1891*, New York: Metropolitan Museum of Art, 1991.
Hjejle, Bernt, Gensyn med min barndoms verden (My childhood world revisited), Copenhagen: Gad, 1991.
Hochman, Elaine S., *Architects of Fortune: Mies van der Rohe and the Third Reich*, New York: Weidenfeld & Nicolson, 1990.
Hohenzollern, Johann Georg Prinz von und Peter-Klaus Schuster, (Hg.), *Manet bis van Gogh: Hugo von Tschudi und der Kampf um die Moderne*, Berlin: Nationalgalerie, 1997.
Holt, Elizabeth G., *The Triumph of Art for the Public, 1785-1848*, Princeton, N.J.: Princeton University Press, 1979.
Howe, Thomas, *Salt Mines and Castles: The Discovery and Restitution of Looted European Art*, Indianapolis: Bobbs-Merrill, 1946.
Hughes, Robert, *Denn ich bin nicht, wenn ich nicht lästern darf: Kritische Anmerkungen zu Kunst, Künstlern und Kunstmarkt*, München 1993.
Hulsker, Jan, *The Complete van Gogh: Paintings, Drawings, Sketches*, New York: Harry N. Abrams, 1980.
– *The New Complete van Gogh: Paintings, Drawings, Sketches*, Revised and enlarged edition of the catalogue raisonné of the work of Vincent van Gogh, Amsterdam: J. M. Meulenhoff; Philadelphia: John Benjamins, 1996.
– (Hg.), *Van Gogh door van Gogh*: De brieven als commentaar op zijn werks, Amsterdam: J. M. Meulenhoff, 1973.
– *Vincent and Theo van Gogh: A Dual Biography.* Edited by James M. Miller, Ann Arbor, Mich.: Fuller, 1990.
Jaworska, Wladyslawa, *Gauguin and the School of Pont-Aven*, Translated by Patrick Evans, Greenwich, Conn.: New York Graphic Society, 1971.
Jay, Martin, *Dialektische Phantasie: Die Geschichte der Frankfurter Schule und des Instituts für Sozialforschung 1923-1950*, Frankfurt am Main 1976.
Jensen, Robert, *Marketing Modernism in Fin-de-Siècle Europe*, Princeton, N.J.: Princeton University Press, 1994.
Jentsch, Ralph (Hg.), *Ambroise Vollard Editeur*, Stuttgart 1994.
Joachimides, Christos. M., N. Rosenthal und W. Schmied (Hg.), *Deutsche Kunst im zwanzigsten Jahrhundert: Malerei und Plastik*, München 1995.
Kandinsky, Wassily, *Über das Geistige in der Kunst*, Bern 1980.
Kandinsky, Wassily und Franz Marc (Hg.), *Der Blaue Reiter*, Dokumentarische Neuausgabe von Klaus Lankheit, München 1984.
Kennedy, Paul, *Aufstieg und Fall der großen Mächte: Ökonomischer Wandel und militärische Konflike von 1500-2000*, Frankfurt am Main 1996.

Kessler, Harry Graf, *In the Twenties: The Diaries of Harry Kessler*, Translated by Charles Kessler with an introduction by Otto Friedrich, New York: Holt, Rinehart & Winston, 1971.
– *Tagebuch eines Weltmannes*, Marbach am Neckar 1988.
– *Tagebücher 1918-1937*, Frankfurt/Main 1995.
– *Gesammelte Schriften* Band 1 und 2, hg.v. Gerhard Schuster, Frankfurt am Main 1988.
Klee, Fr. E., *Beretning om Silkeborg Vandkuranstalt* (Annual Report of the Silkeborg Sanatorium 1892), Copenhagen: F. Dreyer, 1893.
Kodera, Tsukasa, Yvette Rosenberg (Hg.), *The Mythology of Vincent van Gogh*, Philadelphia: John Benjamins, 1993.
Krogh, Leila und Clövens Brevee: *J. F Willumsen's breve til Alice Bloch, 1899-1923*, Frederikssund: J. F. Willumsen Museum, 1987.
Lane, Barbara Miller, *Architektur und Politik in Deutschland 1918-1945*, Wiesbaden 1986.
Larsson, Hakan, *Flames from the South*, Licentiate's thesis, Jan-Gunnar Sjolius Seminar, 1993.
Lawton, Thomas und Linda Merrill, *Freer: A Legacy of Art*, Washington, D.C.: Freer Gallery of Art, 1993.
Lovgren, S., *The Genesis of Modernism: Seurat, Gauguin, van Gogh and French Symbolism in the 1880s*, Bloomington: Indiana University Press, 1971.
Luijten, Ger, A.W. F. M. Meij, *From Pisanello to Cézanne: Master Drawings from the Museum Boymans-van Beuningen, Rotterdam*, Rotterdam: Museum Boymans-van Beuningen, 1990.
Lynes, Russell, *Good Old Modern*, New York: Atheneum, 1973.
Maier, Charles S., *Die Gegenwart der Vergangenheit: Geschichte und die nationale Identität der Deutschen*, Frankfurt/Main 1992.
Mainardi, Patricia, *The End of the Salon*, Cambridge: Cambridge University Press, 1993.
Makela, Maria, *The Munich Secession: Art and Artists in Turn-of-the-Century Munich*, Princeton, NJ.: Princeton University Press, 1990.
Masterworks from the Musée des Beaux-Arts, Lille, New York: Metropolitan Museum of Art, 1992.
Mathews, Nancy Mowll (Hg.), *Cassatt and Her Circle: Selected Letters*, New York: Abbeville Press, Cross Piver Press, 1984.
Maurice Denis, Lyon: Réunion des Musées Nationaux, Musée des Beaux-Arts de Lyon, 1994.
Mayeur, Jean Marie und Madeleine Rebérioux, *The Third Republic from Its Origins to the Great War, 1871-1914*. Translated by J. R. Foster, Cambridge: Cambridge University Press, 1984.
Meier-Graefe, Julius, *Entwicklungsgeschichte der Modernen Kunst*, Stuttgart: J. Hoffmann, 1904. Band 1 und 2.
– *Kunst-Schreiberei: Essays und Kunstkritik*, Weimar 1987.
– *Vincent van Gogh*, Translated by John Holroyd-Reece, New York: Dover, 1987.

Fritz Metzinger, *Ein Vergessener Maler im Rijksmuseum Kröller-Müller*, Frankfurt am Main: R. G. Fischer, 1991.
Metropolitan Museum of Art, *Annual Report for the Fiscal Year July 1 through June 30, 1987*, New York: Metropolitan Museum of Art, 1987.
Modern German Painting and Sculpture, New York: Museum of Modern Art, 1972.
Moffett, Charles S., *Van Gogh as Critic and Self-Critic*, New York: Metropolitan Museum of Art, 1974.
Moffett, Charles S., u.a., *The New Painting: Impressionism 1874-1886*, San Francisco: Fine Arts Museums of San Francisco, 1986.
Moffett, Kenworth, *Meier-Graefe as Art Critic*, München: Prestel, 1973.
Montebello, Philippe de, *The Met and the New Millennium: A Chronicle of the Past and a Blueprint for the Future*, Reprinted from *The Metropolitan Museum of Art Bulletin*, Summer 1994, New York: Metropolitan Museum of Art, 1994.
– *Recent Acquisitions: A Reflection*, 1985-1986, New York: Metropolitan Museum of Art, 1986.
Mosse, George L., *Der nationalsozialistische Alltag: So lebte man unter Hitler*, Königstein/Ts. 1979.
Newman, Sasha M. u.a., *Félix Valloton*, New Haven: Yale University Art Gallery; New York: Abbeville Press, 1991.
Nicholas, Lynn, *Der Raub der Europa: Das Schicksal der europäischen Kunstschätze im Dritten Reich*, München 1995.
Nochlin, Linda, *The Politics of Vision: Essays on Nineteenth-Century Art and Society*, New York: Harper & Row, 1989.
– (Hg.), *Impressionism and Post-Impressionism, 1874-1904*, Englewood Cliffs, NJ.: Prentice Hall, 1966.
– (Hg.), *Realism and Tradition in Art, 1848-1900*, Englewood Cliffs, NJ.: Prentice Hall, 1966.
Nordau, Max, *Degeneration*, 1892, Reprint, Lincoln: University of Nebraska, 1968.
Nostitz, Helene von, *Aus dem alten Europa*, Leipzig: Insel-Verlag, 1925.
Palmer, R. R., Jod Colron, *A History of the Modern World*, New York: Alfred A. Knopf, 1961.
Panofsky, Erwin, *Das Leben und die Kunst Albrecht Dürers*. Übers. v. Möller, Lise L. Hamburg 1995.
– *Sinn und Deutung in der bildenden Kunst*, Köln 1975.
Paret, Peter, *Die Berliner Secession: Moderne Kunst und ihre Feinde im kaiserlichen Deutschland*, Berlin 1981.
Patterson, James T., *Grand Expectations: The United States, 1945-1974*, New York: Oxford University Press, 1996.
Paul, Barbara, *Hugo von Tschudi und die moderne französische Kunst im deutschen Kaiserreich*, Mainz: Philipp von Zabern, 1993.
Pehle, Margot und Gerhard Schuster (Hg.), *Harry Graf Kessler, Tagebuch eines Weltmannes*, Marbach am Neckar, Deutsche Schillergesellschaft, 1988.

Petropoulos, Jonathan, *Art as Politics in the Third Reich*, Chapel Hill: University of North Carolina Press, 1996.
The Photomontages of Hannah Höch, Minneapolis: Walker Art Center, 1997.
Pickvance, Ronald, *English Influences on Vincent van Gogh*, Nottingham: University Art Gallery, Arts Council of Great Britain, 1974.
– *»A Great Artist is Dead«*: Letters of Condolence on Vincent van Gogh's Death, Edited by Sjraar van Heugten and Fieke Pabst, translated by Yvette Rosenberg, Ronald Pickvance, and Donald Gardner, Amsterdam Rijksmuseum Vincent van Gogh, Cahier Vincent 4, Zwolle, The Netherlands: Waanders, 1992.
– *Van Gogh in Arles*, New York: Metropolitan Museum of Art, 1984.
– *Van Gogh in Saint-Rémy and Auvers*, New York: Metropolitan Museum of Art, 1986.
Pinson, Koppel S., *Modern Germany: Its History and Civilization*, 2d ed. New York: Macmillan, 1966.
Pissarro, Camille, *Briefe an seinen Sohn Lucien*, Zürich 1953.
Portrait du Dr. Gachet by Vincent van Gogh, New York: Christie's, 1990.
Rabinbach, Anson, Gail Stavitsky, *Assault on the Arts: Culture and Politics in Nazi Germany*, New York: New York Public Library, 1993.
Rave, Paul Ortwin, *Kunstdiktatur im Dritten Reich*, Hamburg: Gebrüder Mann, 1949, Berlin: Argon, 1988.
Reischauer, Edwin o., Manus B. Jansen, *The Japanese Today*, Cambridge, Mass.: Harvard University Press, Belknap Press, 1995.
Reitlinger, Gerald, *The Economics of Taste: The Rise and Fall of Picture Prices, 1760-1960*, London: Barne and Rockliff, 1961.
Rewald, John, *Cézanne and America: Dealers, Collectors, Artists and Critics, 1891-1921*, Princeton, NJ.: Princeton University Press, 1989.
– *Die Geschichte des Impressionismus*, Köln 1979.
– *Von van Gogh bis Gauguin: Die Geschichte des Nachimpressionismus*, Köln 1987.
Rich, Daniel Catton, *Studies in Post-Impressionism*, Irene Gordon and Frances Weizenhoffer (Hg.), New York: Harry N. Abrams, 1986.
Richardson, John, *A Life of Picasso*, New York: Random House, 1996.
Rosenblum, Robert, *Moderne Malerei und die Tradition der Romantik*, München 1981.
– *Die Gemäldesammlung des Musée d'Orsay*, Köln 1989.
Rosenblum, Robert, und H. W. Janson, *Art of the Nineteenth Century-Painting and Sculpture*, London: Thames und Hudson, 1984.
Roskill, M. W., *Van Gogh, Gauguin and the Impressionist Circle*, Greenwich, Conn.: New York Graphic Sociery, 1970.
Roxan, David, und Kenneth Wanstall, *The Rape of Art: Hitler's Plunder of the Great Masterpieces of Europe*, New York: Coward-McCann, 1965.
Rubin, William (Hg.), *Cézanne: The Late Work*, New York: Museum of Modern Art, 1977.
Sander, Jochen, Hans Joachim Ziemke und Ulrike von der Osten, *Städels Sammlung im Städel in Frankfurt am Main*: Städelsches Kunstinstitut, 1991.

Scavenius, Bente, *Fremsyn-Snoeversyn*: Dansk dagblanskunstkritik, 1880-1901, Copenhagen: Borgen, 1983.
Schapiro, Meyer, *Vincent van Gogh*, Köln: DuMont 1988.
Schjerjon, W., und W. J. de Gruyter, *Vincent van Gogh's Great Period: Arles, Saint-Rémy and Auvers-sur-Oise*, Amsterdam: De Spieghel, 1937.
Schulz-Hoffmann, Carla und Judith C. Weiss (Hg.), *Max Beckmann: Retrospektive*, München 1994.
Schuster, Peter-Klaus (Hg.), *Nationalsozialismus und »Entartete Kunst«: Die »Kunststadt München« 1937*, München: Prestel, 1987.
Selz, Peter, *German Expressionist Painting*, 1957, Berkeley and Los Angeles: University of California Press, 1974.
– *Max Beckmann*, New York: Museum of Modern Art, 1964.
Sembach, Klaus-Jürgen, *Henry van de Velde*, Stuttgart 1989.
Sherman, Daniel J., *Worthy Monuments*, Cambridge: Harvard University Press, 1989.
Sherman, Daniel J. und Irit Rogoff (Hg.), *Museum Culture*, Minneapolis: University of Minnesota Press, 1994.
Silverman, Debora L., *Art Nouveau in Fin-de-Siècle France*, Berkeley and Los Angeles: University of California Press, 1989.
Simpson, Elizabeth (Hg.), *The Spoils of War: World War II and its Aftermath – The Loss, Reappearance and Recovery of Cultural Property*, New York: Harry N. Abrams in association with the Bard Graduate Center for Studies in the Decorative Arts, 1997.
Snyder, Louis, *Encyclopedia of the Third Reich*, New York: Paragon House, 1989.
Sonnabend, Martin, *Georg Swarzenski und das Liebieghaus*, Frankfurt am Main: Frankfurter Societäts-Druckerei GmbH, 1990.
Spaulding, Frances und Roger Fry: *Art and Life*, Berkeley and Los Angeles: University of California Press, 1980.
Speer, Albert, *Der Sklavenstaat: Meine Auseinandersetzung mit der SS*, Stuttgart 1981.
Stein, Gertrude, *Die Autobiographie von Alice B. Toklas*, Leipzig/Weimar 1986.
Stein, Susan Alyson, *Van Gogh*, Köln 1995.
Sterling, Charles und Margaretta M. Salinger, *French Paintings: A Catalogue of the Collection of the Metropolitan Museum of Art*, New York: Metropolitan Museum of Art, 1967.
Stern, Fritz, *Der Traum vom Frieden und die Versuchung der Macht: Deutsche Geschichte im 20. Jahrhundert*, Berlin 1988.
– *Das Scheitern illiberaler Politik: Studien zur politischen Kultur Deutschlands im 19. und 20. Jahrhundert*, Frankfurt am Main 1974.
– *Kulturpessimismus als politische Gefahr: Eine Analyse zur nationalen Ideologie in Deutschland*, Bern 1963.
Stone, Irving, *Vincent van Gogh – Ein Leben in Leidenschaft*, Berlin 1988.
Sund, Judy, *True to Temperament: Van Gogh and French Naturalist Literature*, Cambridge: Cambridge University Press, 1992.

Swarzenski, Georg, *Beckmann: His Recent Work*, New York: Buchholz Gallery; Curt Valentin, 1946.
– *Museumsfragen*, Frankfurt: Frankfurter Bibliophile Gesellschaft, 1928.
Swarzenski, Hanns und Nancy Netzer, *Medieval Objects in the Museum of Fine Arts: Enamels and Glass*, Boston: Museum of Fine Arts, 1986.
Sweetman, David, *Van Gogh, 1853-1890*, Düsseldorf 1990.
Thage, Jacob, »Mogens Ballin (1871-1914)«, In: *Danske Smykker*, Copenhagen: Komma & Clausen, 1990.
Tinterow, Gary, und Henri Loyrette, *Origins of Impressionism*, New York: Metropolitan Museum of Art, 1994.
Tomkins, Calvin, *Merchants and Masterpieces: The Story of the Metropolitan Museum of Art*, Rev. Ed. New York: Henry Holt, 1989.
Thomson, David, *Europe Since Napoleon*, New York: Alfred A. Knopf, 1966.
Turner, Jane, (Hg.), *The Dictionary of Art*, New York: Grove, 1996.
Van Gogh: *Paintings and Drawings*, New York: Metropolitan Museum of Art, 1949.
Van Gogh: *Masterpieces*, New York: Paul Rosenberg, 1942.
van Uitert, Evert, *Vincent van Gogh in Creative Competition: Four Essays from Simiolus*. Zutphen, The Netherlands: 1983.
Varnedoe, Kirk, *Northern Light: Realism and Symbolism in Scandinavian Painting 1880-1910*, New York: Brooklyn Museum, 1982.
– *Northern Light: Nordic Art at the Turn of the Century*, New Haven: Yale University Press, 1988.
Verdi, Richard, *Nicholas Poussin, 1594-1665*, London: Royal Academy of Art, 1995.
Verkade, Jan, *Yesterdays of an Artist Monk*, Translated by John Stoddard, New York, 1930.
Vincent van Gogh. Houston: Contemporary Arts Association of Houston, 1951.
Vincent van Gogh: A Loan Exhibition of Paintings and Drawings, Los Angeles: Municipal Art Gallery, 1957.
The Vincent van Gogh Exhibition. With essays by Ronald Pickvance u.a., catalog text by Haruo Arikawa, Tokyo: National Museum of Western Art, 1985.
V. van Gogh Ausstellung. Frankfurt am Main: Frankfurter Kunstverein, 1908.
Vollard, Ambroise, *Erinnerungen eines Kunsthändlers*, Zürich 1989.
Watson, Peter, *Sotheby's, Christie's, Castelli und Co: Der Aufstieg des internationalen Kunstmarktes*, Düsseldorf 1993.
Wattenmaker, Richard J., Distel, Anne, *Meisterwerke der Barnes Collection*: Zur Kunstausstellung »La Joie de Vivre«, Stuttgart 1994.
Weber, Nicholas Fox, *Patron Saints: Five Rebels Who Opened America to a New Art*, 1928-1943, New York: Alfred A. Knopf, 1992.
Wechsberg, Joseph, *Hochfinanz international*, München 1969.
Weisberg, Gabriel P., *Art Nouveau Bing: Paris Style, 1900*, New York: Harry N. Abrams, 1986.

Weitzenhoffer, Frances, *The Havemeyers: Impressionism Comes to America*, New York: Harry N. Abrams, 1986.
Welsh-Ovcharov, Bogomila, *Vincent van Gogh and the Birth of Cloisonism*, Toronto: Art Gallery of Ontario, 1981.
– *Vincent van Gogh*: His Paris Period, 1886-1888, Utrecht: Editions Victorine, 1976.
– ed. *Van Gogh in Perspective*, Englewood Cliffs, NJ.: Prentice Hall, 1974.
White, Harrison C. und Cynthia White, *Canvases and Careers: Institutional Change in the French Painting World*, New York: John Wiley & Sons, 1965.
Whitehill, Walter Muir, *The Museum of Fine Arts*, Cambridge: Harvard University Press, Bellknap Press, 1970.
Woolf, Virginia, *Roger Fry: A Biography*, New York: Harcourt, Brace, 1940.
Zemel, Carol, *The Formation of a Legend: Van Gogh Criticism, 1890-1920*, Ann Arbor, Mich.: UMI Research Press, 1980.
Ziemke, Hans-Joachim, *Das Städelsche Kunstinstitut: Die Geschichte einer Stiftung*, Frankfurt am Main: Städelsches Kunstinstitut, 1980.

Zeitschriften

Baumol, William, »Unnatural Value: or, Art Investment as Floating Crap Game«, *American Economic Review*, Mai 1986, 10-14.
Bismarck, Beatrice von, »Harry Graf Kessler und die französische Kunst um die Jahrhundertwende«, *Zeitschrift des Deutschen Vereins für Kunstwissenschaft* (Berlin) 42, no. 3 (1988): 47-62.
Boime, Albert, »Van Gogh's Starry' Night: A History of Matter and a Matter of History«, *Arts Magazine* 59 (Dez. 1984): 66-103.
Brettell, Richard R., et al. »The Problematics of Collecting and Display, Part 2.« *Art Bulletin* 77, no. 2 (1995): 166-185.
Bünger, Barbara C., »Max Beckmann's Ideologues: Some Forgotten Faces«, *Art Bulletin* 71, no. 3 (1989): 454-479.
Fenton, James, »Degas in the Evening«, *New York Review of Books*, 3. Oktober 1996, 48-53.
Frey, Bruno S. und Werner W. Pommerehne, »Art Investment: An Empirical Inquiry«, *Southern Economic Journal* 56 (Oktober 1989): 397-407.
Goetzmann, William N., »Accounting for Taste«, *American Economic Review* 83, no. 5 (Dezember 1993): 1370-1376.
Hofstadter, Dan, »Van Gogh in Saint-Rémy and Auvers«, *New Criterion*, März 1987, 53-56.
Hughes, Robert, »Bumps in the Auction Boom«, *Time*, 28 May 1990. »Do I Hear $5 Million? Sold!« *Time*, 1. Dezember 1986.
Itoi, Kay, »Saito Arrested«, *Art Newsletter* 19, No. 7 (1993): 3.
McClellan, Andrew, »Watteau's Dealer: Gersaint and the Marketing of Art in Eighteenth-Century Paris«, *Art Bulletin* 78, No. 3 (1996): 439453.

Manheim, Ron, »The Germanic van Gogh: A Case Study of Cultural Annexation«, Translated by Jane Hedley-Proele and Michael Hoyle, *Simiolus* 19, no. 4 (1989): 277-288.
Penna, Ian, »Daishowa Paper Manufacturing Co., Ltd.: A Corporate Profile«, unpublished paper, University of Melbourne, Victoria, Australia (Februar 1996).
Petropoulos, Jonathan, »Saving Culture from the Nazis«, *Harvard Magazine*, März-April 1990, 34-42.
Plaut, James, »Hitler's Capital: Loot from the Master Race«, *Atlantic*, Oktober 1946, 75-80.
Pollock, Griselda, »Van Gogh and the Poor Slaves: Images of Rural Labour as Modern Art«, *Art History* 11 (Sept. 1988): 407-432.
Price, Aimée Brown, »Two Portraits by Vincent van Gogh and Two Portraits by Pierre Puvis de Chavannes«, *Burlington Magazine*, November 1975, 714-718.
Rewald, John, »Gachet's Unknown Gems Emerge«, *Art News*, März 1952, 16-18, 63-66.
Sund, Judy, »The Sower and the Sheaf«, *Art Bulletin* 70, No. 4 (1988): 660-676.
Tafel, Verena, »Paul Cassirer als Vermittler deutscher impressionistischer Malerei in Berlin. Zum Stand der Forschung«, *Zeitschrift des Deutschen Vereins für Kunstwissenschaft* 42, No. 3 (1988): 31-44.
Tomkins, Calvin, »Irises«, *New Yorker*, 4. April 1988, 37-67.
Ward, Martha, »Impressionist Installations and Private Exhibitions«, *Art Bulletin* 73, No. 4 (1991): 599-622.
Wehle, Harry B., »French Painting from David to Toulouse-Lautrec«, *Metropolitan Museum of Art Bulletin*, Februar 1941, 27.
Zemel, Carol, »The Spook in the Machine: van Gogh's Pictures of Weavers in Brabant«, *Art Bulletin* 67, No. 1 (1985): 123-137.

Archivmaterial

Geheimes Staatsarchiv Preussischer Kulturbesitz, Berlin, Rep. 90, Nr.2464, Bl. 1-70.
Harvard University Art Museum Archives, Cambridge, Mass., Paul J. Sachs Papers.
Museum of Modern Art, Department of Registration, New York, Vincent Van Gogh, Exhibition No. 44. Exhibition File.
National Archives, Washington, D.C.
Record Group 239, Records of the American Commission of the Protection and Salvage of Artistic and Historic Monuments in War Areas.
Record Group 260, Records of the United States Occupation Headquarters, World War II. Ardelia Hall Collection, Records of the Collecting Points.
Rijksmuseum Vincent van Gogh/van Gogh Foundation Archives, Letters of Ambroise Vollard.
Royal Library, Copenhagen, Alice Ruben Hannover Correspondence.

Sammlung Hirschsprung, Kopenhagen, Johan Rohde-Emil Hannover Correspondence.
Städelsches Kunstinstitut und Städtische Galerie, Frankfurt am Main, Archivmaterial im Zusammenhang mit der Beschlagnahmung von Kunstgegenständen.
Stadtarchiv Frankfurt, Georg-Swarzenski-Akten.

Register

Bildnachweise

Abb. 1 Vincent van Gogh, *Selbstporträt, Gewidmet Paul Gauguin,* 1888. Slg.: Fogg Art Museum, Harvard University Art Museums, Cambridge, MA. Vermächtnis aus der Sammlung von Maurice Wertheim, Class of 1906.

Abb. 2 Henri de Toulouse-Lautrec, *Porträt Vincent van Gogh,* 1887. Slg.: Van Gogh Museum (Vincent-van-Gogh-Stiftung), Amsterdam.

Abb. 3 Paul-Ferdinand Gachet, ca. 1890. Slg.: Van Gogh Museum (Vincent-van-Gogh-Stiftung), Amsterdam.

Abb. 4 Theo van Gogh. Slg.: Van Gogh Museum (Vincent-van-Gogh-Stiftung), Amsterdam.

Abb. 5 Johanna van Gogh mit Vincent Willem, 1890. Slg.: Van Gogh Museum (Vincent-van-Gogh-Stiftung), Amsterdam.

Abb. 6 Gyula Halász (Brassaï), *Ambroise Vollard (Porträt Ambroise Vollard),* 1932 oder 1933. Gelatin-Silber-Abzug, (38,7 x 29,2 cm.). Copyright Gilberte Brassaï. Slg.: The Museum of Modern Art, New York. David H. McAlpin Fund. Abzugscopyright 1997: The Museum of Modern Art, New York.

Abb. 7 Alice Ruben mit *Bildnis des Dr. Gachet* und Maurice Denis' *Madonna mit dem Apfel,* 1897. Slg.: Odrupgaardsamlingen, Kopenhagen.

Abb. 8 Paul Cézanne, *Porträt Ambroise Vollard,* 1899. Copyright Photothèque des Musées de la Ville de Paris, Paris.

Abb. 9 Félix Vallotton, *Mogens Ballin und Marguerite d'Auchamp,* 1899. Privatsammlung.

Abb. 10 Paul Cassirer, ca. 1910. Copyright Ullstein Bilderdienst, Berlin.

Abb. 11 Pierre Bonnard, *Porträt Eugène Druet,* ca. 1912. © VG Bild-Kunst, Bonn 1999.

Abb. 12 Edvard Munch, *Harry Graf Kessler,* 1906. Slg.: Staatliche Museen zu Berlin, Preussischer Kulturbesitz, Nationalgalerie, Berlin. © The Munch Museum/The Munch Ellingsen Group/VG Bild-Kunst, Bonn 1999.

Abb. 13 Städelsches Kunstinstitut, Frankfurt/Main, Slg.: Städelsches Kunstinstitut, Frankfurt/Main. Fotocopyright: Ursula Edelmann.

Abb. 14 Georg Swarzenski, 1912. Mit freundlicher Genehmigung von Rosenberg & Stiebel, New York.

Abb. 15 Hermann Göring in Amsterdam, Juni 1940. National Archives, Washington, D.C. Mit freundlicher Genehmigung von Jonathan Petropoulos.

Abb. 16 »Entartete Kunst«, gelagert in Schloß Niederschönhausen. Slg.: Bildarchiv Preussischer Kulturbesitz, Berlin.

Abb. 18 Die Kramarskys und Chaim und Vera Weizmann an Bord der »*Rex*«. Mit freundlicher Genehmigung der Familie Kramarsky.
Abb. 19 Marianne Breslauer, *Franz Koenigs*, Amsterdam, 1937. Mit freundlicher Genehmigung von Marianne Feilchenfeldt.
Abb. 20 Auguste Renoir, *Au Moulin de la Galette*, 1876. Musée d'Orsay, Paris.
Abb. 21 Ryoei Saito. Copyright Gamma Liaison/Kaku Kurita.
Abb. 22 Christie's Versteigerung, 15. Mai, 1990. Copyright Archive Photos/Reuters/R. Stubblebine.

Umschlagfoto: Elke Dörr

Für die Abdruckgenehmigungen von Materialien aus ihren Sammlungen oder Archiven sei herzlich gedankt:
Sonya Binkhorst, Roland Dorn, Bernard Kramarsky, Werner Kramarsky, Museum Boijmans Van Beuningen, Rijksmuseum Vincent van Gogh, Städelsches Kunstinstitut und Wolfgang Swarzenski.
Auszüge aus Materialien des Museum of Modern Art, Registraturabteilung (Department of Registration):
van Gogh, Ausstellung No. 44, Ausstellungsakte (Brief von Alfred H. Barr, Jr., an Georg Swarzenski, 21. August 1935; Brief von Georg Swarzenski an Alfred H. Barr, Jr., August 1935; Brief von Georg Swarzenski an Alfred H. Barr, Jr., 3. September 1935; Telegramm von Alfred H. Barr, Jr., an Georg Swarzenski, 4. Oktober 1935).
Auszüge aus: *Cézanne* von Françoise Cachin u. a. Mit Genehmigung des Philadelphia Museum of Art.
Auszug aus einem Brief von Katherine Cassatt an Alexander Cassatt, 19. September 1881, Archiv des Philadelphia Museum of Art, persönliche Unterlagen, AAA/CZC.
Auszüge aus Laird Eastons Dissertation über Harry Graf Kesslers Tagebücher.
Auszug aus einem Brief von Dirk Hannema an Willem van der Vorm, übersetzt von Jonathan Bragdon, in: *Under Duress* von Christine Koenigs, erschienen in *The Spoils of War*, hg. v. Elizabeth Simpson, Abrams 1997. Mit Genehmigung von Jonathan Bragdon, Christine Koenigs und den Archiven des Museum Boijmans Van Beuningen, Rotterdam, Sammlung Franz Koenigs
Auszüge aus *A Forgotten Painter in the Rijksmuseum Kröller-Müller von* Fritz Metzinger. Mit Genehmigung des Autors und des R. G. Fischer Verlags.
Auszüge aus *Briefe an seinen Sohn Lucien* von Camille Pissarro, übersetzt von John Rewald, Zürich 1953. Mit Genehmigung des Verlages.
Auszüge aus *The Complete Letters of Vincent van Gogh*. Mit Genehmigung von Little, Brown and Company in Verbindung mit der New York Graphic Society. Alle Rechte vorbehalten.

Zu dieser Ausgabe

insel taschenbuch 2877: Der Text folgt der gebundenen Ausgabe: Cynthia Saltzman, Das Bildnis des Dr. Gachet. Biographie eines Meisterwerks. Aus dem Amerikanischen von Käthe H. Fleckenstein. Originaltitel: Portrait of Dr. Gachet. The Story of a van Gogh Masterpiece.

Insel Verlag Anton Kippenberg GmbH & Co. KG
Torstraße 44, 10119 Berlin
info@insel-verlag.de
www.insel-verlag.de